六爻大典

■ 저자 : 도관 박흥식

　　周易, 命理, 奇門, 六壬, 儒, 佛, 仙 硏究家
　　저서 : 四柱命理學의 核心
　　　　　作名解名
　　　　　奇門遁甲玉鏡
　　　　　四柱大成
　　　　　六爻大典

전화 054) 634—1383

육효대전

1판 1쇄 인쇄일 ｜ 2006년 9월 10일
1판 1쇄 발행일 ｜ 2006년 9월 16일

발행처 ｜ 삼한출판사
발행인 ｜ 김충호
지은이 ｜ 박흥식

등록일 ｜ 1975년 10월 18일
등록번호 ｜ 제13-47호

서울·동대문구 신설동 103-6호 아세아빌딩 201호
대표전화 (02) 2231-4460
팩시밀리 (02) 2231-4461

값 26,000원
ISBN 89-7460-108-7　03180

신비한 동양철학 · 37

六爻大典

박흥식 편저

■ 머리말

　동양의 고전 중에서도 가장 대표적인 것이 주역(周易)이다. 주역(周易)은 옛사람들이 자연의 법칙을 거울삼아 인간이 생활을 영위해 나가는 처세에 관한 지혜를 무한히 내포하고, 피흉추길(避凶趨吉)하는 얼과 슬기가 함축된 점서(占書)인 동시에 수양·과학서요 철학·종교서라고 할 수 있다.

　역(易)은 쉽다, 변한다, 변하지 않는다의 세 가지 뜻이 있다. 대자연은 시시각각으로 변하고, 대자연 속에서 생활하는 인간사회도 마찬기지다. 변하는 가운데 길흉화복이 생기므로 이에 대처하는 방법으로 점이 생긴 것이다. 역학(易學)에는 수많은 종류가 있는데 점단(占斷)에 관한 책은 육효(六爻)·육임(六壬)·기문(奇門)이 대표적이다. 역자라면 반드시 이 중에서 하나라도 터득해야 될 것이다.

　점을 치는 자세는 지극히 정성스러워야 한다. 사악하거나 부정한 마음이어도 안 되고, 장난삼아 쳐도 안 되며, 결과가 마음에 들지 않는다고 다시 쳐도 안 된다. 점은 신성하다는 마음가짐으로 매우 정성스러워야 하고, 정확성과 적중률이 높다는 것을 명심하고 자신뿐만 아니라 타인의 길흉화복을 정확하게 판단하여 피흉추길(避凶趨吉)하기를 바란다.

차례

제1편. 역(易)의 원리

제1장. 주역(周易)의 근원 ------------------------------ 11
    1. 하도(河圖)와 낙서(洛書) ------------------------ 11
    2. 역(易)이란 -------------------------------- 16
    3. 역(易)을 만든 사람들 --------------------------- 17
    4. 역(易)의 구성 ------------------------------ 18
    5. 천간(天干)과 지지(地支) ------------------------ 29
    6. 점보는 방법 -------------------------------- 49
    7. 용신(用神) -------------------------------- 61
제2장. 재효론(財爻論) ------------------------------ 78
제3장. 관효론(官爻論) ------------------------------ 86
제4장. 부효론(父爻論) ------------------------------ 96
제5장. 형효론(兄爻論) ----------------------------- 105
제6장. 손효론(孫爻論) ----------------------------- 112

제2편. 점론(占論)

제1장. 년시점 ----------------------------------- 123
제2장. 대인・소식점 ------------------------------- 129
제3장. 출행점 ----------------------------------- 137
제4장. 심인점 ----------------------------------- 142
제5장. 천시점 ----------------------------------- 148
제6장. 임신・출산점 ------------------------------- 152

제7장. 이사점 -- 159

제8장. 행선점 -- 163

제9장. 구관·구직·시험점 ------------------------------ 166

제10장. 신명·평생점 ---------------------------------- 171

제11장. 실물점 --------------------------------------- 182

제11장. 가택점 --------------------------------------- 191

제13장. 벼슬·사관점 ---------------------------------- 201

제14장. 신수점 --------------------------------------- 206

제15장. 재물점 --------------------------------------- 215

제16장. 소망점 --------------------------------------- 223

제17장. 질병점 --------------------------------------- 229

제18장. 관재·소송점 ---------------------------------- 238

제19장. 혼인점 --------------------------------------- 247

제3편. 육효실점(六爻實占)

제1장. 천금부(千金賦) ------------------------------- 255

제2장. 육효실점(六爻實占) ---------------------------- 261

제4편. 18문답

제1장. 18문답 -- 315

제2장. 18문답 실점 ----------------------------------- 326

차례

제5편. 매화역수실점(梅花易數實占)

제1장. 일반 시간 문점 ──────────────────── 409

제2장. 장시간 문점 ────────────────────── 421

제3장. 단시간 문점 ────────────────────── 432

제4장. 단순한 공간 문점 ─────────────────── 437

제5장. 공간과 시간 종합 문점 ──────────────── 448

제6장. 유년 구성을 머금은 공간과 시간 문점 ────────── 458

제7장. 오행인 문점 ────────────────────── 463

제8장. 직업 오행 문점 ───────────────────── 468

제9장. 사건 오행 문점 ───────────────────── 486

제10장. 실물 오행 문점 ──────────────────── 494

제11장. 질병 오행 문점 ──────────────────── 498

제12장. 간단한 문점 ────────────────────── 504

제6편. 하지론(何知論)

제1장. 하지장 ─────────────────────── 515

제2장. 하지론 ─────────────────────── 537

제3장. 직업론 ─────────────────────── 567

제1편. 역(易)의 원리

제1장. 주역(周易)의 근원

1. 하도(河圖)와 낙서(洛書)

복희씨(伏羲氏)가 천하의 왕노릇을 할 때 용마(龍馬)가 황하에서 나오자 그 무늬를 본받아 팔괘(八卦)를 그렸고, 우(禹)가 홍수를 다스릴 때 등에 무늬가 있는 신귀(神龜)가 나왔는데, 등에 1에서 9까지의 점이 있었다. 이것을 보고 홍범구주(洪範九疇)를 만들었다. 그리하여 하도(河圖)와 낙서(洛書)는 서로 경위(經緯)가 되고, 팔괘(八卦)와 구주(九疇)는 서로 표리(表裏)가 된다.

하늘은 1, 땅은 2, 하늘은 3, 땅은 4, 하늘은 5, 땅은 6, 하늘은 7, 땅은 8, 하늘은 9, 땅은 10이다. 천수(天數)가 5요 지수(地數)가 5이니, 5위가 서로 얻어 각각 합하니, 천수(天數)는 25요, 지수(地數)는 30이니 무릇 천지의 수가 55이다. 이는 변화를 이루는 것이고, 귀신이 행하는 것이니 하도(河圖)의 수리이다.

낙서(洛書)는 거북이의 상을 취했으니 9는 위에 이고, 1은 아래에 밟았다. 왼쪽은 3, 오른쪽은 7, 2와 4는 어깨, 6과 8은 발이 된다. 하도(河圖)의 위치는 1과 6이 종이 되어 북에 있고, 2와 7이 벗이 되어 남에 있고, 3과 8이 도(道)가 되어 동에 있고, 4와 9가 친구가 되어 서에 있고, 5와 10이 서로 지켜며 중앙에 있다. 이처럼 수는 일음일양(一陰一陽)과 일기일우(一奇一偶)에 지나지 않는 두 개의 오행(五行)일 뿐이다.

하늘이란 양(陽)의 가볍고 맑은 것이 위에 위치한 것이고, 땅이란 음(陰)의 무겁고 탁한 것이 아래에 위치한 것이다. 양수(陽數)는 홀수이니 1·3·5·7·9가 모두 하늘에 속하여 이른바 천수(天數)가 5개이다. 음수(陰數)는 짝수이니 2·4·6·8·10이 모두 땅에 속하며 이른바 지수(地數)가 5개이다. 천수(天數)와 지수(地數)가 각각 유(類)로써 서로 구하니, 5위를 서로 얻었다고 하는 것이다.

하늘이 1로 수(水)를 생하면 땅은 6으로 이것을 이루고, 땅이 2로 화(火)를 생하면 하늘은 7로 이것을 이루고, 하늘이 3으로 목(木)을 생하면 땅은 8로 이것을 이루고, 땅이 4로 금(金)을 생하면 하늘은 9로 이것을 이루고, 하늘이 5로 토(土)를 생하면 땅은 10으로 이것을 이룬다. 이는 각각 합한 것이 있다. 다섯 홀수를 쌓으면 25가 되고, 다섯 짝수를 쌓으면 30이 된다. 이 두 가지를 합한 것이 55이고, 이것이 하도(河圖)의 모든 수이다.

하도(河圖)의 무늬는 7이 앞에, 6이 뒤에, 8이 왼쪽에, 9가 오른쪽에 있다. 낙서(洛書)의 무늬는 9가 앞에, 1이 뒤에, 3이 왼쪽에, 7이 오른쪽에, 4가 앞의 왼쪽에, 2가 앞의 오른쪽에, 8이 뒤의 왼쪽에, 6이 뒤의 오른쪽에 있다. 둥근 하늘에서 3을 취하고 네모진 땅에서 2를 취하여 삼천양지가 5가 된다. 이처럼 하도(河圖)와 낙서(洛書)가 모두 5를 중앙에 놓았다.

하도(河圖)는 아래에서 시작해 위 → 왼쪽 → 오른쪽 → 중앙으로 돌아갔다가 다시 아래에서 시작한다. 운행하는 순서는 동에서 시작하여 남 → 중앙 → 서 → 북으로 왼쪽으로 한 바퀴 돌아 다시 동쪽에서 시작한다. 안에 있는 생수(生數)는 양(陽)이 아래와 왼쪽에 거하고, 음(陰)이 위와 오른쪽에 거한다. 밖에 있는 성수(成數)는 음(陰)이 아래와 왼쪽에 거하고, 양(陽)이 위와 오른쪽에 거한다.

낙서(洛書)의 차례는 양수(陽數)는 북쪽에서 시작하여 동 → 중앙 → 서 → 남으로 돌고, 음수(陰數)는 서남에서 시작하여 동남 → 서북 → 동북으로 돈다. 다시 말해, 북에서 시작하여 서남 → 동 → 동남 → 중앙 → 서북 → 서쪽 → 동북 → 남에 이른다. 운행은 수(水)는 화(火)를 이기고, 화(火)는 금(金)을 이기고, 금(金)은 목(木)을 이기고, 목(木)은 토(土)를 이겨서 오른쪽으로 한 바퀴 돌아 토(土)가 다시 수(水)를 이긴다.

하도(河圖)에서 9는 생수(生數)의 1·3·5가 모인 것으로 북쪽에서 동쪽으로 가고, 다시 동쪽에서 서쪽으로 가서 4의 밖에 이루어진다. 6은 생수(生數)의 2·4가 모인 것으로 남쪽에서 서쪽으로 가고, 다시 서쪽에서 북쪽으로 가서 1의 밖에 이루어진다. 7은 9가 서쪽에서 남쪽으로 간 것이고, 8은 6이 북쪽에서 동쪽으로 간 것이다.

이는 음양(陰陽)의 노소가 서로 감추는 변화이다.

낙서(洛書)는 가로와 세로가 15인데 7·8·9·6이 번갈아 소장(消長)이 된다. 중앙의 5를 비우고 10을 나누어 1이 9를 머금고, 2가 8을 머금고, 3이 7을 머금고, 4가 6을 머금는다. 하도(河圖)의 1·6이 수(水)가 되고, 2·7이 화(火)가 되고, 3·8이 목(木)이 되고, 4·9가 금(金)이 되고, 5·10이 토(土)가 되는 것은 홍범(洪範)의 오행(五行)이고, 55는 구주(九疇)의 작은 세목이다.

낙서(洛書)에서 중앙의 5를 비우면 태극(太極)이고, 기수(奇數)와 우수(偶數)가 각각 20을 차지하면 양의(兩儀)이고, 1·2·3·4가

용마하도(龍馬河圖)

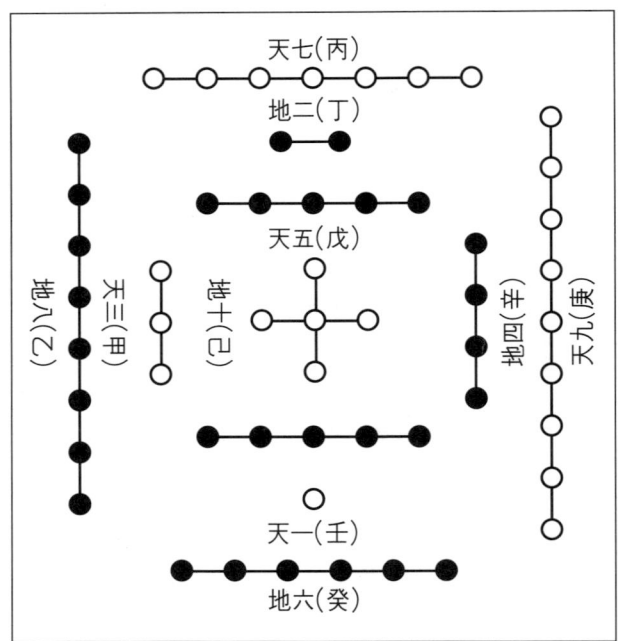

신귀낙서(神龜洛書)

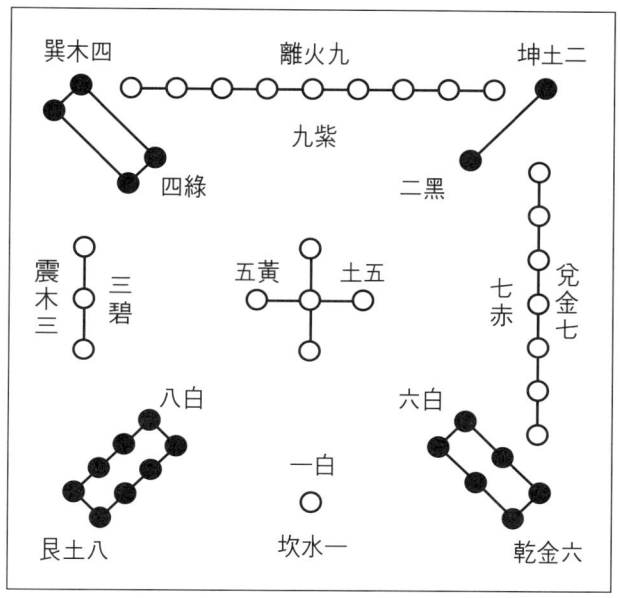

9・8・7・6을 머금어 종횡으로 15가 되어 서로 7・8・9・6이 되면 사상(四象)이고, 사방의 정위로 건(乾)・곤(坤)・이(離)・감(坎)을 삼고, 사우(四隅)의 편위로 태(兌)・진(震)・손(巽)・간(艮)을 삼으면 팔괘(八卦)이다.

하도(河圖)에서 10을 비우면 낙서(洛書)의 45의 수이고, 5를 비우면 대연(大衍)의 50의 수이다. 그리고 5와 10을 모으면 낙서(洛書)의 종횡 15의 수이고, 5를 10으로 곱하고 10을 5로 곱하면 모두 대연(大衍)의 수이다. 또 낙서(洛書)의 5가 스스로 5를 머금으면 10이 되어 대연(大衍)의 수와 통하고, 5와 10을 모으면 15가 되어 하도(河圖)의 수와 통한다.

2 역(易)이란

일월설(日月說)이란 역(易)이라는 글자가 일과 월의 회의(會意) 문자에서 비롯되었다는 설이다. 일은 양(陽)을 뜻하고 월은 음(陰)을 뜻하여, 자연계의 변화나 인간계의 변화가 음양(陰陽)의 조화로 이루어졌다는 설이다.

관측설(觀測說)이란 역(易) 자를 일(日)과 물(勿)의 회의(會意) 문자로 풀이하는 설이다. 무슨 일을 할 때는 해(日)를 거역하지 말라는 뜻이다. 해는 자연의 섭리이니 자연의 섭리에 역행하지 말라는 뜻이다.

석척설(蜥蜴說)이란 역(易) 자가 석척(蜥蜴), 즉 도마뱀을 상형한 문자로 보는 관점에서 유래되었다. 역(易) 자의 윗부분인 일(日)은 도마뱀의 머리를, 구(口) 안의 점은 눈을, 물(勿)은 도마뱀의 몸체와 꼬리와 발을 상형한 것으로 본 것이다. 도마뱀이 보호색을 자주 바꾸는 것처럼 자연이나 인간사도 변화무상하다는 이론에 근거를 둔 것이다.

역(易)의 의의에는 간역(簡易)·변역(變易)·불역(不易)이 있다. 천지의 도는 알기 쉽고 따르기 쉽다고 간역(簡易)이라 하고, 우주는 시시각각으로 변한다고 변역(變易)이라 하며, 변화가 끊이지 않는 우주의 움직임을 불역(不易)이라 한다.

역(易)은 변하면서 변하지 않는 것을 상징과 수로 쉽게 나타낸다. 현상의 변화가 중시될수록 불변의 질서가 강조되게 마련이다. 음

(陰)과 양(陽)이 서로 작용하는 속에 하나의 현상이 이루어지듯이 위와 아래, 안과 밖이 서로 응하고, 처음과 끝이 제휴하는 속에서만 상호의 지위와 환경과 덕을 발휘하며 지탱할 수 있는 것이다.

3. 역(易)을 만든 사람들

오늘날 전해지는 역(易)은 주역(周易)과 동의어로 쓰인다. 그러나 주역(周易) 이전에 하나라 때는 연산역(連山易)이 있었고, 은나라 때는 귀장역(歸藏易)이 있었다. 주역(周易)은 주나라 때 완성된 것으로, 이 세 가지를 삼역(三易)이라고 한다.

복희씨(伏羲氏)가 팔괘(八卦)와 육십사괘(六十四卦)를 모두 창안했다는 왕필설(王弼說), 복희씨(伏羲氏)가 팔괘(八卦)를 창안하고 문왕(文王)이 육십사괘(六十四卦)와 괘효사(卦爻辭)를 완성했다는 사마천설(司馬遷說), 괘사(卦辭)는 문왕(文王)이 짓고 효사(爻辭)는 주공(周公)이 짓고 십익(十翼)은 공자가 지었다는 마융설(馬融說), 신농(神農)이 괘를 창제했다는 정현설(鄭玄說), 우왕(禹王)이 창안했다는 손성설(孫盛說)이 있다.

그러나 주역(周易)은 어느 한 두 사람의 저작이 아니라 복희(伏羲)·신농(神農)·황제(黃帝)·우왕(禹王)·문왕(文王)·주공(周公)·공자 등의 위대한 성인과 현철을 거치면서 완성된 것으로 본다. 공자가 주역(周易)을 애독하여 죽간을 엮은 가죽끈이 세 번이나 끊어졌다고 하는 '위편삼절(韋編三絶)'이라는 고사가 있는 것으로 보아, 공자가 역경(易經) 연구에 얼마나 심혈을 기울였는지 짐작할 수 있다.

4. 역(易)의 구성

역경(易經)은 상경(上經)과 하경(下經) 두 편으로 되어 있다. 상경(上經)은 건곤(乾坤)에서 감리(坎離)까지 30괘로 되어 있고, 하경(下經)은 함항(咸恒)에서 기제(旣濟)와 미제(未濟)까지 34괘로 되어 있다. 전(傳)은 모두 10편으로 십익(十翼)이라고도 하는데, 단전상하(彖傳上下)·상전상하(象傳上下)·계사전상하(繫辭傳上下)·문언전(文言傳)·설괘전(說卦傳)·서괘전(序卦傳)·잡괘전(雜卦傳) 등이다.

단전(彖傳)은 괘사(卦辭)를 부연설명한 것이다. 육효(六爻)의 전체 모양에서 괘의 의의를 포착하려는 경향이 있다. 단전(彖傳)을 판단한 말 단사(彖辭)라고도 부르고, 육십사괘(六十四卦)에는 괘마다 단사(彖辭)가 있다.

상전(象傳)은 사물의 동작을 본뜬 것으로 대상(大象)과 소상(小象)으로 나눈다. 각 괘의 괘사(卦辭)를 해석한 것이 대상(大象)이고, 각 괘의 효사(爻辭)를 해석한 것이 소상(小象)이다. 대상(大象)은 상괘(上卦)와 하괘(下卦)의 관계를 설명했고, 소상(小象)은 각

효의 관계를 설명했다. 육십사괘(六十四卦)에 모두 이 상전(象傳)이 있다. 대상(大象)은 단전(彖傳)과 중복되는데 해설방법이 약간 다르고, 소상(小象)은 단전(彖傳)과 마찬가지로 각 효의 위치에 중점을 두었다.

계사전(繫辭傳)은 괘사(卦辭)와 효사(爻辭)를 묶어 해석한 것이다. 계사(繫辭)를 찬양하면서 다시 설명하며 밝혀 역(易)의 논리를 일관성 있고 체계적으로 만든 역(易)의 해석서이다. 역(易)이 점서의 지위에서 벗어나 철학·윤리·수양서로써의 가치를 인정받게 된 것이 계사전(繫辭傳)이고, 동양철학의 근간을 이루는 유교철학의 기초가 되었다. 계사전(繫辭傳)은 한 사람의 저작이 아니라 전국시대 말부터 한나라 초에 걸쳐 여러 학자에 의하여 이루어진 것으로 보는 견해도 있다.

문언전(文言傳)은 육십사괘(六十四卦) 중 가장 중요한 건(乾)과 곤(坤) 두 괘를 상세히 해설한 것이다. 공자가 지었다는 것이 전통 학설이지만 제가의 학설 중에서 뽑은 것이라는 설도 있다. 문언전(文言傳)의 문(文)은 꾸민다·장식한다는 뜻이다. 건곤(乾坤)괘의 괘효사(卦爻辭)에 대해 군자의 도덕실천을 바탕으로 그 의의를 고취함에 주안을 둔 것이 문언전(文言傳)의 내용이다. 특히 건괘(乾卦)에 역점을 두고 음양(陰陽)을 위주로 했다. 음양(陰陽)의 소장에 따라 효사(爻辭)를 해설한 운문이란 점은 단전(彖傳)과 흡사하여 도덕실천이란 관점에서 소상(小象)과 비슷하다고 본다.

　설괘전(說卦傳)은 전반과 후반으로 나눌 수 있다. 점치는 사람을 위해 주역(周易)의 구성원리를 설명한 총론과 팔괘(八卦)가 상징하는 물상을 열거한 세론으로 되어 있다. 설괘(說卦)란 육십사괘(六十四卦)를 설명한다는 뜻이다. 괘와 효의 변화는 천지신명, 즉 우주정신의 의지가 계시하는 것으로 보았다. 계사전(繫辭傳)보다 늦은 한나라 때 편집된 듯하고, 대상(大象)과 같은 시기에 성립된 것으로 보인다.

　서괘전(序卦傳)은 육십사괘(六十四卦)의 순서를 계통적으로 만물 생성의 순으로 설명하며 논리화한 것이다. 합리적이지 않은 해석도 적지 않으나 역(易)의 큰 뜻을 가장 간단하고 명료하게 표현했다. 그러나 역(易)을 이해하는데 참고는 되지만 해석의 근거로 삼기에는 다소 애매한 면이 있다.

　잡괘전(雜卦傳)은 괘의 순서에 구애받지 않고 성격이 상반되는 것을 짝으로 삼아 육십사괘(六十四卦)의 특색을 한마디로 요약했다. 당나라 공영달(孔穎達)의 주역정의에 의하면, 잡괘전(雜卦傳)은 공자가 자신의 생각으로 순서를 바꾸어 설명한 것이라고 한다.

　십익(十翼)은 원래 경(經)과 나뉘어져 있었는데, 한나라 비직(費

直)이 전(傳) 중의 단(彖)·상(象)·문언(文言)을 각 괘에 분속하고, 그후 정현(鄭玄)과 왕필(王弼) 등을 거쳐 현존의 주소본과 같은 체제가 된 것이다. 송나라 여대방(呂大防)·조열지(晁說之) 등이 고경(古經)으로 돌아갈 것을 주창하고, 주자도 이에 찬성하여 본의(本義)를 지어 상경(上經)·하경(下經)·십익(十翼)으로 나누어 12편으로 했다. 고래의 역설을 종합하여 분류하면 양파(兩派) 6종으로 나눌 수 있다.

양파(兩派)란 상수학(象數學)과 의리학(義理學)을 말한다. 상수학(象數學)에는 3종이 있는데 상수(象數)·기학(機學)·조화(造化)이고, 의리학(義理學)에도 3종이 있는데 노장(老莊)·유리(儒理)·사사(史事)이다. 상수(象數)는 한유설(漢儒說)이고, 기상(機祥)은 음양오행(陰陽五行)설로 경방(京房)과 초공(焦贛) 등의 주장이고, 조화(造化)는 진단(陳摶)과 소옹(邵雍) 등의 주장이다. 의리(義理)에서 왕필(王弼)은 노장사상으로 설하고, 정이(程頤)는 유학사상으로 풀이하고, 이광(李光)과 양만리(揚萬理) 등은 사사(史事)로 설명했다. 문왕(文王)과 주공(周公)이 계사(繫辭)한 후 위와 같이 각각 견해에 따라 해설하여 역(易)은 드디어 깊은 이치를 함유하게 되었다.

앞에서도 역(易)의 작자에 대해 언급했지만 역경(易經)의 전래과정은 복희씨(伏羲氏)가 팔괘(八卦)를 지었다는데 대해서는 거의 이설이 없으나 팔괘(八卦)를 지은 연유에 대해서는 두 가지 주장이 있다.

하나는 하도설(河圖說)이고 다른 하나는 앙부설(仰俯說)이다. 신농씨(神農氏)가 팔괘(八卦)를 거듭하여 육십사괘(六十四卦)를 지었다는 것은 한나라 정현(鄭玄), 위나라 순우준(淳于俊), 당나라 사마정(司馬貞) 등의 주장으로 역대 학자들이 이를 따른다.

주나라 문왕(文王)과 주공(周公)이 각각 괘사(卦辭)와 효사(爻辭)를 지었다고 하는데, 주공(周公)이 효사(爻辭)를 계(繫)했다는 것은 마융(馬融)과 육적(陸績)의 주장이다. 사마천(司馬遷)은 '공자세가(孔子世家)'에서 공자가 십익(十翼)을 지었다고 주장했지만 구양수(歐陽修)는 '역동자문(易童子問)'에서 이를 부인했다.

진시황이 분서(焚書)를 결행했지만 역경(易經)은 복서서(卜筮書)라 하여 보존했고, 한나라 때 이르러 전하(田何)가 공자의 제자 상구(商瞿)의 역(易)을 전했고, 선제(宣帝)와 원제(元帝)에 이르러서는 시씨역(施氏易)·맹씨역(孟氏易)·경방역(京房易)·양구역(梁丘易)이 학관(學官)으로 세워졌고, 민간에는 비직(費直)과 고상(高相)의 두 집안이 있었다.

비직(費直)은 단전(象傳)과 상전(象傳)을 각 괘의 밑에 옮겼고, 이것이 정강성(鄭康成)을 거쳐 왕숙(王肅)과 왕필(王弼)로 이어진다. 그들은 비직(費直)과 정강성(鄭康成)에 따라 단(象)과 대상(大象)을 괘사(卦辭) 뒤에 두고, 소상(小象)을 각 괘효(卦爻) 뒤에 붙였다. 또 문언(文言)을 건곤(乾坤) 뒤에 나누어 배치했고, 왕필(王

弼)은 이것에 주를 달았다. 이에 비씨역(費氏易)이 크게 행해졌다.

진나라 한강백(韓康伯)은 왕필(王弼)의 역주에서 부족한 부분을 보충했고, 무제(武帝) 함녕초(咸寧初) 부준(不準)은 죽서역(竹書易) 2편을 발견하였다.

당나라 태종 정관 12년에는 공영달(孔穎達)이 필주(弼注)와 한주(韓注)에 의거하여 소(疏)를 지었는데, 그것이 유명한 '주역정의(周易正義)'이다. 그리고 이정조(李鼎祚)와 사징(史徵)의 찬술(撰述)도 있다.

송나라 때는 여대방(呂大防)이 비직(費直)·정강성(鄭康成)·왕필(王弼) 등의 고경착란(古經錯亂)을 정정하여 주역고경(周易古經) 12편을 지었고, 조열지(晁說之)는 고문역(古文易) 8편을 펴냈다. 여동래(呂東萊)와 주자(朱子)는 조열지(晁說之)의 편차에 따랐고, 주자는 다시 고역(古易)으로 돌아가 본의(本義)를 지었다.

송나라의 역풍(易風)을 보면 호안정(胡安定)이 의(義)를, 소강절(邵康節)이 수(數)를, 정이천(程伊川)·정명도(程明道)가 이(理)를, 주염계(周廉溪)가 체(體)를, 장횡거(張橫渠)가 용(用)을 체득했다. 주자는 의리(義理)와 상수(象數)를 종합하여 본의(本義)를 지어 복서(卜筮)까지 부언했다.

금나라 때는 주로 왕필(王弼)과 한강백(韓康伯)의 주(注)를 채용했고, 원나라 때는 주로 정자(程子)와 주자설(朱子說)을 했으며, 허형(許衡)·오징(吳澄)·호병문(胡炳文) 등이 저명했다.

명나라 때는 정이천(程伊川)의 역전(易傳)과 주자(朱子)의 본의

(本義)를 합한 전의(傳義)를 겸용했다. 그런데 영락(永樂) 13년 (1415)에 호광(胡廣) 등이 칙명으로 역경대전(易經大全) 14권을 지었고, 채청(蔡淸)·초횡(焦竑)·양사기(揚士奇)·학경(郝敬)·하해(何楷)·내지덕(來知德) 등도 각기 찬술했다.

청나라 때는 강희(康熙) 54년(1715)에 이광지(李光地) 등이 칙명으로 주역절중(周易折中) 22권을 지었고, 이외에도 여러 종류의 제가제술(諸家諸述)이 있다.

태극(太極)은 음양이기(陰陽二氣)의 근원으로 정주이기설(程朱理氣說)에서는 이(理)로 보지만 한유(漢儒)는 일기(一氣)로 본다. 잠연무형(湛然無形)의 우주 일원기(一元氣)를 태극(太極)이라 한 것이다.

장횡거(張橫渠)는 태극(太極)을 태허(太虛)로도 보았는데, 그의 태허(太虛)는 무형으로써 기의 본체이다. 그것은 곧 부침·승강·동정·상감을 함유하는 존재로 태화(太和) 상태로 옮아간다. 여기서 음양굴신(陰陽屈伸)의 도(道)로 가는 것이다.

주자(朱子)는 태극(太極)을 동정지리(動靜之理)를 함유하는 존재로 이(理)라 했다. 음양이기(陰陽二氣)는 태극일기(太極一氣)의 분화이니, 음양(陰陽)은 이본체(二本體)인 이원(二元)이 아니라 음(陰)과 양(陽)의 관계는 시단(始端)이 없다는 것이다. 이것을 일음일양지도(一陰一陽之道)라 한다.

태극(太極)

만물생성의 근원인 본체로, 천지와 음양(陰陽)이 분화되기 이전 혼돈상태의 원기(元氣)를 말한다. 서법(筮法)에서도 50개의 서죽(筮竹) 중에서 하나를 뽑아놓고 시작한다. 이는 태극(太極)을 상징하며, 그렇게 하여 신령을 암시한다는 것이다. 태극(太極)은 군사에 비유하면 본진이나 본영인 셈이고, 총사령탑이라고 할 수 있다.

양의(兩儀)

태극(太極)에서 분화된 것이 양의(兩儀)이다. 음(陰)과 양(陽)을 상징하고, 천지자연의 무궁무진한 변화의 근원이며, 인간사회의 길흉의 산실이라고 할 수 있다. 양의(兩儀)는 천지를 상징하고, 춘하추동의 순환에 수반한 한서의 추이와 밤과 낮의 교체에 있어서 태양과 달이 되고, 인간의 생사와 남녀의 성별 및 강유의 덕을 표상한다. 음(陰)과 양(陽)은 온갖 현상의 전개를 주도하는 속에 작용하여 음양(陰陽)의 교차와 변화를 한다.

사상(四象)

음(陰)과 양(陽)은 변화의 양상에 따라 4가지로 구분하며, 이를 사상(四象)이라고 한다. 양(陽)은 노양(老陽)과 소음(少陰)으로 나뉘고, 음(陰)은 소양(少陽)과 노음(老陰)으로 나뉜다. 여기서 소양(少陽)과 소음(少陰)은 각각 음(陰) 중의 양(陽)과 양(陽) 중의 음(陰)을 말한다. 음(陰)이 양(陽)으로 양(陽)이 음(陰)으로 유전화변하는 원리를 나타낸 것이다. 음양의 증감과 성쇠, 상승과 반발, 감응과 구축, 혼화와 교체 등의 여러 관계를 상징하는 것이다. 사상(四象)은 이효(二爻)로 이루어지나 팔괘(八卦)는 삼효(三爻)로 이루어지며 소성괘(小成卦)라고 한다.

팔괘(八卦)

사상(四象)은 또 팔괘(八卦)를 낳았다. 노양(老陽 ═)에서 건(乾 ☰)과 태(兌 ☱)가 생기고, 소음(少陰 ⚏)에서 이(離 ☲)와 진(震 ☳)이 생기고, 소양(少陽 ⚎)에서 손(巽 ☴)과 감(坎 ☵)이 생기고, 노음(老陰 ⚏)에서 간(艮 ☶)과 곤(坤 ☷)이 생긴다. 이것을 팔괘(八卦)라 하고, 하늘과 땅을 비롯한 천지자연의 현상을 상징하며, 여러 가지 성질과 의미를 지닌다. 3개의 효로 구성된 팔괘(八卦)를 소성괘(小成卦)라 하고, 소성괘(小成卦)가 상하로 2개씩 즉 6개의 효로 결합된 것을 대성괘(大成卦)라 한다. 그 수가 64개이므로 육십사괘(六十四卦)라고 한다.

건괘(乾卦 ☰)는 3개가 모두 이어져 건삼련(乾三連), 태괘(兌卦 ☱)는 위가 끊어져 태상절(兌上絶), 이괘(離卦 ☲)는 중간이 끊어져 이허중(離虛中) 또는 이중절(離中絶), 진괘(震卦 ☳)는 아래가 이어져 진하련(震下連), 손괘(巽卦 ☴)는 아래가 끊어져 손하절(巽下絶), 감괘(坎卦 ☵)는 중간이 이어져 감중련(坎中連), 간괘(艮卦 ☶)는 위가 이어져 간상련(艮上連), 곤괘(坤卦 ☷)는 3개가 모두 끊어져 곤삼절(坤三絶)이라고 외우면 편리하다.

태극도설(太極圖說)

무극(無極)이면서 태극(太極)이니 태극(太極)이 동하여 양(陽)을 낳는다. 움직임(動)이 극에 달하면 고요(靜)하게 되고, 정하면 음(陰)을 낳아 정이 극에 이르면 다시 동한다.

한 번 동하고 한 번 정하는 것이 서로 근본이 되어, 음(陰)과 양(陽)으로 나뉘어 양의(兩儀)가 서는 것이다. 양(陽)이 변하고 음(陰)이 합쳐 수화목금토(水火木金土)를 낳는다.

이 오행(五行)의 기운이 순조롭게 퍼져 사시(四時 : 춘하추동)가 운행되는 것이다. 오행(五行)은 하나의 음양(陰陽)이고, 음양(陰陽)은 하나의 태극(太極)이다. 태극(太極)은 본래 무극(無極)이었다. 오행(五行)이 생길 때 각기 하나씩 그 성품을 타고난다.

무극(無極)의 진리와 음양이기(陰陽二氣) 오행(五行)의 정기가 묘하게 합쳐지고 엉겨, 건(乾)의 도(道)는 남자를 만들고 곤(坤)의 도(道)는 여자를 만든다. 두 기운이 서로 교감하여 만물을 변화생성하니 만물은 끊임없이 서로 생성하면서 무궁한 변화를 한다.

오직 인간은 그 중에서 빼어난 기운을 얻어 가장 신령스럽고, 형체가 생기고 나서는 정신이 지혜를 발한다. 그리하여 인의예지신(仁義禮智信) 오성이 감동되어 선과 악으로 나뉘고 만사가 나오는 것이다.

성인이 중정인의(中正仁義)로써 안정시키고, 정을 주장하여 사람의 법도인 극을 세웠다. 따라서 성인은 천지와 더불어 그의 덕이 합되고, 일월(日月)과 더불어 그의 밝음이 합되며, 사시(四時)와 더

太極圖

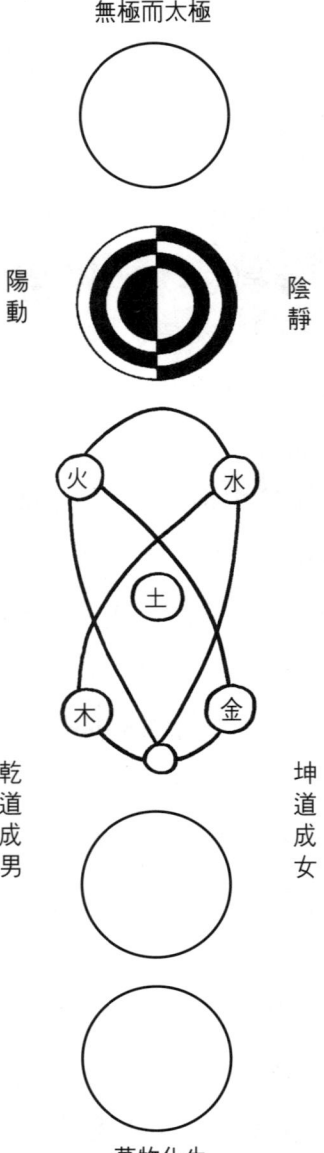

無極而太極

陽動　　　　　陰靜

乾道成男　　　坤道成女

萬物化生

불어 그의 질서가 합되고, 귀신과 더불어 그의 길흉이 합된다. 군자는 이것을 닦기 때문에 길하고, 소인은 이것을 어기기 때문에 흉한 것이다.

그러므로 왈 하늘을 세우는 도(道)는 음(陰)과 양(陽)이고, 땅을 세우는 도(道)는 유(柔)와 강(剛)이고, 사람을 세우는 도(道)는 인(仁)과 의(義)이다.

또 왈 사물의 시작을 좇아 사물의 끝으로 돌아간다. 그러므로 죽고 사는 사생(死生)의 이론을 아는 것이다. 위대하다, 주역(周易)이여! 이것이 그 지극함이도다.

5. 천간(天干)과 지지(地支)

천간(天干)은 하늘의 기(氣) 형성과 물상을 상징하는 천기로써 하늘의 오운(五運)인 목화토금수(木火土金水)로 기상을 이룬다. 천간(天干)을 약칭하여 간(干)이라 하고, 부호가 10개이므로 십간(十干)이라고 한다. 지지(地支)는 땅의 질상과 물상을 상징하는 지기

十干	甲	乙	丙	丁	戊	己	庚	申	壬	癸
陰陽	陽	陰	陽	陰	陽	陰	陽	陰	陽	陰
五行	木	木	火	火	土	土	金	金	水	水

十二支	子	丑	寅	卯	辰	巳	午	未	申	酉	戌	亥
陰陽	陽	陰	陽	陰	陽	陰	陽	陰	陽	陰	陽	陰
五行	水	土	木	木	土	火	火	土	金	金	土	水

로 땅의 형체를 이룬 것이다.

지지(地支)는 약칭하여 지(支)라 하고, 지지(地支)의 부호가 12개이므로 십이지(十二支)라고 한다. 그리고 천간(天干)과 지지(地支)를 약칭하여 간지(干支)라고 하고, 천간(天干)과 지지(地支)는 각각 음양(陰陽)과 오행(五行)이 정해져 있다.

육십갑자(六十甲子) 납음오행(納音五行)과 공망(空亡)

천간(天干)과 지지(地支)가 합하여 된 것이 모두 60개인데 이것을 육십갑자(六十甲子)라고 한다. 육십갑자(六十甲子)에는 각각 납음오행(納音五行)이 있다.

천간(天干)과 지지(地支)가 합될 때 천간(天干)은 10개인데 지지(地支)는 12개이므로 2개가 남는다. 이 남은 2개를 공망(空亡)이라 하고, 다음에 짝짓기할 때는 우선적으로 합이 된다.

六十甲子의 納音五行과 空亡

甲子旬中		甲戌旬中		甲申旬中		甲午旬中		甲辰旬中		甲寅旬中	
甲子	海中金	甲戌	山頭火	甲申	泉中水	甲午	沙中金	甲辰	覆燈火	甲寅	大溪水
乙丑		乙亥		乙酉		乙未		乙巳		乙卯	
丙寅	爐中火	丙子	澗下水	丙戌	屋上土	丙申	山下火	丙午	天河水	丙辰	沙中土
丁卯		丁丑		丁亥		丁酉		丁未		丁巳	
戊辰	大林木	戊寅	城頭土	戊子	霹靂火	戊戌	平地木	戊申	大驛土	戊午	天上火
己巳		己卯		己丑		己亥		己酉		己未	
庚午	路傍土	庚辰	白鑞金	庚寅	松柏木	庚子	壁上土	庚戌	釵釧金	庚申	石榴木
辛未		辛巳		辛卯		辛丑		辛亥		辛酉	
壬申	劍鋒金	壬午	楊柳木	壬辰	長流水	壬寅	金箔金	壬子	桑柘木	壬戌	大海水
癸酉		癸未		癸巳		癸卯		癸丑		癸亥	
戌亥空亡		申酉空亡		午未空亡		辰巳空亡		寅卯空亡		子丑空亡	

八卦의 象意

八卦\n象	䷀ 乾	䷁ 坤	䷂ 震	䷸ 巽	䷜ 坎	䷝ 離	䷳ 艮	䷹ 兌
괘덕	강건, 건강, 굳셈	유순, 온순, 고요	분발, 결단	순종, 우유부단 들어감	험난함에 빠짐, 정착, 지혜	명석, 지혜, 열, 밝음, 아름다움	정지, 그침, 고요함	즐거움, 기쁨, 온화함
정상	하늘	땅	천둥, 우뢰	바람	물	불	산	연못
인상	아버지, 임금, 남자	어머니, 신하, 여자	장남, 현명한 사람	장녀, 승려, 장사꾼, 수재	중남, 도적, 젊은 남자, 부랑자	중녀, 학자, 문예인	소남, 소년	소녀, 무당, 첩, 기생, 친구
인체	머리, 목, 폐	비위, 배, 육, 소화기	발, 간담, 근막	다리, 간담	귀, 피, 신장	눈, 심장	손, 비위	입, 폐, 혀, 볼
물상	궁궐, 큰 내, 큰 평원	베, 의상, 음식, 마루, 토지, 창고	수레, 뜬 구름, 대나무, 꽃, 과일	초목, 버들, 화원, 부채, 주머니	도랑, 술, 약, 달, 수갑, 철기	갑옷, 무기, 문서, 편지	지름길, 집, 작은 돌, 언덕, 무덤, 성	골짜기, 달, 별, 이슬, 눈
동물	말, 용, 사자, 코끼리	소, 고양이, 물고기	용, 말, 뱀, 나는 새, 곤충	닭, 돼지	여우, 산돼지, 물고기	꿩, 학, 나는 새, 거북이, 반딧불	개, 표범, 쥐	양
계절	늦가을~초겨울	늦여름~초가을	봄	늦봄~초여름	겨울	여름	늦겨울~초봄	가을
방위	서북	서남	동	동남	북	남	동북	서
시각	戌亥	未申	卯	辰巳	子	午	丑寅	酉
맛	매운맛	단맛	신맛	신맛	짠맛	쓴맛	단맛	매운맛
색	백색	흑색	청색	청·녹색	흑색	청·자색	황색	백색
음	치음	궁음	각음	각음	우음	치음	궁음	상음
수	4, 9, 13	5, 10, 15	3, 8	3, 8	1, 6	2, 7	5, 10	4, 9
날씨	맑음, 갬	흐림, 가랑비	천둥	바람, 폭풍우	비, 눈	맑음, 가뭄	흐림	비개이고 구름
병상	높은열, 두통, 근심, 격앙상태	냉한, 비만, 정기허탈	정신이상, 공포증, 경련, 간장질환	감기, 풍기, 숨은열	오한, 통증, 피로, 귓병, 식중독, 가슴앓이	고열, 화상, 시력이상, 심장병, 변비	허약, 중독, 혈행불순, 마비증	기침, 상처, 입병, 폐병

3개의 효로 이루어진 팔괘(八卦)를 소성괘(小成卦)라 하고, 소성괘(小成卦)가 상하로 거듭 있는 것을 대성괘(大成卦)라고 한다. 밑에 있는 소성괘(小成卦)를 내괘(內卦) 또는 하괘(下卦)라 하고, 위에 있는 소성괘(小成卦)를 외괘(外卦) 또는 상괘(上卦)라고 한다. 대성괘(大成卦)는 아래의 효부터 위에 있는 효까지 차례로 초효(初爻)·이효(二爻)·삼효(三爻)·사효(四爻)·오효(五爻)·상효(上爻)라 하는데, 초효(初爻)를 일효(一爻), 상효(上爻)를 육효(六爻)라고 하기도 한다.

　양효(陽爻)는 홀수이니 9를 대신하고, 음효(陰爻)는 짝수이니 6을 대신한다. 양효(陽爻)는 아래의 효부터 초양(初陽)·이양(二陽)·삼양(三陽)·사양(四陽)·오양(五陽)·상양(上陽)이라 하고, 또는 초구(初九)·구이(九二)·구삼(九三)·구사(九四)·구오(九五)·상구(上九)라고도 한다. 음효(陰爻)는 아래의 효부터 초음(初陰)·이음(二陰)·삼음(三陰)·사음(四陰)·오음(五陰)·상음(上陰)이라 하고, 또는 초륙(初六)·육이(六二)·육삼(六三)·육사(六四)·

8 坤	7 艮	6 坎	5 巽	4 辰	3 離	2 兌	1 乾	卦順
☷	☶	☵	☴	☳	☲	☱	☰	八卦
老陰		少陽		少陰		老陽		四象
陰				陽				兩儀
太極								太極

伏羲先天八卦圖

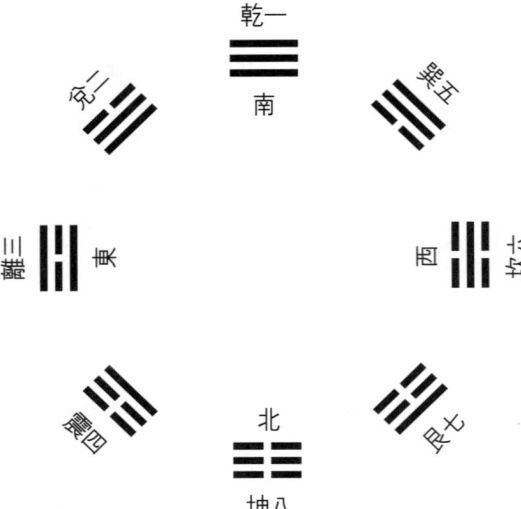

文王後天八卦圖

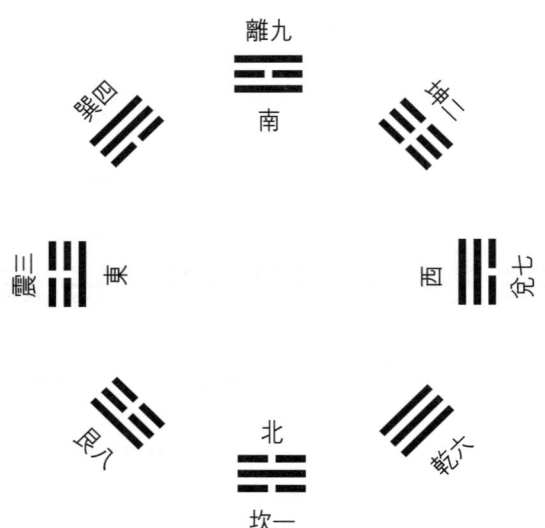

육오(六五)・상륙(上六)이라고도 한다. 초효(初爻)・삼효(三爻)・
오효(五爻)는 양효(陽爻)이고, 이효(二爻)・사효(四爻)・상효(上
爻)는 음효(陰爻)이다.

　대성괘(大成卦)에서 초효(初爻)와 상효(上爻)를 가리고, 2・3・4
효를 하괘(下卦)로 하고, 3・4・5효를 상괘(上卦)로 하여 이루어지
는 괘를 호괘(互卦)라 부른다. 2・3・4효로 이루어진 괘를 안의 호

乾爲天卦 예		
上爻 ▬▬	上九	- - - 上陽
五爻 ▬▬	九五	- - - 五陽
四爻 ▬▬	九四	- - - 四陽
三爻 ▬▬	九三	- - - 三陽
二爻 ▬▬	九二	- - - 二陽
初爻 ▬▬	初九	- - - 初陽

坤爲地卦 예		
上爻 ▬ ▬	上六	- - - - 上陰
五爻 ▬ ▬	六五	- - - - 五陰
四爻 ▬ ▬	六四	- - - - 四陰
三爻 ▬ ▬	六三	- - - - 三陰
二爻 ▬ ▬	六二	- - - - 二陰
初爻 ▬ ▬	初六	- - - - 初陰

水火旣濟卦 예		
上爻 ▬ ▬	上六	- - - 上陰
五爻 ▬▬	九五	- - - 五陽
四爻 ▬ ▬	六四	- - - 四陰
三爻 ▬▬	九三	- - - 三陽
二爻 ▬ ▬	六二	- - - 二陰
初爻 ▬▬	初九	- - - 初陽

山風蠱卦 예		
上爻 ▬▬	上九	- - - - 上陽
五爻 ▬ ▬	六五	- - - - 五陰
四爻 ▬ ▬	六四	- - - - 四陰
三爻 ▬▬	九三	- - - - 三陽
二爻 ▬▬	九二	- - - - 二陽
初爻 ▬ ▬	初六	- - - - 初陰

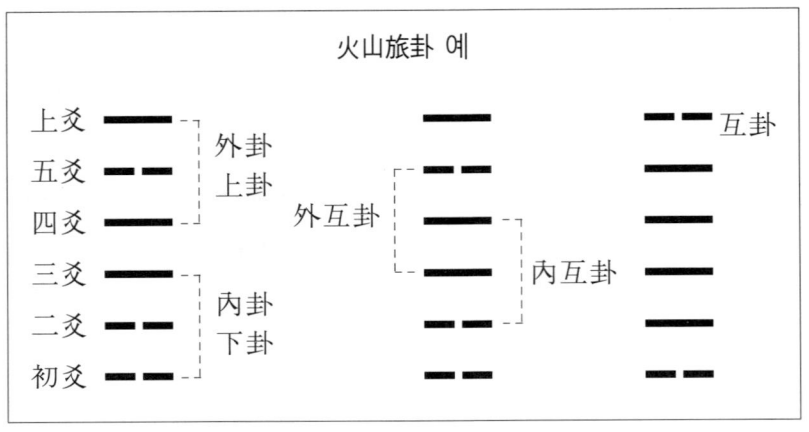

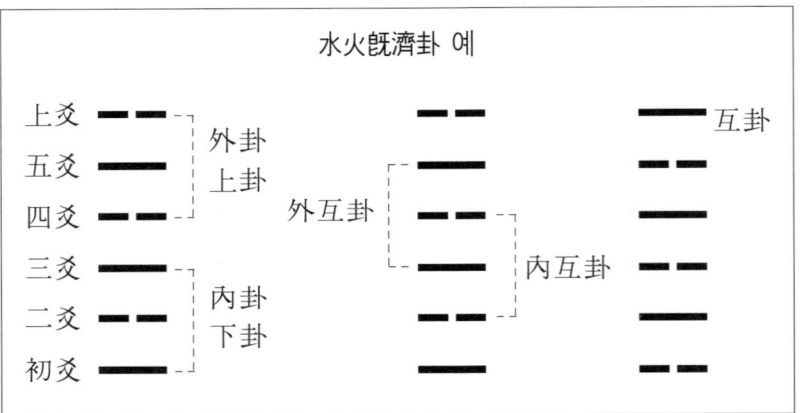

괘(互卦)라 하여 내호괘(內互卦)라 하고, 3·4·5효로 이루어진 괘를 밖의 호괘(互卦)라 하여 외호괘(外互卦)라고 한다.

1·3·5의 양위(陽位)에 양효(陽爻)가 있거나 2·4·상의 음위(陰位)에 음효(陰爻)가 있으면 정(正)이라 하고, 초·3·5의 양위(陽位)에 음효(陰爻)가 있거나 2·4·상의 음위(陰位)에 양효(陽爻)가 있으면 부정(不正)이라고 한다. 외괘(外卦)와 내괘(內卦)에서 가장

중요한 효는 오효(五爻)와 이효(二爻)이다. 오효(五爻)는 군주의 자리이고, 이효(二爻)는 그에 상응하는 자리이다.

만일 음위(陰位)인 이효(二爻)에 양효(陽爻)가 놓이면 부정이다. 그러나 강중(剛中)이라 하여 부정을 그리 탓하지는 않고, 강건한 신하로 보아 영예로움이 많다고 하는 경우가 적지 않다. 마찬가지로 양위(陽位)인 오효(五爻)에 양효(陽爻)가 놓이면 강건중정한 군주라 하여 최상의 괘덕을 지닌 것으로 본다. 그러나 이 자리에 음효(陰爻)가 놓이면 비록 부정이긴 하지만 유중(柔中)이라 하여 역시 그 부정을 탓하지 않는다.

효의 위치는 신분의 귀천을 표시하는데, 위로 올라갈수록 높음을 나타낸다. 초효(初爻)는 서민·평사원, 이효(二爻)는 선비·읍면장 대리·계장, 삼효(三爻)는 대부·도지사·시장·부장·과장, 사효(四爻)는 공경·장관·지배인, 오효(五爻)는 군주·국가원수·사장, 상효(上爻)는 은자·상황·고문·중역을 나타낸다.

효의 위치는 사물의 발전과정을 상징하기도 한다. 초효(初爻)는 일의 시작을 뜻하고, 상효(上爻)는 완성을 뜻한다. 이효(二爻)부터 오효(五爻)까지는 점진적인 발전단계를 뜻하고, 삼효(三爻)는 하괘(下卦)에서 상괘(上卦)로 가는 위치에 해당하여 매우 위태로운 시기를 뜻한다. 삼효(三爻)에 대한 대부분의 효사(爻辭)는 경거망동을 경계한다. 만약 양(陽)이 여기에 있으면 과강부중(過剛不中)의 비난을 면하지 못하고, 음(陰)으로서 여기에 있으면 음유부재(陰柔不才)의 비난을 면하지 못한다.

응효(應爻)

초효(初爻)와 사효(四爻), 이효(二爻)와 오효(五爻), 삼효(三爻)와
상효(上爻)가 대응이면 응효(應爻)라고 하는데, 대응이나 상응이라
고도 한다. 이때 상응하는 두 효가 각각 음(陰)과 양(陽)이면 정응
이라 하여 매우 좋은 것으로 본다. 그 중에서도 이효(二爻)와 오효
(五爻)를 최상으로 본다. 상응하는 두 효가 모두 음(陰)이거나 양
(陽)이면 불응이나 적응이라 하여 반발하고 대립하는 상태이다.

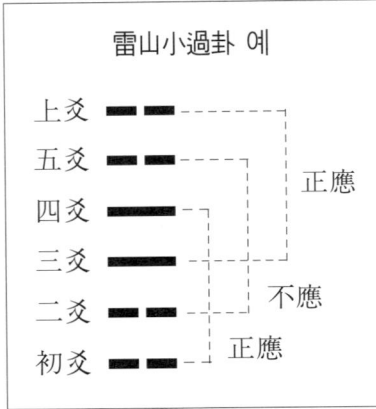

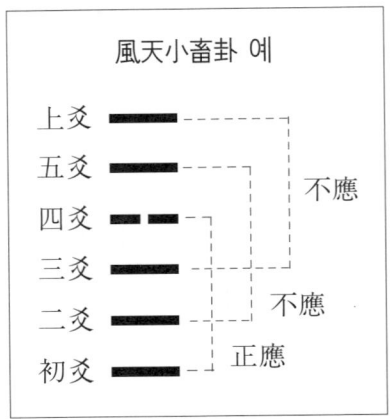

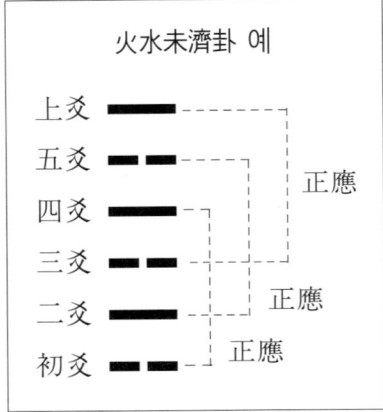

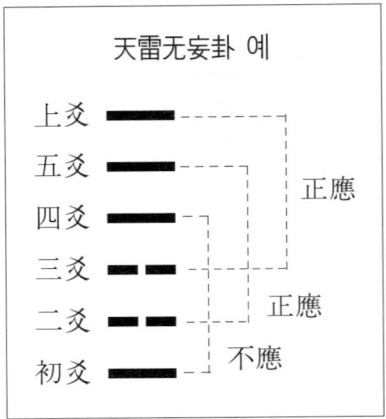

비효(比爻)

비효(比爻)란 아래 위로 이웃한 효 사이의 관계를 말한다. 이웃한 효끼리 음양(陰陽)을 달리하면 비(比)라 하고, 음양(陰陽)이 같으면 불비(不比)라고 한다. 초효(初爻)와 이효(二爻), 이효(二爻)와 삼효(三爻), 삼효(三爻)와 사효(四爻), 사효(四爻)와 오효(五爻), 오효(五爻)와 상효(上爻)가 다른 양효(陽爻)와 음효(陰爻)가 이웃했을 때 더 친근한 정을 주고 받으며 협력한다는 것을 뜻한다. 그런데 응(應)의 관계와 비(比)의 관계가 함께 성립될 때는 비(比)보다 응(應)에 중점을 두어 괘를 풀이한다. 응(應)의 관계가 비(比)보다 결합력이 강하며 중요하기 때문이다.

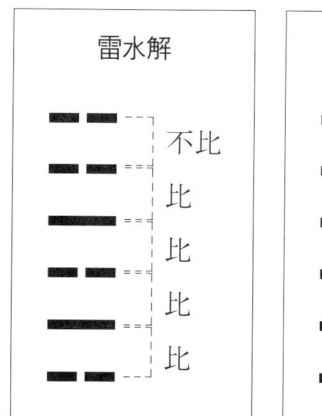
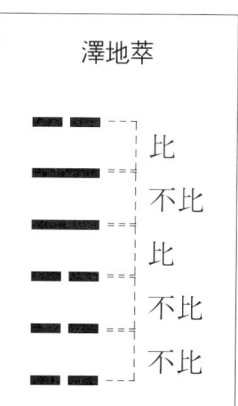
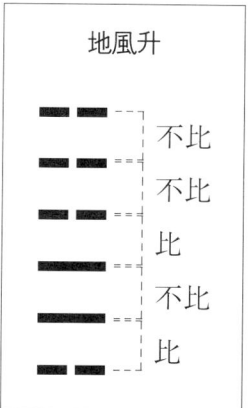

주효(主爻)

주효(主爻)란 한 괘의 중심이 되는 효로, 그 괘에서 가장 중요한 역할을 한다. 소성괘(小成卦)는 음(陰)이든 양(陽)이든 오직 하나밖에 없는 효가 주효(主爻)이고, 건곤감리괘(乾坤坎離卦)는 중효

(中爻)가 주효(主爻)이고, 진손괘(震巽卦)는 하효(下爻)가 주효(主爻)이고, 간태괘(艮兌卦)는 상효(上爻)가 주효(主爻)이다.

대성괘(大成卦)에는 성괘(成卦)의 주효(主爻)와 주괘(主卦)의 주효(主爻)가 있다. 성괘(成卦)의 주효(主爻)는 그 괘의 의의가 그 효에 의해 주로 성립되는 효를 말하고, 효의 고하나 덕의 선악과는 관계가 없다. 주괘(主卦)의 주효(主爻)는 육효(六爻) 중 가장 덕이 있고 시(時)와 위(位)를 얻은 효로 대개 오효(五爻)가 주괘(主卦)의 주효(主爻)가 된다.

그러나 보통 주효(主爻)라고 하면 주로 성괘(成卦)의 주효(主爻)를 말한다. 성괘주(成卦主)와 정괘주(定卦主)는 같은 효인 경우도 있고 다른 효인 경우도 있다. 또 성괘(成卦)의 주효(主爻)가 2개인 경우도 있다. 예를 들면 건괘(乾卦)는 가장 훌륭한 지위와 덕을 지닌 오효(五爻)가 당연히 정괘주(定卦主)가 되는 반면, 건괘(乾卦)는 존귀함을 표상하는 괘로 군주를 뜻하니 곧 성괘주(成卦主)이기도 하다.

그러나 곤괘(坤卦)는 다르다. 순음(純陰)을 표상하며 신의 도(道)를 뜻하는 곤괘(坤卦)의 성괘주(成卦主)는 이효(二爻)일 수밖에 없다. 그러나 이 괘의 주효(主爻)는 역시 군위(君位)의 오효(五爻)이니 오효(五爻)가 곧 정괘주(定卦主)이다. 육십사괘(六十四卦)의 주효(主爻)는 다음과 같다.

六十四卦의 主爻

1. 乾	九五	2. 坤	六二	3. 屯	初九・九五
4. 蒙	九二・六五	5. 需	九五	6. 訟	九五
7. 師	九二・六五	8. 比	九五	9. 小畜	六四・九五
10. 履	六三・九五	11. 泰	九二・六五	12. 否	六二・九五
13. 同人	六二・九五	14. 大有	六五	15. 謙	九三
16. 豫	九四	17. 隨	初九・九五	18. 蠱	六五
19. 臨	初九・九二	20. 觀	九五・上九	21. 噬嗑	六五
22. 賁	六二・上九	23. 剝	上九	24. 復	初九
25. 无妄	初九・九五	26. 大畜	六五・上九	27. 頤	六五・上九
28. 大過	九二・九四	29. 坎	九二・九五	30. 離	六二・六五
31. 咸	九四・九五	32. 恒	九二	33. 遯	初六・六二・九五
34. 大壯	九四	35. 晉	六五	36. 明夷	上六・六二・六五
37. 家人	九五・六二	38. 睽	六五・九二	39. 蹇	九五
40. 解	九二・六五	41. 損	六三・上九・六五	42. 益	六四・初九・九五・六二
43. 夬	上六・九五・九二	44. 姤	初六・九二・九五	45. 萃	九五
46. 升	六五・初六	47. 困	九二・九五	48. 井	九五
49. 革	九五	50. 鼎	六五・上九	51. 震	初九
52. 艮	上九	53. 漸	六二・九五	54. 歸妹	六三・上六・六五
55. 豊	六五	56. 旅	六五	57. 巽	初六・六四・九五
58. 兌	六三・上六・九二・九五	59. 渙	九五	60. 節	九五
61. 中孚	六三・六四・九二・九五	62. 小過	六二・六五	63. 旣濟	六二
64. 未濟	六五				

괘신법(卦身法)

　세효(世爻)로 월수를 산출하는 방법을 말한다. 세효(世爻)가 양효(陽爻)에 있으면 초효(初爻)에서 11월부터 시작해 육효(六爻)에서 4월괘로 끝나고, 세효(世爻)가 음효(陰爻)에 있으면 초효(初爻)에서 5월부터 시작해 육효(六爻)에서 10월괘로 끝난다. 괘신(卦身)은 한 괘의 주신(主身)이고, 사(事)와 체(體)가 된다. 주관과 괘세로 보아 괘와 절기의 득세나 실세 등의 관계를 본다. 괘에 괘신(卦身)이 없으면 주인이 없는 것이니 산전불입괘(散錢不入卦)라고 한다.

乾爲天 4월卦

4월	▬▬▬▬	世·陽
3월	▬▬▬▬	
2월	▬▬▬▬	
1월	▬▬▬▬	應
12월	▬▬▬▬	
11월	▬▬▬▬	

兌爲澤 10월卦

10월	▬▬　▬▬	世·陰
9월	▬▬▬▬	
8월	▬▬▬▬	
7월	▬▬　▬▬	應
6월	▬▬▬▬	
5월	▬▬▬▬	

火天大有 1월卦

	▬▬▬▬	應
	▬▬　▬▬	
	▬▬▬▬	
1월	▬▬▬▬	世·陽
12월	▬▬▬▬	
11월	▬▬▬▬	

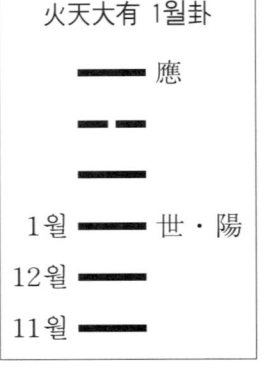

雷火風 9월卦

	▬▬　▬▬	
9월	▬▬　▬▬	世·陰
8월	▬▬▬▬	
7월	▬▬▬▬	
6월	▬▬　▬▬	應
5월	▬▬▬▬	

風山漸 1월卦

	▬▬▬▬	應
	▬▬▬▬	
	▬▬　▬▬	
1월	▬▬▬▬	世·陽
12월	▬▬▬▬	
11월	▬▬　▬▬	

水雷屯 6월卦

	▬▬　▬▬	
	▬▬▬▬	應
	▬▬　▬▬	
	▬▬　▬▬	
6월	▬▬　▬▬	世
5월	▬▬▬▬	

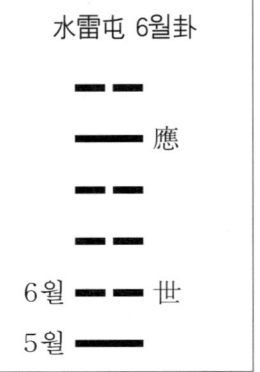

효위정월법(爻位定月法)

효위정월법(爻位定月法)은 어떤 괘이든 일정한 방식으로 배열한다. 1효부터 6효까지 차례로 1·3·5·7·9·11월 식으로 배열하고 다시 1효부터 6효까지 2·4·6·8·10·12월 순으로 고정하여 배치한다.

비신정월법(飛神定月法)

비신납갑(飛神納甲)

소성괘(小成卦)인 팔괘(八卦)에 오행(五行)이 있는가 하면, 대성괘(大成卦)인 육십사괘(六十四卦)에도 소속된 오행(五行)이 있다. 소속된 궁(宮)의 오행(五行)을 본신(本身)의 오행(五行)으로 삼아 육효(六爻)와 생극(生剋) 비화(比和)에 따라 육친을 정한다.

건금궁(乾金宮) : 건위천(乾爲天)·천풍구(天風姤)·천산돈(天山

遯)·천지비(天地否)·풍지관(風地觀)·산지박(山地剝)·화지진
(火地晋)·화천대유(火天大有)

감수궁(坎水宮) : 감위수(坎爲水)·수택절(水澤節)·수뢰둔(水雷
屯)·수화기제(水火旣濟)·택화혁(澤火革)·뇌화풍(雷火豊)·지화
명이(地火明夷)·지수사(地水師)

간토궁(艮土宮) : 간위산(艮爲山)·산화비(山火賁)·산천대축(山
天大畜)·산택손(山澤損)·화택규(火澤睽)·천택리(天澤履)·풍택
중부(風澤中孚)·풍산점(風山漸)

진목궁(震木宮) : 진위뢰(震爲雷)·뇌지예(雷地豫)·뇌수해(雷水
解)·뇌풍항(雷風恒)·지풍승(地風升)·수풍정(水風井)·택풍대과
(澤風大過)·택뢰수(澤雷隨)

손목궁(巽木宮) : 손위풍(巽爲風)·풍천소축(風天小畜)·풍화가인
(風火家人)·풍뢰익(風雷益)·천뢰무망(天雷无妄)·화뢰서합(火雷
噬嗑)·산뢰이(山雷頤)·산풍고(山風蠱)

이화궁(離火宮) : 이위화(離爲火)·화산려(火山旅)·화풍정(火風
鼎)·화수미제(火水未濟)·산수몽(山水蒙)·풍수환(風水渙)·천수
송(天水訟)·천화동인(天火同人)

八卦 六爻飛神	一乾天	二兌澤	三離火	四震雷	五巽風	六坎水	七艮山	八坤地
外卦·上卦 上爻	戌 (壬戌)	未 (丁未)	巳 (己巳)	戌 (庚戌)	卯 (辛卯)	子 (戊子)	寅 (丙寅)	酉 (癸酉)
外卦·上卦 五爻	申 (壬申)	酉 (丁酉)	未 (己未)	申 (庚申)	巳 (辛巳)	戌 (戊戌)	子 (丙子)	亥 (癸亥)
外卦·上卦 四爻	午 (壬午)	亥 (丁亥)	酉 (己酉)	午 (庚午)	未 (辛未)	申 (戊申)	戌 (丙戌)	丑 (癸丑)
內卦·下卦 三爻	辰 (甲辰)	丑 (丁丑)	亥 (己亥)	辰 (庚辰)	酉 (辛酉)	午 (戊午)	申 (丙申)	卯 (乙卯)
內卦·下卦 二爻	寅 (甲寅)	卯 (丁卯)	丑 (己丑)	寅 (庚寅)	亥 (辛亥)	辰 (戊辰)	午 (丙午)	巳 (乙巳)
內卦·下卦 初爻	子 (甲子)	巳 (丁巳)	卯 (己卯)	子 (庚子)	丑 (辛丑)	寅 (戊寅)	辰 (丙辰)	未 (乙未)

곤토궁(坤土宮) : 곤위지(坤爲地)·지뢰복(地雷復)·지택림(地澤臨)·지천태(地天泰)·뇌천대장(雷天大壯)·택천쾌(澤天夬)·수천수(水天需)·수지비(水地比)

태금궁(兌金宮) : 태위택(兌爲澤)·택수곤(澤水困)·택지췌(澤地萃)·택산함(澤山咸)·수산건(水山蹇)·지산겸(地山謙)·뇌산소과(雷山小過)·뇌택귀매(雷澤歸妹)

육친법(六親法)

생아자부모(生我者父母) : 나를 낳은 자는 부모이다.

아생자자손(我生者子孫) : 내가 낳은 자는 자손이다.

아극자처재(我剋者妻財) : 내가 극한 자는 처와 재물이다.

극아자관귀(剋我者官鬼) : 나를 극한 자는 관귀이다.

비화자형제(比和者兄弟) : 나와 같은 자는 형제이다.

육친법(六親法)

八卦宮	八卦所屬宮	父母	子孫	妻財	官鬼	兄弟
乾金宮	乾·姤·遯·否·觀·剝·晋·大有	土 辰戌丑未	水 亥子	木 寅卯	火 巳午	金 申酉
兌金宮	兌·困·萃·咸·蹇謙·小過·歸妹					
坎水宮	坎·節·屯·旣濟革·豊·明夷·師	金 申酉	木 寅卯	火 巳午	土 辰戌丑未	水 亥子
艮土宮	艮·賁·大畜·損·睽·履·中孚·漸	火 巳午	金 申酉	水 亥子	木 寅卯	土 辰戌丑未
坤土宮	坤·復·臨·泰·大壯·夬·需·比					
震木宮	震·豫·解·恒·升井·大過·隨	水 亥子	火 巳午	土 辰戌丑未	金 申酉	木 寅卯
巽木宮	巽·小畜·家人·益无妄·噬嗑·頤·蠱					
離火宮	離·旅·鼎·未濟蒙·渙·訟·同人	木 寅卯	土 辰戌丑未	金 申酉	水 亥子	火 巳午

세응(世應)

육십사괘(六十四卦)마다 세(世)와 응(應)을 붙여서 세(世)가 임하는 효를 세효(世爻)라 하고, 나·자신·주인으로 본다. 응(應)이 임하는 효를 응효(應爻)라고 하고, 상대·객으로 본다. 세(世)가 초효(初爻)에 있으면 응(應)은 사효(四爻)에 위치하고, 세(世)가 이효

(二爻)에 있으면 응(應)은 오효(五爻)에 위치하고, 세(世)가 삼효
(三爻)에 있으면 응(應)은 상효(上爻)에 위치하고, 세(世)가 사효
(四爻)에 있으면 응(應)은 초효(初爻)에 위치하고, 세(世)가 오효
(五爻)에 있으면 응(應)은 이효(二爻)에 위치하고, 세(世)가 상효
(上爻)에 있으면 응(應)은 삼효(三爻)에 위치한다. 정리하면 초세
사응(初世四應)・이세오응(二世五應)・삼세육응(三世六應)・사세
초응(四世初應)・오세이응(五世二應)・육세삼응(六世三應)이다.

신명(身命)

　세효(世爻)를 기준으로 육십사괘(六十四卦)마다 신(身)과 명(命)
의 위치가 있다. 신(身)은 피점자의 몸이며 세효(世爻)의 형체이고,
명(命)은 피점자의 명이며 상대방의 그림자다.

　비신(飛神)의 자(子)나 오(午)에 세(世)가 붙으면 신(身)은 초효
(初爻)에 임하고, 명(命)은 사효(四爻)에 임한다. 비신(飛神)의 축
(丑)이나 미(未)에 세(世)가 붙으면 신(身)은 이효(二爻)에 임하고,
명(命)은 오효(五爻)에 임한다.

　비신(飛神)의 인(寅)이나 신(申)에 세(世)가 붙으면 신(身)은 삼
효(三爻)에 임하고, 명(命)은 상효(上爻)에 임한다. 비신(飛神)의
묘(卯)나 유(酉)에 세(世)가 붙으면 신(身)은 사효(四爻)에 임하고,
명(命)은 초효(初爻)에 임한다.

　비신(飛神)의 진(辰)이나 술(戌)에 세(世)가 붙으면 신(身)은 오
효(五爻)에 임하고, 명(命)은 이효(二爻)에 임한다. 비신(飛神)의

사(巳)나 해(亥)에 세(世)가 붙으면 신(身)은 상효(上爻)에 임하고, 명(命)은 삼효(三爻)에 임한다.

자오(子午) 지세(持世)는 신거초명거사(身居初命居四)

축미(丑未) 지세(持世)는 신거이명거오(身居二命居五)

인신(寅申) 지세(持世)는 신거삼명거육(身居三命居六)

묘유(卯酉) 지세(持世)는 신거사명거초(身居四命居初)

진술(辰戌) 지세(持世)는 신거오명거이(身居五命居二)

사해(巳亥) 지세(持世)는 신거육명거삼(身居六命居三)

五行의 相生 相剋 比和

相生	木生火	火生土	土生金	金生水	水生木
相剋	木剋土	土剋水	水剋火	火剋金	金剋木
比和	木比木	火比火	土比土	金比金	水比水

五行의 旺相休囚死

旺衰 五行	旺	相	休	囚	死
木	春 寅卯月	冬 亥子月	夏 巳午月	辰戌丑未月	秋 申酉月
火	夏 巳午月	春 寅卯月	辰戌丑未月	秋 申酉月	冬 亥子月
土	辰戌丑未月	夏 巳午月	秋 申酉月	冬 亥子月	春 寅卯月
金	秋 申酉月	辰戌丑未月	冬 亥子月	春 寅卯月	夏 巳午月
水	冬 亥子月	秋 申酉月	春 寅卯月	夏 巳午月	辰戌丑未月

6. 점보는 방법

1. 본서법(本筮法)

서죽(筮竹) 50개를 왼손에 잡고, 마음을 경건하게 가다듬고 50개 중에서 1개를 뽑아 통에 넣거나 책상 위에 따로 놓아두고 사용하지 않는다. 이 1개는 태극(太極)을 상징하는데, 태극(太極)은 모든 변화 가운데 움직이지 않는 근원이기 때문에 변화의 상태에서 제외하는 것이다.

나머지 49개의 서죽(筮竹)을 기도하는 마음으로 정신을 가다듬고 점치려 하는 것을 생각하면서 둘로 갈라 양손에 쥔다. 이때 왼손에 있는 것을 천책(天策)이라 하고, 오른손에 있는 것을 지책(地策)이라고 한다. 여기까지를 제일영(第一營)이라고 한다.

오른손에 있는 지책(地策)을 책상 위에 놓고, 그 중에서 1개를 뽑아 왼손 무명지와 새끼손가락 사이에 끼운다. 이것은 사람을 의미하는 인책(人策)이라 한다. 여기까지를 제이영(第二營)이라 하고, 천책(天策)·인책(人策)·지책(地策)은 삼재(三才)를 상징한다. 다음은 왼손에 있는 천책(天策)을 4개씩 덜어낸다. 여기까지를 제삼영(第三營)의 전반이라고 한다.

그리고 나머지 서죽(筮竹)을 무명지와 새끼손가락 사이에 끼운다. 이것을 륵이라고 하며, 여기까지를 제사영(第四營)의 전반이라고 한다. 이것이 끝나면 책상 위에 놓아두고, 지책(地策)을 갖고 앞과 같이 4개씩 덜어내고, 나머지를 역시 가운데손가락과 둘째손가락 사이에 끼운다. 여기까지를 제사영(第四營)의 후반이라고 한다.

천책(天策)의 나머지와 지책(地策)의 나머지, 그리고 새끼손가락 사이에 끼워둔 인책(人策)을 합하면 반드시 5나 9가 나온다. 이상을 제일변(第一變)이라고 한다.

이렇게 해서 얻은 5나 9를 따로 내놓고, 서죽(筮竹)으로 앞과 같이 사영(四營)을 되풀이 하면 손에 낀 책수는 반드시 4나 8이 된다. 이것을 제이변(第二變)이라고 한다.

제이변(第二變)에서 얻은 서죽(筮竹)을 따로 내놓고 다시 사영(四營)을 되풀이 하면 이번에도 손가락에 낀 책수는 4나 8이 된다. 이것을 제삼변(第三變)이라고 한다.

이렇게 삼변(三變)하여 얻은 책수는 반드시 25·21·17·13 중에 해당한다. 그것을 태극(太極)을 제외한 서죽(筮竹)의 수, 즉 49에서 빼면 24·28·32·36 중에서 하나가 될 것이다.

이것을 4로 나누어 얻은 수가 6이면 노음(老陰), 7이면 소양(少陽), 8이면 소음(少陰), 9이면 노양(老陽)이라 하는데 이것을 사상(四象)이라고 한다. 24개나 32개가 남으면 음(陰), 28개나 36개가 남으면 양(陽)이다. 이렇게 해서 초효(初爻)가 결정되는 것이다.

6개의 효를 얻으려면 똑같은 행동을 18번 되풀이 해야 하므로 본 서법(本筮法)을 십팔변법(十八變法)이라고도 한다.

초효(初爻)를 정하고 나면 다시 초효(初爻)를 정할 때와 같은 방법으로 삼변(三變)의 절차를 거쳐 이효(二爻)를 정한다. 삼효(三

爻)·사효(四爻)·오효(五爻)·상효(上爻)에 이르기까지 한 효마다 위와 같은 삼변(三變)의 절차를 거쳐 차례대로 정하여 나간다.

2. 중서법(中筮法)

일명 육변서법(六變筮法)이라고도 한다. 서죽(筮竹) 50개에서 1개를 뽑아 태극(太極)을 세우고, 천책(天策)과 지책(地策)으로 나눈다. 지책(地策)에서 1개를 뽑아 무명지와 새끼손가락 사이에 끼워 인책(人策)을 세우는 것까지는 본서법(本筮法)과 같다.

그 다음 지책(地策)은 그대로 두고 왼손의 천책(天策)을 8개씩 덜어내고 난 나머지에 새끼손가락에 끼워둔 인책(人策) 1개를 더한 수로 효를 삼는다.

만일 천책(天策)을 8개씩 덜어내고 나머지가 없으면 나머지가 없는 것으로 하는 것이 본서법(本筮法)과 다르다. 이처럼 6번을 반복해서 육효(六爻)를 정한다. 이 경우에도 아래부터 차례로 정해진다.

1개	2개	3개	4개	5개	6개	7개	8개
老陽	少陰	少陰	少陽	少陰	少陽	少陽	老陰

2. 약서법(略筮法)

본서법(本筮法)이나 중서법(中筮法)은 일변(一變)으로 한 효를 얻지만 약서법(略筮法)은 일변(一變)으로 하나의 소성괘(小成卦)를 얻는다. 즉 이변(二變)만으로 대성괘(大成卦)를 얻는 방법이다. 중서법(中筮法)과 똑같은 방법으로 해서 남은 수로 팔괘 중에서 1개를 얻는다.

1개	2개	3개	4개	5개	6개	7개	8개
☰	☱	☲	☳	☴	☵	☶	☷
乾	兌	離	震	巽	坎	艮	坤

변효(變爻)를 구하는 방법은 태극(太極)·천책(天策)·지책(地策)·인책(人策)에 한해서는 지금까지와 같다. 이번에는 왼손의 천책(天策)을 6개씩 덜어내고, 그 나머지에 인책(人策)을 더한 수가 1이면 초효변, 2이면 2효변, 3이면 3효변, 4이면 4효변, 5이면 5효변, 6이면 6효변이 된다.

3. 척전법(擲錢法)

척전법(擲錢法)은 철전, 즉 동전을 던져 작괘하는 방법이다. 동전 3개를 준비하여 음양(陰陽)을 정하는데 십원·백원·常平通寶가 적힌 면은 모두 양(陽)에 속하고, 10원·100원·상평통보가 적힌 뒷면은 모두 음(陰)에 속한다.

동전 3개를 한 번 던져 한 효씩 얻어야 하므로 모두 6번을 던져야 하나의 대성괘(大成卦)가 성립된다. 3개를 던졌을 때 일양이음(一陽二陰)이면 음(陰)으로 표상하고, 일음이양(一陰二陽)이면 양(陽)

으로 표상한다. 삼양(三陽)이면 양동음(陽動陰)이므로 O으로 표상하고, 삼음(三陰)이면 음동양(陰動陽)이므로 ×로 표상한다.

또 다른 방법은 10원짜리나 100원짜리 동전 6개를 준비하여 두 손 안에 넣고, 정좌하여 정신을 집중시킨 다음 점치려는 문제를 정하고, 마음을 모아 잘 흔든 다음 1개씩 뽑아 밑에서부터 위로 순번대로 놓으면 하나의 대성괘(大成卦)가 성립된다.

4. 산통법(算筒法)

산통(算筒) 안에 6개의 서죽(筮竹)을 넣고 1개씩 6번에 걸쳐 뽑는다. 사전에 서죽(筮竹)마다 음(陰 ▬ ▬)과 양(陽 ▬▬▬), 1·2·3·4·5·6을 각각 표기해두면 동효(動爻)를 정하는데 편하다.

또 다른 방법은 산통(算筒) 안에 서죽(筮竹) 8개를 넣는다. 각각 1·2·3·4·5·6·7·8을 표기하고, 성심껏 잘 흔들어 3회에 걸쳐 서죽(筮竹)을 뽑는다. 처음 뽑은 것은 하괘(下卦), 두번째 뽑은 것은 상괘(上卦), 세번째 뽑은 것은 7과 8을 제외한 1·2·3·4·5·6 중에서 하나를 뽑아 동효(動爻)로 정한다.

5. 시간작괘법

시간을 8로 제한 나머지 수를 하괘(下卦)로 하고, 분을 8로 제한 나머지 수를 상괘(上卦)로 한다. 시간과 분을 합하여 6으로 제한 나머지 수로 동효(動爻)를 정한다.

가령 오전 7시 15분에 작괘하는 것이라면, 7시인 7이 하괘(下卦)가 되고, 15분을 8로 제하면 7이 남으니 7이 상괘(上卦)가 되며, 7시인 7과 15분인 15를 더하면 22가 되는데 이것을 6으로 제하면 4가 남으니 4가 동효(動爻)가 되어 7·7간위산(艮爲山) 4효동(爻動)이다.

또 20시 10분에 작괘하는 것이라면, 20을 8로 제하면 4가 남으니 4가 하괘(下卦)가 되고, 10을 8로 제하면 2가 남으니 2가 상괘(上卦)가 된다. 20과 10을 더하면 30이 되는데 6으로 제하면 나머지 수가 없다. 나눈 숫자인 6이 동효(動爻)가 되므로 2·4택뢰수(澤雷隨) 6효동(爻動)이 된다.

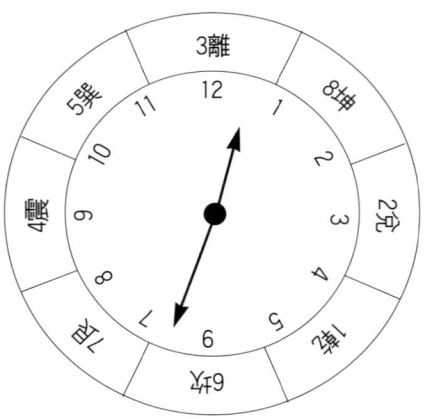

시계로 작괘할 때는 시침은 상괘(上卦), 분침은 하괘(下卦), 초침은 동효(動爻)로 삼는다. 1초부터 10초 사이는 초효동(初爻動), 11초부터 20초 사이는 2효동(爻動), 21초부터 30초 사이는 3효동(爻動), 31초부터 40초 사이는 4효동(爻動), 41초부터 50초 사이는 5효

동(爻動), 51초부터 60초 사이는 6효동(爻動)으로 본다. 예를 들어 12시 33분 23초라면 12시는 3리화(離火), 33분은 6감수(坎水), 23초는 3효동(爻動)이 된다. 따라서 3·6화수미제(火水未濟) 3효동(爻動)으로 작괘한다.

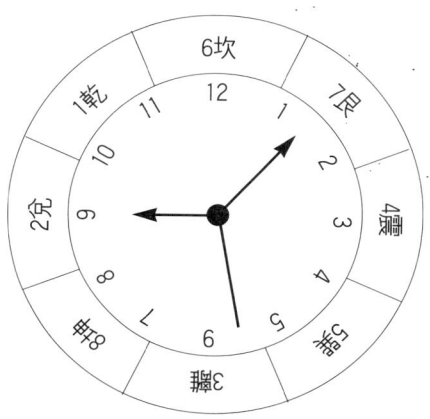

또 다르게 시간을 보는 방법이 있다. 9시 7분이면 9시는 2태택(兌澤), 7분은 7간산(艮山), 동효(動爻)는 시간 수와 분 수를 합한 수를 6으로 제하고 나머지 수로 정한다. 9와 7을 합한 16을 6으로 제하면 4가 남으니 2·7택산함(澤山咸) 4효동(爻動)이 된다.

예를 들어 3시 34분에 작괘한다면 3시는 4진뢰(震雷), 34분은 3리화(離火), 동효(動爻)는 시간 수인 3과 분 수인 34를 더한 37을 6으로 제하면 1이 남는다. 따라서 4·3뇌화풍(雷火風) 초효동(初爻動)이 된다.

6. 안면작괘법

사람의 얼굴을 팔괘로 분류하고, 얼굴의 특징으로 작괘한다. 얼굴 중에서 가장 먼저 눈에 띄는 부위를 상괘(上卦)로 삼고, 그 다음 눈에 띄는 부위를 하괘(下卦)로 삼는다. 동효(動爻)는 상괘(上卦) 수와 하괘(下卦) 수를 더한 수에 시간 수를 합하여 6으로 나눈 뒤 나머지 수로 정한다.

만일 가장 먼저 눈, 그 다음은 코가 눈에 띄었다면 눈은 3리화(離火), 코는 7간산(艮山)이므로 화산려(火山旅)가 되고, 본 시간이 미(未)시이면 미(未)는 8이니 3과 7과 8을 합하면 18이 된다. 이것을 6으로 제하면 나머지 수가 떨어지지 않으니 나눈 숫자인 6이 동효(動爻)가 되어 화산려(火山旅) 6효동(爻動)이 된다. 시간 수는 아래와 같다.

乾	兌	離	震	巽	坎	艮	坤
이마	입	눈	턱	머리카락	귀	코	뺨

子時	丑時	寅時	卯時	辰時	巳時	午時	未時	申時	酉時	戌時	亥時
1	2	3	4	5	6	7	8	9	10	11	12

6. 년월일시 작괘법

년월일을 합한 수를 8로 제하여 나머지 수를 상괘(上卦)로 취하고, 년월일을 합한 수에 시간 수를 더한 뒤 8로 제하여 나머지 수를 하괘(下卦)로 정한다. 동효(動爻)는 년월일시의 총수를 6으로 나눈 나머지 수로 결정한다.

예를 들어 을유(乙酉)년 음력 10월 5일 오후 2시 30분에 작괘한다고 가정해보자. 유(酉)는 지지(地支) 중 열번째이므로 10수를 취하고, 10월에서 10을, 5일에서 5를 취하여 세 숫자를 모두 합하면 25가 되고, 이것을 8로 나누면 1이 남는다. 1은 1건천(乾天)이므로 상괘(上卦)는 건금(乾金)이 된다.

오후 2시 30분은 미(未)시이고, 미(未)는 지지(地支) 중에서 8번째이므로 8을 취한다. 이 8에다 먼저 얻은 년월일 총수인 25를 더하면 33이 되고, 이를 8로 나누면 1이 남는다. 1은 1건천(乾天)이므로 하괘(下卦)는 건금(乾金)이 된다. 년월일시의 총수인 33을 6으로 나누면 나머지가 3이니 3효동(爻動)이 된다. 그러므로 1·1건위천(乾爲天) 3효동(爻動)이 된다. 또 을유(乙酉)년 음력 12월 21일 오전 9시 40분이면 다음과 같다.

10+12+21＝43　　43÷8＝3 상괘(上卦)

43+6(巳時)＝49　　49÷8＝1 하괘(下卦)

49÷6＝1효동(爻動)

고로 3·1화천대유(火天大有) 초효동(初爻動)이 된다.

7. 대정수(大定數) 작괘법

선천수(先天數)

甲己子午	乙庚丑未	丙辛寅申	丁壬卯酉	戊癸辰戌	巳亥
9	8	7	6	5	4

후천수(後天數)

壬子	丁巳	甲寅	辛酉	戊辰戌	癸亥	丙午	乙卯	庚申	丑未	己
1	2	3	4	5	6	7	8	9	10	100

후천변수(後天變數)

1	2	3	4	5	6	7	8	9
↓	↓	↓	↓	↓	↓	↓	↓	↓
7	2	6	3	4	5	7	8	1

　예를 들어 사주가 무신(戊申)년 정사(丁巳)월 병인(丙寅)일 기축(己丑)시이면 년간지(年干支)에는 선천수(先天數)를 붙이지 않고 후천수(後天數)만 붙인다.

　무신(戊申)년은 후천수(後天數)로 5와 9인데 59로 사용하고, 59는 태세수(太歲數)가 된다.

　정사(丁巳)월은 선천수(先天數)로 6과 4인데 합하면 10이 되고, 후천수(後天數)는 2와 2인데 22로 사용한다. 10과 22를 합하면 32인데 32는 월건수(月建數)가 된다.

병인(丙寅)일은 선천수(先天數)로 7과 7인데 합하면 14이다. 십단위는 변화시키니 14는 140이 되고, 후천수(後天數)로 7과 3인데 73으로 쓴다. 140과 73를 합하면 213인데 213은 일진수(日辰數)이다.

기축(己丑)시는 선천수(先天數)로 9와 8인데 합하면 17이 된다. 단위를 백단위로 변화시키므로 1,700이 되고, 후천수(後天數)로는 100과 10인데 합하면 110이 되고, 1,700과 110을 합하면 1,810이니 1810은 생시수(生時數)가 된다. 사주의 대정수(大定數)를 모두 합하여 백단위와 십단위를 후천변수(後天變數)시킨다.

년 59+월 32+일 213+시1810＝2,114

↓↓

2114÷6＝2→ 2효동(爻動)   7·7간위산(艮爲山)

따라서 본괘(本卦)는 간위산(艮爲山), 변괘(變卦)는 산풍고(山風蠱), 호괘(互卦)는 뇌수해(雷水解)이다. 대정수(大定數)에서 십단위와 백단위를 후천변수(後天變數)시키는데, 십단위에 ○이 놓이면 단단위의 수를 당겨 쓰고, 단단위에도 ○이 놓이면 백단위의 수를 당겨서 쓰고, 백단위에도 ○이 놓이면 천단위의 수를 당겨서 쓴다.

1,309	1,600	2,000	2,035	2,008	1,604	1,991
↓↓	↓↓	↓↓	↓↓	↓↓	↓↓	↓↓
61	55	22	26	28	53	11

임진(壬辰)년 정미(丁未)월 계미(癸未)일 경신(庚申)시 생의
평생운괘는

년 15+월 44+ 일 200+시 1,599=1,858

↓↓

1,858÷6=4효동(爻動)   8·4지뢰복(地雷復) 괘

경술(庚戌)년 신사(辛巳)월 기해(己亥)일 경오(庚午)시 생
평생운괘는

년 95+월 53+일 236+시 1,797=2,181

↓↓

2181÷6=3효동(爻動)   7·8산지박(山地剝) 괘

무자(戊子)년 갑인(甲寅)월 무오(戊午)일 갑인(甲寅)시 생
평생 운괘는

년 51+월 49+일 197+시 1,633=1,930

↓↓

1930÷6=4효동(爻動)   1·6천수송(天水訟) 괘

7. 용신(用神)

점의 주체가 되는 육신이 용신(用神)이고, 그 용신(用神)이 위치한 효를 용효(用爻)라고 한다.

1. 세효(世爻) : 자기 자신

2. 응효(應爻) : 타인, 상대방, 남의 남편, 남의 아내, 사업상의 경쟁자, 소송의 상대방, 부(父)·재(財)·형(兄)·관(官)·손효(孫爻)로 용신(用神)할 수 없는 기타의 모든 사람.

3. 부모효(父母爻) : 조부모, 부모, 백부, 백모, 숙부, 숙모, 고모, 고모부, 이모, 이모부, 장인, 장모, 유모, 부모의 동배나 부모와 나이가 비슷한 사람, 사장, 가장, 장원(牆垣), 천지, 성지(城池), 비, 눈, 이슬, 서리, 택사(宅舍), 옥우(屋宇), 주거(舟車), 버스, 비행기, 기차, 택시, 호신용 무기, 의복, 문서, 도장, 서관(書館), 장주(章奏), 계약, 우구(雨具), 주단, 주포(紬布), 포필(布疋), 호텔, 모텔, 여관, 여인숙, 사무실.

4. 관귀효(官鬼爻) : 공명, 귀신, 관부(官府), 뇌정(雷霆), 남편, 남편의 형제, 남편의 친구, 난신(亂臣), 적도(賊盜), 사수(邪祟), 우의(憂疑), 병증, 질병, 시수(屍首), 역풍, 홍기, 간첩, 목적, 사항, 지배인, 과

장, 근무처, 안개, 나의 몸을 구속하는 것.

5. 형제효(兄弟爻) : 형제, 자매, 자매의 남편, 동료, 친구, 결의형제, 아내의 형제, 아내의 친구, 남편의 친구, 동업자, 경쟁자, 족중형제, 분점, 소비, 각종 단체, 무리, 바람.

6. 처재효(妻財爻) : 아내, 첩, 노복, 하역, 내가 부리는 사람, 형수, 제수, 친구 아내, 재물, 주보(珠寶), 금은, 창고전량, 식물, 상품, 물가, 기명(器皿), 집기, 청명.

7. 자손효(子孫爻) : 자손, 여자아이, 여서(女婿), 질생(侄甥), 학생, 문도, 충신, 양장(良將), 의인(醫人), 약재, 다과, 승도, 병졸, 육축(六畜), 금조(禽鳥), 순풍, 해우(解憂), 피화(避禍), 일월, 별, 부하, 간호사, 고용인, 소지품.

변효법(辨爻法)

分爻	國朝國事	年事	家宅	身數	身命
六爻	太廟	氷, 氷動, 金動	宗廟, 棟宇, 家地, 墻壁, 奴婢	棟梁, 祠宇, 祖, 馬	耳, 目, 頭, 面
五爻	天子	霖, 蝗蟲	道路, 井灶, 人口, 子孫	道路, 父, 牛	項, 手, 胸, 背
四爻	公侯	水動, 火土動, 牛	大門, 內門, 門戶, 妻妾	姨姑, 母, 伯叔, 大門, 羊	五臟, 腹臍
三爻	大夫	大旱, 傷損	中門, 門, 床席, 兄弟, 房廳	姉妹, 兄弟, 床門, 猪	足脛
二爻	士子	龍動, 秧	宅, 灶, 人, 母, 主婦, 內室	妻財, 己身, 竈王, 猫, 犬	足脚
初爻	庶民	大豊, 種	宅墓, 宅, 井, 宅長	奴僕, 子孫, 其他, 鷄, 鴨	足趾, 踵

分爻	婚姻	生産	疾病	移徙	買賣
六爻	祖宗	雙親, 公婆	頭, 頭腦, 墳陵, 天神, 公婆	京都, 外地, 山村	地頭
五爻	父母	化婆	心, 心肺, 面, 行兆, 父母	首都, 州府	店舍
四爻	外氏	夫身, 難	肺, 脾臟, 脇, 背, 棺材, 叔伯, 土殺, 木傷	海邊, 縣郭, 都市	中途
三爻	婿婦	看生	腰腹, 肝腎, 哭聲, 兄弟, 家宅, 夫妻	邑面, 場鎭, 市場	伴侶
二爻	媒妁	腹中人, 胞胎	腿股, 股肱, 弔客, 前生, 父母	郡, 邑面, 市井, 里洞	己身
初爻	自身	胎婦, 産母, 易産	足, 足跌, 喪門, 竈王	鄕村, 僻地	行貨

변효법(辨爻法)

分爻	求財	求事	詞訟	仕宦	儒業, 科擧	序列	趣謁
六爻	店舍	國事	聖駕, 君位, 杖	執政	君上, 棘圍, 終場	顧問官, 上天, 天文	大貴
五爻	道路	官事	臺部, 廟堂, 枷	朝仕	上試, 主考	元帥, 君主	內貴
四爻	車馬	人事	監目, 監司, 獄	監司	參試, 傍考, 監察	長官, 公臣	朝貴
三爻	行李	家事	州府, 長官, 曹	長官	同接, 同年, 三場, 講	知事, 官府	州貴
二爻	伴侶	身事	州縣, 縣司, 刑吏	曹官	行李, 二場, 伴人, 步射	邑面長	縣貴
初爻	己身	心事	耆保, 縣	吏人, 土人	擧子, 初場, 己身, 馬射	庶民, 萬物	鄕貴

分爻	出行	逃亡	音信	覓人, 待人	醫藥	陰暗雨晦	六畜
六爻	家庭, 店地, 店舍	外道	吉信	人卦, 住居, 地頭	醫師	春, 天	馬
五爻	道路	州	喜信	人家, 道路	辛藥	雨, 太陽	牛
四爻	門, 車馬, 馬牛	縣	僕信	道路, 車馬, 戶	苦藥	雷, 虹	羊
三爻	戶, 行李	鎭	書信	行李, 店舍, 門	甘藥	風, 霞, 烟	猪
二爻	身, 伴侶	市	口信	身, 行李	酸藥	露, 電, 龍	犬, 猫
初爻	足, 己身	鄕	飛信	足	鹹藥	雲, 風	鷄

변효법(辨爻法)

分爻	擧選	鬪毆, 毆打	盜賊	遺失	田禾	漁獵
六爻	南省	官司	方道	珍玉, 창문, 도기, 자귀, 저울, 사다리	大禾	虎豹
五爻	擧送	持刀, 刀鎗	州府	금은, 악기, 인장	早禾	豺狼
四爻	試官	持杖, 挺杖	縣道	동전, 목공도구, 자	秧苗	兎豕
三爻	策	拳手	鎭市	능라, 필기구, 車, 弓矢, 거울, 안경	田段	魚蝦
二爻	策	罵詈, 罵言	隣里	綢絹, 방아, 매짝, 쟁기, 소반	種	龜鱉
初爻	本徑	口爭, 口舌	家宅	布帛, 그물, 신, 棺	耕	漁獵

分爻	怪異	呪咀	牛馬	春蠶
六爻	馬怪	天神	主人	蠶
五爻	牛怪	嶽府	力人	簇
四爻	羊怪	城隍	牛馬	筐
三爻	猪怪	社司	水草	葉
二爻	犬怪	將軍	犁鞍	苗
初爻	雞怪	灶神	欄廐	種

六十四卦 早見表

下卦＼上卦	一乾天	二兌澤	三離火	四震雷	五巽風	六坎水	七艮山	八坤地
一乾天	乾爲天	澤天夬	火天大有	雷天大壯	風天小畜	水天需	山天大畜	地天泰
二兌澤	天澤履	兌爲澤	火澤睽	雷澤歸妹	風澤中孚	水澤節	山澤損	地澤臨
三離火	天火同人	澤火革	離爲火	雷火豊	風火家人	水火旣濟	山火賁	地火明夷
四震雷	天雷无妄	澤雷隨	火雷噬嗑	震爲雷	風雷益	水雷屯	山雷頤	地雷復
五巽風	天風姤	澤風大過	火風鼎	雷風恒	巽爲風	水風井	山風蠱	地風升
六坎水	天水訟	澤水困	火水未濟	雷水解	風水渙	坎爲水	山水蒙	地水師
七艮山	天山遯	澤山咸	火山旅	雷山小過	風山漸	水山蹇	艮爲山	地山謙
八坤地	天地否	澤地萃	火地晋	雷地豫	風地觀	水地比	山地剝	坤爲地

1.1 重天乾

父 戌 —— 世
兄 申 —— 身
官 午 ——
父 辰 —— 應
財 寅 —— 命
孫 子 ——

1.2 天澤履

兄 戌 —— 命
財子孫 申 —— 世
父 午 ——
兄 丑 — — 身
官 卯 —— 應
父 巳 ——

1.3 天火同人

孫 戌 —— 身應
財 申 ——
兄 午 ——
官 亥 —— 命世
孫 丑 — —
父 卯 ——

1.4 天雷无妄

財 戌 ——
官 申 ——
孫 午 —— 命世
財 辰 — —
兄 寅 — —
父 子 —— 身應

1.5 天風姤

父 戌 ——
兄 申 —— 命
괘 신 官 午 —— 應
兄 酉 ——
財 寅 孫 亥 —— 身
父 丑 — — 世

1.6 天水訟

孫 戌 ——
財 申 ——
兄 午 —— 命世
官 亥 兄 午 — —
孫 辰 ——
父 寅 — — 身應

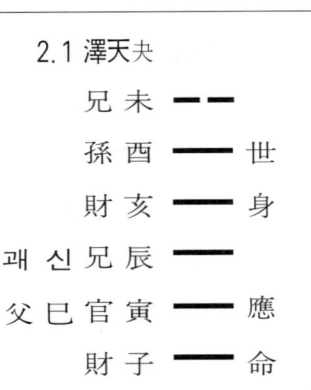
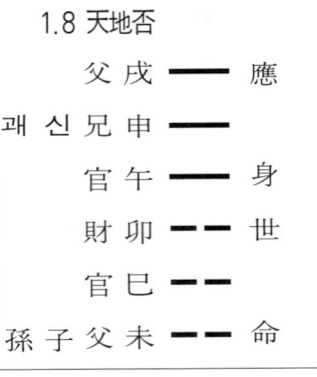
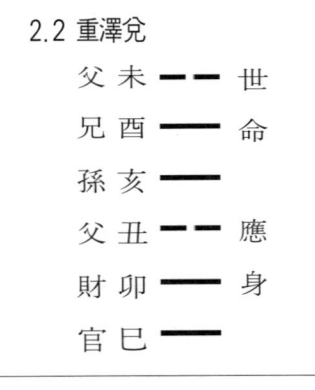
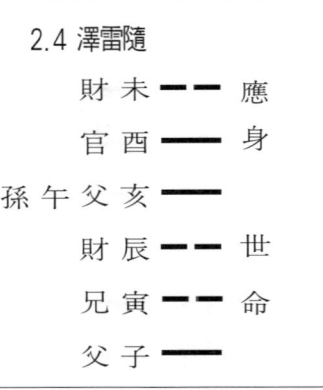

1.7 天山遯	
父 戌 ──	
兄 申 ── ──	應
官 午 ──	命
兄 申 ──	
財 寅 官 午 ── ──	世
孫 子 父 辰 ── ──	身

1.8 天地否	
父 戌 ──	應
괘 신 兄 申 ── ──	
官 午 ──	身
財 卯 ── ──	世
官 巳 ── ──	
孫 子 父 未 ── ──	命

2.1 澤天夬	
兄 未 ── ──	
孫 酉 ──	世
財 亥 ──	身
괘 신 兄 辰 ──	
父 巳 官 寅 ──	應
財 子 ──	命

2.2 重澤兌	
父 未 ── ──	世
兄 酉 ──	命
孫 亥 ──	
父 丑 ── ──	應
財 卯 ──	身
官 巳 ──	

2.3 澤火革	
官 未 ── ──	身
父 酉 ──	
兄 亥 ──	世
財 午 兄 亥 ──	命
官 丑 ── ──	
괘 신 孫 卯 ──	應

2.4 澤雷隨	
財 未 ── ──	應
官 酉 ──	身
孫 午 父 亥 ──	
財 辰 ── ──	世
兄 寅 ── ──	命
父 子 ──	

2.5 澤風大過

財　未　▬▬　身
官　酉　▬▬▬
孫午父亥　▬▬▬　世
官　酉　▬▬▬　命
父　亥　▬▬▬
財　丑　▬▬　應

2.6 澤水困

父　未　▬▬　命
兄　酉　▬▬▬
孫　亥　▬▬▬　應
괘신　官　午　▬▬　身
父　辰　▬▬▬
財　寅　▬▬　世

2.7 澤山咸

父　未　▬▬　命應
兄　酉　▬▬▬
孫　亥　▬▬▬
兄　申　▬▬▬　身世
財卯官午　▬▬
父　辰　▬▬

2.8 澤地萃

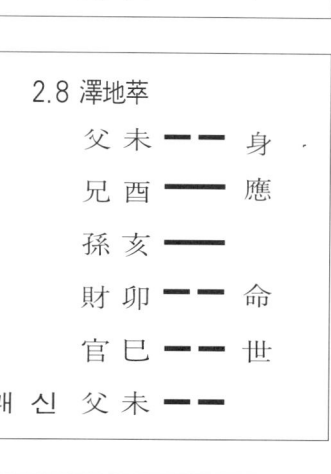

父　未　▬▬　身
兄　酉　▬▬▬　應
孫　亥　▬▬▬
財　卯　▬▬　命
官　巳　▬▬　世
괘신　父　未　▬▬

3.1 火天大有

官　巳　▬▬▬　應
父　未　▬▬　身
兄　酉　▬▬▬
父　辰　▬▬▬　世
괘신　財　寅　▬▬▬　命
孫　子　▬▬▬

3.2 火澤睽

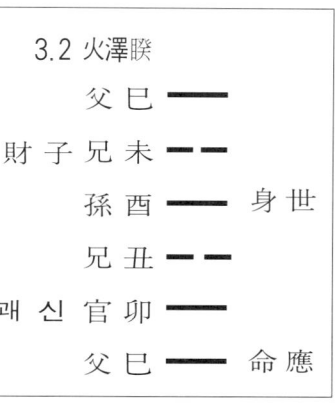

父　巳　▬▬▬
財子兄未　▬▬
孫　酉　▬▬▬　身世
兄　丑　▬▬
괘신　官　卯　▬▬▬
父　巳　▬▬▬　命應

3.3 重火離

```
兄 巳 ──── 身 世
孫 未 ── ──
財 酉 ────
官 亥 ──── 命 應
孫 丑 ── ──
父 卯 ────
```

3.4 火雷噬嗑

```
孫 巳 ────
財 未 ── ── 命 世
官 酉 ────
財 辰 ── ──
兄 寅 ── ── 身 應
父 子 ────
```

3.5 火風鼎

```
兄 巳 ──── 身
孫 未 ── ── 應
財 酉 ────
財 酉 ──── 命
官 亥 ──── 世
父 卯 孫 丑 ── ── 괘 신
```

3.6 火水未濟

```
兄 巳 ──── 應
孫 未 ── ──
財 酉 ──── 命
官 亥 兄 午 ── ── 世
孫 辰 ────
父 寅 ── ── 身
```

3.7 火山旅

```
兄 巳 ────
孫 未 ── ── 身
財 酉 ──── 應
官 亥 財 申 ────
괘 신 兄 午 ── ── 命
父 卯 孫 辰 ── ── 世
```

3.8 火地晉

```
官 巳 ────
父 未 ── ──
兄 酉 ──── 身 世
괘 신 財 卯 ── ──
官 巳 ── ──
孫 子 父 未 ── ── 命 應
```

4.1 雷天大壯

兄 戌 ▬ ▬

孫 申 ▬ ▬

父 午 ▬▬ 命 世

兄 辰 ▬▬

官 寅 ▬▬

財 子 ▬▬ 身 應

4.2 雷澤歸妹

父 戌 ▬ ▬ 應

괘 신 兄 申 ▬ ▬ 命

孫 亥 官 午 ▬▬

父 丑 ▬ ▬ 世

財 卯 ▬▬ 身

官 巳 ▬▬

4.3 雷火豊

괘 신 官 戌 ▬ ▬ 命

父 申 ▬ ▬ 世

財 午 ▬▬

兄 亥 ▬▬ 身

官 丑 ▬ ▬ 應

孫 卯 ▬▬

4.4 重雷震

財 戌 ▬ ▬ 世

官 申 ▬ ▬ 身

孫 午 ▬▬

財 辰 ▬ ▬ 應

兄 寅 ▬ ▬ 命

父 子 ▬▬

4.5 雷風恒

財 戌 ▬ ▬ 應

官 申 ▬ ▬

孫 午 ▬▬ 身

官 酉 ▬▬ 世

兄 寅 父 亥 ▬▬

財 丑 ▬ ▬ 命

4.6 雷水解

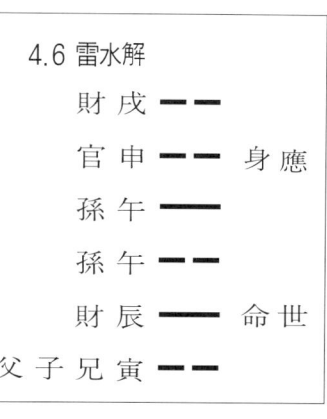

財 戌 ▬ ▬

官 申 ▬ ▬ 身 應

孫 午 ▬▬

孫 午 ▬ ▬

財 辰 ▬▬ 命 世

父 子 兄 寅 ▬ ▬

4.7 雷山小過

```
父 戌 ▬▬ ▬▬
兄 申 ▬▬ ▬▬
孫 亥 官 午 ▬▬▬▬ 命 世
兄 申 ▬▬▬▬
財 卯 官 午 ▬▬ ▬▬
父 辰 ▬▬ ▬▬ 身 應
```

4.8 雷地豫

```
財 戌 ▬▬ ▬▬
官 申 ▬▬ ▬▬ 命
괘 신 孫 午 ▬▬▬▬ 應
兄 卯 ▬▬ ▬▬
孫 巳 ▬▬ ▬▬ 身
父 子 財 未 ▬▬ ▬▬ 世
```

5.1 風天小畜

```
兄 卯 ▬▬▬▬
孫 巳 ▬▬▬▬
財 未 ▬▬ ▬▬ 命 應
官 酉 財 辰 ▬▬▬▬
兄 寅 ▬▬▬▬
괘 신 父 子 ▬▬▬▬ 身 世
```

5.2 風澤中孚

```
官 卯 ▬▬▬▬
財 子 父 巳 ▬▬▬▬ 命
兄 未 ▬▬ ▬▬ 世
孫 申 兄 丑 ▬▬ ▬▬
官 卯 ▬▬▬▬ 身
父 巳 ▬▬▬▬ 應
```

5.3 風火家人

```
兄 卯 ▬▬▬▬
孫 巳 ▬▬▬▬ 命 應
괘 신 財 未 ▬▬ ▬▬
官 酉 父 亥 ▬▬▬▬
財 丑 ▬▬ ▬▬ 身 世
兄 卯 ▬▬▬▬
```

5.4 風雷益

```
兄 卯 ▬▬▬▬ 應
孫 巳 ▬▬▬▬ 身
財 未 ▬▬ ▬▬
官 酉 財 辰 ▬▬ ▬▬ 世
兄 寅 ▬▬ ▬▬ 命
父 子 ▬▬▬▬
```

5.5 重風巽

兄 卯 —— 世
孫 巳 ——
財 未 — — 身
官 酉 —— 應
父 亥 ——
財 丑 — — 命

5.6 風水渙

父 卯 —— 身
兄 巳 —— 世
財 酉 孫 未 — —
官 亥 兄 午 — — 命
괘 신 孫 辰 —— 應
父 寅 — —

5.7 風山漸

官 卯 —— 命 應
財 子 父 巳 ——
兄 未 — —
孫 申 —— 身 世
父 午 — —
兄 辰 — —

5.8 風地觀

財 卯 ——
兄 申 官 巳 —— 命
父 未 — — 世
財 卯 — —
官 巳 — — 身
孫 子 父 未 — — 應

6.1 水天需

財 子 — — 命
兄 戌 ——
孫 申 — — 世
兄 辰 —— 身
父 巳 官 寅 ——
財 子 —— 應

6.2 水澤節

괘 신 兄 子 — — 身
官 戌 ——
父 申 — — 應
官 丑 — — 命
孫 卯 ——
財 巳 —— 世

6.3 水火旣濟

兄子 == 身應
官戌 —
父申 ==
財午兄亥 — 命世
官丑 ==
孫卯 —

6.4 水雷屯

兄子 == 命
官戌 — 應
父申 ==
財午官辰 == 身
孫寅 == 世
兄子 —

6.5 水風井

父子 ==
財戌 — 身世
孫午官申 ==
官酉 —
兄寅父亥 — 命應
財丑 ==

6.6 重水坎

兄子 == 世
官戌 —
父申 == 命
財午 == 應
官辰 —
孫寅 == 身

6.7 水山蹇

孫子 == 命
父戌 —
兄申 == 世
兄申 — 身
財卯官午 ==
父辰 == 應

6.8 水地比

財子 == 應
兄戌 —
괘신孫申 == 身
官卯 == 世
父巳 ==
兄未 == 命

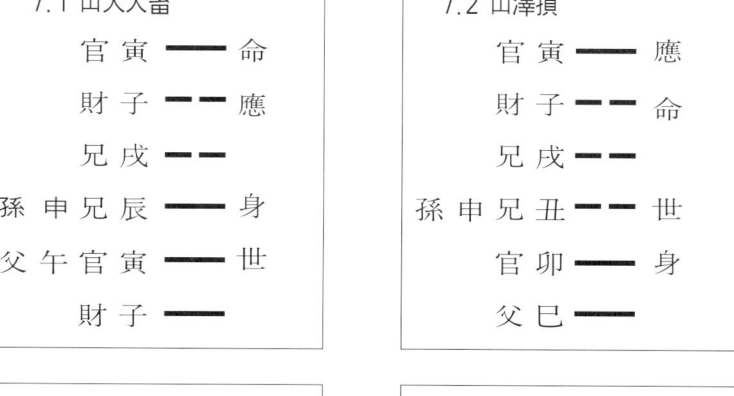

7.1 山天大畜
官 寅 ── 命
財 子 ─ ─ 應
兄 戌 ─ ─
孫 申 兄 辰 ── 身
父 午 官 寅 ── 世
財 子 ──

7.2 山澤損
官 寅 ── 應
財 子 ── 命
兄 戌 ─ ─
孫 申 兄 丑 ─ ─ 世
官 卯 ── 身
父 巳 ──

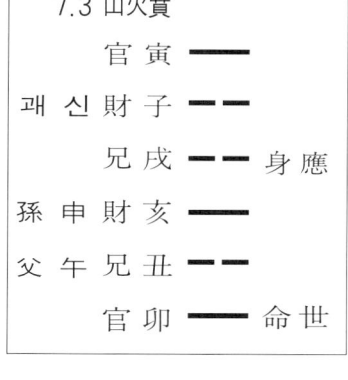

7.3 山火賁
官 寅 ──
괘 신 財 子 ─ ─
兄 戌 ─ ─ 身 應
孫 申 財 亥 ──
父 午 兄 丑 ─ ─
官 卯 ── 命 世

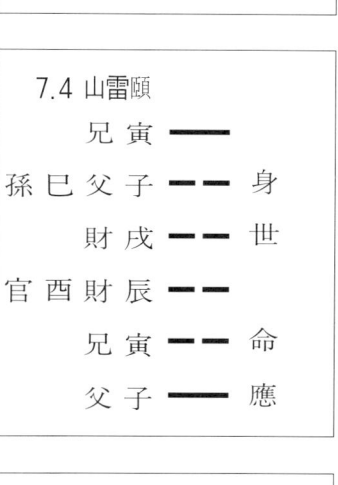

7.4 山雷頤
兄 寅 ──
孫 巳 父 子 ─ ─ 身
財 戌 ─ ─ 世
官 酉 財 辰 ──
兄 寅 ─ ─ 命
父 子 ── 應

7.5 山風蠱
괘 신 兄 寅 ── 應
孫 巳 父 子 ─ ─
財 戌 ─ ─ 身
官 酉 ── 世
父 亥 ──
財 丑 ─ ─ 命

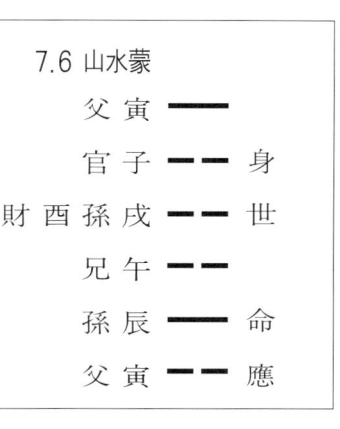

7.6 山水蒙
父 寅 ──
官 子 ─ ─ 身
財 酉 孫 戌 ─ ─ 世
兄 午 ─ ─
孫 辰 ── 命
父 寅 ─ ─ 應

7.7 重山艮		7.8 山地剝

7.7 重山艮

官 寅 ▅▅▅ 命世
財 子 ▅ ▅
兄 戌 ▅ ▅
孫 申 ▅▅▅ 身應
父 午 ▅ ▅
兄 辰 ▅ ▅

7.8 山地剝

　　財 寅 ▅▅▅
兄申孫 子 ▅ ▅ 世
괘 신 父 戌 ▅ ▅ 命
　　財 卯 ▅ ▅
　　官 巳 ▅ ▅ 應
　　父 未 ▅ ▅ 身

8.1 地天泰

孫 酉 ▅ ▅ 應
財 亥 ▅ ▅ 身
兄 丑 ▅ ▅
兄 辰 ▅▅▅ 世
父巳官 寅 ▅▅▅ 命 괘 신
財 子 ▅▅▅

8.2 地澤臨

孫 酉 ▅ ▅
財 亥 ▅ ▅ 應
兄 丑 ▅ ▅ 身
兄 丑 ▅ ▅ 괘 신
官 卯 ▅▅▅ 世
父 巳 ▅▅▅ 命

8.3 地火明夷

괘 신 父 酉 ▅ ▅
兄 亥 ▅ ▅ 命
官 丑 ▅ ▅ 世
財午兄 亥 ▅▅▅
官 丑 ▅ ▅ 身
孫 卯 ▅▅▅ 應

8.4 地雷復

孫 酉 ▅ ▅
財 亥 ▅ ▅
兄 丑 ▅ ▅ 命應
兄 辰 ▅ ▅
父巳官 寅 ▅ ▅
괘 신 財 子 ▅▅▅ 身世

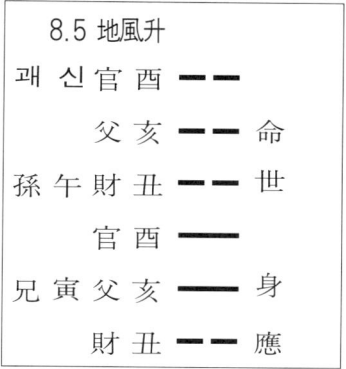

8.5 地風升

괘 신	官 酉	▬▬	
	父 亥	▬▬	命
孫 午	財 丑	▬▬	世
	官 酉	▬▬▬	
兄 寅	父 亥	▬▬▬	身
	財 丑	▬▬	應

8.6 地水師

父 酉	▬▬	應
兄 亥	▬▬	
官 丑	▬▬	命
財 午	▬▬	世
官 辰	▬▬▬	
孫 寅	▬▬	身

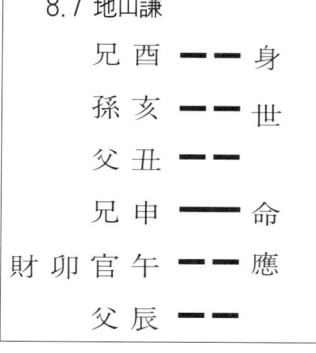

8.7 地山謙

	兄 酉	▬▬	身
	孫 亥	▬▬	世
	父 丑	▬▬	
	兄 申	▬▬▬	命
財 卯	官 午	▬▬	應
	父 辰	▬▬	

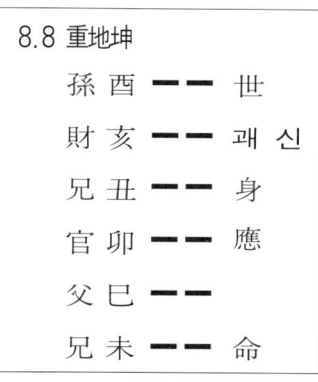

8.8 重地坤

孫 酉	▬▬	世
財 亥	▬▬	괘 신
兄 丑	▬▬	身
官 卯	▬▬	應
父 巳	▬▬	
兄 未	▬▬	命

제2장. 재효론(財爻論)

1. 재화부(財化父)는 문서를 얻거나 부동산 매매이고, 집을 짓거나 사는 것이니 집안에 경사가 있다. 저축은 잘 안되며 남에게 의심을 받고, 아내가 둘이거나 여자의 풍파가 많다. 임신 중이면 쌍둥이를 낳는다.
2. 재화형(財化兄)은 재수가 없고 돈이 나간다. 재물과 사업에 실패하고, 처첩과 싸우거나 아내가 불길하고 처첩이 도망간다.
3. 재화관(財化官)은 벼슬이나 승진 등 관운은 좋으나 근심이 많고, 신수가 불길하며 관재나 도적을 맞고, 돈과 여자 때문에 홧병이 생긴다.
4. 재화재(財化財)는 처궁에 해가 있고, 음효(陰爻)이면 여자의 몸에 상처까지 받는다.
5. 재화재(財化財)인데 재(財)가 많으면 돈에 허덕인다.

6. 음재화양재(陰財化陽財)이면 화류계에 있다가 늦게 결혼한다.

7. 재화재(財化財)가 진신(進神)이면 금전이나 재백이 들어오며 운이 점점 좋아진다. 그러나 퇴신(退神)이면 돈벌이가 불길하고 돈이 나가며 구설이 있고 아내가 가출한다.

8. 재화재(財化財)가 퇴신(退神)이며 휴수(休囚)되고 일진(日辰)이 충하면 처첩이 도망가고 재물이 흩어진다.

9. 재화손(財化孫)은 집안이 영화로우며 귀하게 되고, 금전문제도 길하며 재수가 좋고 자녀의 경사가 있다. 옛것을 지키면 길하나 망동하면 좋지 않고, 관록·승진·시험·취직 등은 불길하다.

10. 재효(財爻)가 공망(空亡)되면 재수가 없고, 파재·파산이 따르며, 여자와 생사이별한다. 공망(空亡)에 월파(月破)까지 있으면 돈 걱정을 하고, 공망(空亡)에 신(身)이 붙으면 속세를 떠난다.

11. 재지세(財持世) 부효동(父爻動)이면 꾀하는 일이 잘 안되고, 돈벌이에 지장이 많으며, 문서를 믿으면 사기를 당한다. 여자는 이사나 변동이 있으면 해롭고, 자식이 없어 한탄한다.

12. 재지세(財持世) 형효동(兄爻動)이면 형제나 친구의 덕이 없고, 손재·질병·부부이별이 따르며 타인 때문에 큰 해를 당한다. 여자는 뜯어가는 사람이 많고 손해만 본다.

13. 재지세(財持世) 관효동(官爻動)이면 관재구설과 관청의 일로 마음이 상하고, 관록·벼슬·직장을 얻지 못하며, 술과 여자로 망신을 당한다. 여자는 남편덕이 없으나 돈복은 있다. 그러나 실물수와 육축의 손상이 있고, 마음은 크나 되는 일은 없다.

14. 재지세(財持世) 재효동(財爻動)이면 장사로 돈을 버나 여자를 조심하라. 여자는 남편이 바람을 피우거나 부부간에 다툼이 있고, 마음이 답답하다.

15. 재지세(財持世) 손효동(孫爻動)이면 손재주나 상업으로 살아가고 횡재수가 있다. 여자는 남자덕은 없으나 재운이 대길하고 지출도 많다.

16. 재효(財爻)가 동하면 임산부는 순산하고, 사업과 혼인에는 길하나 시험에는 불길하고, 병자는 위장·비장병으로 불길하다. 실물은 집안에 있고, 처첩·식모·종업원 등이 집을 나가며, 분묘 문제가 있다.

17. 재효(財爻)가 동하여 세(世)를 생·극·합하면 돈이 빨리 들어온다.

18. 재(財)가 이효(二爻)에서 동하면 동업자나 배우자를 만나고, 삼효(三爻)에서 동하면 행상으로 돈을 벌며, 사효(四爻)에서 동하면 운수업이나 신발가게를 한다.

19. 재(財)가 사효(四爻)에서 동했는데 왕생(旺生)이면 대길하다.

20. 재(財)가 삼효(三爻)·사효(四爻)에서 동하면 소식은 듣지 못하고, 가장에게 액운이 있다.

21. 재(財)가 오효(五爻)에서 발동하면 도로공사·청소부·행상·포장마차·주차비 징수원 등 길에서 돈을 번다. 토재(土財)가 오효(五爻)에서 동하면 부동산을 매매하거나 창고를 짓고, 쇠망한다.

22. 재(財)가 택효(宅爻)나 오효(五爻)에서 동하여 겁살(劫殺)이 되었으면 아내가 가출하거나 종업원이 나가고, 돈이 나간다.

23. 재(財)나 관(官)이 오효(五爻)에서 동하여 퇴신(退神)이 되면 이별수가 있다.

24. 재(財)가 육효(六爻)에서 동하면 먼곳으로 가서 돈을 번다.

25. 재(財)가 택효(宅爻)에서 동하여 퇴신(退神)이 되면 아내가 가출하거나 재물을 잃고, 여자는 숨은 근심이 있다.

26. 재(財)가 택효(宅爻)에서 동하여 퇴신(退神)이 되고 삼합국(三合局)이 재(財)를 극하면 재물을 잃거나 아내에게 해롭다.

27. 재효(財爻)가 동하여 부(父)를 극하면 물건이 잘 팔린다.

28. 재효(財爻)가 동하고 신(身)이 붙으면 재물이 들어온다.

29. 재효(財爻)에 현무(玄武)·역마(驛馬)가 붙어 동하면 밀수·투기·도둑질·뇌물·브로커로 돈을 번다.

30. 재효(財爻)에 상문(喪門)이나 조객살(弔客殺)이 붙어 동하면 아내가 아프다.

31. 재(財)가 발동하여 관(官)과 합되면 아내가 음탕하여 애인이 있고, 간통하다가 화를 당한다. 재물 때문에 억울하게 죽은 귀신이다.

32. 재(財)와 관(官)이 택효(宅爻)에서 동하면 상복을 입는다.

33. 재(財)와 손(孫)이 동하면 자식이 학교에 못 가고, 내괘(內卦)에서 동하면 처음에는 부유하나 나중에는 가난하고, 왕동(旺動)하면 재수대통으로 성업·성가한다.

34. 목재효(木財爻)가 내쾌(內卦)에서 동하면 경영하는 일이 잘 되고, 내쾌(內卦)에서 동하고 공망(空亡)이면 시비가 일어난다. 목재효(木財爻)가 동하면 타인이 이득을 본다.

35. 화재효(火財爻)가 동하면 돈이 빨리 들어오고, 돈이 있어도 하는 일은 여의치 않다. 화재효(火財爻)가 내쾌(內卦)에서 동하면 길하다.

36. 토재효(土財爻)가 내쾌(內卦)에서 동하면 부동산 매매이고, 인내와 끈기가 필요하다.

37. 금재효(金財爻)가 내쾌(內卦)에서 동하면 금은방이거나 돈놀이이다.

38. 수재효(水財爻)가 내쾌(內卦)에서 동하면 우물을 파려고 한다.

39. 청룡재(靑龍財)이면 돈이 많이 들어오고, 아내덕으로 부자가 된다. 그러나 청룡재(靑龍財)가 도화(桃花)에 해당하면 주색으로 망한다.

40. 주작재(朱雀財)이면 관재구설이 있고 아내가 현명하다. 여자를 조심하라. 구설시비가 염려된다.

41. 구진재(勾陳財)이면 아내가 아프거나 손재수가 있다. 재물과 부동산을 조심해야 한다.

42. 등사재(騰蛇財)이면 일에 파란곡절이 많아 실패하거나 부부이별을 주의하라. 아내가 졸렬하다.

43. 백호재(白虎財)이면 아내의 성질이 지나치게 강하여 살림을 친다. 큰 돈을 벌고 사기당하기 쉬우니 돈거래를 조심하라.

44. 현무재(玄武財)이면 도둑과 화재를 조심하라. 아내의 성질이 불량하며 헛돈을 쓴다.

45. 청룡재(靑龍財)가 동하면 재물을 얻거나 자식의 경사가 있다.

46. 주작재(朱雀財)가 동하면 재물은 가득하나 술과 여자를 조심하라. 구설과 악담을 듣는다.

47. 구진재(勾陳財)가 동하면 지금은 어려우나 앞으로 부유해진다.

48. 등사재(騰蛇財)가 동하면 길한 운이 오며 횡재수가 있고, 분수에 넘치는 일은 바라지 마라.

49. 백호재(白虎財)가 동하면 손해본 것이 회복된다.

50. 현무재(玄武財)가 동하면 손재수·이별수·주색을 조심하라.

51. 재효(財爻)가 충되면 돈이 나가거나 아내가 나간다.

52. 재효(財爻)가 형충파해되면 재수가 없고 금전이 흩어진다.

53. 재(財)가 많은데 관(官)이 둘이면 첩이 있다.

54. 재효(財爻)가 일진(日辰)과 같으면 돈이나 처첩의 문제이다.

55. 재효(財爻)가 입고(入庫)되면 실물점에서는 찾지 못하고, 여자점에서는 행실이 부정하다. 재효(財爻)가 입고(入庫)되어 왕상(旺相)하면 호걸이며 부자다.

56. 재효(財爻)가 회두생(回頭生)되면 재수가 있고, 재효(財爻)를 회두극(回頭剋)하면 손재가 따른다.

57. 재효(財爻)와 부효(父爻)가 합되면 돈을 벌거나 돈을 받는다.

58. 재효(財爻)와 관(官)이 합되면 남녀관계를 나타내고, 병점에는 위장병이다.

59. 재효(財爻)와 형이 합되면 사기를 조심하라.

60. 재효(財爻)와 손(孫)이 합되면 재물에 길하다.

61. 재효(財爻)를 삼합국(三合局)이 생하면 재물에 대길하고, 재효(財爻)를 삼합국(三合局)이 극하면 금전・아내・여자・종업원이 나간다.

62. 재효(財爻)가 월파(月破)되면 재수가 없고, 처첩・애인이 불길하다.

63. 재효(財爻)가 세(世)를 생하면 돈이 천천이 들어오고, 재효(財爻)가 세(世)를 극하면 재물이나 혼인이 빨리 이루어지고, 아내와 며느리 사이가 나쁘다.

64. 수재효(水財爻)에 백호(白虎)가 붙으면 술집이고, 술집에 돈을 뿌린다.

65. 재효(財爻)에 현무(玄武)가 겁살(劫殺)이면 돈・여자의 실패가 따르고, 도적을 맞는다.

66. 재효(財爻)가 택효(宅爻)에 있으면 가게・처첩 문제가 생긴다. 인재효(寅財爻)가 택효(宅爻)에 있으면 성인복 장사이고, 묘재효(卯財爻)가 택효(宅爻)에 있으면 유아복 장사이다.

67. 재(財)가 오효(五爻)에서 왕하면 큰 돈이 나간다.

68. 재효(財爻)가 유(酉)이면 술장사를 하고, 유재효(酉財爻)가 도화(桃花)이면 술집의 미인이며, 유재(酉財)가 2개이면 자동차 사업이다.

69. 재효(財爻)에 신유(申酉)가 왕하면 은행업이다.

70. 유재효(酉財爻)가 내외괘(內外卦)에서 왕하면 처첩이 있거나 술집에 애인이 있고, 왕하고 도화(桃花)가 붙으면 술집에서 미인들과 놀아난다.

71. 재효(財爻)가 목욕(沐浴)이고 화관(化官)되면 아내가 바람을 피우거나 여자와 남자가 달아난다.

72. 재효(財爻)가 복(伏)이 되면 사업이나 상업은 재수가 없다.

73. 재효(財爻)가 화(火)이면 공업·공장·음식점이 길하고, 화재효(火財爻)가 왕하면 양잠업이 길하다.

74. 재효(財爻)가 수(水)이면 해운업·술장사이고, 해수재(亥水財)는 선원·해군·물장사이며, 수재효(水財爻)가 왕하면 어업·해운업 고기장사·소금장수이다.

75. 재효(財爻)가 토(土)이면 농업·토건업·목공·부동산업이고, 토재효(土財爻)가 왕하면 집안이 풍족하다.

76. 재효(財爻)가 금(金)이면 소리나는 직업·돈놀이·은행원이고, 금재효(金財爻)가 왕하면 집안에 금은보화가 많다.

77. 목재효(木財爻)가 왕하면 상업으로 성공한다.

78. 재효(財爻)가 내외괘(內外卦)에 모두 없으면 손재·손처하고, 홀아비이거나 독신남자이다.

79. 진효(辰爻) 아래에 재(財)가 은복되면 만사가 불성이다.

80. 재지세(財持世) 재일진(財日辰)이면 돈이나 여자문제이고, 재지세효(財持世爻)가 공망(空亡)되면 재물복이 없어 돈걱정을 하고, 현무해재지세(玄武亥財持世)하면 간통사건이다.

제3장. 관효론(官爻論)

1. 관화부(官化父)이면 문서를 취급하는 일이나 시험은 길하나 자식은 불길하다.

2. 관화관(官化官)이면 관직·직장은 길하나 가정에 재난이 있고, 질병은 흉하다.

3. 관화관(官化官)이 진신(進神)이면 벼슬·구직·승진에는 길하나 병점에는 흉하고, 관재·송사점에는 관재가 시작되며, 그 외에도 흉하다. 특히 미토(未土)가 관효(官爻)이면 더 흉하다.

4. 관화관(官化官)이 퇴신(退神)이면 퇴직·낙직·사표·감봉·좌천이 따른다. 그러나 병점에서는 쾌차하고, 송사점에는 송사가 끝난다.

5. 관화관(官化官)이 퇴신(退神)인데 관(官)이 휴수(休囚)되고 일진(日辰)이 충되거나 겁살(劫殺)이면 직업을 놓고 논다.

6. 관화재(官化財)이면 근심걱정이 많고 재수가 없으며 투기로 실패한다. 병점에서도 흉하고, 양효(陽爻)가 동하면 화재가 있다.

7. 관화형(官化兄)이면 가족이 불화하며 가정이 불안하고, 재수가 없고 구설이 있다. 사기·도적 등을 조심해야 한다.

8. 관화손(官化孫)이면 관록·직장·남편은 불리하고, 몸을 다치거나 구설·근심·이별이 있다.

9. 관효(官爻)가 공망(空亡)되면 벼슬·관직·취직·직업·사업이 모두 불리하고, 세상사를 탄식한다. 남자는 관운이 없고, 여자는 과부이거나 독신녀로 고독하다.

10. 관효(官爻)가 오효(五爻)에서 공망(空亡)이 되면 남편이 집에 없다.

11. 관귀효(官鬼爻) 청룡(靑龍)은 높은 벼슬을 하고, 가정운도 길하며, 귀인의 도움으로 성공한다.

12. 관효(官爻) 주작(朱雀)은 변호사·역술인·점쟁이다. 송사·관재·구설에는 돈을 쓰면 된다. 변호사는 소송사건이 많다. 오관효(午官爻)가 주작(朱雀)이면 역술인이다.

13. 관효(官爻) 구진(勾陳)은 부동산 문제로 투쟁하거나 감방에 갇히고, 손재를 당한다.

14. 관귀효(官鬼爻) 등사(騰蛇)는 꿈자리가 어지럽고, 노상에서 놀랄 일이 생기며, 죄인은 도피생활을 한다.

15. 관귀효(官鬼爻) 백호(白虎)는 남편이 입원하거나 교도소에 가고, 중상모략으로 낙직되기 쉽다.

16. 오효(五爻)에 백호관(白虎官)은 몸을 다치거나 곤재를 당한다.

17. 관귀효(官鬼爻) 현무(玄武)이면 직장을 빼앗기거나 도적·실물수·구설수가 있으나 시험에는 합격한다.

18. 관지세(官持世) 부동(父動)이면 동업·구직·송사 등은 길하다. 그러나 공적인 일에 노고가 많고, 손해나 몸에 근심이 생기며, 여자는 유산이나 낙태의 염려가 있다.

19. 관지세(官持世) 형동(兄動)이면 관청으로 인해 손재가 많고, 싸우면 몸이 상하며 돈이 나간다. 집안에 병자나 근심이 끊이지 않아 마음이 산란하고, 여자는 구설과 질병이 따른다.

20. 관지세(官持世) 관동(官動)이면 손재·관재·구설수·질병·구속 등이 염려되고, 꿈이 어지러우며 놀랄 일이 있다. 관록인은 길하고, 평인은 구설·근심이 생긴다.

21. 관지세(官持世) 재동(財動)이면 매사가 운수대통으로 순조롭고, 명예가 있다. 남자는 여자의 도움이 있고, 여자는 비록 좋으나 몸에 병이 있다.

22. 관지세(官持世) 손동(孫動)하면 관록은 물러가고 직장에서 나오고, 여자는 걱정과 액이 많으며 세상을 비관한다. 그러나 병자는 명약과 명의를 만나 소생한다.

23. 관효지세(官爻持世)하면 관록·취직·직업·직장·벼슬·승진공명·명예는 길하나 나머지는 모두 불길하다. 관액·시비·구설·근심·질병·횡액·손재 등이 있다. 여자는 직장문제와 남자문제가 진퇴양난이다. 병점에서는 음식의 탈이다.

24. 관지세(官持世)가 화손(化孫)되면 이사를 하면 부귀해진다.

25. 관지세(官持世)가 화관(化官)되고 묘절(墓絶)되면 이사를 가려고 한다.

26. 관지세(官持世)하고 재(財)가 세(世)를 생하면 관직이나 시험에 길하다.

27. 관지세(官持世)한 효를 충하면 공명·구직·취직·승진이 불리하다.

28. 관지세(官持世)가 양인(羊刃)이면 몸을 다치거나 관재구설이따르고, 여자는 남편이 소송을 제기한다.

29. 관지세(官持世)하고 년지(年支)에도 관(官)이 있으면 신을 모신다.

30. 관지세(官持世)하고 관(官)이 일진(日辰)이나 동효(動爻)에 입고(入庫)되면 근심 걱정이 그칠 날이 없다.

31. 진관지세(辰官持世)하고 월과 일에도 진관(辰官)이 있으면 남편이 죽는다.

32. 해관지세(亥官持世)하고 현무(玄武)가 붙으면 간부가 있거나 자식을 낳지 못한다.

33. 양관지세(陽官持世)하면 관록과 직장을 얻는다.

34. 음관지세(陰官持世)하면 소송문제가 생기거나 몸이 아프고, 골육간에 다투며, 혼인관계도 흉하다.

35. 인묘관지세(寅卯官持世)하면 집안에 초상이 나거나 문상갈 일이 생긴다.

36. 목관효(木官爻)는 병점·수명점에서는 관목(棺木)의 재앙이다.

37. 목관효(木官爻)가 세(世)를 극하면 인묘(寅卯)월에 해롭다.

38. 목궁(木宮)에 관(官)이 없으면 장의사를 하거나 관을 만드는 사람이다.

39. 화관효(火官爻)가 세(世)를 극하면 화재가 일어난다.

40. 화관(火官)이 많으면 향불이니 신에게 공을 드려라. 화관(火官)이 이효(二爻)에 있으면 부엌신이다.

41. 오관효(午官爻) 아래에 재(財)가 은복되면 직장에 애인이 있다.

42. 토관(土官)이 공망(空亡)되거나 복신(伏神)이면 머리와 입이 아프다.

43. 토관(土官)이 왕하면 산왕대신(山王大神)이고, 토관(土官)이 휴수(休囚)되면 산소의 귀신이다.

44. 토관(土官)이 세(世)를 극하면 동토(動土)의 재앙이고, 축토관(丑土官)이 극세(剋世)하면 급하게 이사한다.

45. 토관(土官)이 구진(勾陳)이면 동토(動土)의 탈이다.

46. 토관(土官)이 현무(玄武)이면 담을 뚫고 들어온 도적이다.

47. 금관효(金官爻)가 청룡(靑龍)이면 오래된 조상신이다.

48. 금관효(金官爻)이고 토재(土財)가 있으면 땅을 산다.

49. 금관효(金官爻)이고 축(丑)이 동하면 오래된 무덤의 탈이다.

50. 금관(金官)이 세(世)나 신(身)에 붙으면 가수나 무당이고, 질병은 폐병이다.

51. 금관(金官)이 공망(空亡)되면 공을 드려도 소용이 없다.

52. 수관효(水官爻)이면 우물·연못·강·바다의 수살(水殺)이고, 수관효(水官爻)가 왕하면 용왕신이다.

53. 수관효(水官爻)가 세(世)를 극하면 수액이 두려우니 물가에 가지마라.

54. 수관(水官)이 내외괘(內外卦)에 있으면 모두 물귀신이다.

55. 관하복부(官下伏父)이면 남자는 직장 걱정이고, 여자는 남편 걱정이다.

56. 관하복재(官下伏財)는 남편에게 애인이 있거나 채권문제이고, 여자가 따른다.

57. 관하복손(官下伏孫)은 답답한 일이나 자식에게 병이 생긴다.

58. 세효하(世爻下)에 복관(伏官)을 충하면 남편이 다친다.

59. 관(官)이 복(伏)되고 묘절(墓絶)되면 남편과 이별한다.

60. 발동한 세효(世爻) 아래에 관(官)이 복(伏)되어 있으면 남편이 재수가 없다.

61. 관효(官爻)가 동하면 혼인은 이루어지지 않고, 농사는 불리하며, 잃은 물건은 찾지 못하고, 매매에는 이익이 없다. 외출이나 도망에는 재앙이 따르고, 송사나 관재가 있으며, 질병과 가문에 재화가 생긴다. 그러나 취직·벼슬·승진·도박·노름 등에는 길하다. 관효(官爻)가 왕동(旺動)하면 관재나 질병이다.

62. 관효(官爻)가 동하여 진신(進神)이면 승진·영전 등 관운이 길하고, 퇴신(退神)이면 좌천·퇴직 등이 따른다.

63. 관효(官爻)가 택효(宅爻)에서 동하면 직업에 변동이 생기거나

가정에 환자가 생긴다.

64. 관(官)이 택효(宅爻)에서 동하여 진신(進神)이면 직장·직업·승진 등에는 길하나 그 외에는 흉하다. 퇴신(退神)이면 낙직되거나 사표를 쓴다.

65. 관효(官爻)가 동하여 세(世)를 극하면 자신이 불길하고, 응(應)을 극하면 상대가 불길하고, 돈을 받기 힘들다.

66. 관효(官爻)가 동하고 세(世)를 생합(生合)하면 재물이 생긴다.

67. 관효(官爻)가 동하여 재왕(財旺)하면 재물에 이롭다.

68. 관효(官爻)가 동하여 회두극(回頭剋)되면 직업이나 사업을 바꾸려 하고, 충되는 달에 변동이 따른다.

69. 관효(官爻)가 사효(四爻)에서 동하면 관재구설이 따른다.

70. 관효(官爻)가 오효(五爻)에서 동하고 겁살(劫殺)이면 남편이 가출하거나 남자와 이별하고, 남편이 직장에서 불길하다.

71. 관효(官爻)가 겁살(劫殺)이면 남편의 죽음·남자 걱정·직장실패가 따르나 병은 회복된다. 관효(官爻)가 휴수(休囚)되고 겁살(劫殺)이면 관운이 없거나 불합격이다.

72. 관(官)이 육효(六爻)에서 동하면 구설이 있거나 복잡한 일이 많이 생긴다.

73. 금관효(金官爻)가 왕동(旺動)하면 칼·도끼·망치 등의 연장에 다친다.

74. 목관효(木官爻)가 동하면 상문(喪門)으로 죽거나 재난이 많다.

75. 관효(官爻)가 금(金)이나 목(木)인데 동하면 벌목하다 뼈가 상

한다.

76. 관효(官爻)와 형(兄)이 같이 동하면 구설이 분분하며 재물이 흩어진다.

77. 유관효(酉官爻)에 현무(玄武)가 붙고 내괘(內卦)에서 동하면 닭을 잃어버린다.

78. 관효(官爻)가 월파(月破)되면 직장·직업·남편이 불길하고, 세력이 없어진다.

79. 관효(官爻)를 충하면 관재에 길하고, 병점에서는 회복된다. 일진(日辰)이 관효(官爻)를 충하면 직장 문제이다.

80. 관효(官爻)를 손(孫)이 충하면 직장을 나오고 남편이나 남자와 이별수가 있으나 질병은 치유된다.

81. 관효(官爻)를 손효(孫爻)가 극하면 질병·출행·구재·실물·가택·혼인 등에 길하다.

82. 관효(官爻)를 일진(日辰)이 생하면 관록·벼슬에는 길하나 병점에는 불길하다.

83. 관효(官爻)가 형효(兄爻)를 극하는데 청룡재(靑龍財)가 동하면 몸을 다친다.

84. 관효(官爻)가 형효(兄爻)를 극하는데 관효(官爻)에 천록(天祿)이 있으면 관직을 얻는다.

85. 관(官)을 삼합(三合)이 극하면 남편과 생사이별하고, 직장이 불길하다. 관(官)이 택효(宅爻)에 있을 때 삼합(三合)이 극하면 이사를 가거나 나가서 살아야 한다.

86. 관효(官爻)가 백호(白虎)에 입고(入庫)되면 남편이 교도소에 있다.

87. 관효(官爻)가 입묘(入墓)되면 남편이 죽거나 병원에 입원하고, 남편이 형무소에 가거나 남편의 직장이 망한다.

88. 관(官)이 택효(宅爻)에 있으면 집에서 하는 직업이고, 질병·구설·송사·관청인허가 문제이다. 관(官)이 택효(宅爻)에 있고 주작(朱雀)이면 관재이고, 현무(玄武)이면 실물수이다.

89. 관(官)이 삼효(三爻)·사효(四爻)에 같이 있으면 불길하다.

90. 관효(官爻)가 합되면 영전이나 승진하고, 여자는 바람이 난다.

91. 관효(官爻)와 재(財)의 합은 남녀관계의 문제이다.

92. 관효(官爻)가 세응(世應) 사이에 있으면 부부간의 인연이 좋지 않다.

93. 관효(官爻)가 외괘(外卦)에 있으면 월급생활자이거나 관재구설·질병이 따른다.

94. 관효(官爻)가 녹(祿)이면 상가에서 먹은 음식의 탈이다.

95. 관효(官爻)를 월지(月支)가 생합(生合)하면 구직·직장·시험이 길하다.

96. 관효(官爻)가 회두생(回頭生)되면 병이 불길하고, 관효(官爻)가 회두극(回頭剋)되면 여자가 바람이 난다.

97. 관효(官爻)가 양인(羊刃)이면 칼에 다치거나 칼에 맞아 죽은 귀신의 재앙이다.

98. 관효(官爻)에 현무(玄武)는 간악한 도적이고, 관재나 귀신의 탈

이 따른다.

99. 관효(官爻)가 세(世)를 극하면 재앙이 크고, 원통하게 죽은 귀신이다. 수관효(水官爻)가 동하여 세(世)를 극하면 투신자살하거나 물에 빠진다.

100. 관효(官爻)와 세효(世爻)가 비화(比和)되면 형제나 친구의 귀신이다.

101. 관효(官爻)를 세(世)가 생하면 자식·조카·승려의 귀신이고, 관효(官爻)가 세(世)를 생하면 부모·존장의 귀신이다.

102. 관효(官爻)를 세(世)나 신(身)이 극하면 처첩이나 누이의 귀신이다.

103. 관효(官爻)가 사화(巳火)이면 불조심을 해야 하고, 관효(官爻)가 해수(亥水)이면 선원·어부·수산업자이다.

104. 관효(官爻)가 양괘(陽卦) 양효(陽爻)에 있으면 남자 귀신이고, 음괘(陰卦) 음효(陰爻)에 있으면 여자 귀신이다.

105. 관화관(官化官)이 현무(玄武)이면 우물을 파거나 구덩이 동굴을 파서 생긴 동토(動土)의 탈이다.

106. 관화부(官化父)가 등사(騰蛇)이면 꿈에 귀신이나 요괴 등이 나타나 놀란다.

107. 관효(官爻)가 년지(年支)와 같은데 동하면 그 해 내내 병에 시달리고, 관효(官爻)가 월지(月支)와 같은데 동하면 그 달 내내 병에 시달린다.

108. 관효(官爻)가 왕하고 재(財)가 동하면 병점에서는 죽는다.

제4장. 부효론(父爻論)

1. 부화부(父化父)이면 재물이나 문서에는 길하나 변동·이동·이
   사 문제이고, 매사가 어렵다.
2. 부화부(父化父)가 퇴신(退神)이 되면 해약할 일이 해약되고, 문
   서에 지장이 생기며 부동산이 줄어든다. 학생은 퇴학이나 정학을
   당한다.
3. 부화부목(父化父木)이면 목수이고, 부화부화(父化父火)이면 중개
   업·소개업·말로 벌어먹는 사람이고, 부화부토(父化父土)이면
   미장·토공·석공·방고치는 사람이다.
4. 부화부술(父化父戌)이 미퇴신(未退神)으로 화하면 퇴직하거나
   부동산이 줄어든다.
5. 부화형(父化兄)이면 일이 침체되거나 문서가 설기(洩氣)되고, 구
   설과 손재가 있으며, 재물점에서는 불리하다. 그러나 동효(動爻)

가 양효(陽爻)이면 길해진다.

6. 부화재(父化財)이면 집안에 우환이 있고, 변동수가 있다. 문서가 나가고 돈이 들어오고, 교제로 재물이 들어온다.

7. 부화손(父化孫)이면 인정이 편안하나 우환이 있고 재수가 없다. 자손점에는 흉하고, 동효(動爻)가 양효(陽爻)이면 생명이 위험하다. 부화손(父化孫)이 택효(宅爻)에 있으면 자식문제로 자식이 가출한다.

8. 부화관(父化官)이면 관록자는 승진하며 문서의 권한을 잡고, 벼슬이나 직장의 천거를 받는다. 양효(陽爻)가 동하면 귀인의 도움으로 성공하고, 관직이나 이동은 길하다.

9. 부효(父爻) 청룡(靑龍)이면 이사를 하거나 문서를 잡고, 만사가 대길하다.

10. 부효(父爻) 주작(朱雀)이면 말을 잘 하고, 질병으로 근심이 있으며, 관공서문서 문제이다.

11. 부효(父爻) 구진(勾陳)이면 토지·토지문서·부동산 문제이고, 문학으로 생활한다.

12. 부효(父爻) 등사(騰蛇)이면 사기나 신용이 없는 문서이고, 악몽으로 심신이 불안하다.

13. 부효(父爻) 백호(白虎)이면 집안에 근심이 떠나지 않고, 무서운 소식이 있다.

14. 부효(父爻) 현무(玄武)이면 조실부모하거나 부모덕이 없고, 문서문제이거나 진퇴양난이다.

15. 부효동(父爻動)이면 금전과 처첩에게 해롭고, 소송·시험·취직 관운은 길하다. 대인은 소식이 있으며 매매는 잘 안되고, 실물은 찾지 못한다. 이사는 가지 말고, 양잠업은 불길하다.

16. 부동손(父動孫)이면 허송세월하다 끝나고, 부동형(父動兄)이면 질병을 고치지 못하고, 부동재(父動財)이면 자손에게 질병이 있고, 부동관(父動官)이면 매사 성공하고, 부동부(父動父)이면 남자는 자손이 없고 여자는 과부이다.

17. 부효(父爻)가 동하여 손(孫)을 극하면 자식에게 불길하다. 매매도 불길하고 질병에는 약이 없어 병세가 깊어간다.

18. 부효(父爻)가 동하여 청룡손(靑龍孫)을 극하면 가택·문서·시험에 길하다.

19. 부효(父爻)가 동하여 초효(初爻)나 택효(宅爻)를 극하면 대지나 집을 팔거나 점포나 사업체의 매매문제이다.

20. 부(父)가 초효(初爻)에서 동하면 대지매매 문제이고, 집이나 땅이 잘 팔린다.

21. 부(父)가 오효(五爻)에서 동하면 이사에 관한 문제이고, 부(父)가 오효(五爻)에서 동하며 겁살(劫殺)이면 부모가 가출하거나 불길하다.

22. 부효(父爻) 지세(持世)이면 문서관계이다. 시험에는 길하나 재물이나 자손을 얻는데는 불리하다. 심신이 고달프나 실속이 없고, 부부간에 불화한다.

23. 부효(父爻) 지세(持世)하고 해등사(亥騰蛇)가 붙으면 노름꾼

위조수표·악덕사채업 등 음침하고 비밀스런 일을 한다.

24. 부효(父爻) 지세(持世)가 음효(陰爻)이면 서출이다.

25. 청룡(靑龍) 부효(父爻)가 동하면 이동·변동·이사가 따르고, 문서 문제이며 큰 뜻을 품은 사람이다.

26. 주작(朱雀) 부효(父爻)가 동하면 이사·변동·세력다툼이 따르고 시비를 잘 가려야 한다.

27. 구진(勾陳) 부효(父爻)가 동하면 문서를 잡는다.

28. 등사(騰蛇) 부효(父爻)가 동하면 동업자가 마음이 다르다. 화합하면 길하고, 일을 서서히 추진하는 것이 좋다.

29. 백호(白虎) 부효(父爻)가 동하면 이익은 없고 소식은 늦어진다. 위태로운 가운데 귀인을 만나 어려움을 면한다.

30. 현무(玄武) 부효(父爻)가 동하면 음흉하거나 비밀스런 사람을 사귀지 마라. 베푼 공덕이 허사가 된다. 남몰래 먹고 쓰는 것을 조심하라.

31. 부지세(持世) 부동(父動)이면 몸은 바쁘나 실속이 없고, 마음이 산란하며 주관이 없다. 자식의 결혼문제 등의 걱정이 있고, 부모를 위해야 할 시기이다.

32. 부지세(持世) 형동(兄動)이면 돈벌이가 적고 손재수가 따른다. 가정에 근심이 많고, 형제가 해로우며, 일찍 태어난 자식은 키우기 어렵다.

33. 부지세(持世) 손동(孫動)이면 금전관계가 길하고, 여자는 아들을 낳거나 남편이 화를 입는다.

34. 부지세(持世) 관동(官動)이면 좋은 참모를 얻어 계획하는 일을 성취하고, 직장·직업·승진·시험이 길하다. 처음에는 궁하나 나중에는 통하고, 문서 걱정이나 밖에서 아들을 얻는다. 남자는 3방에 갓을 걸고, 여자는 사람들의 도움을 받는다.

35. 부지세(持世) 재동(財動)하면 여자와 불화하여 가정이 시끄럽고 산란하니 여색을 조심하라. 모든 일이 불리하고 부모의 근심이 있다. 초년에는 궁하나 만년에는 편안하다. 여자는 건강을 조심하고, 남편이 바람을 피운다.

36. 부효(父爻)가 공망(空亡)되면 전답이나 집이 없고, 부모나 문서에 해가 있다. 일에 두서가 없어 좋은 때를 놓쳐 뜻대로 안 된다. 물건이 담보되었거나 하자가 있고, 시험은 낙방하고, 관청사는 지장이 있어 녹과 공이 없다.

37. 부(父)가 초효(初爻)나 택효(宅爻)에 있으면 집을 사고 판다.

38. 부(父)가 초효(初爻)나 육효(六爻)에 있으면서 세(世)를 극하면 다른 부모를 모시거나 어머니가 두 분이고, 부모 없이 팔방으로 방황한다.

39. 부효(父爻)가 없으면 조실부모하거나 부모가 외방에 있다. 집과 부모가 없고 남의 집에 의지한다. 두서가 없고 집 없는 사람이거나 방랑객이다.

40. 부효(父爻)가 많으면 아버지가 몇 번 결혼했거나 일에 두서가 없고 복잡하다.

41. 부효(父爻)가 상하괘(上下卦)에 2개 있으면 아버지나 어머니가

두 분이다.

42. 부효(父爻)가 왕하면 시험에 합격하고 매매에는 팔린다. 실력이 있고 도모하는 일은 통한다.

43. 부효(父爻)가 왕하고 천희성(天喜星)이 있으면 땅과 집이 있고 풍년이다.

44. 부효(父爻)가 왕하고 청룡관(靑龍官)이면 영전이나 승진한다.

45. 부효(父爻)가 왕하고 주작(朱雀)이면 웅변과 화술이 뛰어나다.

46. 부효(父爻)가 휴수(休囚)되면 부모와 일찍 이별하고, 시험은 떨어진다.

47. 부효(父爻)가 겁살(劫殺)이면 문서가 파괴되니 시험은 떨어지고, 무허가나 물건이 담보되었거나 흠이 있다.

48. 부효(父爻)가 충되면 문서가 파괴되었거나 무허가이다.

49. 부효(父爻)가 원진(怨嗔)이면 공부를 하지 않는다.

50. 부효(父爻)에 상문(喪門)이나 조객살(弔客殺)이 붙으면 상복을 입는다.

51. 부효(父爻)가 천을귀인(天乙貴人)이면 고시에 합격한다.

52. 부효(父爻)가 월파(月破)되면 주체성이 없고, 일에 두서가 없으며, 시험이나 취직에는 불길하다.

53. 부효(父爻)에 주작(朱雀)이 음효(陰爻)이고 겁살(劫殺)이면 귀신병이다.

54. 세효(世爻) 부(父) 신유효(申酉爻)가 백호(白虎)이면 남자는 정육점을 하고, 여자는 화류계이다. 부효(父爻)가 금백호(金白虎)

이면 정육점이다.

55. 부효(父爻)를 재(財)가 회두극(回頭剋)하면 문서해약이나 이혼 문제가 따른다.

56. 부효(父爻)를 화효(化爻)가 회두생(回頭生)하면 문서에 길하다.

57. 부효(父爻)를 재(財)가 극하면 문서에 흉하고, 질병이 생긴다. 그러나 여자를 얻는 데는 길하다.

58. 부효(父爻)를 재(財)가 극하고 일진(日辰)이 재(財)를 생하면 여자 때문에 재앙이 생긴다.

59. 부효(父爻)를 재(財)가 동하여 극하면 매매에서는 팔린다.

60. 부효(父爻)를 재(財)가 극하는데 부효(父爻)가 청룡(靑龍)이면 주거는 길하다.

61. 부효(父爻)와 재효(財爻)가 합되면 돈을 받거나 번다.

62. 부효(父爻)와 동효(動爻)가 인사신(寅巳申) 삼형(三刑)이 되면 부모와 같이 살지 못한다.

63. 부효(父爻)와 형효(兄爻)가 합되면 시험·벼슬·선거·혼인이 길하다.

64. 부효(父爻)를 삼합국(三合局)이 생하면 문서를 얻기 어렵고, 아버지와 생이사별한다.

65. 부효(父爻)가 목(木)이고 금효(金爻)가 동하면 벌목하거나 집을 짓거나 수리한다.

66. 부효(父爻)가 목(木)이고 손(孫)이 동하면 집을 지은 후 자식이 안 된다.

67. 부효(父爻)가 목(木)이고 일진(日辰)과 형하며 휴수(休囚)되면 선박업과 운수업은 불길하고, 재물과 음식을 탐하면 해롭다.

68. 부효(父爻)가 삼효(三爻)에 있고 택효(宅爻)에 주작재(朱雀財)가 동하면 화재를 당한다.

69. 부효(父爻)가 오(午)이고 주작(朱雀) 관(官)이면 화재를 당한다. 그러나 회두극(回頭剋)이 되면 해가 없다.

70. 부효(父爻)가 수(水)이고 토재(土財)가 삼효(三爻)에서 동하면 새집으로 이사한 후 병을 얻는다.

71. 부효(父爻)가 감수궁(坎水宮)에 있으면 수해를 입는다.

72. 사부(巳父)가 삼효(三爻)에서 손(孫)을 극하면 뱀의 재앙이다.

73. 부효(父爻)가 일진(日辰)과 같으면 문서 문제이다.

74. 부효(父爻)가 손(孫)을 극하면 매매에서 이득이 없다.

75. 부효(父爻)를 여러 관(官)이 생하면 문서의 담보·차압·관재 구설이 따른다.

76. 부효(父爻)가 신효(身爻)를 생하면 학문이 우수하고, 부효(父爻)가 세효(世爻)를 생하면 효자이다.

77. 부효(父爻)가 초효(初爻)나 육효(六爻)에서 세(世)를 생하면 부모덕이 많다.

78. 부효(父爻)가 입고(入庫)되면 문서가 성립되지 않고 가정에 질병이 많으며 산소의 탈이다.

79. 부효(父爻)가 백호(白虎)에 입고(入庫)되고 휴수(休囚)되면 집안이 저절로 망한다.

80. 부효(父爻)에 신(身)이 있고 구진(勾陳)이면 농사꾼이다.

81. 부효(父爻) 아래의 복재(伏財)는 채권문제이고, 부효(父爻) 아래의 복손(伏孫)은 부모덕에 사는 자식이다.

82. 부효(父爻) 아래의 복관(伏官)은 남자는 직장문제이고, 여자는 남편문제이다.

83. 택효부(宅爻父) 아래의 복목관(伏木官)은 집이 무너지거나 산소에 탈이 생긴다.

84. 부효(父爻)를 초효(初爻)에서 극하면 대지나 점포의 매매문제이다.

85. 부효동(父爻動) 양인(羊刃)이면 문서의 사기나 손재가 따른다.

제5장. 형효론(兄爻論)

1. 형화형(兄化兄)이면 신용을 잃고 타락하며, 형제간에 고독하고 모든 일이 막힌다. 갑자기 일이 생기며 뜻밖의 환난이 있다. 형화형(兄化兄)이 공망(空亡)되면 싸운다.

2. 형화형(兄化兄)이 진신(進神)이면 매우 불길하다. 손재와 구설이 많고, 가산을 탕진하거나 적자가 생기고, 빚쟁이가 많아진다.

3. 형화형(兄化兄)이 퇴신(退神)이면 구설이 물러간다. 돈이 나가나 빚을 갚는다. 모든 점에서 꺼리지 않으나 신용을 잃고 동업은 실패하기 쉽다.

4. 형화재(兄化財)이면 재물을 구하는 일은 순조롭지 않다. 주색으로 돈이 나가고, 구설과 손재가 있고, 몸을 다친다.

5. 형화재(兄化財)하여 신(身)과 재(財)가 왕생(旺生)하면 무방하나, 신(身)이 왕하지 못하면 지혜는 총명하나 여의치 않다.

6. 형화관(兄化官)은 가정불화·우환·구설·손실·마음의 병이 있거나, 집안의 사람이 죽고 주로 재앙이 따른다. 관리가 임명장을 받았다.

7. 형화관(兄化官)이 공망(空亡)되면 형제가 망하고, 형화인관(兄化寅官)이면 호랑이새끼를 키워 재액을 당하는 형상이다.

8. 형화부(兄化父)이면 자손이 없거나 자손의 근심이 있고, 자식이 아비의 자리를 빼앗는다. 처첩·노복·종업원에게 액이 있고, 재물을 구하는 일은 불리하다.

9. 형화손(兄化孫)은 재수대통으로 만사가 순조롭고, 자손점에도 길하다. 그러나 구직·벼슬·승진·관록·직장 등에는 불길하다. 여자는 과부이고 남자는 아내를 잃는다.

10. 형효(兄爻) 청룡(青龍)은 재산에 욕심을 부리다 실패한다.

11. 형효(兄爻) 주작(朱雀)은 구설이 많고 재산의 손해가 따른다.

12. 형효(兄爻) 구진(勾陳)이면 친척간에도 조심하라. 손재가 있다.

13. 형효(兄爻) 등사(騰蛇)는 재산을 구하다 손해만 보고, 가정풍파가 일어난다.

14. 형효(兄爻) 백호(白虎)는 한쪽 다리를 다친다.

15. 형효(兄爻) 현무(玄武)는 은인이 피해를 준다.

16. 형지세(兄持世) 재동(財動)하면 관청사로 근심이 있고 경영사가 순조롭지 않으며 돈거래에서 손해를 많이 본다. 주색으로 돈이 흩어지고 부부가 돈 때문에 다툰다. 여자는 육친덕이 없고 구설이 있으며 남편이 밖에다 자식을 둔다.

17. 형지세(兄持世) 부동(父動)하면 조업을 지키기 어렵고 일은 바쁘나 이익은 적다. 동기간에 무정하며 부부간에 이별하고, 여자는 근심이 많고 외롭다. 그러나 부지런히 노력하면 재산을 보전하며 기쁜 문서를 얻고 귀인을 만난다.

18. 형지세(兄持世) 형동(兄動)하면 주색으로 가산을 탕진하기 쉽고, 구설·손재·처첩과 다툼·이별·금전고로 허덕인다. 친구의 말을 들으면 외롭다. 여자는 금전고·손재·고독·슬픔이 따르며 만사가 순조롭지 않다.

19. 형지세(兄持世) 손동(孫動)하면 실패했다가도 재기하고 고생 끝에 즐거움이 온다. 재물과 꾀하는 일은 작은 이익을 본다. 그러나 직장·관직·벼슬·취직은 불길하고, 여자는 가정이 적막하여 슬프다.

20. 형지세(兄持世) 관동(官動)하면 가정불화·관재구설·질병이 생긴다. 전성기는 가고 점차 쇠퇴하며 형제간에 이별한다. 여자는 부부불화·가난·속앓이·가출 등이 따른다.

21. 형효(兄爻)가 공망(空亡)되면 친구들에게 신용이 없고 알아주는 이가 없으니 외롭고 고독하다. 형제에게 해가 있고, 이익은 오히려 의리를 끊어놓는다.

22. 형효(兄爻)가 동하면 돈이 흩어지고 재수가 없으며 구설이 많다. 처첩·애인·종업원구함·구명·구직·시험에 불리하고, 관재구설이나 도적으로 재물을 잃는다. 화물취급이나 장사·상업에는 소비만 있고, 여자종업원이 달아나거나 나이 많은 남자가

어린여자와 산다. 병점에는 잘 낫지 않으나 자손점에는 길하다.

23. 형효(兄爻)가 동하여 진신(進神)이 되면 뜯어가는 사람이 많고, 퇴신(退神)이 되면 돈이 나가고 동업은 실패한다.

24. 형(兄)이 택효(宅爻)에서 동하면 구설이 많고 사업은 적자를 본다. 아내와 불화하고 아내가 집을 나간다.

25. 형(兄)이 택효(宅爻)에서 현무(玄武)가 붙어 동하면 도둑을 맞는다.

26. 형(兄)이 육효(六爻)에서 동하면 일년내내 재수가 없다.

27. 형효(兄爻)가 동하여 세(世)를 극하면 실패수가 있다.

28. 형효(兄爻)가 관효(官爻)와 같이 동하면 구설이 분분하며 재물이 흩어진다. 형효(兄爻)와 관효(官爻)가 왕동(旺動)하면 파재·손해가 따라 재물을 모으지 못한다. 형효(兄爻)가 왕동(旺動)하면 처첩이나 금전을 구하는 일과 아내의 병점에는 불길하나, 자손의 병점에는 길하다. 관재구설과 도둑을 조심해야 한다.

29. 청룡(靑龍) 형효(兄爻)가 동하면 좋은 친구이며 숨은 근심이 있다. 겉으로는 부자 같지만 실제는 가난하다.

30. 주작(朱雀) 형효(兄爻)가 동하면 구설수·손재수가 들었으니 입조심·돈조심을 해야 한다.

31. 구진(勾陳) 형효(兄爻)가 동하면 가운이 점점 쇠하고, 좋은 일을 잡았다가도 놓친다.

32. 등사(騰蛇) 형효(兄爻)가 동하면 사기를 당하기 쉽고 동업은 실패한다.

33. 백호(白虎) 형효(兄爻)가 동하면 처첩·고용인이 형상극해(刑傷剋害)를 받고, 성질을 내면 불리하며 실패한다. 술해(戌亥)일에는 서북으로 가지마라.

34. 현무(玄武) 형효(兄爻)가 동하면 구설·실패수가 따르나, 매매점에는 대길하고 속히 이루어진다.

35. 형효(兄爻)가 목(木)인데 동하면 유배나 감옥에 가고, 형효(兄爻)가 화(火)인데 동하면 화재가 발생하고, 형효(兄爻)가 금(金)인데 동하면 형벌이나 구속이 따르고 장자 때문에 탄식하고, 형효(兄爻)가 토(土)인데 동하면 아내와 생리사별한다.

36. 형효(兄爻)가 많으면 시비·구설·빚·형제·친구가 많다.

37. 형효(兄爻)가 많은데 부(父)가 2개이면 이복형제이다.

38. 형효(兄爻)가 진(辰)이고 동하면 형제가 모두 망한다.

39. 형효(兄爻)가 2개 있으면서 동하면 동업이나 동모한다.

40. 형효(兄爻)와 부효(父爻)가 합되면 시험점은 중간이다.

41. 형효(兄爻)가 일진(日辰)과 같으면 손재·구설·부채가 있고 취직은 안 된다.

42. 형효(兄爻)가 재(財)와 구진(勾陳)과 같이 동하면 금전이나 토지문제로 시비가 생긴다.

43. 형효(兄爻)가 재(財)를 극하면 구재·혼인·질병·시험 등에 불길하고 돈이 나간다.

44. 형효(兄爻)를 관효(官爻)가 극하면 재물에는 길하나 심신이 불안하고 일마다 흉하다.

45. 형효(兄爻) 밑에 관(官)이 은복(隱伏)되면 채권문제이고, 형효(兄爻) 밑에 재(財)가 은복(隱伏)되면 형제에게 숨겨둔 여자가 있거나 여자를 뜯어먹고 살고, 채권관계로 빚을 갚을 돈이다.

46. 수형(水兄)이 양효(陽爻)이면 부귀하고, 음효(陰爻)이면 큰 부자가 된다. 수형(水兄)이 내괘(內卦)에 있으면 집안 일이 길하고, 외괘(外卦)에 있으면 밖의 일이 길하다.

47. 수형(水兄)이 청룡(靑龍)이면 부모덕이 있고, 주작(朱雀)이면 구설 가운데 많은 재물을 얻고, 구진(勾陳)이면 농사를 많이 짓고, 등사(騰蛇)이면 부지런히 돈을 벌어 부유해지고, 백호(白虎)이면 횡재하여 길하고, 현무(玄武)이면 선량한 도적으로 부자가 된다.

48. 형효(兄爻) 지세(持世)하면 아내와 이별하거나 몸에 근심이 있고, 재물을 얻기 어려우며 재수가 없다. 시비·구설·쟁투·방해·경쟁자가 생기고, 강제·권리·권세를 이용하여 뜯어먹고 사는 직업이다.

49. 형효(兄爻)를 삼합국(三合局)이 생하면 빚이 늘고, 삼합국(三合局)이 극하면 형제가 불길하다.

50. 형효(兄爻)가 동하여 양인(羊刃)이면 형제나 친한 친구가 나쁜 일을 당한다.

51. 형효(兄爻)가 회두생(回頭生)되면 재물은 불길하나 형제는 길하다.

52. 형효(兄爻)가 왕하면 시험은 길하나 아내의 병점은 불길하여

쾌차하기 힘들다.

53. 형효(兄爻)가 왕하고 손(孫)이 왕하면 죽었다 살아난다.

54. 형효(兄爻)가 왕하고 재(財)가 겁살(劫殺)이면 송사에서 패소
    한다.

제6장. 손효론(孫爻論)

1. 손화부(孫化父)이면 재물·직장·직업이 여의치 곳하고, 양잠·육축·농사가 잘 안된다. 두 집안 중에 구설이 있그 불길하며 자식이 불길하다. 임신 중이면 쌍둥이를 낳는다.

2. 손화형(孫化兄)이면 모든 일이 잘 안되고, 시비·질투·방해·경쟁·파재·사업실패가 따른다. 그러나 자손은 길하다.

3. 손화관(孫化官)이면 형제간에 불길하며 자식의 근심이 있다. 직업을 파하거나 질병이 있고, 수명도 불길하다. 기도를 잘못했거나 물고기를 잡아먹어 생긴 병이다.

4. 손화재(孫化財)이면 재물·사업·명리·재수가 모두 좋고, 재산을 구하거나 결혼한다. 그러나 시험과 취직에는 흉하다.

5. 손화손(孫化孫)이면 재물과 질병은 길하나, 직장·관직·벼슬은 불길하다. 매사에 신중하고 인내하라.

6. 손화손(孫化孫)이 진신(進神)이면 사람과 재물에 길하다.

7. 손화손(孫化孫)이 퇴신(退神)이면 인정과 재물에 좋지 않고, 직장·취직·시험은 불길하고, 밖에서 자식을 얻는다.

8. 손화손(孫化孫)이 진신(進神)이고 관(官)이 약하면 직장을 나온다. 여자는 남편운이 나쁘고 남편과 이별수가 있다.

9. 손화손(孫化孫)이 세(世)와 합되면 남의 자식을 기른다.

10. 손효(孫爻)가 공망(空亡)되면 가게에는 손님이 안 오고 재물이 부족하며 자손이 없거나 자식 걱정이 있다. 덕이 적고 소비뿐이며 질병치료에 불길하다. 양잠업·축산업에는 해가 있다.

11. 손효(孫爻)가 공망(空亡)되고 백호(白虎)가 붙으면 자식이 아프거나 가출한다. 어린아이가 죽는 경우도 있다.

12. 손효(孫爻)에 청룡(靑龍)이면 가정의 운세가 대길하고, 아버지가 두 분이다.

13. 손효(孫爻)에 주작(朱雀)이면 싸움·구설·실패가 따른다.

14. 손효(孫爻)에 구진(勾陳)이면 남모르는 근심이 있으나 속히 해결되지 않는다. 비밀리에 하는 일은 성사되지만 소문이 나면 이루기 어렵다. 약초나 농산물로 부자가 된 사람이다.

15. 손효(孫爻)에 등사(騰蛇)이면 좋은 일이 이루어지고 귀인을 만난다. 두 사람과 함께 일을 도모한다.

16. 손효(孫爻)에 백호(白虎)이면 자손이 질병을 앓거나 가출한다. 너무 강직해서 안된다.

17. 손효(孫爻)에 현무(玄武)이면 자식의 문제가 있다. 사기수나 도

난수가 있으니 조심해야 하고, 바른마음을 가져야 길하다.

18. 손효(孫爻) 지세(持世)이면 좋은 약과 의사가 있으니 병은 치료되고, 잃어버린 물건은 찾으며, 피난에는 대길하다. 그러나 벼슬과 직장은 불길하다. 임신 중이며, 의사·약사·기술자·초등학교 선생이다. 생왕(生旺)하고 극이 없으면 매사가 대길하여 근심 걱정이 없고, 관재송사는 끝이 난다. 그러나 극만 있고 생이 없으면 근심과 노고가 많다.

19. 손효(孫爻) 지세(持世)하고 괘중에 재(財)가 있으면 재수가 없다. 그러나 재(財)가 없으면 재수가 좋다.

20. 손지세효(孫持世爻)가 공망(空亡)이나 극되면 근심이 있다.

21. 손지세(孫持世) 청룡(靑龍)이면 만인이 우러러보는 사람이다.

22. 손지세(孫持世) 주작(朱雀)이면 문장이 뛰어나고 만사가 순조롭다.

23. 손지세(孫持世) 구진(勾陳)이면 여행과 이사에는 횡액이 따르니 밖에 나가지 마라. 혹은 병 중에 있다.

24. 손지세(孫持世) 등사(騰蛇)이면 술과 여자로 세월을 보낸다.

25. 손지세(孫持世) 백호(白虎)이면 고집불통이며 성격이 급하다.

26. 손지세(孫持世) 현무(玄武)이면 진감간궁(震坎艮宮)일 때 세(世)가 양효(陽爻)에 있으면 도적이고, 손리태궁(巽離兌宮)일 때 세(世)가 음효(陰爻)에 있으면 정신이상 자식이 있다.

27. 손지세(孫持世) 유혼괘(遊魂卦)이면 외국에서 온 사람이다. 이민을 갔던 사람이나 오래 있다가 돌아온 사람이다.

28. 청룡(靑龍) 손동(孫動)하면 가정에 경사가 있으나, 관직·직장·직업은 허망하다.

29. 주작(朱雀) 손동(孫動)하면 앞으로 일거리가 없어진다. 그러나 동쪽으로 힘을 쓰면 다시 뜻을 이룬다.

30. 구진(勾陳) 손동(孫動)하면 앞길을 열어주는 사람과 신명(身命)이 있으니 길하다.

31. 등사(騰蛇) 손동(孫動)하면 희망이 보이며 금전과 질병이 길하다. 두 사람이 함께 계획한 일은 잘못되고 직장·직업·벼슬 등은 불길하다.

32. 백호(白虎) 손동(孫動)하면 자식궁의 근심을 예방하고, 가만히 앉아서 때를 기다려라.

33. 현무(玄武) 손동(孫動)하면 매사가 순조롭고 재운이 길하다. 그러나 직장과 벼슬은 불길하다.

34. 손지세(孫持世) 부동(父動)하면 엉뚱한 일이 생기고 자식의 걱정이 있으며 남에게 피해를 당한다. 여자는 적막하며 외롭고 고부간에 불화하며 남편과 자식덕이 없다.

35. 손지세(孫持世) 형동(兄動)하면 재물이나 아내의 근심이다. 남녀간에 부처님 전에 기도하면 공이 있다. 여자는 자손이 있어도 재물이 없다.

36. 손지세(孫持世) 관동(官動)하면 관록은 구할 생각을 하지 말고 분수를 지켜라. 이웃사람이 불량하니 구설이 들어오나 이사하면 복이 온다. 여자는 감언이설에 넘어가지 않도록 조심해라.

37. 손지세(孫持世) 재동(財動)하면 운수대통하고 매매는 잘 팔리며 춘정을 맺으나, 문서는 불안하고 여자는 독수공방한다.

38. 손지세(孫持世) 손동(孫動)하면 재운은 대길하나 취직·직장·시험·승진·관록은 인연이 없다. 장가가는 데는 길하나 시집가는 데는 불길하다. 여자는 재물복은 있으나 남편덕이 없고, 결혼에 실패수가 있다.

39. 손효(孫爻)가 동하면 명예·직장·직업은 불리하고, 퇴직·낙직·재운·혼인·질병은 길하다. 매매는 길하고 임산부는 순산하며 관송은 화해된다. 그러나 여자는 부부불화·이별·고독이 따른다.

40. 손(孫)이 택효(宅爻)에서 동하면 집을 지으면 길하다.

41. 손(孫)이 오효(五爻)에서 동하면 자식이 가출한다. 손(孫)이 오효(五爻)에서 동하는데 이효(二爻)에도 손(孫)이 있으면 자식이 가출한다. 손(孫)이 택효(宅爻)나 오효(五爻)에서 동하여 겁살(劫殺)이 되면 자식이 가출한다.

42. 손(孫)이 육효(六爻)에서 동하면 자식이 나가거나 타도나 타국에 있다.

43. 손효(孫爻)가 내괘(內卦)나 외괘(外卦)에서 동하면 재물을 얻고 자식이 많다.

44. 손효(孫爻)가 진궁(震宮)에서 동하면 자식이 도망간다.

45. 손효(孫爻)가 왕동(旺動)하면 착한 부인을 얻고, 병점에서는 곧 쾌차한다.

46. 손효(孫爻)가 휴수(休囚)되어 손화부(孫化父)나 손화관(孫化官)이 되면 평생 자식을 기르지 못하고 자식이 망한다.

47. 손효(孫爻)가 왕하면 어려서 젖이 많았고, 임신 못하던 사람도 자식을 얻는디. 그러나 시험은 불합격이다.

48. 손효(孫爻)가 왕하고 천을귀인(天乙貴人)이나 녹마(祿馬)가 있고 청룡(靑龍)이면 대통령이나 수상이 된다.

49. 손효(孫爻)가 많고 재(財)가 2개 있으면 밖에서 자식을 얻는다.

50. 손효(孫爻)와 재(財)가 합되면 재물에 길하다.

51. 손효(孫爻)가 휴수(休囚)되고 공망(空亡)이나 파되면 어려서 젖이 부족했다.

52. 손효(孫爻)가 겁살(劫殺)이면 자식의 우환이 있다. 자식이 가출했거나 자식이 귀하다.

53. 일진(日辰) 손(孫)이 세(世)를 겁살(劫殺)하면 자식 때문에 놀란다.

54. 손효(孫爻)가 월파(月破)되면 자손이 불길하며 재수가 없고 손님이 오지 않는다.

55. 손효(孫爻)가 월파(月破)되고 휴수(休囚)되었는데 구제하지 못하면 자손점에서는 자식이 죽는다.

56. 손효(孫爻)에 현무(玄武)가 붙고 겁살(劫殺)이 되면 자식이 실패한다.

57. 손효(孫爻)가 회두생(回頭生)되면 자식에게 좋은 일이 있고, 회두극(回頭剋)되면 자손점과 재물에 흉하다.

58. 손효(孫爻)가 일진(日辰)과 같으면 임신이고, 손(孫)이 오효(五 爻)에서 일진(日辰)과 같으면 쌍둥이다.

59. 손(孫)이 오효(五爻)에서 백호(白虎)가 되면 자식이 가출하고, 양인(羊刃)이 되면 자식이 다치거나 수술하고, 칼을 만지는 사람이다. 궁합점에서는 상대의 집이 망한 것으로 본다.

60. 손효(孫爻)를 삼합국(三合局)이 생하면 자손의 문제로 경사가 있고, 극하면 자손의 근심으로 자손이 가출하거나 종업원이 퇴직하거나 도망간다.

61. 손효(孫爻)가 택효(宅爻)에 있으면 가정이 행복하다. 그러나 손효(孫爻)가 택효(宅爻)에서 극되거나 겁살(劫殺)이 되면 출산점은 난산이다.

62. 손효(孫爻)가 관(官)을 충하면 남편과 이별하고 직장을 그만두나 질병은 치유된다.

63. 손효(孫爻)가 극을 많이 받으면 자식이 군대에서 다친다.

64. 손효(孫爻)가 술(戌)인데 백호(白虎)가 붙어 충하면 유산되거나 아이를 못 낳는다.

65. 손효(孫爻)가 공망(空亡)이나 절(絶)되면 재물을 구하는데 불리하고, 손(孫)이 복(伏)되고 공망(空亡)되었는데 묘절(墓絶)되면 자식의 액운을 면하기 어렵다.

66. 손(孫)에 망신살(亡身殺)이 붙으면 자식이 중이 된다.

67. 손효(孫爻)가 포태(胞胎)이면 임신이다. 손효(孫爻)에 태(胎)가 있는데 관효(官爻)에 입고(入庫)되거나 관(官)으로 화하면 자

손이 낙태되거나 죽는다.

68. 손(孫)이 복(伏)되면 자식이 없거나 있어도 덕이 없다. 손(孫)이 초효(初爻)에서 복(伏)되면 임신 중이고, 손(孫)이 삼효(三爻)에 복(伏)되면 임신을 한다.

69. 손(孫)이 부효(父爻) 아래에서 복(伏)되면 부모덕으로 사는 자식이고, 손(孫)이 오효부(五爻父) 아래에서 복(伏)되면 자식이 나간다.

70. 손(孫)이 복(伏)되고 공망(空亡)되면 자식이 없거나 불구자식을 둔다.

제2편. 점론(占論)

제1장. 년시점

1. 초효(初爻)에 사절(死絶)이 임하면 불길하고, 생왕(生旺)이 놓이면 대길하고, 재(財)와 자손복덕이 놓이면 길하고, 관귀(官鬼)가 놓이면 흉하다.

2. 이효(二爻)에 손(孫)이 임하면 사시(四時)가 편안하고, 관귀(官鬼)가 놓이면 년중에 재앙이 많다.

3. 삼효(三爻)가 세효(世爻)와 생합(生合)되면 관리가 백성과 사물을 사랑하는 어진 마음이 있다. 삼효(三爻)에 손(孫)이 임하면 관리가 청렴 정직하고, 관귀(官鬼)가 임하면 잔혹하며 어질지 못하고, 형(兄) 임하여 발동하고 세효(世爻)를 극하면 징과(徵科)가 급박한 것으로 단정한다.

4. 사효(四爻)에 손(孫)이 임하여 세신(世身)과 생합(生合)하면 반드시 나라의 근심을 잘 다스리고, 정직하며 사사로움이 없다.

5. 오효(五爻)가 발동하여 세효(世爻)를 형극(刑剋)하는 것은 가장 좋지 않은데, 그 해에 반드시 조정의 녹을 박탈당한다. 만약 재(財)나 복덕(福德)이 세효(世爻)와 생합(生合)되면 반드시 임금의 은혜를 받고, 화하여 부모가 되면 죄를 사면받고, 동하여 공망(空亡)이 되면 유명무실해진다.

6. 상효(上爻)가 공망(空亡)되면 그 해에는 반드시 괴이한 일이 많이 생긴다.

7. 태세(太歲)는 오직 손(孫)이나 처재(妻財)를 만나야 길하고, 그 외에는 모두 이롭지 않다. 태세(太歲)에 가령 형(兄)이 임하여 발동하면 그 해는 바람이 많고, 세효(世爻)를 극하면 반드시 바람에 의한 재앙이 크다.

8. 태세(太歲)에 관귀(官鬼)가 임하여 발동하면 우뢰가 많고 재앙도 많다. 그러나 육효(六爻)에 관(官)이 없고 년일에도 대동하지 않고 쇠절(衰絶)되면 모두 길하다.

9. 년시점에서 수한(水旱)만 볼 때, 태세(太歲)에 재(財)가 임하고 발동하여 부효(父爻)가 쇠약하면 심한 가뭄으로 판단하고, 부효(父爻)가 태세(太歲)와 같은데 발동하면 손(孫)이 쇠약하니 큰 홍수로 판단한다.

10. 화귀(火鬼)가 발동하면 주로 화재로 보는데, 만약 세효(世爻)에는 관성(官星)이 없는데 응효(應爻)에만 관애(關碍)가 있으면 이웃사람으로 인한 화재이다. 내괘(內卦)이면 가까운 곳, 외괘(外卦)이면 먼 곳으로 판단한다.

11. 수귀(水鬼)가 발동하면 주로 수재(水災)가 있는데, 외괘(外卦)가 동하면 다른 지역이 물난리를 만나고, 내괘(內卦)가 동하면 근처에 물난리가 난 것으로 판단한다. 세(世)를 극하지 않으면 비록 홍수가 나도 무사하다.

12. 금귀(金鬼)가 발동하면 도병(刀兵)이 두려운데, 응효(應爻)를 충극(沖剋)하고 오효(五爻)와 생합(生合)하면 조정에서 토벌한다. 가령 외괘(外卦)이거나 타궁(他宮)에 속하면서 오효(五爻)를 극하거나 태세(太歲)를 극하면 외적이 국경을 넘어오는 것이다. 만일 2개의 귀(鬼)가 함께 발동하면 한 곳의 분쟁만이 아니고, 만일 화하여 회두극(回頭剋)되어도 월건(月建)이나 일진(日辰)이 동효(動爻)를 제극하면 반란은 있어도 해는 당하지 않고, 만일 동했는데 휴수(休囚)되면 도적의 무리로 본다.

13. 토귀(土鬼)가 발동하여 백호(白虎)에 임하면 주로 온역(瘟疫)이 된다. 만약 세(世)를 극하면 많은 사람이 병으로 죽는데, 제극(制剋)이 있으면 해롭지 않다.

14. 귀(鬼)가 주작(朱雀)을 띠고 동했는데 신세(身世)를 형극(刑剋)하면 주로 벌레떼의 재앙을 받는다.

15. 구진(勾陳)이 관귀(官鬼)를 만나면 풍족한 해가 될 수 없는데, 귀(鬼)를 세(世)에서 가졌거나 세(世)를 극하면 큰 흉년이 든다. 재(財)가 형(兄)으로 화하거나 귀(鬼)와 함께 발동해도 흉년이 들어 굶주린다.

16. 귀효(鬼爻)에 현무(玄武)가 있는데 동하여 세효(世爻)를 극하

면 그 해에는 반드시 도적을 많이 당한다. 만약 귀(鬼)가 금효(金爻)에 임하고 세군(歲君)을 충극(沖剋)하거나 오효(五爻)에 임하면 간과(干戈)의 음모가 사해를 소란하게 하고, 상(上)을 범한 것이다.

17. 등사(騰蛇)가 육효(六爻)에 있으면서 발동하면 괴이한 변고가 있다. 등사(騰蛇)가 아니어도 육효(六爻)가 발동하면 역시 괴이한 변동이 있다.

18. 등사(騰蛇)와 관귀(官鬼)가 건궁(乾宮)에 있으면서 발동하면 천고를 울릴 일이 생긴다. 괴이한 일이 어느 분야인가는 오행(五行)이나 오류(五類)로 판단한다. 가령 금효(金爻)의 손(孫)이 화하여 형괘(兄卦)에 들면 별이나 달의 이상으로 본다.

19. 등사(騰蛇)가 귀효(鬼爻)에 임하여 발동했는데 이 괘가 진궁(震宮)이면 해괴한 천둥번개로 예측한다. 만일 여름이나 가을로 가는 중간이라면 구름 없는 천둥번개나 지진으로 본다.

20. 등사(騰蛇)가 귀효(鬼爻)인데 간궁(艮宮)에서 발동하면 산이 무너지는 괴이한 변고가 생긴다.

21. 등사(騰蛇)가 귀효(鬼爻)인데 곤궁(坤宮)에서 동하면 지진이 일어난다. 만일 금효(金爻)를 만나면 소리가 크고, 형을 대동하면 땅이나 산이 갈라진다. 곤괘(坤卦)는 소이니 귀(鬼)가 축효(丑爻)에서 동하면 소에게 전염병 같은 변고가 있고, 건곤괘(乾坤卦)에 있으면 사람에게 괴이한 일이 생긴다.

22. 감괘(坎卦)에 등사귀(騰蛇鬼)가 동하여 부효(父爻)로 변하면 비가 오는 것으로 보고, 수해가 있다고 판단한다.

비가 오는 것으로 보고, 수해가 있다고 판단한다.

23. 손궁(巽宮)에서 등사귀(騰蛇鬼)가 동하여 형(兄)으로 화하면 해괴한 바람으로 단정한다. 그러나 형(兄)으로 화하지 않으면 초목이나 금수의 괴이한 일로 본다.

24. 이궁(離宮)에 등사귀(騰蛇鬼)가 동하면 태양에 이상이 있다. 태양에 흑점이 있거나 공중에서 불이 내려와 곡식을 태워버리는 이변이 있을 수도 있다.

25. 태궁(兌宮)에서 등사귀(騰蛇鬼)가 발동하면 용이 나타나는 일이 있다.

26. 등사(騰蛇)가 발동하여 공망(空亡)되면 화하여 공(空)에 임하지 않아도 그 괴이함이 있다고 본다.

27. 등사귀(騰蛇鬼)가 본궁(本宮)의 내괘(內卦)에 있으면 집안에 요괴가 나타나거나 재앙이 생긴다.

28. 자손복덕이 왕동(旺動)하면 그 해는 반드시 풍년이 들어 곡식이 잘 여물고, 국정은 바르며 백성은 편안하고, 관청은 청렴결백하며 만물은 태평하다. 모두 형통하는 상이다.

29. 세효(世爻)에 재손(財孫)이 임하고 왕상(旺相)하면 자신의 뜻을 펼 수 있으나, 생월일이나 동효(動爻)의 극을 받으면 반드시 놀랄 일이나 험한 일을 많이 당한다.

30. 손효(孫爻)가 득지(得地)하고 재효(財爻)가 힘이 있어 공망(空亡)되지 않고 형제와 귀효(鬼爻)가 쇠약하거나 안정되면 반드시 풍년이 든다.

31. 재효(財爻)와 부효(父爻)로 물이 많고 적음을 보고, 수효(水爻)와 화효(火爻)로 추위와 더위를 본다. 만약 수(水)가 공지(空地)에 거하면 그 해 겨울은 반드시 따뜻하고, 화(火)가 사절지(死絶地)에 임하면 그 해 여름은 반드시 서늘하다. 만약 이들이 왕동(旺動)하여 세효(世爻)를 극하면 반드시 추위와 더위가 혹독하다.

32. 타궁(他宮)이나 외괘(外卦)가 본궁(本宮)을 상극(傷剋)하면 그 해는 반드시 외국이나 도적의 침입이 있는데, 만약 외괘(外卦)가 내괘(內卦)를 생하면 반드시 많은 공물을 바친다. 본궁(本宮)을 국가로 보는데 본궁(本宮)이 없으면 내괘(內卦)로 대신한다. 왕상(旺相)하면 국가가 강성하지만 무기하면 국가가 쇠퇴한다.

33. 세응(世應)이 상생(相生)하고 육효(六爻)가 상합(相合)하면 그 해는 반드시 바람도 순조롭고 비도 알맞게 내린다. 여기다 재(財)와 복이 안정되고 공망(空亡)이 없으면 틀림없이 풍요롭고 편안한 한 해가 된다.

34. 형제효와 관귀효(官鬼爻)가 공망(空亡)되거나 괘상에 없으면 그 해는 나라와 백성이 편안하다. 왜냐하면 형효(兄爻)는 극하고 파괴하고, 귀효(鬼爻)는 환난 등 재앙을 주재하기 때문이다.

제2장. 대인·소식점

1. 세효(世爻)가 동하여 응효(應爻)를 극하거나 용신(用神)을 극하면 돌아오지 않는다.

2. 세응(世應)이 같이 발동하거나 세(世)와 신(身)이 수화(水火)를 띠면서 발동하면 돌아온다.

3. 세효(世爻)가 용효(用爻)와 합을 이루고 세효(世爻)가 충을 만나면 다른 사람을 시켜 찾을 수 있다.

4. 소식점에서 세효(世爻)와 응효(應爻)가 모두 공망(空亡)되면 소식이 없다.

5. 신효(身爻)와 세효(世爻)가 같이 공망(空亡)되어도 돌아오지 않는다.

6. 응효(應爻) 또는 용신(用神)이 발동하면 일진(日辰)과 삼합(三合)이나 육합(六合)되는 날 돌아온다.

7. 세신(世身)이나 용신(用神)이 동하면 돌아오고, 용신(用神)이 진신(進神)으로 화하면 속히 오고, 용신(用神)이 동하여 퇴신(退神)이 되면 돌아와도 다시 떠난다.

8. 세(世)가 공망(空亡)되면 속히 돌아오나 용신(用神)이 공망(空亡)되면 돌아오지 않는다.

9. 용효(用爻)가 발동하여 세효(世爻)를 극하고 세효(世爻)가 공망(空亡)되면 오히려 속히 돌아오기도 한다.

10. 용효(用爻)와 세효(世爻)가 생합(生合)하면 기다리는 사람이 매우 더디게 돌아온다.

11. 용효(用爻)가 은복(隱伏)되어 있으면 그 은복(隱伏)된 용효(用爻)와 육합(六合)되는 달이나 날에 돌아온다.

12. 용효(用爻)가 정하면서 일진(日辰)이나 동효(動爻)의 충을 받지 않으면 현재 돌아올 생각을 하지 않는 상태이고, 일진(日辰)이 용효(用爻)를 충하는 날이나 용효(用爻)가 생왕(生旺)되는 날 온다.

13. 발동한 용효(用爻)가 쇠하면 왕이 일진(日辰)을 만나야 하고, 용효(用爻)가 왕하면 진술축미(辰戌丑未)일에 온다.

14. 용효(用爻)가 삼효(三爻)나 사효(四爻)에 임하여 발동하면 가까운 시간에 기다리는 사람이 길을 떠날 채비를 한다.

15. 용효(用爻)가 제복(制伏)되지 않고 사효(四爻)에 임하거나 사효(四爻)와 생합(生合)을 이루면 그 날 돌아온다.

16. 용효(用爻)가 안정되면 올 뜻이 없는 것으로 본다. 만일 일진

(日辰)이나 동효(動爻)의 충을 만나면 반드시 돌아온다. 그러나 월건(月建)과 동효(動爻)가 극하면 일진(日辰)의 충을 받아도 돌아오지 않는다.

17. 용효(用爻)에 신(身)이 임하여 발동하면 돌아온다.

18. 용효(用爻)와 응효(應爻)가 발동하여 삼합(三合)을 이루면 그 합을 충거(沖去)시키는 날 돌아온다.

19. 용신(用神)이 발동해도 용효(用爻)가 동효(動爻)나 일진(日辰)과 합되면 돌아오다가도 되돌아간다.

20. 용신(用神)이 해자수(亥子水)를 띠고 발동하면 비오는 날 돌아온다.

21. 용신(用神)이 출현하면 상극을 받지 않아야 좋다. 그리고 용신(用神)이 진공(眞空)이나 진파(眞破)를 만나면 절대 돌아오지 않는다.

22. 용신(用神)이 안정되면 일진(日辰)이 충동시키는 날이고, 공망(空亡)이 나가는 날이거나 공망(空亡)을 충거(沖去)시키는 날 돌아온다.

23. 용신(用神)이 은복(隱伏)되면 일에 얽혀 돌아오지 못하는데, 일진(日辰)이 은복(隱伏)된 용신(用神)을 충하는 날 돌아온다.

24. 세(世)가 용신(用神)을 극하면 좋지 않다. 더욱이 용신(用神)이 안정되고 극을 받으면 원래 있던 연고지에 그대로 머문다.

25. 주작(朱雀)이 세효(世爻)에 임하여 발동하고 부효(父爻)를 극하면 올뜻을 갖고 있다.

26. 용신(用神)이 관귀효(官鬼爻)에 은복(隱伏)되면 좋지 않은 일에 얽혀 오지 않는다.

27. 용효(用爻)가 형효(兄爻)에 은복(隱伏)되면 현재 도박 중이다.

28. 용효(用爻)가 손효(孫爻)에 은복(隱伏)되면 주색과 환락에 빠져있거나 승려나 건달패의 방해로 오지 못한다.

29. 용효(用爻)가 부효(父爻)에 은복(隱伏)되면 문서관계의 일이나 웃어른의 만류로 돌아오지 못한다.

30. 용신(用神)이 왕성한 재효(財爻) 옆에 은복(隱伏)되면 사업이나 매매 등 돈벌이에 몰두해 돌아오지 않는다. 그러나 재효(財爻)가 미약한데 공망(空亡)을 만나거나 발동한 형효(兄爻)의 극을 만나면 재물을 실패하여 오지 못한다.

31. 용효(用爻)가 재고(財庫) 밑에 은복(隱伏)되면 여자나 재물 때문에 돌아오지 않고, 은복(隱伏)된 재(財)가 묘절(墓絶)을 만나면 돈은 벌지 못하고 허송세월한다.

32. 용효(用爻)가 관귀(官鬼) 옆에 은복(隱伏)되고 백호(白虎)가 임하면 감옥에 갇혀 돌아오지 못한다.

33. 용효(用爻)가 묘(墓)에 들거나, 묘(墓)로 화하거나, 화하여 묘(墓)에 든 용효(用爻)가 관귀(官鬼)를 만나거나, 묘(墓)에 임한 관귀(官鬼)에 은복(隱伏)되면 병환 때문에 돌아오지 못한다.

34. 용효(用爻)가 오효(五爻)에 은복(隱伏)되어 관귀(官鬼)를 띠면 법의 저지로 오지 못하거나 도로의 불통으로 오지 못한다.

35. 용효(用爻)가 묘(墓)에 들었는데 세효(世爻)가 묘(墓)를 충극

(沖剋)하면 찾아가면 만날 수 있다.

36. 용효(用爻)가 주작(朱雀)에 은복(隱伏)되면 구설시비에 걸려 있다.

37. 용신(用神)이 구진(勾陳)을 띠고 은복(隱伏)되면 낙상할 염려가 있다.

38. 용효(用爻)가 등사(騰蛇)를 만나 은복(隱伏)되면 놀라고 당황할 일이 생긴다.

39. 용효(用爻)가 백호(白虎)를 띠고 은복(隱伏)되면 질병에 걸려 오지 못하거나, 곤경에서 헤어나지 못하고 있다.

40. 용신(用神)이 백호(白虎)나 등사(騰蛇)와 함께 발동하고 타효에게 극을 많이 받으면 질병으로 고생하고 있다.

41. 용신(用神)이 현무(玄武)를 띠고 은복(隱伏)되면 물건을 잃어버렸거나 여색에 빠져 돌아오지 못한다.

42. 용신(用神)이 현무(玄武)를 띤 관귀(官鬼)에 은복(隱伏)하여 재효(財爻)가 상합(相合)을 이루지 못하면 집을 나가 도적이 되거나 도둑의 누명을 쓰고 돌아오지 못한다.

43. 용효(用爻)가 현무(玄武)에 임하여 재효(財爻)의 합을 만나거나, 현무(玄武)가 재효(財爻)에 은복(隱伏)되면 주색에 빠져 돌아올 생각을 하지 않는데, 합된 효가 충파(沖破)되는 날 온다.

44. 괘중이나 동효(動爻)·변효(變爻)·일진(日辰)·월건(月建)에 재(財)가 없으면 돈이 떨어져 오지 못하는 것이다.

45. 기신(忌神)이 신(身)이나 세(世)에 임하고 일진(日辰)이 용신

(用神)을 극하면 돌아오지 못한다. 그러나 용신(用神)이 신(身)이나 세(世)에 임하여 출현 발동하면 돌아올 가능성이 있다.

46. 유혼괘(遊魂卦)에 용신(用神)이 발동하면 그 사람이 안정하지 못하고 동분서주하며 사방을 방랑하는데, 유혼(遊魂)이 유혼(遊魂)으로 화하면 평생 돌아오지 않고, 귀혼(歸魂)으로 화하면 돌아온다.

47. 기신(忌神)이 일진(日辰)과 비화(比和)되어 발동하면 돌아오지 않는다.

48. 육효(六爻)가 난동하면 마음이 어수선해서 돌아온다.

49. 육효(六爻)에 발동함이 없으면 돌아올 마음이 없는 상태이다. 이때 용효(用爻)가 세효(世爻)를 생합(生合)하면 돌아오고 싶은 마음은 간절하나 여건이 안돼 오지 못하는 것이다.

50. 재효(財爻)에 신(身)과 응(應)이 같이 임했는데 청룡(靑龍)까지 임하여 발동하면 반드시 돌아온다.

51. 재효(財爻)가 발동하여 공망(空亡)을 만나거나 모절태(墓絶胎)에 임하면 오지 않는다.

52. 소식점에 부(父)가 동하면 편지나 팩스 등이 온다.

53. 소식점에 부(父)가 지세(持世)하고 재효(財爻)가 발동하면 소식이 오지 않는다.

54. 소식점에 부(父)가 동하고 합을 만나면 중도에 방해가 생겨 머무르는 것이다.

55. 소식점에 부효(父爻)가 발동하여 손효(孫爻)로 화하고 천희성

(天喜星)을 만나면 기쁜 소식이 온다.

56. 소식점에 부(父)와 응(應)이 발동하여 일진(日辰)과 생합(生合)되고 세효(世爻)를 극하면 부효(父爻)가 생왕(生旺)되는 날 소식이 온다.

57. 소식점에 부효(父爻)와 응효(應爻)가 공망(空亡)을 만나거나 묘(墓)와 절(絶)에 임하면 소식이 오지 않는다.

58. 소식점에 부효(父爻)가 합을 만나면 충되는 날 소식이 오고, 충극(沖剋)되면 합되는 날 소식이 온다.

59. 소식점에 부효(父爻)나 응효(應爻)가 공망(空亡)되면 공망(空亡)이 나가는 날 소식이 오고, 월파(月破)되면 파가 나가는 날 소식이 오고, 절지(絶地)에 임하면 생왕(生旺)되는 날 소식이 오고, 묘(墓)에 들면 충개 되는 날 소식이 온다.

60. 소식점에 외괘(外卦)가 발동하고 내괘(內卦)가 정하거나 응(應)이 발동하고 세(世)가 안정하면 소식이 곧 온다.

61. 소식점에 외괘(外卦)가 정하고 내괘(內卦)가 동하거나 응(應)이 정하고 세(世)가 발동하면 소식이 오지 않는다.

62. 소식점에 부효(父爻)가 청룡(靑龍)을 띠고 발동하면 기쁜 소식이 온다.

63. 소식점에 부효(父爻)가 주작(朱雀)을 띠고 발동하면 곧 소식이 온다.

64. 소식점에 부효(父爻)가 공망(空亡)되고 주작(朱雀)이 발동하면 간접적으로 소식을 듣는다.

65. 소식점에 부효(父爻)가 백호(白虎)를 띠고 발동하면 좋지 않은 소식이 온다.

66. 소식점에 재효(財爻)가 지세(持世)하고 발동하거나 세효(世爻)가 현무(玄武)와 같이 있고 주작(朱雀)이 용효(用爻)가 된 경우에 세(世)가 응(應)을 극하거나 재(財)가 단독으로 발동된 것 등은 모두 소식이 오지 않는다.

67. 소식점에 사오화(巳午火) 부효(父爻)가 주작(朱雀)을 띠고 동하거나 진위뢰(震爲雷)괘에 사오화(巳午火) 부(父)가 동하면 전신이나 전화가 오고, 인묘목(寅卯木) 부(父)가 동하면 서신이 온다.

제3장. 출행점

1. 내괘(內卦)가 외괘(外卦)를 극하거나 세효(世爻)가 응효(應爻)를 극하면 출행에 길하고, 외괘(外卦)가 내괘(內卦)를 극하거나 응(應)이 세(世)를 극하면 이롭지 않다.

2. 외괘(外卦)가 내괘(內卦)를 생하거나 응효(應爻)가 세효(世爻)를 생하면 타관으로 나가 재물을 얻는다.

3. 내괘(內卦)와 외괘(外卦)가 비화(比和)되거나 세응(世應)이 비화(比和)되면 여행을 떠나 이익을 얻는다.

4. 세효(世爻)가 생왕(生旺)하면 길하나, 휴수(休囚)되면 흉하다.

5. 세(世)가 일월(日月)이나 동효(動爻)에게 충극(沖剋)되거나, 사절묘(死絕墓)되거나 휴수(休囚)되었는데 청룡(靑龍)이 임하면 주색으로 망신을 크게 당한다.

6. 세(世)와 부(父)가 합되고 일진(日辰)의 생조(生助)가 있으면 무

사히 귀가한다.

7. 세(世)와 용신(用神)이 귀인과 역마(驛馬)와 삼합(三合)되면 출행하여 귀인을 만난다.

8. 세(世)나 용신(用神)이 일진(日辰)이나 월건(月建)에서 역마(驛馬)가 되거나 충되면 출행한다.

9. 세(世)가 왕한데 손효(孫爻)가 세(世)를 충형(沖刑)하면 주색으로 병을 얻는다.

10. 세효(世爻)가 현무(玄武)를 띠고 쇠약하면 여행 중에 나쁜 사람을 만나 고생하거나 여색으로 망신을 당한다.

11. 관귀(官鬼)가 발동하여 세(世)를 극하면 여행 중에 나쁜 사람을 만나 고생한다.

12. 관귀(官鬼)가 지세(持世)하여 발동하면 신상에 위험한 일이 생긴다.

13. 관귀(官鬼)에 화개(華蓋)가 임하여 신(身)을 극하면 화액을 만날 징조이다.

14. 인묘목(寅卯木)을 띤 관귀(官鬼)가 발동하여 세효(世爻)를 극하면 바다에서 풍랑을 만나거나 차 안에서 부상을 당한다.

15. 비신(飛神)에 임한 관귀(官鬼)가 발동하여 신(身)을 극하면 교통사고의 위험이 있다.

16. 손효(孫爻)가 발동하여 왕한 세효(世爻)를 형충(刑沖)하면 주색으로 병을 얻는다.

17. 손효(孫爻)가 발동하여 관귀(官鬼)로 화하여 세(世)를 극상하

면 주색으로 시비쟁송이 일어난다.

18. 손효(孫爻)가 지세(持世)하여 청룡(靑龍)을 띠면 목적을 순조롭게 이룬다.

19. 청룡(靑龍)이 동하고 자오묘유(子午卯酉)와 동위(同位)하면 여색을 겪는다.

20. 청룡(靑龍)이 동하고 홍염(紅艷)과 동위(同位)하면 여자를 만나 즐긴다.

21. 부(父)와 재(財)가 모두 은복(隱伏)되면 차도 없고 여비도 없어 고생한다.

22. 세(世)와 부(父)가 일진(日辰)과 삼형(三刑)이 되면 출행으로 관재구설이 있다.

23. 오효(五爻)에 흉살이 있으면 불길하다. 등사관(螣蛇官)이 놓이면 놀라거나 괴이한 일이 생기고, 백호관(白虎官)이 놓이면 사고나 병이 생기고, 현무관(玄武官)이 놓이면 도난을 당한다.

24. 손지세(孫持世)하거나 세효(世爻)가 동하여 손(孫)으로 변하거나 손효(孫爻)가 동하여 세효(世爻)를 생하면 여행 중에 모든 재화가 소멸된다.

25. 간위산(艮爲山)괘는 귀가가 늦고 진위뢰(震爲雷)괘는 귀가가 빠르다.

26. 부효(父爻)가 세(世)를 극하면 비바람을 만나거나 선박이나 자동차로 간다.

27. 관(官)이 내괘(內卦)에 있으면 집을 나가고, 외괘(外卦)에 있으

면 집을 떠나지 마라. 내괘(內卦)가 극을 받으면 집을 나가고, 외괘(外卦)가 극을 받으면 집을 나서지 않는 것이 좋다.

28. 주작(朱雀)이 발동하여 세(世)나 신(身)을 극하면 여행 중에 시비구설이 따른다.

29. 구진(勾陳)이 발동하여 세(世)나 신(身)을 극하면 출행의 목적을 이루지 못한다.

30. 등사(騰蛇)가 발동하여 세(世)나 신(身)을 극하면 여행 중에 놀랄 일이나 근심이 생긴다.

31. 백호(白虎)가 발동하여 세(世)나 신(身)을 극하면 여행 중에 남과 다툰다.

32. 현무(玄武)가 발동하여 세(世)나 신(身)을 극하면 노상에서 도적에게 물건을 빼앗긴다.

33. 백호(白虎)와 관귀(官鬼)가 동위(同位)하면 출행 중에 병을 얻어 고생한다.

34. 백호(白虎)나 역마관(驛馬官)이 동하여 세(世)나 신(身)을 극하면 교통사고를 당한다.

35. 관귀(官鬼)가 오(午)에서 신(身)을 극하면 교통사고를 당한다.

36. 응효(應爻)가 공망(空亡)되면 출행이 불길하고, 묘절(墓絶)이나 충파(沖破)되거나 동하여 회두극(回頭剋)이 되면 출행하여도 이득이 없다.

37. 세(世)와 응(應)의 중간 양효(兩爻)가 공망(空亡)되면 혼자 가는 것이 좋다.

38. 세효(世爻)가 암동하면 반드시 출행한다.

39. 관귀(官鬼)가 중첩되면 재앙이 거듭되고, 관귀(官鬼)가 동한 효에 현무(玄武)가 되면 도적의 근심이 있다.

40. 형(兄)이 동하여 세(世)를 충극(沖剋)하면 주색으로 재물을 잃는다.

41. 육충괘(六沖卦)인데 세(世)가 동하지 않고 공망(空亡)되면 갈 수 없다.

42. 육합괘(六合卦)가 육충괘(六沖卦)로 화하면 좋지 않고, 육충괘(六沖卦)가 육합괘(六合卦)로 화하면 출행해도 길하다.

43. 귀(鬼)가 묘(墓)에 들고 세(世)가 입묘(入墓)되고 세효(世爻)가 휴수(休囚)되면 돌아오지 못할 징조이다.

44. 진건궁(震乾宮)에 귀(鬼)가 동하면 교통사고를 당하고, 태감궁(兌坎宮)에 귀(鬼)가 동하면 풍파가 있고, 곤간궁(坤艮宮)에 귀(鬼)가 동하면 산간·평야에서 재앙을 만나고, 손리궁(巽離宮)에 귀(鬼)가 동하면 화액을 당하거나 산림에서 재앙을 당한다.

제4장. 심인점

1. 용신(用神)이 내괘(內卦)에 있으면 가까운 곳에 있고, 외괘(外卦)에 있으면 먼 곳에 있다.

2. 용효(用爻)가 있으면 가까운 곳에 숨어 있고, 은복(隱伏)되어 있으면 먼 곳에 숨어 있다.

3. 용신(用神)이 안정되면 거처를 옮기지 않고 한 곳에 머물러 있으니 찾을 수 있고, 발동하면 이곳저곳으로 거처를 자주 옮기니 찾기 어렵다.

4. 용신(用神)이 은복(隱伏)되거나 공망(空亡)되면 깊이 숨어 있으니 찾기 어렵다.

5. 용신(用神)이 발동하여 다시 용신(用神)으로 변하면 속히 돌아온다.

6. 용신(用神)이 충되면 찾는 이가 사람들에게 꾸지람을 듣는 상이

고, 극되면 타인에게 잡혀 있는 상태이다.

7. 용신(用神)이 생부(生扶)되었는데 세효(世爻)와 생합(生合)되면 찾는 이의 거처를 알려주는 사람이 있으니 찾기 쉽다.

8. 용효(用爻)가 발동하여 퇴신(退神)으로 변하면 잡기 어렵다. 그러나 세효(世爻)와 일진(日辰)이 발동하여 용효(用爻)를 극제하면 잡을 수는 있으나 나중에 곤란한 일이 생긴다.

9. 용신(用神)을 일진(日辰)·동효(動爻)·변효(變爻)가 생합(生合)하면 상대는 남녀가 같이 거주한다.

10. 용신(用神)이나 응효(應爻)가 세효(世爻)를 생합(生合)하고 발동되지 않는 괘에는 용신(用神)이 충되는 날 자리를 떠서 생왕(生旺)되는 날 도착한다.

11. 용신(用神)이 왕하고 역마(驛馬)가 임하면 외국이나 먼 곳으로 갔으니 찾기 어렵다.

12. 용신(用神)이 상효(上爻)에 임하여 왕상(旺相)한데 발동하지 않고, 일월(日月)이나 동효(動爻)의 충파(沖破)가 없으면 돌아오지 않는다.

13. 용신(用神)이 된 복신(伏神)이 비신(飛神)을 극하거나, 응(應)이 세(世)를 극하거나, 용신(用神)이 공망(空亡)이나 절태묘(絶胎墓)를 만나면 찾을 수 없다.

14. 용효(用爻)가 형충극해(刑沖剋害)를 받지 않거나 세효(世爻)와 생합(生合)되지 않았는데, 세효(世爻)가 용효(用爻)를 극하지 않으면 도망간 사람이 돌아올 마음이 없다.

15. 용효(用爻)가 타궁(他宮)에 임하여 발동하면 멀리 도주했거나 이리저리 거처를 옮겨 찾기 어렵다.

16. 용신(用神)이 사절(死絶)에 임하면 무덤 근처에 숨어 있다.

17. 용신(用神)이 타궁(他宮) 내괘(內卦)에 임하면 타군 타시에 있고, 용신(用神)이 육효(六爻)에 있으면 아주 먼 곳에 있다.

18. 용신(用神)이 본궁(本宮) 내괘(內卦)에 있으면 그의 본거지에 있고, 본궁(本宮) 외괘(外卦)에 임하면 본고장의 지역에 있다.

19. 용효(用爻)가 건괘(乾卦)에 있으면 서북방에 있고, 감괘(坎卦)에 있으면 북방에 있고, 간괘(艮卦)에 있으면 동북방에 있고, 진괘(震卦)에 있으면 동방에 있고, 손괘(巽卦)에 있으면 동남방에 있고, 이괘(離卦)에 있으면 남방에 있고, 곤괘(坤卦)에 있으면 서남방에 있고, 태괘(兌卦)에 있으면 서방에 있다.

20. 용신(用神)이 발동하여 본궁(本宮)의 재효(財爻)와 합되면 그 사람이 자기 아내를 꾀어 도주한 것인데, 재(財)가 은복(隱伏)되어 있으면 가까이 있는 사람이다.

21. 용신(用神)이 인묘효(寅卯爻)에 있으면 도심지나 서울에 있고, 신유효(申酉爻)에 있으면 절간에 숨어 있다.

22. 용신(用神)이 청룡(靑龍)에 임하면 부잣집에 있고, 주작(朱雀)에 임하면 관리·변호사·방송·언론·전화국·우체국 직원의 집에 있다. 주작(朱雀)이 신유금(申酉金)이면 군인이나 공업인의 집에 있고, 주작(朱雀) 용신(用神)이 목(木)을 띠면 무당·법사·점쟁이의 집에 있다. 용신(用神)이 구진(勾陳)에 있으면

농촌에 있고, 등사(騰蛇)에 임하면 점쟁이의 집에 있고, 천희신(天喜神)에 임하면 혼인집이나 경사가 있는 집에 있다.

23. 용신(用神)이 백호(白虎)를 띠거나 천을귀인(天乙貴人)이 임하면 군인의 집에 있다.

24. 백호(白虎)를 띤 용신(用神)이 금(金)이나 양인(羊刃)이면 도살업자의 집이나 정육점에 있다.

25. 백호(白虎)를 띤 용신(用神)에 상문(喪門)이 임하면 상가나 제삿집에 있다.

26. 용신(用神)이 목(木)을 띠고 감수궁(坎水宮)에 있으면서 발동하면 배를 타고 도망갔다.

27. 오효(五爻)가 양효(陽爻)이고 용신(用神)이 임하면 서울에 있다.

28. 현무(玄武)를 띤 용신(用神)이 겁살(劫殺)이나 천적을 만나면 도적의 집에 있다.

29. 현무(玄武)를 띤 용신(用神)이 함지(咸池)·도화(桃花)·홍염(紅艶)을 만나면 윤락가나 창녀의 집에 있다.

30. 현무(玄武)를 띤 용신(用神)이 해자수(亥子水)에 임하면 어업종사자의 집·음식점·수산물 상인의 집에 있다.

31. 용신(用神)이 세효(世爻)에 은복(隱伏)되었는데 관귀(官鬼)를 띠면 관리의 집에 있다.

32. 용신(用神)이 부효(父爻)에 은복(隱伏)되었으면 친척의 집·스승의 집·수예가의 집에 있다.

33. 용신(用神)이 지세(持世)하여 진술축미(辰戌丑未)의 귀묘(鬼墓)에 들면 사당에 숨어 있다.

34. 용신(用神)이 형효(兄爻)에 은복(隱伏)되면 친구·동료·형제의 집에 있다.

35. 용신(用神)이 재효(財爻)에 은복(隱伏)되면 처첩·여자의 집·술집·요정·여관·창녀의 집에 있다.

36. 용신(用神)이 관효(官爻)에 은복(隱伏)되면 관청이나 공무원의 집 또는 창고에 있다.

37. 용신(用神)이 손효(孫爻)에 은복(隱伏)되면 절간·산 속·유치원 등에 있다.

38. 세효(世爻) 밑에 관(官)이 은복(隱伏)되면 관리의 집에 있고, 손(孫)이 은복(隱伏)되면 사찰에 있고, 재(財)가 은복(隱伏)되면 여자의 집이나 화류계에 있고, 형(兄)이 은복(隱伏)되면 친구·동료·형제의 집에 있고, 부(父)가 은복(隱伏)되면 부모·스승·친척의 집에 있다.

39. 세효(世爻)가 공망(空亡)되거나 응효(應爻)가 공망(空亡)되면 찾지 못한다.

40. 육충괘(六沖卦)는 이미 외유중이니 도중에서 찾을 수 있고, 육합괘(六合卦)는 찾기 어려우나 침착하게 찾으면 찾을 수 있다.

41. 간효(間爻)가 용신(用神)과 상합(相合)되면 그 정을 알고 있고, 간효(間爻)가 세효(世爻)와 충극(沖剋)되면 바로 그 사람이 내가 찾는 이를 꾀어낸 것이다.

42. 일진(日辰)이 용효(用爻)를 극제하면 잡을 수 있고, 발동하여 변출한 효가 용효(用爻)를 생해주면 잡았다가도 놓친다.

43. 본궁(本宮)이 발동하여 다시 본궁(本宮)으로 화하면 도망했어도 멀리 가지 않고 본거지에 있다.

44. 부효(父爻)가 발동하여 관효(官爻)로 화하거나, 관효(官爻)가 발동하여 부효(父爻)로 화하거나, 부효(父爻)와 관귀(官鬼)가 같이 발동하면 송사 등 말썽이 따르나 도망간 사람은 잡는다.

45. 왕성한 세(世)가 쇠한 응효(應爻)를 극하거나, 비신(飛神)이 복신(伏神)이 된 용신(用神)을 극하면 찾을 수 있다.

46. 외괘(外卦)가 내괘(內卦)를 생합(生合)하거나, 응효(應爻)가 세효(世爻)를 생합(生合)하면 돌아올 마음이 있다.

47. 외괘(外卦)가 내괘(內卦)를 충극(沖剋)하거나, 응효(應爻)가 세효(世爻)를 충극(沖剋)하면 돌아오지 않는다.

48. 오효(五爻)에 있는 용신(用神)이 발동하여 퇴신(退神)으로 변하면 중도에 되돌아온다.

49. 도망간 사람이 점을 칠 때, 손효(孫爻)가 신(身)에 임하여 세(世)와 신(身)이 상생(相生)을 이루면 도망치는 일이 순조롭다. 일진(日辰)이 세효(世爻)와 생합(生合)되어도 순조롭다.

50. 도망친 사람의 입장에서 점을 칠 때, 세효(世爻)가 묘(墓)에 들면 구금되거나 재앙이 닥친다.

51. 도망간 사람이 점을 칠 때, 일월효(日月爻)가 발동하여 세효(世爻)를 형충극해(刑沖剋害)하면 반드시 잡혀 형벌을 받는다.

제5장. 천시점

1. 세효(世爻)가 극되면 천지의 변화가 무상하다.

2. 응(應)이 일월(日月)이나 동효(動爻)의 충극(沖剋)을 받으면 천지의 변화가 무상하다.

3. 응효(應爻)가 공망(空亡)되고 부효(父爻)에 임하면 공망(空亡)이 나가는 날 비가 오고, 일진(日辰)과 응(應)이 같이 재효(財爻)이면 공망(空亡)이 나가도 비가 오지 않는다.

4. 상효(上爻)가 발동하면 천문이 열리는 상이니 곧 비가 온다.

5. 부효(父爻)가 발동하여 생왕(生旺)되면 비가 온다.

6. 부효(父爻)가 동해도 일진(日辰)의 극을 받으면 비가 오지 않고, 일진(日辰)의 생부(生扶)를 받으면 큰 비가 내린다.

7. 부효(父爻)가 공망(空亡)되거나 은복(隱伏)되거나 세효(世爻)에 진술축미(辰戌丑未) 토귀(土鬼)가 발동하면 비가 오지 않는다.

부효(父爻)가 공망(空亡)이 나가는 날이나 출현하는 날 온다.

8. 부효(父爻)가 일진(日辰)의 묘(墓)에 임했거나, 부효(父爻)가 동하여 묘(墓)로 변하면 그 묘(墓)를 충하는 날 비가 온다.

9. 부효(父爻)와 재효(財爻)가 모두 발동하면 비가 오다 개이다 오락가락 한다.

10. 부효(父爻)가 동하여 형으로 변하면 비바람이 무상하다.

11. 부효(父爻)가 발동하여 손(孫)으로 화하면 비가 내린 뒤 날씨가 청명해진다.

12. 부효(父爻)가 월건(月建)과 같으면 장마가 오래 가고, 부효(父爻)가 쇠하고 관귀(官鬼)가 왕하면 가랑비가 내리거나 강우량이 매우 적다.

13. 부효(父爻)가 안정되고 관(官)이 동하면 구름만 끼고 비는 오지 않는다.

14. 관귀(官鬼)가 발동하면 우뢰와 번개가 일어나거나 안개가 가득하다.

15. 관귀(官鬼)가 진궁(震宮)에서 발동하여 진신(進神)이 되고 일월(日月)의 왕상(旺相)을 만나면 우뢰가 생긴다. 이런 경우에 부효(父爻)가 은복(隱伏)되면 천둥만 치고 비가 오지 않는데, 일진(日辰)이 부모를 만나는 날 비가 온다.

16. 형효(兄爻)가 발동하면 풍운이 일어나기 시작한다.

17. 재효(財爻)가 발동하면 맑게 개이나, 손효(孫爻)가 극되면 때때로 구름이나 안개가 낀다.

18. 재효(財爻)가 발동하여 관귀(官鬼)로 화하면 개인 뒤 일기가 고르지 못하다.

19. 재효(財爻)가 발동하여 부효(父爻)를 극하면 비가 오지 않는다.

20. 재효(財爻)와 관귀(官鬼)가 모두 발동하면 개였다 흐렸다 한다.

21. 재효(財爻)가 일진(日辰)과 동효(動爻)와 삼합(三合)을 이루면 안개만 끼고 비는 오지 않는다. 그러나 부효(父爻)가 삼합(三合)되면 곧 비가 온다.

22. 손효(孫爻)가 발동하면 날씨가 청명한데, 만일 쇠약하면 구름이나 안개가 때때로 해와 달을 가린다.

23. 손효(孫爻)가 재효(財爻)에 은복(隱伏)되어 힘이 없으면 곧 비가 온다.

24. 손효(孫爻)가 발동하여 일월(日月)의 생왕(生旺)을 만나면 날씨가 오랫동안 청명하다.

25. 청룡(靑龍)이 진효(辰爻)에서 발동하여 부효(父爻)로 변하거나, 청룡(靑龍)을 띤 부효(父爻)가 동하여 진효(辰爻)로 변하면 반드시 비가 온다.

26. 인묘목(寅卯木)이 발동하면 바람이 일어나고, 사오화(巳午火) 신유금(申酉金)이 공망(空亡)되면 우뢰가 일어난다.

27. 일월효(日月爻)가 왕하면 날씨가 청명하고, 공망(空亡)되거나 은복(隱伏)되면 흐리다.

28. 토관(土官)이 지세(持世)하거나 동하면 비가 온다.

29. 토효(土爻)가 동하여 부효(父爻)에 임하면 구름이 뜨고, 부(父)

와 재(財)가 같이 동하면 부(父)가 왕할 때 비가 오고, 재(財)가 왕할 때 날이 개인다.

30. 형(兄)과 손(孫)이 함께 동하면 순풍이 불고, 형(兄)과 관(官)이 함께 동하면 역풍이 분다.

31. 손(孫)이 공망(空亡)되면 날씨가 흐리고, 손(孫)이 은복(隱伏)되거나 묘절(墓絶)되어도 날씨가 흐리다.

32. 형(兄)이 장생(長生)이면 날마다 강풍이 불고, 형화부(兄化父)이면 구름이 흩어지지 않고, 형화재(兄化財)이면 비가 오지 않고, 형화부(兄化父)이면 부(父)가 일진(日辰)의 묘(墓)에 입고(入庫)되어야 날이 갠다.

33. 재(財)가 합되면 충되는 날 날씨가 개이고, 부(父)가 합되면 충되는 날 비가 온다.

34. 재(財)가 동하여 건괘(乾卦)로 화하면 일년내내 가문다.

35. 이궁(離宮)에서 관(官)이 동하면 번개는 치나 천둥은 없다.

36. 재(財)가 왕하면 맑은 날이 많고, 재(財)가 은복(隱伏)되어도 재(財)가 왕하면 청명하다.

37. 손궁(巽宮)에 목형(木兄)이 왕동(旺動)하여 세효(世爻)를 극하면 태풍이 불고 비가 온다.

제6장. 임신·출산점

1. 태효(胎爻)가 일진(日辰)이나 동효(動爻)의 충극(沖剋)을 받으면 낙태될 우려가 있다.

2. 태효(胎爻)가 관귀(官鬼)에 임하거나 관귀(官鬼)의 극을 받고, 일진(日辰)·월건(月建)의 형충극해(刑沖剋害)를 받으면 태아가 상하고, 여기에 백호(白虎)를 만나면 낙태된다.

3. 태효(胎爻)가 왕상(旺相)하거나 생부합(生扶合)되고, 손효(孫爻)나 부모가 공망(空亡)되지 않으면 태아가 건강하다.

4. 태효(胎爻)에 현무(玄武)가 임하면 지금 부부간의 정수태가 아닐 가능성이 있다. 여기에 부효(父爻)가 묘(墓)에 들면 사생아를 잉태한 것이다.

5. 태효(胎爻)가 형충극해(刑沖剋害)를 만나거나 사절묘(死絶墓)에 임하면 임산부에게 재앙이 많고, 포태(胞胎)가 불안하여 아이를

낳아도 키우기 어렵다.

6. 태효(胎爻)나 손효(孫爻)가 손궁(巽宮)·이궁(離宮)·곤궁(坤宮)·태궁(兌宮)에 있으면 딸을 낳고, 건궁(乾宮)·간궁(艮宮)·감궁(坎宮)·진궁(震宮)에 있으면 아들을 낳는다.

7. 태효(胎爻)가 충파(沖破)되는 날 출산한다.

8. 태효(胎爻)와 손효(孫爻)가 동하지 않거나 암충(暗沖)이 없으면 산기가 느리니, 일진(日辰)이나 월건(月建)을 충할 때 출산한다.

9. 태효(胎爻)와 손효(孫爻)가 발동하면 곧 출산하지만, 관귀(官鬼)와 부모의 동효(動爻)를 만나거나 일진(日辰)의 합을 만나면 충파(沖破)되는 날 출산한다.

10. 태효(胎爻)에 관귀(官鬼)가 임하거나 태효(胎爻)가 발동하여 관귀(官鬼)로 화하면 낙태된다. 여기에 재효(財爻)까지 충극(沖剋)되면 산모의 생명도 위험하다.

11. 태효(胎爻)가 왕상(旺相)한데 생합(生合)과 부조(扶助)가 있고, 관(官)이나 부효(父爻)에 놓이지 않고, 공망(空亡)되지 않으면 임신하고, 양효(陽爻)이면 아들을 낳는다.

12. 태효(胎爻)가 음효(陰爻)에 놓여 휴수(休囚)되었으나 일월(日月) 동효(動爻)가 생합(生合)하고 흉신이 없으며 형충파해(刑沖破害)가 되지 않으면 임신하여 딸을 낳는다.

13. 태효(胎爻)가 일월(日月)의 생조(生助)를 받고 청룡(靑龍)이 동위(同位)하면 임신한다.

14. 태효(胎爻)와 손효(孫爻)가 모두 공망(空亡)이 되면 임신하지

못한다.

15. 손효(孫爻)가 동하거나 형해(刑害)나 공망(空亡)되면 불리하다.

16. 손효(孫爻)가 동하여 관귀(官鬼)로 화하면 복중에서 죽는다.

17. 손효(孫爻)와 모효(母爻)가 모두 왕상(旺相)하면 태아와 임부가 모두 건강하다.

18. 손효(孫爻)에 관귀(官鬼)가 임하면 임부에게 질병이 있다.

19. 손효(孫爻)가 거듭 있는데 청룡(青龍)을 띠고 발동하면 쌍태를 임신한 징조이다.

20. 손효(孫爻)가 발동하여 다시 손효(孫爻)로 변하거나, 태효(胎爻)가 발동하여 다시 태효(胎爻)로 변하면 쌍태를 임신했을 가능성이 있다.

21. 괘중에 이위(二位)의 손효(孫爻)가 있거나, 이위(二位)의 태효(胎爻)가 있어 발동하면 쌍태를 임신한 것으로 본다.

22. 손효(孫爻)가 발동하고 일진(日辰)이 태효(胎爻)를 충하면 곧 출산한다. 합이 있으면 충파(沖破)될 때 출산한다.

23. 손효(孫爻)가 태효(胎爻)를 충극(沖剋)하여 세(世)나 신(身)을 생하면 당일 당시에 출산한다.

24. 손효(孫爻)가 묘절(墓絶)에 들고 일월(日月)이나 동효(動爻)가 손효(孫爻)를 형충극해(刑沖剋害)하면 대흉하다.

25. 손효(孫爻)가 월건(月建)과 같고 청룡(青龍)이 임하거나 청룡(青龍)을 띤 손(孫)이 월건(月建)의 생합(生合)을 만나면 총명하고 준수한 사내아이를 낳는다.

26. 부모효(父母爻)가 형충극해(刑沖剋害)를 받지 않으면 길상이고, 손효(孫爻)에 청룡(靑龍)이 임해도 좋다.

27. 부효(父爻)와 손효(孫爻)가 서로 화하면 불리하나, 여기에 청룡(靑龍)이 지세(持世)하면 해롭지 않다.

28. 백호(白虎)가 부효(父爻)에 임하면 불리하고, 태아의 발육상태가 좋지 않다.

29. 부효(父爻)가 발동하면 태아를 극하여 불리하고, 낙태할 우려가 있다. 손효(孫爻)가 일진(日辰)과 월건(月建)의 생부(生扶)를 받으면 무방하다.

30. 부효(父爻)가 극하지 않으면 산모가 건강하다.

31. 부효(父爻)와 재효(財爻)가 청룡(靑龍)과 다른 길신과 동위(同位)하면 길하다.

32. 부효(父爻)와 재효(財爻)가 장생(長生)이나 건록(建祿)이 되면 산모가 건강하다.

33. 부효(父爻)와 재효(財爻)가 상생(相生)하고 합되어 그 변성(變星)이 손효(孫爻)와 같으면 임신한다.

34. 부효(父爻)나 재효(財爻)에 손효(孫爻)가 은복(隱伏)되면 임신 중이거나 충될 때 임신한다.

35. 부효(父爻)아 재효(財爻)가 일월(日月)에서 득기하고, 길신이 택효(宅爻)와 합되면 임신한다.

36. 초효(初爻)에 관귀(官鬼)가 임하면 출산 후 산모의 건강이 좋지 않다.

37. 이효(二爻)에 관귀(官鬼)가 임하면 태아의 발육이 나쁘고, 공망(空亡)이 임하면 낙태되기 쉽다.

38. 부효(父爻)가 동하여 손효(孫爻)에 형해(刑害)를 가하면 산모와 아기가 모두 불길하다.

39. 부효(父爻)가 혼자 왕상(旺相)한데 발동하여 손효(孫爻)를 극하고, 재효(財爻)가 타효의 충파(沖破)를 만나 일월(日月)이나 동효(動爻)의 구제를 받지 못하면 산모와 아기가 모두 흉하다.

40. 삼효(三爻)에 포태(胞胎)가 있거나 포태(胞胎)가 동하면 임신한 것이다.

41. 건리감태괘(乾離坎兌卦)는 순산으로 보고, 곤간진손괘(坤艮震巽卦)는 난산으로 본다.

42. 응효(應爻)나 용효(用爻)가 양효(陽爻)에 임하면 아들을 임신한 것이고, 응효(應爻)나 용효(用爻)가 음효(陰爻)이면 딸을 임신한 것이다.

43. 음효(陰爻)가 발동하여 양효(陽爻)로 변하면 아들을 낳고, 양효(陽爻)가 발동하여 음효(陰爻)로 변하면 딸을 낳는다.

44. 청룡(靑龍)이 태효(胎爻)·손효(孫爻)·재효(財爻) 등에 임하여 발동하면 곧 출산한다. 혹 당일에 출산하는 경우도 있다.

45. 상효(上爻)에 응(應)이 임하면 칠성줄이 있고, 응효(應爻)의 부(父)가 세효(世爻)를 생하면 아들을 낳는다.

46. 괘중이나 년월일시에 태효(胎爻)가 없으면 불임인데, 동효(動爻)가 있으면 앞으로 임신한다.

47. 응효(應爻)가 공망(空亡)되면 출산 후 외가에서 예물이 없다.

48. 관효(官爻)나 세효(世爻)가 공망(空亡)되면 남편이 문 밖으로 나간 뒤에야 출산한다.

49. 관귀(官鬼)가 발동하여 손(孫)으로 화하면 출산하기 전에 아기에게 병이 있어 사망하기 쉽고, 재효(財爻)가 발동하여 관귀(官鬼)로 화하면 출산한 뒤에 재앙이 따른다.

50. 괘중에 관귀(官鬼)가 은복(隱伏)되었는데 공망(空亡)을 만나거나 묘절(墓絶)에 임하면 남편이 이미 사망한 것이니 유복자를 낳는다.

51. 은복(隱伏)된 관귀(官鬼)가 왕상(旺相)하고 타의 구조를 만나면 남편이 죽은 것이 아니라 타국이나 타향에 격리되어 있는 것이다.

52. 백호(白虎)가 관귀(官鬼)에 임하여 발동하거나, 재효(財爻)에 임하여 발동해서 관귀(官鬼)로 화하거나, 공망(空亡)이나 충파(沖破)되면 자식을 낳아도 기르기 어렵다.

53. 등사(騰蛇)와 백호(白虎)가 손효(孫爻)에 임하거나, 진술축미토관귀(辰戌丑未土官鬼)나 해자수관귀(亥子水官鬼)이면 태아에게 흉하다.

54. 재효(財爻)·태효(胎爻)·손효(孫爻)를 일월(日月)이나 동효(動爻)가 생부(生扶)하면 산모가 건강하며 순산하고, 아기가 잘 자란다.

55. 백호(白虎)가 손효(孫爻)나 태효(胎爻)에 임하여 발동하면 태

아가 죽은 것이니 자식을 두기 어렵다. 백호(白虎)가 발동하여 재효(財爻)에 임해도 태아가 죽은 것이다.

56. 재효(財爻)가 현무(玄武)에 임하여 응효(應爻)나 방효(傍爻)와 합하면 야합으로 임신한다.

57. 재효(財爻)가 안정되고 손효(孫爻)가 발동하면 산모의 건강이 좋다.

58. 재효(財爻)와 손효(孫爻)가 묘절(墓絶)에 임하면 불길하나, 일진(日辰)이나 동효(動爻)의 생부(生扶)를 받으면 위태로운 가운데 편안함을 얻는다.

59. 유혼괘(遊魂卦)에 관귀(官鬼)가 공망(空亡)되면 달을 넘겨 출산하는데, 아기 아버지가 외출하여 없을 때 출산한다.

60. 형효(兄爻)에 공망(空亡)이 임하면 산모가 건강하다.

61. 형효(兄爻)가 발동하면 산모에게 액이 있고, 부효(父爻)가 발동하면 아기에게 재앙이 있다.

62. 형제효가 일월(日月) 동효(動爻)나 타효와 삼합국(三合局)을 이루면 불길하다. 출산 후에도 젖이 부족하거나 아내의 건강이 불길하다.

63. 관효(官爻)에 포태(胞胎)가 놓이면 임산부에게 질병이 있고, 재효(財爻)가 상했으면 임산부의 난이 있다.

64. 재(財)가 손(孫)으로 변하면 출산 후에 편안해진다.

65. 등사(騰蛇)와 백호(白虎)가 부효(父爻)와 동위(同位)하면 난산이 따른다.

제7장. 이사점

1. 초효(初爻)가 절후(節候)의 왕상(旺相)을 얻으면 농촌이 길하고, 도시 변두리도 길하다.

2. 이효(二爻)가 왕상(旺相)하면 읍면 소재지나 군청 소재지가 길하다.

3. 삼효(三爻)가 왕상(旺相)하면 시장이나 상가지역이 길하다.

4. 사효(四爻)가 왕상(旺相)하면 항구도시나 해변이 길하다.

5. 오효(五爻)가 왕상(旺相)하면 서울이나 대도시가 길하다.

6. 상효(上爻)가 왕상(旺相)하면 산촌벽지가 길하고, 교외도 좋다.

7. 택효(宅爻)가 발동하거나 내괘(內卦)에 부효(父爻)가 동하면 이사를 하고, 택효(宅爻)가 암동(暗動)하면 타의로 이사를 한다.

8. 택효(宅爻)가 동하여 세효(世爻)를 생하면 근년에 이사하고, 택효(宅爻)가 동하여 회두극(回頭剋)이 되면 이사할 생각은 있으

나 어렵고, 만약 이사를 하면 불길하다.

9. 택효(宅爻)가 공망(空亡)되면 이사하지 않는 것이 좋다.

10. 부효(父爻)나 관효(官爻)·세효(世爻)·용효(用爻)가 역마(驛馬)와 함께 있으면 이사를 한다.

11. 부효(父爻)나 관효(官爻) 세효(世爻)나 용효(用爻)가 일월(日月)이나 태세(太歲)와 충되면 이사를 해야 한다.

12. 택효(宅爻)에 관(官)이 놓여 왕상(旺相)하면 그 집에 입주하지 않는 것이 좋다.

13. 택효(宅爻)나 부효(父爻)가 퇴신(退神)이 되거나 반음(返吟)이나 복음(伏吟)이 되면 이사하기 어려운데, 만약 이사를 하면 또 하게 된다.

14. 육효(六爻)가 모두 안정되면 이사가 불리하고, 육효(六爻)가 모두 난동해도 이사가 좋지 않다.

15. 세(世)와 용신(用神)이 일월(日月)에서 삼합(三合)되면 이사를 하지 않는 것이 좋다.

16. 세(世)와 용신(用神)이 관효(官爻)나 부효(父爻)와 합되면 이사하지 않는 것이 좋다.

17. 진위뢰(震爲雷)·손위풍(巽爲風)·감위수(坎爲水)·천산돈(天山遯)·풍택중부(風澤中孚)·화산려(火山旅) 괘는 이사하는 것이 좋다.

18. 세효(世爻)가 발동하면 이사에 길하나, 세효(世爻)가 발동해도 공망(空亡)을 만나면 하지 않는 것이 좋다.

19. 세효(世爻)와 응효(應爻)가 상생(相生)하면 이사한 후 만사가 순조롭다.

20. 내괘(內卦)가 외괘(外卦)를 극하거나 세효(世爻)가 응효(應爻)를 극하면 새집보다 헌집으로 이사하는 것이 좋다.

21. 외괘(外卦)가 내괘(內卦)를 극하거나 응(應)이 세(世)를 극하면 헌집보다 새집으로 이사하는 것이 좋다.

22. 형지세(兄持世)하면 살던 집이고, 손지세(孫持世)하면 새집이며, 재지세(財持世)하면 좋은 집이고, 관지세(官持世)하면 수리해야 할 집이며, 부지세(持世)하면 헌집이다.

23. 청룡(靑龍)이 손효(孫爻)에 임하면 이사한 후 길상이 이른다.

24. 주작(朱雀)이 지세(持世)하면 이사한 후 시비나 구설수가 있다.

25. 주작(朱雀)과 관귀(官鬼)가 같이 있으면 관재구설이 있다.

26. 구진(勾陳)이 재(財)와 동위(同位)하거나 은복(隱伏)되면 이사한 후 도둑을 당한다.

27. 등사(騰蛇)가 인묘(寅卯)와 동위(同位)하고 공망(空亡)되면 충되는 월일에 흉화가 따른다.

28. 백호(白虎)가 지세(持世)하면 불리하다. 건강이 나쁘거나 싸움과 손재수가 따른다.

29. 현무(玄武)가 지세(持世)하면 물건을 잃어버리거나 도둑을 당한다.

30. 부효(父爻)가 발동하면 신고하며 상심하고, 자손에게 근심이 생긴다.

31. 형효(兄爻)가 발동하면 이사한 후 재앙이 따르고, 손해를 보거나 형제나 친구와 불화불목한다.

32. 관귀(官鬼)가 발동하여 재(財)로 변하면 재물과 명성을 얻는다.

33. 관귀(官鬼)가 발동하여 손효(孫爻)로 변하면 이사한 후 부귀해진다.

34. 관귀(官鬼)가 동하면 질병과 관재가 따른다.

35. 재효(財爻)가 동하여 관(官)으로 변하면 이사한 후 태평해진다.

36. 재효(財爻)가 왕상(旺相)하여 부효(父爻)를 극하면 재앙이 따른다.

37. 손효(孫爻)가 발동하면 이사한 후 가산이 흥왕하나, 남편에게 근심이 생길 우려가 있다.

38. 백호(白虎)가 동하면 이사하지 말고 안정해야 한다.

39. 재(財)는 있는데 관(官)이 없으면 손재가 있으며 이루어지는 것이 없고, 관(官)은 있는데 재(財)가 없으면 고통스런 일이 생긴다.

40. 손효(孫爻)가 관(官)으로 변하거나 손효(孫爻)가 부(父)로 변하면 자손에게 액이 따른다.

제8장. 행선점

1. 세효(世爻)나 용효(用爻)가 관귀(官鬼)를 띠거나 세효(世爻)나 용효(用爻)가 발동하여 관귀(官鬼)로 변하면 배를 타지 않는 것이 좋다.

2. 세효(世爻)나 용효(用爻)에 공망(空亡)이 임하고 절태묘(絶胎墓)에 이르면 배 안에서 불안한 일이 생긴다.

3. 세효(世爻)가 일진(日辰)과 합하거나 천을귀인(天乙貴人)·역마(驛馬)·청룡(靑龍)·복덕(福德)·천희(天喜) 등 길신을 만나면 대길하다.

4. 세효(世爻)가 진술축미(辰戌丑未)에서 백호(白虎)·관귀(官鬼)·대살(大殺) 등의 흉신과 같이 있거나, 백호(白虎)·관귀(官鬼)·대살(大殺)이 진술축미(辰戌丑未)에 임하여 세효(世爻)를 충극(沖剋)하면 배 안에서 질병에 걸린다.

5. 형지세(兄持世)하면 조금 사용한 배이고, 손지세(孫持世)하면 새 배이며, 재지세(財持世)하면 좋은 배이고, 관지세(官持世)하면 좋지 않거나 파손된 배이며, 부지세(持世)하면 헌 배이다.

6. 용효(用爻)인 양효(陽爻)가 동하여 음효(陰爻)로 변하면 뱃길이 편안하고, 음효(陰爻)가 동하여 양효(陽爻)로 변하면 불안하다.

7. 세(世)나 용신(用神)이 안정되어도 재효(財爻)가 은복(隱伏)되거나 귀혼괘(歸魂卦)를 만나면 불안하다.

8. 인묘목(寅卯木) 관귀(官鬼)가 세효(世爻)를 극하면 배가 고장이 나거나 표류하고, 사오화(巳午火) 관귀(官鬼)가 세효(世爻)를 극하면 화재를 당하고, 진술축미(辰戌丑未) 관귀(官鬼)가 세(世)를 극하면 정박처에서 좋지 않은 일이 생기고, 신유금(申酉金) 관귀(官鬼)가 세(世)를 극하면 암초에 걸리고, 해자수(亥子水) 관귀(官鬼)가 세(世)를 극하면 풍랑을 만난다.

9. 해자수(亥子水) 관귀(官鬼)가 동하면 배에 물이 샌다.

10. 감괘(坎卦)에 백호(白虎)가 인묘목(寅卯木)을 띠고 발동하거나 손괘(巽卦)에 형효(兄爻)가 목(木)을 띠고 발동하면 배가 뒤집힐 염려가 있다.

11. 백호(白虎)·관귀(官鬼)·대살(大殺) 등의 흉살이 응효(應爻)에 임하고, 발동하여 세효(世爻)를 극하거나 세효(世爻)가 발동하여 응효(應爻)와 생합(生合)하면 해상에서 질병을 만나 고생한다.

12. 부효(父爻)가 왕하고 일진(日辰)을 띤 동효(動爻)가 세효(世爻)

를 생합(生合)하면 순탄하다.

13. 부효(父爻)가 공망(空亡)·형충파해(刑沖破害)·묘절태(墓絶胎)를 만나면 선체가 지장을 받으니 행선을 중지해야 한다.

14. 복덕신(福德神)인 손효(孫爻)가 발동하여 용신(用神)과 상합(相合)되면 음식이 풍족하다.

15. 부효(父爻)가 삼전극(三傳剋)이 되어도 행선이 불안하다.

16. 형효(兄爻)가 동하여 용신(用神)을 극하면 동행인에게 속는다.

17. 형효(兄爻)가 일진(日辰)과 같고 발동하여 세(世)를 생합(生合)하면 순풍을 만난다.

18. 형효(兄爻)가 일진(日辰)과 같은데 발동하여 세(世)를 충극(沖剋)하면 바람이 사나울 징조이다. 여기에 목신(木神)이나 인묘관귀(寅卯官鬼)가 발동하면 배가 뒤집힐 염려가 있다.

19. 형효(兄爻)가 세(世)와 합하고 일진(日辰)이 세(世)를 충극(沖剋)하면 뱃길을 가로질러 부는 바람을 만나나 세력은 순하다.

20. 형효(兄爻)가 세(世)를 충극(沖剋)하는데 일진(日辰)이 세(世)를 생합(生合)하면 옆으로 부는 거센 바람이니 배를 타지 않는 않는 것이 좋다.

21. 형효(兄爻)가 공망(空亡)·파(破)·사(死)·절(絶)이 되고, 수목효(水木爻)가 모두 안정되거나 관귀(官鬼)가 휴수(休囚)되고 다른 살이 없으면 바람이 자고 물결도 잔잔하다.

22. 용신(用神)과 귀인이 동위(同位)하고 일월지(日月支)가 생하면 배 안에서 귀인을 만난다.

제9장. 구관·구직·시험점

1. 부효(父爻)가 왕상(旺相)하면 길하고, 휴수(休囚)되면 불리하다.

2. 부효(父爻)가 관(官)이 있어도 일진(日辰)이나 월건(月建)의 생부(生扶)를 얻지 못하면 뜻을 이루기 어렵다.

3. 부효(父爻)만 왕상(旺相)하고 관효(官爻)가 쇠하거나 관효(官爻)만 왕하고 부효(父爻)가 쇠하면 낙방하고, 부관세(父官世)가 모두 왕하면 합격한다.

4. 왕성한 부효(父爻)가 발동하여 일진(日辰)과 상합(相合)하면 길하나, 재(財)가 같이 왕하여 부효(父爻)를 충극(沖剋)하면 다된 일을 실패한다.

5. 부효(父爻)가 공망(空亡)되고 재효(財爻)가 발동하여 관귀(官鬼)를 생하면 요행으로 성취한다.

6. 부효(父爻)나 관효(官爻)가 화하여 절지(絶地)에 임하면 합격하

기 어렵다.

7. 부(父)가 왕하면 문장이 뛰어나고, 관(官)이 왕하면 공명이 유망하다.

8. 부(父)가 동하여 진신(進神)이 되면 상등으로 합격하고, 부(父)가 퇴신(退神)으로 변하면 하등으로 합격한다. 부동(父動)에 세(世)가 길하면 고시에 합격한다.

9. 부(父)와 관(官)이 힘이 없는데 일진(日辰)이 형손재효(兄孫財爻)를 극제(剋制)하면 관부(官父)가 모두 생왕(生旺)할 때 성취된다.

10. 관귀(官鬼)가 유기하면 시험에 합격하고 공명을 이룬다.

11. 관효(官爻)가 세효(世爻)나 용효(用爻)를 생하면 길하고, 세(世)나 응효(應爻)를 극하면 불길하다.

12. 관성(官星)이 상하면 공명을 얻기 어렵다.

13. 관효(官爻)가 비록 은복(隱伏)되어도 왕상(旺相)를 만나고 일월(日月)이 생해주면 작은 뜻은 이룬다.

14. 관귀(官鬼)가 지세(持世)하고 재(財)가 동하여 세(世)와 생합(生合)되면 공명이 길하다. 관지세(官持世)라도 용신(用神)을 극하면 흉하다.

15. 청룡(靑龍)이나 백호(白虎)가 발동하여 관귀(官鬼)에 임하고 세(世)를 생하면 특별히 선발되는 요행이 있다.

16. 관(官)·부(父)·세효(世爻)가 삼합관국(三合官局)이나 삼합부국(三合父局)을 이루면 반드시 합격하고, 세효(世爻)가 발동해

도 합격한다.

17. 삼합손국(三合孫局)을 이루면 불합격은 물론 구명에도 흉하다.

18. 관지세(官持世)하여 왕상(旺相)하면 성취하고, 손지세(孫持世)하면 이루지 못한다.

19. 관부(官父)가 함께 동하면 성취하고, 손재(孫財)가 함께 동하면 이루지 못한다.

20. 관화부(官化父)하면 합격하고, 관화손(官化孫)하면 낙방한다. 부화관(父化官)하면 합격하고, 부화재(父化財)하면 낙방한다.

21. 관(官)이 동하여 진신(進神)이 되면 성취하고, 관(官)이 퇴신(退神)이 되고 부(父)가 공망(空亡)되면 불성한다.

22. 재관(財官)이 모두 발하면 성취하고, 관부(官父)가 나타나지 않으면 불성한다.

23. 재관(財官)이 모두 동하고 부(父)가 공망(空亡)되지 않으면 희망이 있으나, 공망(空亡)되면 기대하기 어렵다.

24. 육합괘(六合卦)는 길하고, 육충괘(六沖卦)는 불리하다. 관(官)은 합을 기뻐하며 충을 꺼리고, 상함을 입으면 이름을 얻지 못한다.

25. 관(官)이 응효(應爻)에 있거나 관(官)이 응효(應爻)를 생하면 과감하지 못한다.

26. 세효(世爻)가 일진(日辰)이나 월건(月建)과 태세(太歲)의 생합(生合)을 얻으면 수석으로 합격한다.

27. 세효(世爻)가 관효(官爻)와 삼합(三合)되면 시험에 길하다.

28. 세효(世爻)나 관(官)이 공망(空亡)이나 형충파해(刑沖破害)되

면 구직이나 시험에 불길하다.

29. 태세(太歲)와 관(官)이 같이 세효(世爻)를 생하면 무난하게 합격한다.

30. 세(世)가 유정하고 월건(月建)이 관효(官爻)를 생부(生扶)하면 구직이나 입학 시험에 수석으로 합격한다.

31. 일진(日辰)이나 월건(月建)이 세(世)를 충극(沖剋)하면 아직 공부를 더해야 한다.

32. 세효(世爻)가 발동하여 관(官)으로 화해서 회두극(回頭剋)을 이루면 십년 공이 하루아침에 무너진다.

33. 신효(身爻)가 길지에 처하여 생왕(生旺)으로 화하면 입신한다.

34. 세효(世爻)가 공망(空亡)되고 일진(日辰)이 세효(世爻)를 충극(沖剋)하면 관직에서 물러나거나 중병으로 사망한다.

35. 세효(世爻)가 발동하여 관귀(官鬼)로 변하고 부모효(父母爻)가 충파(沖破)되지 않으면 합격이 어렵지 않다.

36. 청룡(靑龍)이 발동하여 세(世)와 생합(生合)하면 이름을 떨치고 경사가 있다.

37. 세효(世爻)가 왕하지 않아도 관부(官父)가 일월(日月)의 생부(生扶)를 받아 왕상(旺相)하고, 응(應)이 동하여 세(世)를 생합(生合)하면 추천으로 성취한다.

38. 형(兄)이 발동하거나 일월(日月)이 형(兄)과 비화(比和)되면 공명을 구하는 일이나 경쟁시험에서 뜻을 이루지 못한다.

39. 손효(孫爻)나 재효(財爻)가 발동하면 명예가 손상된다.

40. 동효(動爻)가 월건(月建)과 비화(比和)되어 세(世)를 극하고 관
    효(官爻)까지 실시(失時)되면 형벌을 받는다.

41. 손효(孫爻)가 발동하여 살을 띠면 면직을 당하고, 관(官)으로
    화하여 세(世)를 생하면 기쁜 일이 생긴다.

42. 손화관(孫化官)하여 세(世)를 생합(生合)하고 부효(父爻)가 왕
    하나 관(官)이 은복(隱伏)되면 하급직이 유망하다.

제10장. 신명・평생점

1. 세효(世爻)나 용신(用神)은 왕상(旺相)하고 일진(日辰)이나 월건(月建)의 생부(生扶)를 얻으면 일생 액운이 없고 부귀와 복록을 누린다.

2. 세효(世爻)나 용신(用神)이 휴수(休囚) 묘절(墓絶)되면 일생 길흉성패가 자주 번복된다.

3. 세효(世爻)나 용신(用神)이 월파(月破)되면 일진(日辰)의 생부(生扶)를 얻어도 장수하지 못한다.

4. 세(世)가 당년 태세(太歲)를 충극(沖剋)하면 재앙이 크고, 당년 태세(太歲)가 세(世)를 충해도 재앙을 면하지 못한다.

5. 세응(世應)이 서로 합되면 부부가 화목하고, 상충(相沖)되면 부부가 불화한다.

6. 세효(世爻)와 용신(用神)이 유기하고 부효(父爻)가 왕하며 신효

(身爻)를 생해주면 과거에 급제하고 관직이나 직장을 구한다.

7. 세효(世爻)를 일시가 함께 생부(生扶)하면 소인의 힘을 얻는다.

8. 세효(世爻)를 태세(太歲)와 월건(月建)이 충극(沖剋)하면 윗사람의 도움을 받지 못한다.

9. 태세(太歲)가 세(世)를 생하면 과거·고시·시험에 순조롭게 합격한다.

10. 세(世)에 공망(空亡)이나 파(破)가 임하면 일생 빈한하다.

11. 세효(世爻)가 일월(日月)에 휴수(休囚) 묘절(墓絶)되면 일생 고생한다.

12. 세효(世爻)가 년월일의 생부(生扶)를 받으면 귀인의 도움으로 성가한다.

13. 세효(世爻)가 년월일의 생부(生扶)를 받지 못하고 동하여 회두생(回頭生)이 되거나 진신(進神)이 되어 스스로 왕하면 자수성가한다.

14. 세신(世身)에 귀인·녹마(祿馬)가 놓이고 관부(官父)가 내조하여 일월(日月)이 생하면 장상이요 부귀하다.

15. 세신(世身)이 묘절(墓絶) 공망(空亡)이 되면 하는 일이 이루어지기 어렵다.

16. 세신(世身)이 휴수묘(休囚墓)되면 허송세월한다.

17. 세응(世應)이 한 글자 건너 격이 되면 형제가 다르고, 두 성씨가 동거한다.

18. 일진(日辰)을 기준으로 세효(世爻)나 신명(身命)에 묘(墓)가 임

하고 관귀(官鬼)를 띠면 일생 질병과 재난이 많다.

19. 세(世)가 공망(空亡)이나 일파(日破)·월파(月破)가 되면 가난한 선비로 허송세월한다.

20. 육충괘(六沖卦)는 일생 기복이 많고 골육과 불화한다.

21. 육합괘(六合卦)는 일생 평온하고 육친과 화목하다.

22. 충되었는데 합을 만나면 처음에는 패하고 나중에는 이루고, 합되었는데 충을 만나면 처음에는 이로우나 나중에는 패하며 이사를 자주 한다. 육합괘(六合卦)가 육충괘(六沖卦)로 변하면 처음에는 이로우나 나중에는 패하고, 육충괘(六沖卦)가 육합괘(六合卦)로 변하면 처음에는 패하나 나중에는 이롭다.

23. 세효(世爻)에 청룡(靑龍)이 있으면 키가 크고 총명하며 외유내강하고 후중하다. 그러나 낭만으로 흐르거나 주색을 좋아한다.

24. 세효(世爻)에 주작(朱雀)이 있으면 보통 키에 야무지며 재주가 많고 언변이 능하다. 그러나 경솔하여 구설과 시비가 따른다.

25. 세효(世爻)에 구진(勾陳)이 있으면 뚱뚱하고 어리석으며 지조가 없다.

26. 세효(世爻)에 등사(螣蛇)가 있으면 키가 작고 허욕이 많으며 사치를 좋아한다. 게으르며 방탕하고 꾀가 많다.

27. 세효(世爻)에 백호(白虎)가 있으면 건강한 체격에 성격이 완강하고 포악하며 용맹하다. 남에게 이기려고 하며 불의의 재액을 당하기 쉽다.

28. 세효(世爻)에 현무(玄武)가 있으면 비대하고 성격이 음흉하고

간계가 많다. 도둑심이 있고 거짓이 많으며 색을 좋아한다.

29. 세효(世爻)에 부(父)가 있으면 문장은 뛰어나나 평생 어려운 일을 많이 당하며 자식을 극하고 고생한다.

30. 세효(世爻)에 형(兄)이 있으면 빈한하며 아내를 극한다. 재물이 생겨도 쓸곳이 많으니 모이지 않는다.

31. 세효(世爻)에 관귀(官鬼)가 있으면 상등격인 대인은 출세해서 권세와 부귀를 누리나, 보통사람인 소인은 일생 질병이 많고 관재와 사고가 많다.

32. 세효(世爻)에 재(財)가 있으면 사업이 흥왕하고 재백이 풍부하나, 세효(世爻)가 지나치게 왕하고 부효(父爻)가 미약하면 처첩으로 인하여 부모에게 불효하거나 극하기 쉽다.

33. 세효(世爻)에 손(孫)이 있으면 덕망이 높고 일생 동안 험난한 일을 당하지 않으며 의식걱정은 없으나 여명은 남편을 극하기 쉽다.

34. 부효(父爻)가 왕하여 세(世)를 생해주면 조상과 부모의 음덕이 있고 윗사람의 도움을 받는다.

35. 부효(父爻)가 지세(持世)하여 백호(白虎)를 만나면 도살업·식육점을 하고, 금부가 지세(持世)하여 백호(白虎)를 띠면 정육점을 한다.

36. 구진부(勾陳父)가 지세(持世)하면 농부이다.

37. 부효(父爻)와 세(世)가 상합(相合)하면 부모에게 효도하는 사람이다.

38. 부효(父爻)와 세효(世爻)가 모두 음효(陰爻)에 속하면 편방의 자식이다.

39. 부효(父爻)가 중출하고 세효(世爻)와 생합(生合)하면 부모를 중배한다.

40. 세효(世爻)와 응(應)이 상생(相生) 상합(相合)하면 부부간에 화목하나, 충극(沖剋)하면 부부간에 불화한다.

41. 세(世)가 백호(白虎)나 등사(騰蛇)와 같이 있고 왕한 형효(兄爻)가 발동하여 힘없는 응효(應爻)를 충극(沖剋)하면 아내를 잃는다.

42. 육효(六爻)가 중화되지 못하고 현무(玄武)가 신궁(身宮)이나 세효(世爻)에 임하면 도둑이 된다.

43. 세효(世爻)를 왕한 관귀(官鬼)가 극하면 병이 많거나 단명한다.

44. 세효(世爻)와 신명(身命)이 관(官)을 띠고 일진(日辰)에 입묘(入墓)되면 일생 질병이 그치지 않고, 육충괘(六沖卦)나 육합괘(六合卦)가 관지세(官持世)하여도 긴 병이 있다.

45. 세효(世爻)가 힘이 없는데 일진(日辰)이나 동효(動爻)의 생부(生扶)가 있으면 인인성가(因人成家)한다.

46. 여명이 세효(世爻)가 양효(陽爻)이면 남자 역할을 한다.

47. 응효(應爻)가 택효(宅爻)에 놓이면 성씨가 다른 사람이 함께 산다.

48. 세효(世爻)가 극을 받고 손효(孫爻)가 사절묘(死絶墓) 공망(空亡)이 되면 남에게 의존하는 명이다.

49. 년월이 세(世)를 생하면 조상덕이 있고, 일시가 세(世)를 생하면 소인의 덕이 있다.

50. 세응(世應)이 관(官)과 상극(傷剋)되면 부부가 반목하고, 세응(世應) 재효(財爻)가 육충(六沖)이 되면 부부가 이별한다.

51. 세신(世身)이 절공(絶空)되고 관(官)을 만나면 사망한다.

52. 왕한 세효(世爻)가 발동하면 자신의 능력으로 개척해 나간다.

53. 쇠한 세효(世爻)가 타효의 생부(生扶)를 만나면 남의 덕으로 잘산다.

54. 관효(官爻)가 세(世)를 생하면 신의 가호와 귀인, 관리의 덕이 많다.

55. 관효(官爻)가 왕상(旺相)하여 세(世)를 생하면 관귀(官貴)의 영화가 있다.

56. 관효(官爻)와 부효(父爻)가 같이 왕하면 문장으로 출세한다.

57. 관귀(官鬼) 지세(持世)에 흉신을 만나면 질병과 관송시비가 따른다.

58. 관귀(官鬼) 지세(持世)에 길신을 만나면 귀하게 된다.

59. 여자가 관효(官爻)가 왕하면 남편덕이 있고, 관귀(官鬼)가 쇠약하면 남편이 선량하지 못하다.

60. 여자가 관효(官爻)가 공망(空亡)을 만나면 부부가 해로하기 어렵다.

61. 관귀(官鬼)가 청룡(青龍)을 띠고 천을귀인(天乙貴人)이나 녹마(祿馬) 등의 길신을 만나면 남편이 귀하게 되어 이름을 떨친다.

62. 관효(官爻)에 구진(勾陳)이 놓여 쇠약한데 생부(生扶)가 없으면 남편이 모자란다.

63. 등사관(騰蛇官)이 세(世)와 합되거나 양관(兩官)이 세(世)와 합하면 여자가 부정하고, 등사관(騰蛇官)이 지세(持世)하거나 육효관(六爻官)이 세(世)와 합되어도 여자가 부정하다.

64. 현무관(玄武官)이 재효(財爻)에 임하면 아내가 자살한다.

65. 화관(火官)이 동하거나 수화(水火) 현무(玄武)가 동하면 아내의 성격이 악하다.

66. 관왕(官旺)하고 세왕(世旺)한데 재관부(財官父)가 귀인을 띠고 세효(世爻)와 생합(生合)하면 고관으로 출세한다.

67. 관효(官爻)가 귀인을 띠고 태세(太歲)의 부(父)가 세효(世爻)를 생하면 벼슬도 하고 식록이 있다.

68. 청룡관(靑龍官)이 지세(持世)하여 천을귀인(天乙貴人)을 띠고 왕상(旺相)하면 높은 벼슬을 한다.

69. 관(官)이 세(世)에 있는데 휴수(休囚)되면 소관말직이다.

70. 재(財)와 손(孫)이 왕상(旺相)하면 길하고, 형효(兄爻)와 관귀(官鬼)가 왕하면 빈천하거나 재앙과 질병이 많다.

71. 재효(財爻)가 세(世)를 생하면 처첩의 덕이 있고, 여자로 인하여 치부한다.

72. 재효(財爻)가 왕상(旺相)한데 백호(白虎)를 띠면 인품은 비속하나 부유하다.

73. 재(財)가 미약한데 생조(生助)하는 신이 있으면 상공업에 종사

한다.

74. 현무(玄武)가 처재효(妻財爻)에 같이 있으면 아내가 부정하다.

75. 현무(玄武)와 재효(財爻)가 함께 있고 발동하여 용효(用爻)와 상합(相合)하면 아내가 다른 남자와 사통한다.

76. 여명이 백호(白虎)가 재효(財爻)에 임하여 지세(持世)하고 형해(刑害)를 만나면 사납고 음란하다.

77. 등사재(螣蛇財)가 세(世)와 합되거나 양재가 세(世)와 합되면 남자가 바람이 난다.

78. 내괘(內卦)와 외괘(外卦)에 양재(兩財)가 왕상(旺相)하면 처첩이 있다.

79. 세효(世爻)·응효(應爻)·재효(財爻)가 삼합(三合)하여 양관(兩官)과 합을 하면 아내에게 다른 남자가 있다.

80. 구진(勾陳)이 현무재(玄武財)를 손상하면 여자의 흉화가 많다.

81. 현무재(玄武財)가 동하여 응효(應爻)와 합이 되면 아내가 부정하다.

82. 재(財)가 공망(空亡)하여 관(官)을 띠면 아내가 손상된다.

83. 진술축미재(辰戌丑未財)가 왕상(旺相)하면 큰 부자이다.

84. 수재(水財)가 지세(持世)하고 역마(驛馬)가 놓여 왕상(旺相)하면 해외무역을 한다.

85. 재(財)가 세(世)에 있고 휴수(休囚)되면 작은 상인이다.

86. 청룡재(靑龍財)가 지세(持世)하여 왕상(旺相)하면 거부이고 실업가이다.

87. 재(財)가 형이나 목욕살(沐浴殺)을 띠고 공망(空亡)되어 쇠약한데 상충(相沖)되면 술집여자이다.

88. 손효(孫爻)가 세(世)를 생하면 자식과 부하, 아랫사람의 도움을 많이 받는다.

89. 손(孫)이 지세(持世)하면 자손이 효도하며 자손덕이 많고, 손(孫)이 지세(持世)하고 청룡(靑龍)을 띠면 부귀공명을 얻는다.

90. 손효(孫爻)에 청룡(靑龍)이 임하여 힘이 없으면 청고한 선비에 불과하다.

91. 손효(孫爻)가 발동하면 평생 벼슬운이 없다.

92. 손효(孫爻)가 사절묘(死絕墓)나 공망(空亡)되면 복이 약하다.

93. 손효(孫爻)와 재효(財爻)가 모두 사절묘(死絕墓)나 공망(空亡)을 만나면 아내와 자식을 형극(刑剋)하고 승려가 된다.

94. 손효(孫爻)에 청룡(靑龍)이 임하면 자식이 선량하고, 손효(孫爻)가 청룡(靑龍)을 띠고 재효(財爻)를 생하면 아내가 인자하며 덕이 있다.

95. 손효(孫爻)가 휴수(休囚)되어 충극(沖剋)을 당하면 자녀에게 질병이 따르며 쇠약하고 단명한다.

96. 손(孫)이 주작(朱雀)을 띠고 신(身)이나 세(世)에 임하여 응효(應爻)와 상합(相合)하면 천성이 영리하다. 배우·음악가·무용·연극 등 예술계로 출세한다.

97. 손(孫)이나 재(財)가 왕하면 길하고, 형이나 관(官)이 왕하면 재앙과 질고가 많다.

98. 백호손(白虎孫)이 동하여 관효(官爻)를 극하면 남편을 잃는다.

99. 손(孫)이 암동(暗動)하여 세(世)를 생하면 멀리 있는 자식이 돌아온다.

100. 손효(孫爻)가 회두극(回頭剋)되면서 화관화절(化官化絶)하면 자녀가 사망한다.

101. 손(孫)이 왕한 세효(世爻)를 형충(刑沖)하면 주색으로 병을 얻는다.

102. 주작손(朱雀孫)이 지세(持世)하여 응효(應爻)와 상합(相合)하면 배우가 되거나 총명한 사람이다.

103. 금손(金孫)이 지세(持世)하여 백호(白虎)를 띠면 군인이다.

104. 손(孫)이 지세(持世)하여 형을 만나면 의사이고, 손(孫)이 지세(持世)하여 화개(華蓋)를 띠면 승려이다.

105. 외괘(外卦)에 손(孫)이 등사(騰蛇)를 띠면서 발동하면 양자를 둔다.

106. 형(兄)이 지세(持世)하여 쇠약하면 가난하고, 현무형(玄武兄)이 지세(持世)하면 소매치기이고, 현무관(玄武官)이 지세(持世)하면 도적이다.

107. 형(兄)이 세효(世爻)를 형극(刑剋)하면 형제 자매의 해가 따른다.

108. 백호형(白虎兄)이 동하여 재효(財爻)를 극하면 아내를 잃기 쉽다.

109. 내괘(內卦) 형효(兄爻)가 응(應)과 재(財)와 상합(相合)하면

아내가 형제와 통한다.

110. 현무(玄武)가 도화(桃花)를 띠면 남녀 모두 주색에 빠진다.

111. 등사(騰蛇) 형효(兄爻) 밑에 은복(隱伏)된 재(財)가 휴수(休囚)되면 걸인이다.

112. 재효(財爻)와 세효(世爻)가 상합(相合)하면 부부가 화목하다.

113. 상효(上爻) 지세(持世)하면 조업을 파하고 자수성가한다.

114. 삼효(三爻)가 공망(空亡)되면 제사를 받들지 않는다.

115. 청룡(靑龍)을 띤 세효(世爻)가 쇠약하면 주색으로 망한다.

116. 현무(玄武)가 목욕살(沐浴殺)을 띠면 여자가 부정하고 장수하지 못한다.

117. 세응(世應)이 함께 동하면 자수성가한다.

118. 응효(應爻)의 현무재(玄武財)가 다른 효와 합하고 세효(世爻)와 형해(刑害)가 되면 화류계이다.

119. 호괘(互卦) 가운데 건(乾)이 많으면 관리·정치인·교육가·종교가이고, 감(坎)이 많으면 양조업·술집·다방·물을 취급하는 사람이고, 간(艮)이 많으면 산림·목공·상업·어업에 종사하는 사람이고, 진(震)이 많으면 음악가이고, 손(巽)이 많으면 승려·도사이고, 이(離)가 많으면 군인·천문·불을 취급하는 사람이고, 곤(坤)이 많으면 농업·목축·교사·정치인이고, 태(兌)가 많으면 배우·예술인·학자이다.

제11장. 실물점

1. 용효(用爻)가 내괘(內卦)에 있으면 잃어버린 물건이 집안에 있고, 용효(用爻)가 외괘(外卦)에 있으면 집 밖에 있다.

2. 용효(用爻)가 초효(初爻)에 있으면 잃어버린 물건이 우물·수돗가 부근에 있고, 이효(二爻)에 있으면 부엌에 있고, 삼효(三爻)에 있으면 방에 있고, 사효(四爻)에 있으면 대문 근처에 있고, 오효(五爻)에 있으면 길거리에 있고, 상효(上爻)에 있으면 담장·울타리·기둥·난간 근처에 있다.

3. 용효(用爻)가 인묘목(寅卯木)을 띠고 은복(隱伏)되면 짚단·나무더미·울타리·숲 속에 있고, 용효(用爻)가 사오화(巳午火)를 띠고 은복(隱伏)되면 부엌·보일러·난로·가스렌지 속에 있고, 용효(用爻)가 진술축미토(辰戌丑未土)를 띠고 은복(隱伏)되면 땅 속·토굴·동굴에 있고, 용효(用爻)가 신유금(申酉金)을 띠고

은복(隱伏)되면 기와·벽돌·바위·철물을 쌓아둔 둔 곳에 있고, 용효(用爻)가 해자수(亥子水)를 띠고 은복(隱伏)되면 연못·우물·웅덩이·하천·하수구·수영장·욕실에 있다.

4. 용효(用爻)가 관귀(官鬼)에 임하면 절간에 있고, 용효(用爻)가 관귀(官鬼)에 임하여 힘이 없으면 무덤 속에 있다.

5. 용효(用爻)가 관귀(官鬼)에 임하여 등사(騰蛇)를 만나면 신상이나 신불 그림을 붙여놓은 곳 앞에 있다. 만일 삼효(三爻)에 있으면 향화당을 찾아보라.

6. 용효(用爻)가 은복(隱伏)된 괘에 복신(伏神)이 손효(孫爻)에 임하면 어린이가 갖고 있거나 어린이가 노는 놀이터나 거처하는 방에 있고, 부효(父爻)에 임하면 존장의 집에 있고, 형효(兄爻)에 임하여 내괘(內卦)에 있으면 형제 자매의 집에 있고, 외괘(外卦)에 있으면 친구나 동료의 집에 있다.

7. 용신(用神)이나 재효(財爻)가 내괘(內卦)에 거하여 형효(兄爻)에 은복(隱伏)되면 형제 자매가 갖고 있고, 용신(用神)이나 재효(財爻)가 외괘(外卦)에 거하여 형효(兄爻)에 은복(隱伏)되면 같은 또래나 친구나 갖고 있다.

8. 용효(用爻)나 재효(財爻)가 내괘(內卦)에서 부효(父爻)에 은복(隱伏)되면 부모나 백숙이 갖고 있고, 용효(用爻)나 재효(財爻)가 외괘(外卦)에서 부효(父爻)에 은복(隱伏)되면 타인의 윗사람이 갖고 있다.

9. 용효(用爻)나 재효(財爻)가 내괘(內卦)에 거하여 손효(孫爻) 옆

에 은복(隱伏)되면 자손이나 어린이가 갖고 있고, 용효(用爻)나 재효(財爻)가 외괘(外卦)에 거하며 손효(孫爻) 옆에 은복(隱伏)되면 스님이나 의사가 갖고 있다.

10. 용신(用神)이 내괘(內卦)에 거하여 재효(財爻)에 은복(隱伏)되면 처첩이나 형수·제수·하인이 갖고 있고, 용효(用爻)가 외괘(外卦)에서 재효(財爻) 옆에 은복(隱伏)되면 부녀자나 산파가 갖고 있다.

11. 용효(用爻)나 재효(財爻)가 내괘(內卦)에 거하여 관귀(官鬼) 옆에 은복(隱伏)되면 병자나 노약자가 갖고 있고, 용효(用爻)나 재효(財爻)가 외괘(外卦)에 거하여 관귀(官鬼) 옆에 은복(隱伏)되면 관리·공무원·군인·중개인·공장인 이 갖고 있다.

12. 용효(用爻)가 본궁(本宮) 내괘(內卦)에 있으면 아직 집안에 있으니 잘 찾아보도록.

13. 용효(用爻)가 타궁(他宮)의 외괘(外卦)에 있으면 찾기 어렵고, 간효(間爻)에 있으면 마을에서 찾거나 타인이 찾아준다.

14. 용효(用爻)가 발동하면 물건이 멀리 사라졌거나 변질되어 찾아도 쓸모가 없다.

15. 용효(用爻)가 안정되어 세효(世爻)를 띠거나 세효(世爻)를 생합(生合)하면 다른 곳으로 가지 않았으니 쉽게 찾을 수 있다.

16. 내괘(內卦)가 발동하면 집안 사람의 소행이고, 외괘(外卦)가 발동하면 남의 소행이다.

17. 세효(世爻)가 극해형충파(剋害刑沖破)를 당하여 쇠약하거나, 세

효(世爻)와 용효(用爻)가 상극(相剋)되거나, 용효(用爻)가 공망(空亡)되면 찾을 수 없다.

18. 세효(世爻)가 일월(日月)이나 생부(生扶) 왕상(旺相)이 되어 유기하거나 세효(世爻)와 용효(用爻)가 상생비합(相生比合)을 이루면 찾을 수 있다.

19. 세효(世爻)가 왕상(旺相)하고 관귀(官鬼)가 쇠약하면 도적을 잡을 수 있고, 관귀(官鬼)가 왕하고 세효(世爻)가 쇠약하면 잡기 어렵다.

20. 자재(子財)가 동하여 손(孫)으로 변하면 쥐구멍에 있고, 축재(丑財)가 동하여 손(孫)으로 변하면 외양간이나 정육점에 있고, 인재(寅財)가 동하여 손(孫)으로 변하면 고양이가 물어간 것이고, 묘재(卯財)가 동하여 손(孫)으로 변하면 토끼집에 있고, 진재(辰財)나 사재(巳財)가 동하여 손(孫)으로 변하면 뱀구멍이나 뱀탕집·추어탕집에 있고, 오재(午財)가 동하여 손(孫)으로 변하면 마굿간이나 경마장에 있고, 미재(未財)가 동하여 손(孫)으로 변하면 양이나 염소우리에 있고, 신재(申財)가 동하여 손(孫)으로 변하면 원숭이나 고릴라집에 있고, 유재(酉財)가 동하여 손(孫)으로 변하면 오리나 닭장에 있고, 술재(戌財)가 동하여 손(孫)으로 변하면 개집이나 보신탕집에 있고, 해손효(亥孫爻)가 동하여 재효(財爻)로 변하면 돼지우리나 정육점에 있다.

21. 재(財)가 부효(父爻)에 은복(隱伏)되면 장롱이나 상자 속에 있고, 재(財)가 형효(兄爻)에 은복(隱伏)되면 화장실·담장·웅덩

이 · 하수구 에 있고, 재(財)가 관귀효(官鬼爻)에 은복(隱伏)되면 사당 · 정자 · 무당집에 있고, 재(財)가 손효(孫爻)에 은복(隱伏)되면 창문 옆에 있다.

22. 재효(財爻)가 발동하여 일진(日辰)이 충하고 관귀(官鬼)가 쇠약하면 누가 훔쳐간 것이 아니라 남에게 넘어간 것이다.

23. 재효(財爻)나 용효(用爻)가 충되면 불리하고 합되면 길한데, 충되었는데 합을 만나면 찾을 수 있고, 합되었는데 충을 만나면 찾지 못한다.

24. 재효(財爻)가 공망(空亡)을 만나 발동하여 다시 공망(空亡)으로 화하면 물건이 아직 흩어지지 않은 상이니 일월의 왕상(旺相)을 불문하고 적극적으로 노력하면 찾을 수 있다.

25. 재효(財爻)가 동하여 묘(墓)로 화하거나 묘(墓)에 임하거나 묘(墓)에 은복(隱伏)되면 땅 속에 묻혀 있거나 그릇 속에 깊이 감추어져 있어 찾기가 매우 어려우나, 일진(日辰)의 충을 만나면 찾을 수 있다.

26. 손효(孫爻)가 발동하여 재(財)로 화하면 새집이나 짐승의 동굴에 있다. 용효(用爻)가 자(子)에 임하면 쥐가 물어간 것이고, 초효(初爻)에 용효(用爻)가 임하면 땅굴 속에 있고, 용효(用爻)가 축효(丑爻)에 임하면 외양간에 있고, 인효(寅爻)에 임하면 고양이의 소행이고, 유효(酉爻)에 임하면 닭장에 있고, 술효(戌爻)에 임하면 개가 물어간 것이고, 해효(亥爻)이면 돼지우리에 있는데, 합을 만나면 우리 안에 있고, 합이 없으면 밖에 있는 것이다.

27. 재효(財爻)가 건궁(乾宮)에 있으면 서북방의 관청·학교·사찰·철물점에 있다.

28. 재효(財爻)가 감괘(坎卦)에 있으면 북방의 염전·우물·개울·호숫가·감옥에 있다.

29. 재효(財爻)가 간궁(艮宮)에 임하면 동북방의 산림·창고·은행·돌공장·무덤 근처·나뭇단을 쌓아둔 곳에 있다.

30. 재효(財爻)가 진괘(震卦)에 임하면 동방의 배·수레를 만드는 곳이나, 목공소·가구점 등이거나, 전기·전화·컴퓨터를 취급하는 곳에 있다.

31. 재효(財爻)가 손괘(巽卦)에 있으면 동남방의 정원·채소밭·화원 등에 있거나, 온풍기·냉풍기를 만드는 곳에 있다.

32. 재효(財爻)에 이궁(離宮)에 임하면 남방의 공장이나 시장에 있거나, 석유·연탄·가스 판매소나, 전자제품을 취급하는 곳에 있다.

33. 재효(財爻)가 곤궁(坤宮)에 있으면 서남방의 읍·논·밭·건축대지·흙더미 속에 있다.

34. 재효(財爻)가 태궁(兌宮)에 있으면 서방의 사찰·술집·광산·시장·굴·공장 등에 있다.

35. 도둑을 잡는 점에 관귀(官鬼)가 은복(隱伏)되어 있으면 도둑이 깊이 숨어 있는 상이다.

36. 관귀(官鬼)가 건괘(乾卦)에 있으면 서북방 사람이고, 감괘(坎卦)에 있으면 북방 사람이고, 간괘(艮卦)에 있으면 동북방 사람

이고, 진괘(震卦)에 있으면 동방 사람이고, 손괘(巽卦)에 있으면 동남방 사람이고, 이괘(離卦)에 있으면 남방 사람이고, 곤괘(坤卦)에 있으면 서남방 사람이고, 태괘(兌卦)에 있으면 서방 사람이 갖고 있다.

37. 관귀(官鬼)가 공망(空亡)되거나 은복(隱伏)되거나 묘(墓)에 임하고 세효(世爻)가 발동하면 남이 훔쳐간 것이 아니라 집에서 없어진 것이다.

38. 관귀(官鬼)가 공망(空亡)되거나 은복(隱伏)되거나 쇠절묘(衰絶墓)에 임하여 발동하지 않으면 남이 훔쳐간 것이 아니라 자기가 잃어버린 것이다.

39. 관귀(官鬼)가 일진(日辰)이나 동효(動爻)의 형극(刑剋)을 받으면 훔친 사람을 잡을 수 있고, 형제가 동하여 재(財)를 극하면 찾을 수 없다.

40. 관귀(官鬼)가 일진(日辰)과 합이 되면 깊은 곳에 숨어 있어 잡기 어려운데, 일진(日辰)이 관귀(官鬼)를 충극(沖剋)하는 날 잡는다.

41. 관귀(官鬼)가 공망효(空亡爻)에 은복(隱伏)되면 도둑이 남의 집에 숨어 있는 상인데 결국은 잡을 수 있다.

42. 관귀(官鬼)가 동하여 세효(世爻)를 형극(刑剋)하면 도둑을 잡으려다 오히려 해를 입을 염려가 있다.

43. 관귀(官鬼)가 세효(世爻)에 복신(伏神)이 되어 임하면 빠른 시일에는 도둑이 있는 곳을 모르나 시간이 지나면 잡는다.

44. 귀효(鬼爻)가 양효(陽爻)에 임하면 남자의 소행이고, 귀효(鬼爻)가 음효(陰爻)에 임하면 여자의 소행인데, 양효(陽爻)가 동하여 음효(陰爻)로 변하거나 음효(陰爻)가 동하여 양효(陽爻)로 변하면 남녀가 합작으로 한 소행이다.

45. 귀효(鬼爻)가 생왕(生旺)이면 장년의 소행이고, 묘절(墓絶)이면 노년의 소행이고, 태양(胎養)이면 어린이의 소행이고, 형해(刑害)이면 병약자의 소행이고, 본궁(本宮) 내괘(內卦)에 있으면 집안 사람의 소행이고, 본궁(本宮) 외괘(外卦)에 있으면 남이 훔쳐간 것이다.

46. 관귀(官鬼)가 쇠약하거나 안정되거나 일진(日辰)이 충파(沖破)되거나 왕상(旺相)한 손(孫)이 극제(剋制)하면 도둑을 잡는데 모두 길하다. 그러나 관귀(官鬼)가 발동하여 세효(世爻)를 극하면 도둑잡는 일을 포기해야 한다.

47. 귀효(鬼爻)가 세(世)와 형충(刑沖)되면 원한관계가 있는 사람이고, 귀효(鬼爻)가 세(世)와 생합(生合)하면 친분이 두터운 사람이고, 귀(鬼)가 동하여 손(孫)으로 변하거나 손(孫)이 동하여 귀(鬼)로 변하면 승려나 목사가 개입되어 있다.

48. 목관(木官) 귀효(鬼爻)는 담을 뚫고 들어 왔고, 화귀효(火鬼爻)는 자물쇠를 열고 들어 왔고, 토귀효(土鬼爻)는 물을 건너 왔고, 금귀효(金鬼爻)는 울타리나 벽을 뚫고 들어 왔고, 수귀효(水鬼爻)는 불을 끄고 들어 왔다.

49. 타효가 동하여 관귀(官鬼)를 충극(沖剋)하면 다른 사람이 도둑

이 있는 곳을 가르쳐준다.

50. 관귀(官鬼)가 묘(墓)에 들거나 발동하여 묘(墓)로 화하거나 묘
효(墓爻)에 은복(隱伏)되면 도둑이 깊이 숨어 있어 잡기 어려
우나, 일진(日辰)과 동효(動爻)가 묘(墓)가 되면 잡을 수 있다.

51. 관귀(官鬼)가 등사(騰蛇)를 띠면 얼굴과 체구가 길쭉한 사람이
고, 백호(白虎)를 띠고 왕상(旺相)하면 비대하고 우악스런 사람
이고, 휴수(休囚)되면 작고 깡마른 사람의 소행이다.

52. 귀효(鬼爻)나 형효(兄爻)가 외괘(外卦)에 임하여 발동하면 외
부인이 주웠거나 훔친 것이고, 귀효(鬼爻)나 형효(兄爻)가 내괘
(內卦)에서 발동하면 집안 사람이 주웠거나 훔친 것이다.

53. 손효(孫爻)가 왕상(旺相)을 만나 발동하여 세(世)나 일월(日月)
에 임하면 관귀(官鬼)가 제극(制剋)을 당하니 도적을 잡을 수
있다.

54. 손효(孫爻)가 동하면 어린이의 짓이고, 재효(財爻)가 동하면 처
첩이나 여자·하인의 소행이고, 형효(兄爻)가 동하면 형제 자매
나 친구의 소행이고, 부효(父爻)가 동하면 윗사람의 소행이고,
관귀(官鬼)가 동하면 직업적인 도둑이 훔쳐간 것이다.

제11장. 가택점

1. 택효(宅爻)인 이효(二爻)에 손(孫)이나 재(財)가 임하면 집안이 편안하다.
2. 택효(宅爻)에 관귀(官鬼)가 있으면 관재·송사·손재·질병 등이 따르고 불길하다.
3. 택효(宅爻)에 형(兄)이 있으면 질병·손재수·시비구설이 있다.
4. 택효(宅爻)에 부(父)가 임하면 자손에게 액이 있고, 상심하고 고생한다.
5. 이효(二爻)에 현무(玄武)가 임하고 화관귀(火官鬼)이면 화재를 당하거나 도둑을 당하거나 관재가 있다.
6. 택효(宅爻)의 화관(火官)이 주작(朱雀)을 띠면 화재를 당한다.
7. 택효(宅爻)의 관귀(官鬼)가 백호(白虎)를 띠면 질병·사고·투쟁이 생긴다.

8. 이효(二爻)가 월파(月破)나 일진(日辰) 또는 동효(動爻)의 극을 받으면 집안에 재앙이 생긴다.

9. 택효(宅爻)에 응(應)이 임하면 다른 성과 한 집에 산다.

10. 택효(宅爻)가 발동하여 세(世)를 생하면 1~2년 안에 이사갈 징조이다.

11. 택효(宅爻)가 공망(空亡)을 만나면 황폐한 집이다.

12. 응효(應爻)가 이효(二爻)에 있고 처재(妻財)와 생합(生合)되면 외간 남자가 집안에 들어와 주인노릇을 한다.

13. 일진(日辰)과 세효(世爻)가 택효(宅爻)인 이효(二爻)를 극하면 조업을 파하고 집안이 편안하지 못하다.

14. 택효(宅爻)의 관귀(官鬼)가 주작(朱雀)을 띠면 관재나 송사가 일어날 징조이다.

15. 이효(二爻)가 발동하여 오효(五爻)를 극하면 식구에게 우환이 있는데 특히 장자가 불길하다. 여기에 관(官)이나 등사(騰蛇)가 놓이면 더욱 흉하다.

16. 택효(宅爻)에 청룡형(靑龍兄)이 교중(交重)하여 생왕(生旺)하면 문이나 담 또는 변소를 고친다.

17. 택효(宅爻)에 청룡손(靑龍孫)이 교중(交重)하여 생왕(生旺)하면 방을 고치고, 택효(宅爻)에 청룡손(靑龍孫)이 동할 때 신축하면 길하다.

18. 택효(宅爻)에 청룡재(靑龍財)가 교중(交重)하여 생왕(生旺)하면 부엌을 고친다.

19. 택효(宅爻)에 청룡관(靑龍官)이 교중(交重)하여 생왕(生旺)하면 대청이나 외당을 수리한다.

20. 택효(宅爻)에 청룡부(靑龍父)가 교중(交重)하여 왕상(旺相)하면 벽이나 구당을 수리한다.

21. 택효(宅爻)가 파(破)되지 않고 동효(動爻)가 택효(宅爻)나 재효(財爻)를 생하면 집안이 흥왕한다.

22. 세효(世爻)가 관귀(官鬼)가 띠고 묘(墓)에 임했는데 일월(日月)이나 동효(動爻)의 충극(沖剋)을 받으면 생명이 위험하다.

23. 명효(命爻)에 사(死)가 임하고 흉살을 만났는데 일월(日月)과 동효(動爻)의 극을 받으면 사망한다.

24. 토효(土爻)나 금효(金爻)가 발동하면 집을 짓는다.

25. 양인(羊刃)과 삼형(三刑)이 모두 있어 신명(身命)을 극하면 대흉하다.

26. 신(身)이 관귀(官鬼)와 같이 있으면 관재로 형벌을 받기 쉽다.

27. 신(身)이 현무(玄武)와 같이 있으면 도둑이 된다.

28. 세효(世爻)나 신효(身爻)가 절지(絶地)에 놓여 공망(空亡)되고 관귀(官鬼)가 임하면 사망한다.

29. 세(世)가 이효(二爻)를 극하거나 일진(日辰)이 이효(二爻)를 극하면 유산에 손실이 있거나 집안에 불안한 일이 생긴다.

30. 세(世)가 년월일의 극을 모두 받으면 자신에게 액이 있거나 가족에게 나쁜 일이 생긴다.

31. 세(世)와 응(應)이 모두 공망(空亡)되면 약속한 사람은 오지 않

고, 남과 타협하는 일은 와해되고, 되는 일이 없다.

32. 세(世)가 이효(二爻)에 있는데 일지(日支)와 같은 글자이면 남의 집에 세들어 산다.

33. 이효(二爻)가 발동하여 토(土)가 금(金)으로 변하거나 금(金)이 토(土)로 변하면 집을 수리하거나 새로 짓는다.

34. 이효(二爻)에 토(土)가 임했는데 공망(空亡)되면 부엌이나 벽이 무너진다.

35. 이효(二爻)에 해자수귀(亥子水鬼)가 있으면 물난리를 겪는다.

36. 이효(二爻)나 삼효(三爻)에 해자수(亥子水)가 있고 백호(白虎)나 주작(朱雀)을 띠면 물난리를 당한다.

37. 이효귀(二爻鬼)가 현무(玄武)를 띠고 발동하면 도둑이 들거나 부엌이 무너지고, 가스가 새기 쉽다.

38. 이효(二爻)에 해자귀(亥子鬼)가 있고 현무(玄武)를 만나면 솥이 깨져 물이 샌다.

39. 이효(二爻)의 재(財)가 현무(玄武)를 만났는데 다른 효에 있는 귀(鬼)가 왕하면 도둑이 들어 값진 물건을 훔쳐간다.

40. 이효(二爻)나 삼효(三爻)에 등사(騰蛇)·백호(白虎)·주작(朱雀) 등이 있고 귀(鬼)를 띠면 집 안에서 이상한 소리가 들린다.

41. 이효(二爻)가 공망(空亡)되면 집안에 허무한 일이 생기거나 건물 한 가운데가 무너지거나 사람이 나가고, 큰 손재를 당한다. 만일 집에서 기르던 동물이 죽으면 액을 모면할 수 있다.

42. 이효(二爻)에 관귀(官鬼)가 있는데 청룡(靑龍)과 천을귀인(天

乙貴人)이 함께 임하면 식구 중에 관직을 얻거나 승진한다.

43. 이효(二爻)에 관귀(官鬼)가 있는데 흉신이 임하면 집안에 환자가 생기거나 관재송사가 생긴다.

44. 이효(二爻)가 일월(日月)과 동효(動爻)의 생을 받았는데 다른 결점이 없으면 집안이 흥할 징조이다.

45. 세효(世爻)가 왕상(旺相)하거나 일월(日月)의 생부(生扶)를 받거나 동효(動爻)의 생부(生扶)를 받으면 장수하고, 세효(世爻)가 회두생(回頭生)되었는데 상하지 않으면 오래 산다.

46. 초효(初爻)에 해자수(亥子水)가 임하면 집 가까이 우물이 있다.

47. 초효(初爻)에 진술축미토(辰戌丑未土)가 있는데 일월(日月)의 충파(沖破)를 만나면 집이나 산소에 탈이 있다.

48. 초효(初爻)에 관귀(官鬼)가 임하고 부모효(父母爻)가 백호(白虎)를 띠는데 발동하면 어린이에게 재앙이 따른다.

49. 초효(初爻)의 인묘목(寅卯木)이 관귀(官鬼)를 띠면 집 왼쪽에 나무뿌리가 들어와 있는 것이다.

50. 초효(初爻)에 해자수(亥子水)가 임했는데 현무(玄武)를 띠면 집 가까이에 우물이나 개울이 있다.

51. 초효(初爻)에 백호수(白虎水)가 있으면 집 가까이 다리가 있다.

52. 삼효(三爻)에 사오화귀(巳午火鬼)가 백호(白虎)나 현무(玄武)를 만나면 가스를 조심해야 한다.

53. 삼효귀(三爻鬼)에 백호(白虎)·등사(騰蛇)·주작(朱雀)을 띠면 집안에서 이상한 소리가 들린다.

54. 사효(四爻)에 사오화귀(巳午火鬼)가 등사(騰蛇)·백호(白虎)·주작(朱雀)을 만나면 인근에서 화재가 발생한다.

55. 사효(四爻)에 손(孫)이 공망(空亡)되면 어린이가 외가를 왕래하다 병을 얻거나 사고를 당할 우려가 있다.

56. 오효(五爻)에 백호(白虎)가 놓였는데 타효가 발동하여 오효(五爻)를 형충극해(刑沖剋害)하면 집안에 경풍(驚風)이나 간질병이 생길 염려가 있는데, 특히 장자가 불길하다.

57. 오효(五爻)가 해자수(亥子水)인데 이효(二爻)를 생합(生合)하거나 세효(世爻)를 생합(生合)하면 개울이 집을 둘러싸고 있다.

58. 오효(五爻)의 손(孫)이 공망(空亡)되거나 백호(白虎)가 임하면 자손이 밖에서 사고를 당할 염려가 있다.

59. 오효(五爻)의 신유금손(申酉金孫)이 백호(白虎)를 띠었는데 공망(空亡)되면 자손에게 흉액이 있거나 송아지가 차에 치여 죽는다.

60. 오효(五爻)에 재(財)가 공망(空亡)되거나 등사(騰蛇)나 백호(白虎)가 임하면 아내가 노상에서 액을 당할 염려가 있다.

61. 오효귀(五爻鬼)가 공망(空亡)되거나 백호(白虎)를 띠면 남편이 노상에서 액을 당한다.

62. 오효(五爻)에 귀(鬼)·형(兄)·재(財)가 현무(玄武)를 띠었는데 공망(空亡)되면 여행 중이나 차 안에서 돈을 잃는다.

63. 오효(五爻)가 동하여 축효(丑爻)를 극하거나 형충(刑沖)되거나 축(丑)이 동하여 오효(五爻)를 극하면 소를 잃어버린다.

64. 진손궁(震巽宮)에서는 금효(金爻)가 관(官)인데 초효(初爻)에 축(丑)이 있으면 집 가까이에 오래된 산소가 있다.

65. 상효(上爻)가 지세(持世)하면 조업을 지키지 못하나 자수성가 한다.

66. 상효(上爻)가 공망(空亡)되면 담이나 울타리가 무너지거나 조 상의 무덤이 무너지거나 사당이 파손되고, 하인이나 종업원에게 나쁜 일이 생긴다.

67. 상효(上爻)가 동하거나 공망(空亡)되면 조상의 묘를 이장하거 나 사초할 일이 생긴다.

68. 진술축미토부(辰戌丑未土父)가 동하면 이장·사초·비석 세우 는 일이나 조상의 문집 등을 펴낼 운이다.

69. 백호(白虎)가 관귀(官鬼)를 띠었는데 교중(交重)되면 집안에 줄초상이 난다.

70. 재효(財爻)가 발동하여 왕한데 부효(父爻)가 일월의 충극(沖 剋)을 받으면 부모가 사망한다.

71. 재효(財爻)가 발동하여 손(孫)으로 변하면 관직이 길하다.

72. 손(孫)이 동하여 재(財)를 생하면 아내덕이 있거나 재물이 많 이 들어온다.

73. 청룡(靑龍)이 해자수(亥子水)에 거하거나 인묘목(寅卯木)에 임 하면 재물이 많이 들어온다.

74. 세응(世應)과 재효(財爻)가 육충(六沖)되면 부부가 생이별한다.

75. 형제(兄弟)가 교중(交重)하면 아내를 극한다.

76. 관귀(官鬼)가 지세(持世)하고 천을귀인(天乙貴人)·천록(天祿)·역마(驛馬) 등의 길성이 임하면 벼슬길이 순조롭다.

77. 년월일이 형효(兄爻)를 충파(沖破)하면 담이 무너진다.

78. 일진(日辰) 관효(官爻)가 귀인을 띠는데 세효(世爻)에 놓여 발동하면 영전한다. 그러나 형충파(刑沖破)되면 좌천한다.

79. 세응재(世應財)가 삼합(三合)하여 양관(兩官)과 합하면 아내가 두 남편을 둔다.

80. 응효부(應爻父)가 동하여 세효(世爻)를 생하면 아들을 낳는다.

81. 현무(玄武)가 목욕살(沐浴殺)을 띠면 남녀가 주색에 빠진다.

82. 용신(用神)이나 세효(世爻)가 사절(死絶)을 만났는데 일진(日辰)과 동효(動爻)의 극을 받으면 본인이나 해당하는 육친이 사망한다.

83. 관효(官爻)에 귀인이 놓였는데 태세(太歲)의 부효(父爻)가 세효(世爻)를 생하면 높은 벼슬에 오른다.

84. 구진(勾陳)이 현무재(玄武財)를 상하게 하면 여자에게 흉화가 따르고, 백호(白虎)가 청룡관(靑龍官)을 극하면 남편이 죽는다.

85. 청룡(靑龍)이 발동하면 아내가 임신한 것이고, 청룡(靑龍)이 내괘(內卦)에 손(孫)과 같이 임하면 경사가 따른다.

86. 청룡(靑龍)이 외괘(外卦)에서 재(財)와 같이 있으면 밖에서 재물이 들어오고, 청룡재(靑龍財)가 일월에서 생부(生扶)되면 부귀창성한다.

87. 청룡(靑龍)이 부(父)에 임하여 왕하면 집을 새로 지으면 좋다.

88. 주작(朱雀)이 공망(空亡)되면 기다리는 소식이 없고 답답하다.

89. 세(世)에 주작(朱雀)과 귀(鬼)가 같이 임하면 관재·구설·시비·송사가 따른다.

90. 주작(朱雀) 지세(持世)에 응(應)이 형(兄)이면 다툴 일이 많다.

91. 진술축미토(辰戌丑未土)에 손(孫)과 구진(勾陳)이 함께 있으면 토지가 늘어나고, 구진(勾陳)이 재(財)와 같은 효에서 공망(空亡)되면 토지매매로 재물을 잃는다.

92. 백호(白虎)가 부(父)에 임했는데 일월이 동하여 형극(刑剋)하면 부모에게 질환이 생긴다.

93. 백호(白虎)가 형(兄)에 임했는데 발동하면 아내에게 재앙이 있고, 재(財)에 임해도 마찬가지이다.

94. 형백호(兄白虎)가 공망(空亡)되면 동기간에게 액이 있고, 백호(白虎)가 이효(二爻)나 삼효(三爻)에 있으면 집안에서 괴귀가 장난친다.

95. 백호(白虎)가 손효(孫爻)에 임하면 자손에게 액이 있고, 백호손(白虎孫)이 공망(空亡)되면 자손을 잃고 환자는 약효가 없다.

96. 부(父)가 공망(空亡)되면 시험과 부모에게 불리하고 소식은 끊어지며 계약은 취소된다. 그러나 환자는 점점 치유된다.

97. 귀(鬼)가 공망(空亡)되면 재앙이 사라진다. 감옥에 갇힌 사람은 풀려나오고 송사는 끝이 난다.

98. 재(財)가 공망(空亡)되면 처첩이나 여자덕이 없다. 아내에게 불리하고 재물과 사업운도 나쁘다.

99. 세(世)가 공망(空亡)되면 흉한 일이 생기고, 응(應)이 공망(空亡)되면 상대방은 믿을 수 없거나 힘이 없는 사람이다.

100. 일월이나 귀인이 세(世)를 생하면 관록을 얻는다.

101. 관지세(官持世)하여 생왕(生旺)하면 고관이 된다. 그러나 관지세(官持世)가 휴수(休囚)되고 무기하면 질병이 끊이지 않는다. 만일 유기하면 기술로 생업을 잇는다.

102. 부화형(父化兄)이면 재리를 탐하고, 부화재(父化財)이면 질병이 많다.

103. 부(父)가 동하여 진신(進神)이 되면 공부를 잘하고, 관(官)이 되면 귀하게 된다.

104. 부(父)가 왕하면 부지런하고, 쇠하면 게으르다.

105. 부(父)가 동하여 손(孫)이 되거나 관(官)이 동하여 손(孫)이 되면 자식을 키울 수 없다.

106. 관(官)이 부(父)가 되고 세(世)를 극하면 쟁송이 생긴다.

107. 형(兄)이 지세(持世)했는데 재효(財爻)가 왕하면 부부가 원수 대하듯이 하고, 재(財)가 동하여 형(兄)으로 변하면 해로하기 어렵다. 재(財)가 쇠약하고 형(兄)이 왕하면 부부가 불화하고, 재(財)가 극되거나 퇴신(退神)이 되면 생이별한다.

108. 손(孫)이 왕하면 자식이 알차고, 쇠하면 자식이 어리석고, 형(兄)으로 변하면 자식이 불초한다.

109. 손효(孫爻)가 쇠약하여 극되거나 휴수(休囚)·묘절(墓絶)·공망(空亡)·파(破)되면 자식이 없다.

제13장. 벼슬·사관점

1. 관효(官爻)가 발동하여 세효(世爻)와 생합(生合)되었는데 일월의 충극(沖剋)이 없으면 목적을 이룬다.

2. 귀효(鬼爻)가 발동하여 손효(孫爻)로 화하면 별정직이다.

3. 관효(官爻)가 무기한데 재효(財爻)가 발동하여 귀효(鬼爻)를 생부(生扶)하면 경영하는 일은 이루어지고 관직은 승급한다.

4. 관귀(官鬼)가 발동하여 형제(兄弟)로 화했는데 세효(世爻)를 충극(沖剋)하면 동료에게 중상모략을 당한다.

5. 관귀(官鬼)가 발동하여 세효(世爻)와 상합(相合)하고 용신(用神)이 동하여 세효(世爻)를 극하면 승진할 징조이다. 그러나 타효가 세효(世爻)를 형극(刑剋)하면 흉화가 생긴다.

6. 관효(官爻)가 왕하면 고관에 오르고, 휴수(休囚) 사절(死絶)되면 미관말직에 머문다.

7. 귀효(鬼爻)가 괘신(卦身)에 임하거나 귀효(鬼爻)가 지세(持世)하거나 세효(世爻) 바로 아래에 관귀(官鬼)가 은복(隱伏)되면 관직상의 문책을 받는다.

8. 관귀(官鬼)가 월건(月建)에 임하면 기강을 다스리는 관직이다.

9. 관성(官星)이 자오묘유효(子午卯酉爻)에 임하면 정식 관리·정식 공무원·정식 사원이고, 인신사해효(寅申巳亥爻)에 임하면 보좌관·외직이고, 진술축미효(辰戌丑未爻)에 임하면 잡직·편직·재정직이고, 관(官)이 일월지(日月支)와 같은 글자에 해당하면 정식 공무원이다.

10. 관효(官爻)와 재효(財爻)가 왕상(旺相)하면 길하고, 수상(受傷)하면 대흉하다.

11. 관지세(官持世)하여 왕상(旺相)하면 승진하고, 손지세(孫持世)하면 불길하다.

12. 관화재(官化財)이면 승진하고, 관화손(官化孫)이면 파면된다.

13. 관화(官化) 진신(進神)하면 승진하고, 손동(孫動)하고 재(財)가 복장(伏藏)되면 파직된다.

14. 관(官)이 세효(世爻)를 생합(生合)하면 승진하고, 손세(孫世)형동(兄動)하면 감봉된다.

15. 관(官)이 월령(月令)을 띠는데 세효(世爻)를 극하면 백성이 가난하고, 부(父)가 지세(持世)하여 발동하면 정사가 바쁘다.

16. 백호관(白虎官)이 형효(刑爻)를 띠고 왕상(旺相)하면 대장의 직을 갖는다.

17. 관(官)이 몰신되거나 공망(空亡)되면 마땅한 자리를 찾지 못하는 형상이니 구직의 어려움을 겪는다.

18. 관(官)이 몰신되어도 손화관(孫化官)이고 그 손(孫)이 세(世)와 생합(生合)하고 부(父)가 왕하면 미관말직 정도는 가능하다.

19. 관귀(官鬼) 지세(持世)에 발동한 재(財)가 세(世)를 생합(生合)하면 공명을 이룬다.

20. 재효(財爻)가 동하면 관직이 영전하고 녹봉이 올라간다.

21. 재효(財爻)와 관효(官爻) 중에 하나가 발동하여 일진(日辰)이나 월건(月建)의 생부(生扶)를 받으면 승진하거나 영전된다.

22. 재효(財爻)가 발동해도 충파(沖破)를 만나면 좌천되거나 감봉된다.

23. 재효(財爻)가 휴수(休囚)나 공망(空亡)되면 좋지 않다.

24. 재지세(財持世)·재화관(財化官)·관화재(官化財)는 돈을 쓰면 구직이 빠르다.

25. 재(財)가 왕하거나 발동하고 세(世)가 길하면 관직에서 영전한다. 그러나 재관(財官)이 휴수(休囚)나 공망(空亡)되면 좌천될 염려가 있다.

26. 재(財)가 동해도 관(官)과 세(世)가 약하면 좌천이나 감봉된다.

27. 재(財)가 동하여 세효(世爻)를 생합(生合)하면 진급하고, 세효(世爻)가 년월의 상함을 받으면 낙직된다.

28. 태세(太歲)와 부모(父母)가 세효(世爻)와 생합(生合)하면 상부에서 중히 등용한다. 그러나 세(世)나 부(父)가 공망(空亡)되면

허망하다.

29. 태세(太歲)가 세효(世爻)의 충극(沖剋)을 받으면 낙직되거나 공사를 범하여 감옥에 갇힌다.

30. 태세(太歲)가 발동하여 세효(世爻)를 충형극(沖刑刑剋)하여 상하면 과오를 범하여 상부의 문책을 받는다.

31. 태세(太歲)가 발동하여 세효(世爻)를 충형극(沖刑剋)했는데 등사(騰蛇)나 백호(白虎)가 세(世)를 형(刑)하면 구금된다.

32. 태세(太歲)가 세효(世爻)를 생합(生合)하면 승진하고, 세(世)가 응(應)을 극하면 대길하다.

33. 태세(太歲)와 관(官)이 모두 세(世)를 충극(沖剋)하면 뜻밖의 실수로 파면당할 염려가 있다.

34. 태세(太歲)와 관(官)이 모두 세(世)를 생합(生合)하면 고관에 오른다.

35. 세효(世爻)와 월건(月建)이 생합(生合)하면 길하다.

36. 세(世)가 동하여 공망(空亡)이 되면 출장이나 시찰을 가는 것이 이롭다.

37. 세(世)가 왕하고 관(官)이 유기한데 일진(日辰)과 동효(動爻)가 상충(相沖)되면 곧 정치계로 나간다.

38. 세응(世應)이나 오효(五爻)가 공망(空亡)되었는데 일월(日月)의 형극(刑剋)을 받으면 도중에서 큰 재앙을 당한다.

39. 세효(世爻)에 공망(空亡)이 임했는데 타효나 일월(日月)의 구원을 받지 못하면 큰 액이 따르고 심하면 사망한다.

40. 세(世)나 관(官)이 공망(空亡)되거나 형충극파(刑沖剋破)되면 시험이나 구직에는 희망이 없고, 직장인도 자리가 불안하다.

41. 세(世)가 공망(空亡)되었는데 일진(日辰)이 극하면 파직된다.

42. 일진(日辰)이 세효(世爻)를 충극(沖剋)하면 과실을 저지르고 상사에게 문책을 받는다.

43. 지방의 관직은 재효(財爻)가 왕해야 하고, 부효(父爻)가 공망(空亡)되지 않아야 하며, 세(世)를 부조(扶助)해야 길하다.

44. 부효(父爻)와 관효(官爻)가 세효(世爻)를 부조(扶助)했는데 생왕(生旺)하면 더욱 아름답다.

45. 괘중에 부효(父爻)가 없으면 좋지 않다.

46. 형효(兄爻)가 발동하면 재물을 파하고, 비방을 받아 명예가 훼손된다.

47. 손효(孫爻)가 발동하면 꾀하는 일이 이루어지지 않고, 관직자는 화가 따른다.

48. 부(父)가 공망(空亡)되었는데 괘중에 관(官)이 있고 재동(財動)에 세(世)가 왕하면 요행으로 공을 이룬다.

49. 월지(月支)와 동효(動爻)가 모두 세(世)를 극하고 관(官)이 월에서 실령(失令)되면 직장에서 실수를 저지르고 문책받는다.

50. 청룡(靑龍)이나 백호(白虎)가 관귀(官鬼)에서 발동하여 세(世)를 생하면 높은 지위에 뽑히거나 특별히 채용된다.

제14장. 신수점

1. 세효(世爻)나 용효(用爻)가 왕상(旺相)한데 일진(日辰)이나 월건 (月建)의 생부(生扶)를 받으면 일년내내 대길하다.

2. 세효(世爻)가 월파(月破)를 만나면 대흉하다.

3. 세효(世爻)가 공망(空亡)되거나 일파(日破)나 월파(月破)를 만나 면 일년내내 되는 일이 없다.

4. 태세(太歲)가 세효(世爻)를 생하면 관직이나 원하는 직장을 얻 는다.

5. 태세(太歲)가 세(世)를 충하면 일년내내 좋지 않은 일이 많이 생 긴다.

6. 육합괘(六合卦)는 일년내내 모든 일이 순조롭고, 육충괘(六沖卦) 는 일년내내 성패가 많다.

7. 세효(世爻)가 휴수(休囚) 묘절(墓絶)되거나 일진(日辰)이나 월건

(月建)의 극파(剋破)를 당하면 일년내내 성패가 빈번하다.

8. 미약한 세효(世爻)가 타효의 생부(生扶)를 받아 왕해지면 남의 도움으로 관직이나 직장을 얻거나 재물을 모은다.

9. 세효(世爻)가 유기하고 청룡(靑龍)이 발동하면 신수가 길하다.

10. 용신(用神)이 청룡(靑龍)과 같이 있으면 주색으로 손해를 본다.

11. 세효(世爻)가 주작(朱雀)과 같이 있으면 일년내내 구설이 많다.

12. 세효(世爻)가 구진(勾陳)과 같이 있으면 경영하는 일에 장애가 생겨 지체된다.

13. 주작(朱雀)이 관귀(官鬼)를 띠었는데 발동하면 무고한 시비·구설·관재·송사가 따른다.

14. 세효(世爻)가 왕상(旺相)하고 구진(勾陳)이 발동하면 토지가 늘어난다.

15. 등사(騰蛇)가 관귀(官鬼)를 띠었는데 발동하면 놀랄 일이 생기며 횡액이 따른다.

16. 백호(白虎)가 관귀(官鬼)를 대동하고 발동하면 질병·사고·관재·송사가 일어난다.

17. 현무(玄武)가 발동하면 손재를 당한다.

18. 청룡손(靑龍孫)이 지세(持世)하여 생왕(生旺)하거나 동하여 세(世)를 생하면 운수대통하고, 자손의 경사와 아랫사람의 도움이 있다.

19. 청룡형(靑龍兄)이 동하여 세(世)를 생하면 형제나 친구의 도움이 있다.

20. 청룡재(靑龍財)가 천희신(天喜神)을 띠었는데 왕상(旺相)하면 처첩이 임신했다는 징조이다.

21. 청룡(靑龍) 수재(水財)가 왕상(旺相)하면 식구가 늘어나고 외화를 벌어들인다.

22. 청룡관(靑龍官)이 지세(持世)하여 생왕(生旺)하거나 동하여 세(世)를 생하면 승진이나 영전을 하거나 공명을 이룬다.

23. 청룡손(靑龍孫)이 삼효(三爻)에 놓여 왕상(旺桂)하면 집안에 기쁜 일이 생긴다.

24. 주작관(朱雀官)이 지세(持世)하거나 주작관(朱雀官)이 동하여 세(世)를 극하면 구설과 문서사건이 생긴다.

25. 주작형(朱雀兄)이 지세(持世)하면 구설이나 논쟁이 따른다.

26. 주작형(朱雀兄)이 세응(世應)에 있으면 잘 싸운다.

27. 구진형(勾陳兄)이 지세(持世)하거나 동하면 식구가 흩어진다.

28. 구진형(勾陳兄)이 동하여 세효(世爻)를 극하면 시비·구설·논쟁이 따른다.

29. 등사재(騰蛇財)가 휴수(休囚)되면 빈 재물이다.

30. 등사형(騰蛇兄)이 지세(持世)하여 극을 받거나, 등사형(騰蛇兄)이 동하여 세효(世爻)를 극하면 놀랍고 시끄러운 일이 생긴다.

31. 등사관(騰蛇官)이 역마(驛馬)를 띠었는데 발동하면 교통사고가 일어난다.

32. 백호형(白虎兄)이 지세(持世)하여 극을 받거나, 백호형(白虎兄)이 동하여 세(世)를 극하면 우환과 재물을 파할 염려가 있다.

33. 백호손(白虎孫)이 관(官)을 화출(化出)하거나, 백호손(白虎孫)이 공망(空亡)되었는데 극을 받으면 자손에게 액이 있다.

34. 백호재(白虎財)가 형충(刑沖)되면 재물을 잃고, 백호형(白虎兄)이 동하여 재효(財爻)를 극하면 아내에게 액이 있거나 재물을 파한다.

35. 현무형(玄武兄)이 지세(持世)하면 날치기·사기·배신을 조심해야 한다.

36. 현무형(玄武兄)이 지세(持世)하여 극을 받거나, 현무형(玄武兄)이 동하여 세(世)를 극하면 사기나 배신을 당하거나 물건을 잃어버린다.

37. 현무재(玄武財)가 도화(桃花)를 띠면 처첩이 음행을 저지른다.

38. 현무재(玄武財)가 은복(隱伏)되면 도적이거나 실물수가 있다.

39. 세효(世爻)가 부모(父母)와 같이 있으면 일신의 노고가 많다.

40. 세효(世爻)가 부모(父母)와 같이 있는데 재(財)가 발동하면 뇌물로 명예를 잃는다.

41. 세효(世爻)가 형제(兄弟)와 같이 있으면 사업이 발전하지 못하고, 형제 자매나 친구 때문에 재물을 잃는다.

42. 세효(世爻)가 관귀(官鬼)와 같이 있으면 관직을 구하는 일에는 길하나 그 외는 모두 불길하다. 손재·질병·관재가 따른다.

43. 세효(世爻)가 처재(妻財)와 같이 있으면 경영하는 일은 길하나 직장관계는 좋지 않다.

44. 세효(世爻)가 처재(妻財)와 같이 있는데 세효(世爻)가 발동하

여 형(兄)이나 관귀(官鬼)로 변하면 대흉하다.

45. 세응(世應)이 상생(相生)하면 길하고, 세효(世爻)가 동해도 공망(空亡)되면 그 집에 눌러사는 것이 좋다.

46. 세효(世爻)에 역마(驛馬)가 놓여 발동하면 먼 길을 떠난다.

47. 세효(世爻)나 신효(身爻)에 관(官)이 있는데 묘고(墓庫)가 되면 병으로 죽는다.

48. 세(世)나 신(身)에 관(官)이 놓였는데 일진(日辰)에 입묘(入墓)하면 재앙과 질고가 따른다.

49. 세효(世爻)나 신효(身爻)에 관(官)이 놓이면 여자는 교합한 것이다.

50. 세효(世爻) 밑에 관(官)이 은복(隱伏)되면 관의 송사가 그칠 날이 없다.

51. 신효(身爻)가 겁살(劫殺)을 띠면 사기수가 있고, 신효(身爻)가 망신살(亡身殺)이 놓여 극을 받으면 망신을 당한다.

52. 세효(世爻)나 용신(用神)이 일월동효(日月動爻)와 합되면 귀인의 도움이 있다.

53. 은복(隱伏)된 용신(用神)이 동효(動爻)와 합되면 귀인의 도움을 받는다.

54. 재효(財爻)와 손효(孫爻)가 왕하면 길하고, 쇠약하면 일년내내 하는 일이 순조롭지 않고 재물도 생기지 않는다.

55. 부효(父爻)가 왕하여 용효(用爻)나 세(世)를 생하면 모든 시험에 대길하다.

56. 형효(兄爻)나 관귀효(官鬼爻)가 왕성하면 손재·질병·관재구설이 따른다.

57. 초효(初爻)와 사효(四爻)가 원진(怨嗔)이 되면 골치아픈 일이 생긴다.

58. 초효(初爻)에 신(身)이 임하면 이동할 일이 생긴다.

59. 초효(初爻)에 관귀(官鬼)가 놓이면 마음이 들뜨고 세상을 비관한다.

60. 형효(兄爻)와 관효(官爻)가 같이 동하면 손재와 구설이 있다.

61. 형효(兄爻)와 관효(官爻)가 함께 동하여 세(世)를 극하면 싸울 일이 생긴다.

62. 형(兄)이 동하면 손재나 구설이 있다. 건강과 안전에는 지장이 없으나 재수·사업·취직·시험·결혼에는 이롭지 않다.

63. 형효(兄爻)가 왕한데 관(官)이 없으면 재물을 잃거나 아내가 상한다.

64. 형지세(兄持世)하고 재(財)가 동하면 돈을 구하기 어렵다.

65. 형효(兄爻)와 부효(父爻)가 유기하면 재수가 막힌다.

66. 형효(兄爻)와 부효(父爻)가 같이 동하면 재물을 잃고 고생한다.

67. 재(財)는 있는데 관(官)이 없으면 재물이 생겨도 다 나간다.

68. 재(財)가 동하면 돈을 버나 주택에 문제가 있고 부모가 상한다. 그러나 재(財)가 동하여 세(世)와 합되면 재수가 있다.

69. 재효(財爻) 밑에 관(官)이 은복(隱伏)되거나 관효(官爻) 밑에 재(財)가 은복(隱伏)되면 관재나 실물수가 있다.

70. 재화손(財化孫)이 되거나 손화재(孫化財)가 되면 재수가 대통한다.

71. 관효(官爻) 밑에 용신(用神)이 은복(隱伏)되면 감옥에 들어가거나 사망하기 쉽다.

72. 관(官)이 동하면 질병과 관재가 따른다.

73. 부(父)가 발동하면 고생과 상심이 따르고, 자손에게 근심이 생긴다.

74. 손(孫)이 동하면 이사한 후 집안이 융성하고 만사가 길하다. 그러나 남편에게 근심이 생기거나 구직과 승진에는 불리하다.

75. 이효(二爻)가 동하여 오효(五爻)를 극하면 이동할 일이 생기고 장자가 흥하다. 오효(五爻)가 동하여 이효(二爻)를 극하면 가택이 불안하다.

76. 택효(宅爻)에 관(官)이 놓여 왕상(旺相)하면 그 집에 입주하지 말아야 한다.

77. 택효(宅爻)가 동하여 세효(世爻)를 생하면 가까운 해에 이사를 한다.

78. 택효(宅爻)가 동하여 회두극(回頭剋)이 되면 이사를 갈 의향은 있으나 어렵고, 만약 이사를 해도 좋지 않다.

79. 택효(宅爻)나 부효(父爻)가 퇴신(退神)이 되거나 반음(返吟)이나 복음(伏吟)이 되면 이사를 하기 어렵고, 만일 이사를 하면 또 하게 된다.

80. 태세(太歲)가 동하여 세(世)와 생합(生合)하면 벼슬을 하거나

승진하고, 태세(太歲)가 동하여 세(世)를 형극(刑剋)하면 실패하고 심하면 신액이 따르거나 감옥에 간다.

81. 년이 형세(兄世)를 띠면 일년내내 재수가 없고, 부세(父世)를 띠면 일년내내 상심하며 고생하고, 관세(官世)를 띠면 일년내내 놀라는 일과 재앙이 있고, 재세(財世)를 띠면 일년내내 돈을 벌며 흥가하고, 손세(孫世)를 띠면 일년내내 기쁨이 있고 편안하다.

82. 청룡(靑龍)이 지세(持世)하면 좋은 사람을 만나 도움을 받으나 주색에 빠질 수도 있다.

83. 주작(朱雀)이 지세(持世)하고 길신을 만나면 기쁜 소식이 있다. 특히 말로 먹고사는 사람은 명성을 얻을 수 있다. 그러나 흉신을 만나면 구설수에 오르거나 나쁜 소문이 퍼질 염려가 있다.

84. 구진(勾陳)이 지세(持世)하면 매사가 느리게 진행된다.

85. 등사(騰蛇)가 지세(持世)하면 놀랄 일이나 귀찮은 일이 생기고, 불량한 사람을 만나 고생한다.

86. 백호(白虎)가 지세(持世)하면 질병·부상·사고·손재 등이 따른다.

87. 현무(玄武)가 지세(持世)하면 소매치기·사기·도난·분실·도둑 등이 따른다.

88. 부모(父母)가 지세(持世)하면 시험·문서·학문에는 유리하나, 그 외에는 모두 불리하다.

89. 형제(兄弟)가 지세(持世)하면 건강에는 근심이 없으나 시험·

취직 · 재물 · 사업은 불리하다.

90. 관귀(官鬼) 지세(持世)하면 질병 · 부상 · 관재 · 송사가 따른다.

91. 관귀(官鬼) 지세(持世)에 천을귀인(天乙貴人)이 임하면 관직에 영예가 있다.

92. 처재(妻財) 지세(財持世)에 일월이나 동의 극을 받거나 공망(空亡)되지 않으면 재수가 좋다.

93. 손(孫) 지세(持世)하면 일년내내 건강하고 재수가 좋다.

94. 부모(父母)가 발동했는데 세(世)가 일월의 생부(生扶)를 받으면 시험이나 매매가 순조로워 재산이나 문서 등을 얻는다.

95. 세(世)가 왕한데 관귀(官鬼)가 천을귀인(天乙貴人)이나 건록(建祿)등 길신을 띠고 동하면 관직을 얻거나 승진한다.

96. 세(世)가 미약한데 관귀(官鬼)에 백호(白虎) · 등사(騰蛇) · 겁살(劫殺) 등을 띠고 발동하면 질병 · 사고 · 부상 등이 따른다.

97. 관귀(官鬼)가 주작(朱雀)을 띠고 발동하면 관재 · 송사 · 구설이 따르고, 관귀(官鬼)가 현무(玄武)를 띠고 발동하면 도둑을 맞거나 사기를 당한다.

제15장. 재물점

1. 재효(財爻)가 왕한데 손효(孫爻)가 길하면 순조롭다.

2. 재효(財爻)와 손(孫)이 모두 은복(隱伏)되면 재물을 구하기 어렵다.

3. 재효(財爻)만 있고 손효(孫爻)가 없으면 재물을 구하기 어렵다.

4. 재효(財爻)가 월건(月建)과 같으면 그 달에 재물이 생긴다.

5. 재효(財爻)가 일진(日辰)의 극파(剋破)를 당하면 재물을 구하는 일이 더디다.

6. 재효(財爻)가 왕해도 일진(日辰)의 극을 받으면 재물을 구하기가 순조롭지 않은데, 일진(日辰)과 생합(生合)되는 날 성사된다.

7. 재효(財爻)가 지세(持世)하거나 세효(世爻)를 생합(生合)하거나 세(世)를 극하면 재수가 대길하고, 장사로 몇 배의 이익을 낸다.

8. 재효(財爻)가 신(身)에 임하면 재물을 순조롭게 얻는다.

9. 재효(財爻)가 공망(空亡)되면 일진(日辰)이 공망(空亡)을 충거(沖去)하는 날이나 공망(空亡)이 나가는 날 재물을 얻는다.

10. 재효(財爻)가 공망(空亡)되었는데 손효(孫爻)가 일진(日辰)의 절지(絶地)에 임하면 하는 일은 모두 실패한다.

11. 재효(財爻)가 발동하고 일파(日破)나 월파(月破)를 만나면 재효(財爻)가 일진(日辰)과 합되는 날 재물을 얻는다.

12. 재효(財爻)가 발동하여 손효(孫爻)로 변했는데 세(世)와 합되면 재물을 순조롭게 구한다.

13. 재효(財爻)가 유기해도 형효(兄爻)가 교중(交重)되어 쟁재(爭財)하면 재물이 많이 나간다.

14. 재효(財爻)가 중첩되거나 태과하면 오히려 재운이 불리하다.

15. 재효(財爻)가 합을 만나면 재물을 구하는 일이 더디고, 일진(日辰)이 재효(財爻)를 충하는 날 들어온다.

16. 재효(財爻)가 일진(日辰)이나 월건(月建)에서 생부(生扶) 왕상(旺相)되면 길하고, 극해(剋害) 휴수(休囚)되면 흉하다.

17. 재효(財爻)와 손효(孫爻)가 삼합(三合)을 이루면 이익이 배가 된다.

18. 재효(財爻)가 발동하여 일진(日辰)과 삼합(三合)이나 육합(六合)을 이루면 돈을 버는데 지장이 많다.

19. 재(財)가 발동하여 관귀(官鬼)로 변하면 재물 때문에 관재구설이 생기고, 형효(兄爻)로 화하면 손해가 막심하다.

20. 재효(財爻)와 신(身)이 왕상(旺相)되는 날 재물이 들어온다.

21. 재효(財爻)를 생하는 날이나 재효(財爻)와 같은 날 재물이 들어온다.

22. 재효(財爻)가 발동하여 형효(兄爻)로 화하면 손해를 보아야 매매된다.

23. 재효(財爻)가 발동하여 절지(絶地)에 들면 재효(財爻)가 생왕(生旺)되는 날 재물이 생긴다.

24. 재효(財爻)가 발동하여 묘(墓)에 들었는데 합을 만나면 묘(墓)된 효를 충하는 날 재물이 생긴다.

25. 재효(財爻)가 휴수(休囚)되면 재물이 많이 나간다.

26. 재효(財爻)가 동하여 손효(孫爻)로 변하거나, 손효(孫爻)가 동하여 재효(財爻)로 변하면 매매에 이익이 많다.

27. 재효(財爻)와 관귀(官鬼)가 같이 임하면 관액을 만나거나 물건을 잃어버린다.

28. 재효(財爻)에 역마(驛馬)가 임하면 매매가 잘 된다.

29. 재효(財爻)가 내괘(內卦)에 있으면 매매가 순조롭고, 재효(財爻)가 외괘(外卦)에서 발동하면 매매가 순조롭지 못하다.

30. 재효(財爻)가 일진(日辰)을 충하면 길하다.

31. 재효(財爻)가 왕하고 손효(孫爻)가 길하면 모든 일이 순조롭다.

32. 재효(財爻)가 많고 생과 극도 받아 반흉반길이면 일진(日辰)이 진술축미(辰戌丑未)가 되는 날 얻을 수 있다.

33. 재(財)가 은복(隱伏)되어도 일진(日辰)이나 월건(月建)이 은복(隱伏)된 재효(財爻)에 임하여 세(世)를 생하거나 합하면 유족

하다.

34. 재효(財爻)가 동하여 귀(鬼)로 변했는데 공망(空亡)되거나 파절(破絕)되면 재물이 모두 나간다.

35. 재효(財爻)와 응효(應爻)가 모두 공망(空亡)되면 금전이 옹색하다.

36. 재효(財爻)가 신(身)을 극하고 청룡(靑龍)이 같이 임하면 금옥만당이다.

37. 재(財)가 동하여 진신(進神)이 되면 재물을 얻고 재수가 있으나, 부형(父兄)이 같이 동하면 파재한다.

38. 재효(財爻)가 동효(動爻)와 상합(相合)하면 재물을 얻지만, 재(財)와 손(孫)이 나타나지 않으면 어렵다.

39. 재효(財爻)와 손효(孫爻)가 극을 받아 상하거나 묘절(墓絕)되어 구함이 없으면 재물이나 매매에 모두 불길하다.

40. 재(財)가 동하여 세(世)를 생합(生合)하면 재물을 얻으나, 일진(日辰)이 합하면 다른 사람의 것이 되고, 재효(財爻)가 내괘(內卦)에서 동하면 다른 사람이 재물을 보내준다.

41. 형효(兄爻)가 지세(持世)하면 재물을 구하기가 매우 어렵다.

42. 형효(兄爻)가 신(身)에 임하면 모든 일이 순조롭지 않다.

43. 형효(兄爻)가 발동하여 세(世)에 임하면 재물을 얻기 어렵다.

44. 형효(兄爻)가 발동하여 재효(財爻)로 변하면 처음에는 손해를 보나 나중에는 이익이 있다.

45. 형효(兄爻)가 지세(持世)하고 태세(太歲)와 같으면 일년내내

재수가 없다.

46. 형(兄)이나 관귀(官鬼)가 발동하여 세(世)를 형극(刑剋)하거나 세(世)에 형효(兄爻)가 임하면 도박에서 불리하다.

47. 형효(兄爻)가 일진(日辰)과 비화(比和)되면 재물이 생겨도 모으기 어렵다.

48. 형(兄)이 많아도 손(孫)이 동하면 길하고, 손(孫)이 안정되면 대흉하다.

49. 형효(兄爻)와 부효(父爻)가 모두 발동하면 노력을 해도 헛수고이다.

50. 손효(孫爻)가 동하여 재효(財爻)로 변하면 많은 이익을 얻는다.

51. 손(孫)이 태세(太歲)와 같으면 일년내내 재물이 순조롭다.

52. 손효(孫爻)가 왕하여 세효(世爻)에 임하면 육축의 매매에 길하고, 부효(父爻)가 발동하면 불리하다.

53. 손효(孫爻)는 있고 재효(財爻)가 은복(隱伏)되었는데 형효(兄爻)가 이위(二位)이면 재물을 구하는데 유리하다.

54. 관귀(官鬼)가 지세(持世)하여 재(財)와 상생(相生)을 이루면 재물을 구하기 쉽다. 그러나 공망(空亡)되면 어렵다.

55. 관귀(官鬼)가 발동하여 재(財)로 화하면 관청을 상대로 하는 일이 매우 유리하다.

56. 관귀(官鬼)가 발동하면 막히는 일이 많으니 불리하다.

57. 관귀(官鬼)가 세효(世爻)를 극하면 재앙이 따르는데, 장사꾼은 물품을 도난 당한다.

58. 관귀(官鬼)가 발동하여 재(財)로 화하면 일진(日辰)이 화한 재효(財爻)를 생해주는 날 재물이 생긴다.

59. 관귀(官鬼)가 현무(玄武)를 대동했는데 외괘(外卦)에 있으면 도둑을 당하거나 관재로 재물이 나간다.

60. 관귀(官鬼)가 현무(玄武)를 띠고 발동하여 세(世)를 극하면 물품을 도난 당한다.

61. 관귀(官鬼)가 오효(五爻)에 임하면 외출하여 손재를 당한다.

62. 관귀(官鬼)가 이효(二爻)에 임했는데 집안에 있으면 재물이 불리하다. 화귀(火鬼)이면 화재가 발생하고, 현무귀(玄武鬼)이면 사기나 도둑을 당하고, 백호귀(白虎鬼)이면 질병·사고·투쟁이 발생한다.

63. 관귀(官鬼)가 지세(持世)하고 태세(太歲)와 같으면 일년내내 놀라는 일이 생긴다.

64. 일진(日辰)과 세응(世應)이 삼합(三合)되면 재수가 있다.

65. 세응(世應)이 합되어도 공망(空亡)되면 사업관계가 허약하다.

66. 응효(應爻)가 공망(空亡)되면 빌려준 돈을 받기가 매우 어렵고, 또 돈을 빌리기도 어렵다. 세효(世爻)가 공망(空亡)되어도 마찬가지이다.

67. 응효(應爻)가 세효(世爻)를 합하면 매매는 이루어지나, 용효(用爻)가 세효(世爻)를 형극(刑剋)하면 순조롭지 못하다.

68. 신(身)에 겁살(劫殺)이 임하면 사기를 당하여 재물을 잃는다.

69. 용효(用爻)가 세(世)나 신(身)을 극하면 돈을 받을 수 없다.

70. 세응(世應)에 모두 형(兄)이 임하고 재(財)가 절지(絶地)에 있으면 빌려준 돈을 받지 못한다.

71. 부모가 지세(持世)하여 태세(太歲)와 같으면 간신히 재물을 얻는다.

72. 세응(世應)이 모두 재효(財爻)이면 재물을 구하는데 유리하다.

73. 외괘(外卦)가 내괘(內卦)를 생하면 재운이 길하다.

74. 내괘(內卦)가 외괘(外卦)를 극하거나 세(世)가 응(應)을 극하면 재운이 좋지 않다.

75. 내괘(內卦)와 외괘(外卦), 세응(世應)이 비화(比和)되고 왕상(旺相)를 이루었는데 공망(空亡)과 파(破)를 만나지 않으면 재수가 좋고 현재 재물도 많다.

76. 세(世)가 응(應)을 극하면 도박에서 유리하고, 응(應)이 세(世)를 극하면 불리하다. 세(世)가 형극(刑剋)을 만나면 도박에서 돈을 많이 잃는다.

77. 해자수(亥子水)가 청룡(靑龍)을 띠었는데 재효(財爻)에 임하면 외국의 재물을 얻거나 수산물로 큰 이익을 얻는다.

78. 육합괘(六合卦)가 있으면 재물이 생기고, 육충괘(六沖卦)가 있으면 재물이 흩어진다.

79. 괘중에 재(財)가 은복(隱伏)되거나 공망(空亡)되면 매매에 불리하다.

80. 오효(五爻)에 등사(騰蛇)가 임하면 괴이한 일이 생기고, 백호(白虎)가 임하면 풍파가 많고, 현무(玄武)가 임하면 노상에서

실물한다.

81. 상효(上爻)가 세(世)를 극하면 여자로 인한 실물수가 있다.

82. 재(財)가 진술축미(辰戌丑未)의 묘(墓)에 임하면 이 묘(墓)를 충하는 날 들어온다.

83. 세응재(世應財)가 모두 길해야 빌려준 돈을 받거나 돈을 빌릴 수 있다.

84. 재효(財爻)가 쇠약하지 않으면 세(世)와 응(應)이 생합(生合)되어 왕하고 하나도 공망(空亡)되지 않아야 빌려준 돈을 받거나 빌릴 수 있다.

85. 세응재(世應財)가 일의 극을 받지 않았는데 세(世)나 응(應)이 공망(空亡)되면 공망(空亡)이 나가야 빌려준 돈을 받거나 빌릴 수 있다.

86. 세관응재(世官應財)가 미약하지 않고 세(世)·관(官)·응(應)이 생합(生合)되면 은행 융자를 받을 수 있다. 그러나 이 중에 하나만 공망(空亡)되어도 어렵고, 관(官)이나 응(應)이 세(世)를 극하거나 일월이 세(世)를 극하면 은행 융자를 받기 어렵다.

제16장. 소망점

1. 내괘(內卦)가 외괘(外卦)를 극하거나 세(世)가 응(應)을 극하면 소망이 이루어진다.

2. 외괘(外卦)가 내괘(內卦)를 극하거나 내괘(內卦)가 외괘(外卦)를 극하고 응(應)이 세(世)를 극하면 소망을 이루지 못한다.

3. 내괘(內卦)와 외괘(外卦)가 모두 양(陽)이고 용신(用神)이 왕상(旺相)하면 공공사업은 길하나 개인사업은 불리하다.

4. 내괘(內卦)와 외괘(外卦)가 모두 음괘(陰卦)이고 용신(用神)이 은복(隱伏)되거나 공망(空亡)되거나 휴수(休囚)되면 개인사업은 무해하나 공공사업은 이루어지지 않는다.

5. 내괘(內卦)가 외괘(外卦)를 생하거나 세(世)가 응(應)을 생하면 부탁할 일이 생긴다.

6. 외괘(外卦)가 내괘(內卦)를 생하면 부탁을 받는다.

7. 내괘(內卦)에 세(世)가 있고 외괘(外卦)에 응(應)이 있어 응(應)이 세(世)를 생하거나, 내외괘(內外卦)에 있는 세응(世應)이 모두 일월에서 왕상비화(旺相比和)되면 소망을 이룬다.

8. 세응(世應)이 모두 발동하거나 육충괘(六沖卦)를 얻으면 이루지 못한다.

9. 세응신효(世應身爻)가 공망(空亡)되거나 형극파사묘절태(刑剋破死墓絶胎)를 만나면 도모하는 일이 이루어지지 않는다.

10. 응효(應爻)가 본궁(本宮)의 내괘(內卦)에 있으면 가까운 친척이고, 외괘(外卦)에 있으면 먼 친척이다. 타궁(他宮)의 내괘(內卦)에 있으면 가까이 있는 남이고, 외괘(外卦)에 있으면 먼 곳에 있는 남이다.

11. 본괘(本卦)는 육합괘(六合卦)인데 변괘(變卦)가 충으로 화하면 처음에는 쉬우나 나중에는 어려움이 많다.

12. 응효(應爻)나 용신효(用神爻)가 상생(相生)되어도 공망(空亡)이나 묘절태(墓絶胎)로 변하면 부탁한 일은 결론이 없다.

13. 응효(應爻)나 용신효(用神爻)가 일월의 극파(剋破)를 당하거나 공망(空亡)되면 상대가 부탁한 일을 도와줄 힘이 없다.

14. 부탁한 사람의 방향은 건괘(乾卦)는 서북, 감괘(坎卦)는 북, 간괘(艮卦)는 동북, 진괘(震卦)는 동, 손괘(巽卦)는 동남, 이괘(離卦)는 남, 곤괘(坤卦)는 서남, 태괘(兌卦)는 서쪽으로 본다. 관효(官爻)에 귀인이 임하면 관직에 있는 사람이고, 그 외는 중개인이다.

15. 용신(用神)이나 응효(應爻)가 삼전극(三傳剋)이 되거나 묘절
    (墓絶)·공망(空亡)·파(破)가 되면 부탁한 사람이 도와줄 능
    력이 없다.

16. 용효(用爻)가 동하면 부탁한 일이 빠르고, 정하면 시일이 걸리
    더라도 성사된다.

17. 용효(用爻)가 발동는데 진괘(震卦)이면 일이 빠르고, 감간괘(坎
    艮卦)이면 더디다.

18. 용효(用爻)가 묘유(卯酉)에 임하면 일이 빠르고, 진술(辰戌)에
    임하면 더디다.

19. 용효(用爻)가 왕상(旺相)하고 은복(隱伏)되지 않으면 일이 빠
    르다.

20. 용신효(用神爻)가 생왕(生旺)하고 청룡(靑龍)이 발동하거나 청
    룡(靑龍)을 띠어야 상대방이 부탁을 성실하게 들어준다.

21. 용신효(用神爻)가 태세(太歲)와 비화(比和)되면 그 해에 이루
    어진다.

22. 용효(用爻)가 월지(月支)와 같으면 그 달에 이루어진다.

23. 용효(用爻)가 일진(日辰)과 같으면 그 날 이루어진다.

24. 용효(用爻)가 왕하면 묘(墓)에 드는 날 이루어지고, 사절(死絶)
    되면 생왕(生旺)하는 날 이루어지고, 은복(隱伏)되면 용효(用
    爻)와 같은 일진(日辰)에 이루어진다.

25. 용효(用爻)가 은복(隱伏)되거나 휴수사(休囚死)가 되면 시간이
    오래 걸린다.

26. 양효(陽爻)가 발동하여 음효(陰爻)로 변하면 일이 빠르고, 음효(陰爻)가 동하여 양효(陽爻)로 변하면 더디다.

27. 초효(初爻)나 이효(二爻)가 동하면 일이 빠르고, 삼효(三爻)나 사효(四爻)가 동하면 지연되고, 오효(五爻)가 동하면 더디고, 육효(六爻)가 동하면 매우 더디다.

28. 상대방의 심리는 청룡(靑龍)이 동하면 성실하고, 주작(朱雀)이 동하면 거짓이 많고, 구진(勾陳)이 동하면 어리석고, 등사(騰蛇)가 동하면 변심하고, 백호(白虎)가 동하면 오히려 그 사람에게 손해를 입고, 현무(玄武)가 동하면 사기성이 있다.

29. 상대방의 신분은 응(應)과 부(父)가 같이 있으면 문학·교육·서생이고, 응(應)과 형(兄)이 같이 있으면 기자·소개인·기술자이고, 응(應)과 관(官)이 같이 있으면 공무원·군인·경찰·회사원·도둑이고, 응(應)과 재(財)가 같이 있으면 상업·실업·공업·음식업·연예인·금융업에 종사하는 사람이고, 응(應)과 손(孫)이 같이 있으면 의사·약사·종교인·술사이다. 그러나 목화토금수(木火土金水)를 참고하여 판단한다.

30. 응효(應爻)가 세(世)나 용신(用神)을 충극(沖剋)하면 상대방이 싫어진다.

31. 응효(應爻)가 세(世)나 용신(用神)을 극하면 불길하다. 그러나 변괘(變卦)에서 회두생(回頭生)하면 대길하다.

32. 응효(應爻)가 일진(日辰)과 월건(月建)에 충극(沖剋)해도 세(世)나 용신(用神)을 생하면 최선을 다한다.

33. 왕한 관귀(官鬼)가 세(世)나 신(身)을 생합(生合)하고 손효(孫爻)가 쇠하고 발동하지 않아야 벼슬이나 취직이 순조롭다.

34. 왕한 부효(父爻)가 세(世)나 신(身)을 생하고, 재(財)가 쇠하며 발동하지 않아야 문서의 인허가나 결재가 이루어진다.

35. 왕한 재(財)가 세(世)나 신(身)을 생합(生合)하고 형효(兄爻)가 쇠하여 발동하지 않아야 재물을 구하는데 길하다.

36. 부효(父爻)가 발동하면 대개는 중도에서 실패한다.

37. 일진(日辰)이나 월건(月建)이 세응(世應)과 모두 합되면 노력하지 않아도 이루어진다.

38. 관귀(官鬼)가 발동하여 세(世)를 극하거나 합되는데 형해극파(刑害剋破)를 만나면 잘 되는 것 같다가도 실패한다.

39. 관직이나 명예점에서는 손효(孫爻)가 발동하면 꺼린다.

40. 관귀(官鬼)가 발동하여 세응(世應)을 생하거나 합하면 타인의 권력으로 이룬다.

41. 형효(兄爻)에 천을귀인(天乙貴人) · 천록(天祿) · 역마(驛馬) 등의 희신(喜神)이 임하고 세(世)를 생하면 원하는 일이 순조롭게 이루어진다.

42. 재물점에서 재효(財爻)가 은복(隱伏)되었거나 출현해도 공망(空亡)되거나 절지(絶地)에 임하면 이루지 못한다.

43. 벼슬과 구직점에서 관효(官爻)가 은복(隱伏)되거나 관귀(官鬼)가 출현해도 공망(空亡)을 만나거나 절묘(絶墓)에 임하면 이루지 못한다.

44. 용신(用神)이나 응효(應爻)가 삼전생(三傳生)을 받아도 공망
(空亡)되거나 묘(墓)에 들면 시작은 있으나 끝이 없고, 형충(刑
沖)되면 사기를 당한다.

제17장. 질병점

1. 관귀(官鬼)가 신(身)에 있으면 치료하기 어렵다.

2. 관귀(官鬼)가 지세(持世)하면 치료하기 어렵다.

3. 관귀(官鬼)가 발동하여 세(世)나 신(身)에 임하면 죽는다.

4. 관귀(官鬼)가 생을 받아 왕한데 명효(命爻)가 사지(死地)에 이르면 낫기 어렵다.

5. 관귀(官鬼)가 이중으로 나타나면 치료가 더디다.

6. 귀(鬼)가 발동하여 형(兄)으로 화하거나 재(財)로 화하면 불길하다.

7. 관귀(官鬼)가 왕한 괘에 재효(財爻)까지 왕상(旺相)하면 생명을 보전하기 어렵다.

8. 관귀(官鬼)가 은복(隱伏)되면 고치기 어렵다.

9. 관귀(官鬼)가 은복(隱伏)되어 공망(空亡)되면 부모나 남편은 회

생할 가망이 없다.

10. 관귀(官鬼)가 지세(持世)하고 용신(用神)에 관귀(官鬼)가 임하면 평생 고질병을 앓는다.

11. 관귀(官鬼)가 교중(交重)된 괘에 세(世)나 용신(用神)이 묘(墓)에 들면 죽는다. 그러나 일진(日辰)이 충하여 묘(墓)를 파하면 무사하다.

12. 관귀(官鬼)가 발동해도 일진(日辰)이 충하면 생명에는 지장이 없다.

13. 관귀(官鬼)가 부효(父爻)에 은복(隱伏)되면 피로로 생긴 병이거나, 동토(動土)나 묘지의 탈로 생긴 병이다.

14. 관귀(官鬼)가 형효(兄爻)에 은복(隱伏)되면 사업이나 남과 싸우다가 생긴 병이거나 감기 등의 병이다.

15. 관귀(官鬼)가 재효(財爻)에 은복(隱伏)되면 음식·재물·여자·아내로 인하여 생긴 병이다.

16. 관귀(官鬼)가 손효(孫爻)에 은복(隱伏)되면 술을 과음하여 생긴 병이거나, 방사로 인한 병이거나, 약의 부작용으로 생긴 병이다.

17. 관귀(官鬼)가 진신(進神)으로 화하면 묵은 병과 새로 얻은 병이 겹친 증세이다.

18. 관귀(官鬼)가 발동하여 진신관(進神官)이 되면 병이 깊어지고, 퇴신(退神)으로 화하면 병이 가벼워진다.

19. 관귀(官鬼)가 발동하여 부모(父母)로 화하면 집의 신축이나 수

리로 생긴 탈이다.

20. 관귀(官鬼)가 재(財)로 화하면 여자로 인하여 생긴 병이다.

21. 관귀(官鬼)가 손(孫)으로 화하면 외출로 인하여 생긴 병이다.

22. 관(官)이 내괘(內卦)에 있으면 집안에서 얻은 병으로 밤에 더 심하고, 외괘(外卦)에 있으면 밖에서 얻은 병이다.

23. 관(官)이 세효(世爻)에 있으면 병의 뿌리가 깊은 지병인데, 용신(用神)이 상했으면 오래된 병이 재발한 것이다.

24. 관(官)이 왕하면 병이 위중하고, 쇠하면 가볍다.

25. 명위(命位)가 재(財)와 같이 있으면 중병이다.

26. 신명(身命)에 백호(白虎)가 있으면 흉하나, 손효(孫爻)가 발동하면 무사하다.

27. 신(身)이나 명위(命位)에 등사(騰蛇)나 백호(白虎)가 임하면 중환자는 사망하고, 신명(身命)이 모두 공망(空亡)되어도 사망한다.

28. 세(世)나 용신(用神)이 일진(日辰)이나 월건(月建)의 생부(生扶)를 받고 동효(動爻)의 생부(生扶)를 받으면 일진(日辰)이나 월건(月建)이 형극(刑剋)해주어야 길하다.

29. 세(世)나 용신(用神)이 절묘(絶墓)에 임하고 공망(空亡)을 만났는데, 그 공망(空亡)을 형충(刑沖)하지 않으면 죽는다.

30. 세(世)와 손(孫)은 왕하고 귀(鬼)는 미약해야 건강에 유리하다.

31. 세(世)나 용(用)이 동효(動爻)의 생을 받으면 웬만한 병은 낫는다. 이때 용(用)이 파(破)가 되거나 은복(隱伏)이 되어도 흉하

지 않다.

32. 세(世)나 용(用)이 일월의 생부(生扶)를 받는데 손(孫)이 일과 비화(比和)되면 낫는다. 그러나 귀(鬼)가 동하거나 지세(持世)하거나 은복(隱伏)되지 않아야 한다.

33. 세(世)가 왕한 괘에 손(孫)이 청룡(靑龍)을 띠면 길하다. 청룡(靑龍)이 손효(孫爻)에 임하고 용신(用神)이 결함이 없으면 쾌차한다.

34. 세(世)나 용신(用神)이 묘(墓)에 들었는데 귀(鬼)가 교중(交重)되면 죽는다. 그러나 일이 묘(墓)에 든 세(世)를 충하면 무사할 수 있다.

35. 세(世)가 휴수(休囚)되었는데 귀(鬼)가 생왕(生旺)이고 부동(父動)이면 사망하고, 신(身)에 관귀(官鬼)가 임하면 치료가 늦어진다.

36. 청룡(靑龍)이 관귀(官鬼)를 띠면 주색 때문에 허약하고 무력해진 것이다.

37. 주작(朱雀)이 관귀(官鬼)를 띠면 횡설수설 헛소리를 하고, 몸에 열이 나며, 얼굴이 붉게 충혈된다.

38. 구진(勾陳)이 관귀(官鬼)를 띠면 가슴이 답답하고 비위가 불화한 증세이다.

39. 등사(騰蛇)가 관귀(官鬼)를 띠면 심신이 불안하고, 눕고 앉기가 불편하다.

40. 백호(白虎)가 관귀(官鬼)를 띠면 부러져 다치거나 여자는 생리

불순이거나 산후병이다.

41. 현무(玄武)가 관귀(官鬼)를 띠면 색욕을 지나치게 소모해서 생긴 음허증이다.

42. 구진(勾陳)이 신(身)에 임하면 병이 가볍지 않다.

43. 현무(玄武)가 명궁(命宮)에 있으면 낫기 어렵다.

44. 명위(命位)에 현무(玄武)·구진(勾陳)·등사(騰蛇)·백호(白虎) 등이 임하면 증상은 가벼우나 치료가 늦어진다.

45. 신(身)에 백호(白虎)·구진(勾陳)·등사(騰蛇)·현무(玄武) 등이 임하면 증상은 가벼우나 치료가 늦어진다.

46. 청룡(靑龍)이 손효(孫爻)에 임하거나 신(身)이나 명위(命位)에 있으면 치유된다. 청룡손(靑龍孫)이 유동하면 치유되고, 청룡손(靑龍孫)이 신(身)이나 명위(命位)에 있고 유동해도 치유된다.

47. 관귀(官鬼)가 인묘목(寅卯木)에 붙으면 간·쓸개·중풍·신경통이고, 사오화(巳午火)에 붙으면 입과 목이 마르고 심장·복통·소장·담증·고혈압·열병이고, 진술축미토(辰戌丑未土)에 붙으면 비장·위장·피부·종기·돌림병·구역질이고, 신유금(申酉金)에 붙으면 폐·대장·기관지·천식·기침·가래·뼈마디 쑤심·쇠붙이의 상함이고, 해자수(亥子水)에 붙으면 신장·방광·허리·음부·항문·혈농증·감기·습진·동상·오한·도한·유정 등이다. 목(木)은 감기·풍한·사지불화·간·산증이고, 화(火)는 복통·심장·담증이고, 토(土)는 부종·온역·비위·각종 염증이고, 금(金)은 기침·천식·가래·폐·골절상이

고, 수(水)는 동통·신장·혈농증이다. 귀효(鬼爻)의 강약으로 병의 경중을 판단한다.

48. 신(身)에 인묘관귀(寅卯官鬼)가 임하면 백골이 산화된 것이고, 사오화귀(巳午火鬼)가 임하면 담증이고, 진술축미토귀(辰戌丑未土鬼)가 임하면 종기로 고생하고, 신유금귀(申酉金鬼)가 임하면 골절상이고, 해자수귀(亥子水鬼)가 임하면 혈농증이다.

49. 관(官)이 초효(初爻)에 있으면 발이 아프고, 이효(二爻)에 있으면 다리가 아프고, 삼효(三爻)에 있으면 하복부가 아프고, 오효(五爻)에 있으면 가슴 부위에 병이 있고, 상효(上爻)에 있으면 머리 부위에 병이 있다.

50. 용신(用神)이 발동하여 관귀(官鬼)로 화하여 회두극(回頭剋)이 되면 사망한다.

51. 중병인데 백호(白虎)와 살이 왕하거나 발동하면 사망한다.

52. 손효(孫爻)가 일지(日支)와 같고, 용신효(用神爻)가 일진(日辰)의 생을 얻으면 약효를 얻어 쾌차한다.

53. 손효(孫爻)가 발동하여 관귀(官鬼)를 극제(剋制)하면 치료된다.

54. 오효(五爻)에 신(身)이 임하고 관귀(官鬼)가 놓이면 백약이 무효이다.

55. 재효(財爻)와 관귀(官鬼)가 모두 발동하고 상문(喪門)이나 조객살(弔客殺)이 신(身)에 임하면 사망한다.

56. 손(孫)이 지세(持世)하면 완치된다.

57. 재효(財爻)가 공망(空亡)되면 음식을 먹지 않는다.

58. 부모(父母)가 발동하고 세(世)가 휴수(休囚)되어 관귀(官鬼)가 생왕(生旺)하면 사망한다.

59. 재효(財爻)가 지세(持世)하면 병이 중해지고, 관귀(官鬼)가 왕한 일진(日辰)을 만나면 위험하다.

60. 재효(財爻)가 관귀(官鬼)를 띠었는데 일진(日辰)이나 동효(動爻)가 묘(墓)에 들면 흉하다.

61. 재효(財爻)가 왕하고 세(世)나 신(身)이 공망(空亡)되어도 생명을 보전하기 어렵다.

62. 세응(世應)과 관(官)이 삼합국(三合局)을 이루면 전염병이다.

63. 응(應)이나 관(官)이 세(世)와 합되면 전염된 것이고, 응관(應官)이 세효(世爻)를 형극(刑剋)하면 친구집에서 전염된 것이다.

64. 동효(動爻)가 용신(用神)을 생부(生扶)하고 변효(變爻)가 용신(用神)을 형극(刑剋)하면 낮에는 가벼운데 밤에는 중하다.

65. 세응(世應) 중간에 관(官)이 있거나 수관(水官)이 재(財)로 화하거나 관(官)으로 화하면 가슴이 답답하다.

66. 금관(金官)이 기신(忌神)을 화출(化出)하면 치통이고, 토관(土官)이 수(水)를 화출(化出)하면 각기병이다.

67. 수관(水官)이 회두극(回頭剋)되고 본궁(本宮) 초효(初爻)에 있는데 양효(陽爻)이면 대변이 불통이고, 음효(陰爻)이면 소변이 불통이다.

68. 육효(六爻)가 모두 정하면 병이 낫기 어렵다.

69. 세(世)가 일진(日辰)의 묘(墓)가 되었는데 백호(白虎)와 같이

있으면 사망한다.

70. 귀(鬼)나 용신(用神)이 유동하여 귀혼괘(歸魂卦)나 황천괘(黃泉卦)가 되면 사망한다.

71. 부모의 병에 관귀(官鬼)가 흥왕하면 무사하고, 형효(兄爻)가 발동하면 쾌유가 더디고, 손효(孫爻)나 재효(財爻)가 발동하면 사망한다.

72. 형제(兄弟)가 용신(用神)일 때 부모가 발동하면 길하다. 형제의 병에 부효(父爻)가 흥하고 형효(兄爻)가 안정되면 근심이 없고, 관귀(官鬼)가 충을 만나고 재효(財爻)가 발동하면 사망하고, 손효(孫爻)가 동하면 차도가 느리다.

73. 남편의 병에 형효(兄爻)나 손효(孫爻)가 발동하거나 이중으로 출현하면 사망하고, 부효(父爻)가 충되면 질병이 가중되고, 관귀(官鬼)가 정하고 재효(財爻)가 왕하면 무사하다.

74. 아내의 병에 관귀(官鬼)가 발동하면 병이 가중되고, 부효(父爻)나 형효(兄爻)가 발동하면 사망을 면하기 어렵고, 재효(財爻)가 왕상(旺相)한데 손효(孫爻)가 발동하면 근심이 없다.

75. 자손의 병에 관귀(官鬼)가 발동하여 손(孫)으로 화하면 죽음을 면하기 어렵고, 관귀(官鬼)가 성하고 부효(父爻)가 발동해도 생명을 보전하기 어렵다.

76. 자손의 병에 형효(兄爻)가 흥왕하고 손효(孫爻)가 발동하면 죽었다가 살아나고, 재효(財爻)가 동하면 차도는 늦으나 치료된다.

77. 손효(孫爻) 지세(持世)는 환자가 면역이 강하여 스스로 물리치

고, 관귀(官鬼) 지세(持世)는 낫기 어렵고, 관귀(官鬼) 지세(持世)에 세(世)가 일진(日辰)이나 묘(墓)에 들면 대흉하고, 부모(父母) 지세(持世)는 약간 불리하고, 형효(兄爻) 지세(持世)는 약간 유리하고, 재효(財爻) 지세(持世)는 병이 중해지고, 재효(財爻)지세(持世)는 귀(鬼)가 생왕(生旺)하면 가벼운 병은 중해지고, 중병은 위험하다.

78. 근병은 순공(旬空)·화공(化空)·육충(六冲)을 만나면 낫고, 육합(六合)을 만나면 사망한다. 그러나 합되었는데 충을 만나면 무사하다. 또 공망(空亡)되면 낫지만 일진(日辰)과 합되고 용신(用神)이 극되면 공망(空亡)이 나갈 때 사망한다.

79. 옛병은 육충(六冲)되면 사망하나 공망(空亡)되면 무사하고, 순공(旬空)·화공(化空)·화파(化破)·월파(月破)·육충괘(六冲卦)가 변하여 육충(六冲)이 되면 위험하다.

80. 산풍고(山風蠱) 괘는 암이나 불치병을 상징하고, 지화명이(地火明夷) 괘는 안질이나 실명을 상징하고, 수산건(水山蹇) 괘는 수족절상을 상징하고, 산지박(山地剝) 괘는 수술을 상징한다.

81. 황천괘(黃泉卦)인 천풍구(天風姤)·화산려(火山旅)·뇌택귀매(雷澤歸妹)·풍천소축(風天小畜)·산풍고(山風蠱)·산수몽(山水蒙)·산지박(山地剝)·지화명이(地火明夷)는 죽음을 뜻한다.

제18장. 관재 · 소송점

1. 세(世)는 일진(日辰)·월건(月建)·동효(動爻)가 생왕(生旺)해주
   어야 하고, 응(應)은 일월(日月)이나 동효(動爻)의 극을 받거나
   휴수사절(休囚死絶)되어야 한다.
2. 세(世)와 응(應)이 서로 합되면 나와 상대방이 화해할 의사가 있
   는 것이다.
3. 세(世)와 응(應)이 모두 공망(空亡)되어도 서로 화해한다.
4. 세효(世爻)가 왕하고 살이 공망(空亡)되면 관재의 근심이 사라
   진다. 소송 중이면 내가 이긴다.
5. 세효(世爻)가 쇠하고 관귀(官鬼)가 왕하면 처벌이 가볍다.
6. 세효(世爻)가 응효(應爻)를 극하면 내가 타인을 기만한다.
7. 세효(世爻)를 응효(應爻)를 생하면 내가 화합할 의사가 있고, 응
   (應)이 세(世)를 생하면 상대방이 화해할 의사가 있는 것이다.

8. 세(世)와 응(應)이 비화(比和)하면 화합의 상이고, 세효(世爻)가 살효(煞爻)를 극하면 유리하고, 살효(煞爻)가 세(世)를 극하면 불리하다.

9. 세효(世爻)와 신효(身爻)가 형효(兄爻)를 극하면 그날 화해한다.

10. 세효(世爻)가 왕한데 신효(身爻)가 생해주고 신명(身命)이 합되면 관액에 걸리거나 송사 중이라도 길하다.

11. 세응(世應)이 발동하여 공망(空亡)을 만났는데 다시 공망(空亡)으로 화하면 거짓으로 화해한다.

12. 세응(世應)이 생이나 합되지 않아도 육효(六爻)가 안정되거나 손효(孫爻)가 발동하면 이웃의 권고로 화해한다.

13. 세효(世爻) 앞이나 뒤에 있는 이효(二爻)에 흉살이 있으면 구속을 면하기 어렵다.

14. 세신(世身)이 형(兄)과 같이 있고 상충(相沖)되면 사건이 재기된다.

15. 세효(世爻)가 관효(官爻)의 형극(刑剋)을 받았는데 일진(日辰)의 형충극해(刑沖剋害)를 받으면 형을 받고, 일진(日辰) 관(官)이 동하여 세(世)를 극해도 형을 받는다. 비록 내가 먼저 소를 제기했어도 관효(官爻)와 일월(日月)이 세효(世爻)를 형극(刑剋)하면 형을 받는다.

16. 세효(世爻)가 일진(日辰)이나 동효(動爻)에 입묘(入墓)되거나, 동하여 변효(變爻)에 입묘(入墓)되면 입옥수가 있고, 여기에 백호(白虎)를 띠면 병까지 얻는다. 세효(世爻)의 묘(墓)가 동하거

나 세효(世爻)의 관(官)이 일진(日辰) 동효(動爻)에 입묘(入墓)되면 수감된다.

17. 세응(世應)이 왕하고 동하면 세력이 크나 묘절(墓絶) 공망(空亡)으로 화하면 용두사미가 된다.

18. 세효(世爻)가 관(官)을 화출(化出)하면 관사로 내가 몸이 상하고, 응효(應爻)가 화관(化官)하여 회두극(回頭剋)되면 상대방이 상한다.

19. 세효(世爻)가 관(官)을 극하면 유리하나 관(官)이 세효(世爻)를 극하면 불리하다.

20. 괘중에 겁살(劫殺)이 임하여 세효(世爻)나 신효(身爻)를 극하면 송사의 판결이 공정하지 못하여 불리하다.

21. 관귀(官鬼)와 세(世)가 같이 왕하면 관청을 상대로 낸 소송은 한없이 시일이 걸린다. 응효(應爻)에 관(官)이 놓이면 상대가 문책을 받는다.

22. 관귀(官鬼)가 응효(應爻)를 극하면 내가 이기고, 동효(動爻)가 일월과 비화(比和)되고 응효(應爻)를 극해도 내가 이긴다.

23. 관귀(官鬼)와 세(世)가 모두 공망(空亡)되면 소장이 취하된다.

24. 세(世)가 발동하면 도모하는 일이 상대방을 앞선다. 그러나 세(世)가 발동하여 관귀(官鬼)로 화하여 회두극(回頭剋)되면 좋은 계책도 쓸모가 없다.

25. 응효(應爻)가 발동하면 상대방의 계략이 나를 앞서나, 관귀(官鬼)로 변하여 회두극(回頭剋)되면 역시 나에게 이롭다.

26. 세효(世爻)나 귀효(鬼爻)가 묘(墓)에 들어 발동하면 모두 감옥에 간다. 일진(日辰)이 형충극파(刑沖剋破)해야 출옥한다.

27. 신세형효(身世兄爻)가 같이 있는데 관귀(官鬼)가 형충(刑沖)되면 끝난 사건이 다시 문제가 된다.

28. 응효(應爻)가 관귀(官鬼)를 띠면 상대방이 관청의 문책을 받고, 세효(世爻)에 관귀(官鬼)가 임하면 내가 문책을 받는다.

29. 내가 원고이면 관귀(官鬼)가 세(世)나 신(身)에 임하는 것이 좋고, 피고이면 세(世)가 형극(刑剋)을 받거나 관귀(官鬼)가 응효(應爻)에 임하면 불리하다.

30. 육해(六害)가 세(世)나 신(身)에 임하면 관재송사가 따른다.

31. 관귀(官鬼)가 지세(持世)하여 묘(墓)에 들거나, 발동하여 묘(墓)로 화했는데 괘상이 흉하면 반드시 감옥에 간다.

32. 관귀(官鬼)가 태세(太歲)와 같으면 사건이 상급관청까지 간다.

33. 관귀(官鬼)가 일진(日辰)과 같으면 원고와 피고가 자연히 무마된다.

34. 관귀(官鬼)가 왕하여 신효(身爻)를 극하면 체형을 받는다.

35. 관귀(官鬼)가 은복(隱伏)되면 일이 분명하지 않다.

36. 관귀(官鬼)가 내괘(內卦)와 외괘(外卦)에 모두 있으면 판결이 자주 번복된다.

37. 일진(日辰) 관귀(官鬼)가 발동하여 세(世)를 극하면 내가 형벌을 받고, 일진(日辰)이 응(應)을 극하면 상대방이 받는다.

38. 일진(日辰)이 관귀(官鬼)를 극하면 내가 힘이 부족하고, 관귀

(官鬼)가 일진(日辰)을 극하면 엉뚱한 일이 생긴다.

39. 일진(日辰)과 관귀(官鬼)가 상극(相剋)되지 않으면 사건이 비화(比和)된다.

40. 관귀(官鬼)가 왕하면 죄가 무겁고, 안정되면 가볍다. 관귀(官鬼)의 쇠왕과 제(制)의 유무로 죄의 경중을 추리한다.

41. 관(官)과 부(父)가 같이 동하면 송사가 되나, 부효(父爻)가 유기해도 관(官)이 손(孫)을 화출(化出)하면 제소가 안되고, 관(官)과 부효(父爻)가 같이 공망(空亡)되면 소장이 취하된다.

42. 겁살(劫殺)이 관귀효(官鬼爻)에 임하거나 겁살(劫殺)을 띤 관효(官爻)가 동하면 사건이 더 복잡해진다.

43. 겁살(劫殺)이 재효(財爻)에 임하고 관귀(官鬼)가 발동하면 재산문제의 사건이다. 겁살(劫殺)과 재효(財爻)가 동위(同位)해도 재산문제로 소송한다.

44. 관효(官爻)가 간효(間爻)를 극제(剋制)하고 일월(日月)이 충극(沖剋)하면 관에서 증인의 말을 듣지 않으니 나는 무사하고 증인이 벌을 받는다.

45. 괘신(卦身)이 공망(空亡)되거나 은복(隱伏)되어도 허사가 된다.

46. 괘신(卦身)이 왕하면 사건이 확대되고, 쇠하면 가벼워진다. 괘신(卦身)이 발동하면 일이 급하고, 안정되면 느리다.

47. 괘신(卦身)에 손(孫)이 임하여 발동하면 송사가 즉시 해결되고, 관귀(官鬼)가 세효(世爻)에 은복(隱伏)이 되면 언제 끝날지 모른다.

48. 감옥에 갇혔는데 태세(太歲)가 세효(世爻)와 생합(生合)되면 특별한 관용으로 사면된다.

49. 죄수가 태세(太歲)가 관귀효(官鬼爻)를 극하면 석방되나, 일진(日辰)이 관귀(官鬼)를 극하면 용서받기 어렵고, 관귀(官鬼)가 일진(日辰)을 충극(沖剋)해도 용서받지 못한다.

50. 관(官)이 교중(交重)하면 관(官)의 의견이 대립되고, 내외괘(內外卦)에 부효(父爻)가 교중(交重)되면 문서가 분명하지 않다.

51. 관(官)과 부효(父爻)가 중첩되면 처리하기 어려운 사건이니 제소해도 성공하지 못한다.

52. 간효(間爻)가 세(世)를 생하면 증인이 내게 유리한 증언을 하고, 응(應)을 생하면 증인이 상대방에게 유리한 증언을 한다.

53. 간효(間爻)가 세효(世爻) 가까이에 있으면 내가 세운 증인이고, 응효(應爻) 가까이에 있으면 상대방이 세운 증인이다.

54. 간효(間爻)가 세효(世爻)를 충극(沖剋)하면 나와 증인이 원수가 되고, 간효(間爻)가 응(應)을 충극(沖剋)하면 증인과 상대방이 원수가 된다.

55. 간효(間爻)에 관귀(官鬼)가 임하여 응(應)을 극하면 허물이 상대방에게 돌아가고, 세(世)를 극하면 나에게 돌아온다.

56. 간효(間爻)가 응(應)을 생하고 동효(動爻)가 세(世)를 극하면 상대방이 유리하다.

57. 간효(間爻)를 관귀(官鬼)가 극제(剋制)하거나 일월(日月)이 충극(沖剋)하면 관청에서 상대를 위한 증언을 듣지 않고 그를 문

책하니 결국은 내가 무사하다.

58. 간효(間爻)가 발동하여 세효(世爻)를 극하고 응효(應爻)와 생합(生合)되면 증인이 상대방과 공모하여 나에게 불리하다.

59. 부효(父爻)가 왕하고 관효(官爻)가 휴수(休囚)되면 원고가 작은 사건을 크게 벌이나 사소한 일로 처리된다.

60. 부효(父爻)가 유기하여 관(官)이 손(孫)으로 화하면 송사를 제기하는 것이 좋지 않다.

61. 부효(父爻)가 세(世)에 임하면 내가 먼저 고소하고, 응효(應爻)에 임하면 상대방이 먼저 고소하는 형상이나 발동해야 소송이 제기된다.

62. 재효(財爻)가 세(世)와 같이 임하면 나에게 유리하고, 응(應)과 같이 임하면 상대방이 유리하다.

63. 형효(兄爻)가 지세(持世)하면 큰 사건으로 재물을 많이 낭비한다. 여기에 백호(白虎)가 임하면 파산위기에 처한다.

64. 응효(應爻)에 형(兄)이 임했는데 여기에 백호(白虎)까지 임하면 상대방이 소송으로 재물을 많이 낭비하거나 파산위기에 처한다.

65. 재효(財爻)가 많고 쇠약한 손효(孫爻)가 극해(剋害)를 받으면 가벼워도 유배나 수감이고, 무거우면 무기징역이나 사형이다.

66. 손효(孫爻)가 동하고 생왕(生旺)하는 일진(日辰)에 풀려나온다. 관귀(官鬼)가 발동하고 손효(孫爻)가 동하지 않으면 관귀(官鬼)가 묘(墓)에 들어가는 일진(日辰)에 풀려나온다.

67. 형효(兄爻)·손효(孫爻)·재효(財爻)가 발동하면 소송을 제기하기 어렵다.

68. 대살(大殺)이나 다른 흉신은 지세(持世)하면 불리하고, 천희신(天喜神)이나 천을귀인(天乙貴人) 같은 길신은 신효(身爻)를 생하면 길하다.

69. 화뢰서합(火雷噬嗑)·지화명이(地火明夷) 괘는 체형이 따르고, 수뢰둔(水雷屯)·산수몽(山水蒙)·뇌천대장(雷天大壯) 괘는 감옥에 갇히고, 풍수환(風水渙)·뇌수해(雷水解) 괘는 석방된다.

70. 청룡(靑龍)이 발동하면 화해하고, 주작(朱雀)이나 관귀(官鬼)가 발동하면 구금되고, 구진(勾陳)이 발동하면 관리의 소환이 있고, 등사(騰蛇)가 동하면 구인되고, 백호(白虎)가 동하면 실형을 받고, 현무(玄武)가 발동하면 불리하다.

71. 관귀(官鬼)에 청룡(靑龍)이 임하면 귀인을 만나 송사에 이롭고, 주작(朱雀)이 임하면 문서 착오로 일어난 사건이고, 구진(勾陳)이 임하면 옥중에서 고초를 당하고, 등사(騰蛇)가 임하면 연행이나 구인되고, 백호(白虎)가 임하면 실형을 면하기 어렵다.

72. 백호관(白虎官)이 동하여 세효(世爻)를 형극(刑剋)하면 형을 받는다. 목관(木官)이면 태형을 받고, 화관(火官)이면 극형을 받고, 금관(金官)이면 도형을 받고, 수관(水官)이면 죄만 처벌받는다.

73. 구진(勾陳)과 부효(父爻)와 겁살(劫殺)을 만나면 토지나 가옥 문제로 송사가 일어난다.

74. 겁살(劫殺)이 세(世)를 극하면 송사 이유가 분명하지 않다.

75. 재(財)가 지세(持世)하고 희신(喜神)이 부조(扶助)하면 다른 사람의 조정으로 일이 순조로워진다.

76. 태세(太歲)가 세효(世爻)를 생합(生合)하면 사면되고, 월건(月建)이 생합(生合)하면 상사의 힘으로 풀려나오고, 일진(日辰)이 생합(生合)하면 장차 용서할 뜻이 있고, 부모(父母)와 생합(生合)하면 항소로 사면된다.

77. 사오화귀살(巳午火鬼殺)이 왕하면 사형이나 무기징역이다.

78. 재(財)가 많고 손효(孫爻)가 매우 쇠하면서 용신(用神)이 양인(羊刃)과 백호(白虎)와 동위(同位)하는 사절묘(死絶墓)가 되면 사형이다.

79. 주작(朱雀)이 부(父)와 동위(同位)하거나 관귀(官鬼)와 동위(同位)하면 문서와 관계 있는 소송이고, 주작(朱雀)과 부(父)가 동하면 소환장을 받는다.

80. 부(父)와 관(官)이 합되고 세(世)를 생하면 소환장을 받는다.

81. 백호형(白虎兄)이 지세(持世)하면 장기소송으로 저산만 낭비하고, 신왕살왕(身旺殺旺)하면 소송이 끝없이 오래 가고, 간위산(艮爲山) 괘에 구진(勾陳)이 동해도 송사가 길어진다.

제19장. 혼인점

1. 세효(世爻)와 응효(應爻)가 상생(相生)되거나 비화(比和)되면 길
   하고, 상충(相沖)되거나 상극(相剋)되면 불길하다.

2. 세(世)가 정한데 공망(空亡)되거나 동하여 변효(變爻)가 퇴신(退
   神)이 되면 성사되지 않는다.

3. 세(世)가 동하여 응효(應爻)와 생합(生合)하면 내가 먼저 청혼하
   고, 응(應)이 동하여 세효(世爻)와 생합(生合)하면 상대방이 먼
   저 청혼해온다.

4. 세(世)가 응(應)을 생하면 내가 먼저 청혼하고, 응(應)이 세(世)
   를 생하면 상대방이 먼저 청혼해온다.

5. 세(世)가 응(應)을 극하면 성사여부가 나에게 달려 있고, 응(應)
   이 세(世)를 극하면 상대방에게 달려 있다.

6. 세응(世應)이 비화(比和)되고 일월(日月)이 세응(世應)을 생하거

나 간효(間爻)가 동하여 세응(世應)을 생하면 중매로 결혼한다.

7. 세(世)가 왕하고 응(應)이 쇠약하면 상대방의 집안 형편이 나보다 못하고, 응(應)이 왕하고 세(世)가 미약하면 내가 상대방만 못하다.

8. 세응(世應)이 상생(相生)하거나 간효(間爻)가 세응(世應)을 생하면 성사되고, 간효(間爻)가 2개가 같이 동하면 중매자가 두 명인데 강한 사람이 성사시킨다.

9. 세응(世應) 용신(用神)이 무기하고 음양(陰陽)이 바뀌어 있으면 성사되지 않는다.

10. 세효(世爻)가 생을 받으면 길하나, 동효(動爻)나 일진(日辰)의 충극(沖剋)을 받으면 두 집 사이가 벌어져 성사되지 않는다.

11. 세(世)가 발동하여 응효(應爻)를 생합(生合)하면 내가 원하는 혼인이고, 응(應)이 발동하여 세효(世爻)와 생합(生合)하면 상대방이 원하는 혼인이다.

12. 세(世)와 응(應)이 모두 공망(空亡)되면 헛수고만 한다.

13. 세응(世應)이 충극(沖剋)되면 흉하나, 동하여 일진(日辰)의 생합(生合)을 얻으면 성사된다. 세응(世應)이 충극(沖剋)되어도 간효(間爻)가 동하여 통관시키면 어려웠던 혼담이 중매인의 역할로 성사된다.

14. 응효(應爻)가 안정되어 세효(世爻)와 생합(生合)하면 쉽게 이루어지나, 응효(應爻)가 발동하거나 형충파(刑沖破)·공망(空亡)을 만나면 성사되지 않는다.

15. 관귀(官鬼)가 세(世)를 극하면 혼인은 성사되지 않을 뿐아니라 재앙을 방지해야 한다.

16. 관귀(官鬼)가 재효(財爻)에 은복(隱伏)되어 공망(空亡)되지 않으면 그 남자에게 다른 여자가 있는 형상이다. 만일 일진(日辰)과 동효(動爻)가 세효(世爻)를 형극(刑剋)하면 나중에 쟁송이 일어난다.

17. 재효(財爻)가 관귀효(官鬼爻)에 은복(隱伏)되면 반드시 그 여자에게 이미 다른 남자가 있다.

18. 관귀(官鬼)가 발동하여 공망(空亡)을 만나지 않았는데 일진(日辰)이 처재(妻財)를 충극(沖剋)하면 생이별하거나 개가한다.

19. 재효(財爻)가 공망(空亡)되어도 발동하여 진신(進神)이 되면 시일은 오래 걸리지만 결국은 성사된다.

20. 재효(財爻)가 공망(空亡)되거나 재(財)가 관귀(官鬼) 밑에 은복(隱伏)되면 혼인 전에 사망하기 쉽다.

21. 재효(財爻)나 귀효(鬼爻)가 왕성하면 신체가 비대하고, 쇠약하면 허약하다. 용신(用神)이 목(木)이면 마르고 길며, 인자하며 진취적이다. 용신(用神)이 화(火)이면 예의가 바르고 영리하며 분명한데, 화(火)가 주작(朱雀)을 띠면 영리하다. 용신(用神)이 토(土)이면 비대하며 신의가 있고 사려가 깊다. 용신(用神)이 금(金)이면 결백하며 의리가 깊다. 용신(用神)이 수(水)이면 총명하며 지혜가 깊고 융통성이 많다.

22. 재효(財爻)가 발동하여 타효와 합되면 상대방 여자는 다른 사

람과 인연을 맺으려고 한다.

23. 재효(財爻)가 발동하지 않아도 타효와 합된 것이 많으면 다른 사람과 혼인한다.

24. 재효(財爻)가 발동하여 진신(進神)이나 손(孫)으로 화하면 길하고, 재효(財爻)가 발동하여 퇴신(退神)으로 화하거나 충되면 모든 일이 안정되지 않는다.

25. 재효(財爻)가 왕하고 천록(天祿)이 재효(財爻)에 임하면 여자의 집이 풍복하고, 관효(官爻)가 왕한데 천을귀인(天乙貴人)이 임하면 남자가 현명한 군자이다.

26. 재효(財爻)나 관귀(官鬼)가 형충극해(刑沖剋害)를 만나면 혼인 후 부부간에 불화하며 해로하기 어렵다.

27. 재(財)가 공망(空亡)되면 아내를 잃고, 관귀(官鬼)가 공망(空亡)되면 남편을 잃는다.

28. 재관세응(財官世應)이 형충(刑沖)되면 부부금슬이 나쁘다.

29. 부모(父母)가 동하여 관귀(官鬼)로 화하거나 관귀(官鬼)가 동하여 부모(父母)로 화해도 혼인문제로 송사가 일어나기 쉽다.

30. 형효(兄爻)에 등사(騰蛇)나 현무(玄武)가 임하여 세효(世爻)를 형충(刑沖)하면 혼담 중에 간사한 설계를 하는 사람이 있으니 조심해야 한다.

31. 형효(兄爻)에 주작(朱雀)이 임하면 구설이 많다.

32. 상괘(上卦)와 하괘(下卦)가 서로 등을 지면 성사되기 어렵다.

33. 용효(用爻)가 세효(世爻)를 생합(生合)하면 혼사가 순조롭고

부부금슬도 좋다.

34. 육합괘(六合卦)는 타효의 특별한 방해가 없으면 순조롭게 이루어지나, 만일 일진(日辰)의 충극(沖剋)을 받거나 변효(變爻)에 의해 육충괘(六沖卦)가 성립되면 불길하다.

35. 일진(日辰)이 부모(父母)와 합되거나 부효(父爻)와 같이 있으면 거의 성사된 것으로 본다.

36. 괘중에 간효(間爻)가 2개나 발동하면 주혼자가 많은 상태이고, 그렇지 않으면 두 집에 모두 결함이 있어 성사되기 어렵다.

37. 괘중에 관귀(官鬼)가 이위(二位)에 임하여 모두 발동하면 한 사람을 놓고 두 집에서 혼인을 다툰다.

38. 남자점에서 관귀(官鬼)가 지세(持世)하고 재효(財爻)에 응(應)이 임하면 부부가 화목하다.

39. 남자점에서 세(世)가 발동하여 재효(財爻)와 합되면 성사된다.

40. 남자점에서 형효(兄爻)가 발동하면 다른 곳에 빼앗긴다.

41. 남자점에서 괘중에 재효(財爻)가 2개 있으면 재혼하고, 여자점에서 관귀(官鬼)가 2개 있으면 재혼한다.

42. 여자점에서 재효(財爻)가 지세(持世)하고 관귀(官鬼)에 응(應)이 임하면 남편의 권리를 빼앗지만 나중에는 길하다.

43. 여자점에서 백호(白虎)가 발동하여 관귀(官鬼)를 극하면 남편이 사망한다.

44. 여자점에서 관성(官星)이 세효(世爻)에 임하면 성사된다.

45. 택산함(澤山咸) · 수택절(水澤節) · 지천태(地天泰) · 지택림(地

澤臨) 괘는 혼인점에 길하고, 천택리(天澤履)·택화혁(澤火革)·화택규(火澤睽)·뇌수해(雷水解) 괘는 성사되지 않고, 설사 성사되어도 오래 가지 못한다.

46. 재(財)가 동하면 고부간에 불화하여 떨어져 살아야 하고, 귀(鬼)가 동하면 시누이와 불화하고, 부(父)가 동하면 자식이나 조카와 불화하고, 형(兄)이 동하면 처첩이 불화한다.

47. 여자점에서 관(官)이 동하여 타효와 합이 많으면 다른 남자와 결혼한다.

제3편. 육효실점(六爻實占)

제1장. 천금부(千金賦)

　동정(動靜)과 음양(陰陽)은 반복하여 변천한다. 비록 만상으로 복잡한 듯하나 모름지기 한 가지 이치로 철저하게 밝히면 이해된다. 대저 사람에는 어진 자와 불초한 자의 차이가 있고, 괘에는 지나침과 불급(不及)의 차이가 있다. 태과(太過)하면 힘을 덜어주면 이룰 수 있고, 불급(不及)하면 힘을 더해주면 이롭게 된다.

　생부(生扶)하고 공합(拱合)되는 것은 때를 맞춰 내리는 비가 묘목을 자라게 하는 것과 같고, 극해(剋害)하거나 형충(刑沖)하면 가을에 서리가 내려 풀을 죽게 하는 것과 같다.

　장생(長生)이나 제왕(帝旺)이 되면 금곡의 동산에서 다투는 것과 같고, 사묘절(死墓絶)이나 공망(空亡)되면 바로 지옥의 땅이다. 일진(日辰)은 육효(六爻)의 길흉을 주재하니, 마치 항우를 멸하고 유방을 도와 편안하게 함을 기뻐함이다.

월건(月建)은 만괘의 제강(提綱)이니 어찌 걸왕을 도와 학정을 하도록 하는 것이 옳다고 하리요? 가장 나쁜 것은 세군(歲君)이니 정해야 좋고 동함은 좋지 않다.

가장 중요한 곳은 신위(身位)인데 생부(生扶)를 기뻐하고, 극상(剋傷)을 꺼린다. 세(世)는 자기요 응(應)은 타인이니 세응(世應)이 생합비화(生合比和)되어야 길하고, 동은 시작이요 변은 마침, 즉 결과이니 가장 두려운 것은 서로 다투는 것이다.

응효(應爻)가 극상(剋傷)을 만나면 타인의 일에 불리함이 있고, 세효(世爻)가 제극(制剋) 공망(空亡)을 받으면 내가 하는 일이 불리하고, 세응(世應)이 모두 공망(空亡)되면 두 사람 모두 준실하지 못하다.

내외괘(內外卦)가 모두 발동하면 반드시 일이 뒤집힌다. 세효(世爻)가 교중(交重)되면 두 눈으로 말머리를 돌아보고 따라가듯이 갈팡질팡하고, 응효(應爻)가 발동하면 마치 원숭이가 이곳저곳 나뭇가지를 옮겨다니는 형상처럼 마음이 흔들려 종잡을 수 없다.

용신(用神)이 월령(月令)에 왕상(旺相)되어 유기(有氣)하고 다른 형충극파(刑沖剋破) 공망(空亡)되지 않으면 하는 일이 다 이루어지고, 주상(主象)은 한갓되게 있지만 다시 피상(被傷)되면 도모하는 일들이 이루어지지 않는다. 상함이 있을 때는 구원해야 하고, 탈이 없는 곳에는 공망(空亡)도 없어야 한다. 공망(空亡)을 만나도 충거(沖去)시키면 공망(空亡)이 아니니 유용하다.

합(合)은 월파(月破)를 만나지 않아야 기쁜데 월파(月破)를 만나면 수고로워도 공이 없다. 공망(空亡)된 효(爻)가 동(動)하여 다시 공망(空亡)이 되면 반드시 흉한 재앙이 생기고, 합(合)을 형(刑)하거나 극(剋)하면 마침내 음란함으로 어그러짐을 본다. 동(動)한 자가 합(合)을 만나면 일에 얽매이고, 정한 자가 충(沖)을 만나면 암흥한다.

묘(墓)에 든 것은 극(剋)하기 어렵고, 왕(旺)을 띠면 공망(空亡)이 아니다. 부조(扶助)됨이 있으면 쇠약하거나 휴수(休囚)되어도 역시 길하고, 탐생(貪生)이나 탐합(貪合)되면 형충극해(刑沖剋害)를 모두 잊는다. 쇠왕(衰旺)을 분별하여 극합(剋合)으로 밝히고 동정(動靜)을 분별하여 형충(刑沖)을 정하라.

비신효(飛神爻)가 일진(日辰)과 같은 것을 병(併)이라고 하는데 일진(日辰)과 같은 효(爻)가 상하괘(上下卦)에 있으면 병(併)이 아니고, 괘중의 효(爻)가 일진(日辰)을 충(沖)하면 충효(沖爻)라고 하는데 충효(沖爻)가 상하괘(上下卦)에 있으면 충효(沖爻)가 아니다. 자(字)가 많으므로 임함이니 잘 살펴보라. 형(刑)인데도 형(刑)이 아니고 합(合)인데도 합(合)이 아닌 것은 한 자(字)가 부족하기 때문이다.

효(爻)가 영성(令星)인 월건(月建)을 만나면 물(物)인 동효(動爻)는 나를 해하기 어렵고, 복신(伏神)이 공망지(空亡地)에 거하면 일과 마음이 어그러져 어려워진다. 복신(伏神)이 제발(提拔)되지 않으면 결국 쓸데없을 것이요, 비신(飛神)이 밀어서 열지 않으면 역시 헛될 뿐이다.

공망(空亡) 아래의 복신(伏神)은 이끌어내기 쉽고, 제극(制剋)을 받는 약한 주신(主神)은 유지하기 어렵다. 일진(日辰)에게 상한 효(爻)는 참으로 그 화에 걸려들고, 효(爻)가 일진(日辰)을 상하게 하면 이름만 극(剋)받을 뿐이다.

묘(墓)에 있는 효(爻)는 일진(日辰)이나 동효(動爻)가 충(沖)하지 않으면 발하지 못하고, 신상의 관귀(官鬼)는 제거하지 않으면 불안하다. 덕이 괘에 들어오면 도모하여 이루지 못하는 일이 없고, 기신(忌神)이 신(身)에 임하면 일에 막힘이 많아 이루지 못한다.

괘에 흉성(凶星)을 만나도 피하면 길하고, 효(爻)에서 기살(忌殺)을 만나도 대적할 수 있으면 상함이 없다. 주상(主象)이 휴수(休囚)되면 형충극해(刑沖剋害)를 두려워하고, 용효(用爻)가 변동하면 사묘절공(死墓絶空)을 만나는 것을 꺼린다.

용신(用神)이 용신(用神)으로 화하면 유용한 경우와 무용한 경우가 있다. 공망(空亡)이 공망(空亡)으로 화하면 비록 공망(空亡)이지만 공망(空亡)이 안 된다.

양(養)이 되면 여우처럼 의심이 많고, 묘(墓)가 되면 암매(暗昧)함이 많고, 병(病)이 되면 상손(傷損)을 입고, 태(胎)가 되면 일에 결탁하여 연루되고, 흉신(凶神)이 장생(長生)으로 화하면 나쁜 일이 치열하여 흩어질 수 없고, 길신(吉神)이 목욕(沐浴)으로 연(連)하면 패지(敗地)이니 일이 이루어지지 않는다.

용(用)이 회두극(回頭剋)되는 것을 경계해야 하니, 덕으로 기신(忌神)을 생부(生扶)하지 마라. 악요(惡曜)인 악성(惡星)이 비록 고한(孤寒)하더라도 일진(日辰)과 함게 일어나는 것을 두려워하고, 용효(用爻)가 중첩된 것은 묘고(墓庫)에 수장되는 것을 기뻐한다.

매사에 막힘이 많은 것은 간효(間爻)가 발동하여 용신(用神)을 극하기 때문이고, 마음이 게을러지고 후회스러운 것은 세효(世爻)가 공망(空亡)되기 때문이다. 괘효가 발동하면 모름지기 교중(交重)되었나를 보고, 동변(動變)하여 비화(比和)가 되거든 진신(進神)인가 퇴신(退神)인가를 밝혀야 한다.

살성(殺星)이 신(身)을 생하더라도 길한 괘로 단정하지 말고, 용신(用神)이 세(世)를 극(剋)하더라도 흉한 괘로 보지 말라. 대개 생(生)하는 가운데도 형해(刑害)의 두 가지를 방비해야 하고, 합(合)하는 곳에도 극상(剋傷)의 근심이 있다. 형해(刑害)가 용신(用神)에 임하는 것이 마땅치 않고, 사절(死絶)이 신세(身世)에 임하는 것이 어찌 가하리요.

동(動)한 자가 충(沖)을 만나면 일이 흩어지고, 절(絶)한 자가 생(生)을 만나면 일이 이루어진다. 가령 합주(合住)를 만나면 모름지기 충파(沖破)되어야 공을 이루고, 만약 휴수(休囚)를 만나면 반드시 생왕(生旺)되어야 일이 이루어진다.

빠른 것은 동(動)하여 세(世)를 극하고, 느린 것은 정(靜)하여 생신(生身)한다. 부(父)가 공망(空亡)되면 일에 두서가 없고, 복덕(福德)이 은복되면 일이 뜻대로 되지 않는다.

귀(鬼)는 비록 화재(禍災)가 있지만 은복되면 오히려 무기(無氣)해진다. 자손을 비록 복덕(福德)이라고 하지만 많은 것은 오히려 공이 없다. 부모를 궁구할 때는 체통으로 추단하고, 관귀(官鬼)를 논할 때는 화앙(禍殃)의 유무로 판단한다.

재(財)는 녹신(祿神)이고, 자(子)는 복덕(福德)으로 삼으며, 형제(兄弟)가 교중(交重)되면 반드시 도모하는 일에 막힘이 많다. 괘신(卦身)이 중첩되면 일이 두 갈래로 얽혀 가닥을 잡지 못한다.

백호(白虎)가 흉한데 길신(吉神)을 만나면 길하고, 청룡(靑龍)은 동(動)하여 흉성(凶星)을 만나면 그 흉함을 덮기 어렵고, 현무(玄武)는 도적의 일을 주재하니 반드시 관효(官爻)에 임하고, 주작(朱雀)은 본래 구설지신이나 반드시 형제(兄弟)에 임했을 때다.

질병에는 천희(天喜)가 가장 마땅하나, 흉살이 임하면 반드시 슬픈 일이 생긴다. 출행에는 왕망을 가장 두려워하나, 길신(吉神)에 매여 있으면 마침내는 이익을 얻는다.

이와 같이 길흉신살(吉凶神殺)의 작용이 다단하니 어찌 생극제화(生剋制化)의 한 가지 이치뿐이겠는가. 따라서 점을 치는 자는 앞일을 알기 쉽고, 점을 구하는 자는 뒤를 캐내면 영험할 것이다. 점치는 자는 반드시 성심을 다하여 추리하면 적중할 것이니 자(子)일이라고 무엇이 문제인가.

제2장. 육효실점(六爻實占)

官巳 ▬▬ 應
父未 ▬ ▬
父戌 兄酉 ○
父辰 ▬▬ 世
財寅 ▬ ▬
孫子 ▬▬

1. 어떤 사람이 사업운을 물었다.

火天大有之山天大畜

丁卯年 子月 己酉日 寅卯空亡

형제(兄弟)가 독발하여 회두생(回頭生)이 되어 재(財)를 극하는 힘이 강하니 영리는 도모하기에는 불리하다. 또 부모(父母)가 지세(持世)했으니 역시 수고는 하나 이득이 적은 형상이다. 앞으로의 운세를 보면 소비와 소모가 많아 좋은 시절이 아니니 절약하면서 좋은 결과를 기다리고, 도화(桃花)로 인한 파재를 막아야 한다.

2. 어떤 사람이 위탁판매상을 하면 어떠냐고 물었다.

水天需之風天小畜

乙丑年 未月 壬子日 寅卯空亡

```
官卯  財子  ✕
      兄戌  ━━━
      孫申  ━ ━  世
      兄辰  ━━━
官寅  ━━━  巳父伏
      財子  ━ ━  應
```

영리와 구재점에서는 처재(妻財)를 용신(用神)으로 삼는다. 이 괘는 처재(妻財)가 제6효에서 독발하여 극파(剋破)되지 않았으니 징조가 좋다. 또 세(世)가 손(孫)에 앉아 있어 일에 근심이 없으니 더욱 좋다. 돈을 버는데 매우 순조로우니 어려움은 없다.

3. 어떤 아가씨가 세를 내서 서점을 하면 어떠냐고 물었다.

地澤臨

丙寅年 寅月 庚子日 辰巳空亡

```
官卯  孫酉  ✕
父巳  財亥  ✕  應
      兄丑  ━ ━
      兄丑  ━ ━
      官卯  ━━━  世
      父巳  ━━━
```

관귀(官鬼)가 지세(持世)하니 근심과 혼란이 많아 일이 편안하지 않다. 또 외괘(外卦)가 동하여 반음(返吟)을 이루니 역시 순조롭지 않은 괘상이다. 이 사람은 결국 개업하지 못했다.

4. 어떤 사람이 대학입시의 합격여부를 물었다.

天水訟

丙寅年 戌月 己丑日 午未空亡

```
孫戌 ▬▬▬
財申 ▬▬▬
兄午 ▬▬▬ 世
兄午 ▬ ▬ 亥官伏
孫辰 ▬▬▬
父寅 ▬ ▬ 應
```

시험점에서는 부모효(父母爻)가 용신(用神)이고 관귀효(官鬼爻)가 원신(原神)이다. 이 괘는 부(父)가 정한데 관(官)이 은복(隱伏)되어 시험운이 불리하다. 게다가 세(世)가 형제(兄弟)에 앉아 더욱 좋지 않다. 형제는 경쟁자이고, 경쟁자의 세력이 강하면 나의 우승을 빼앗는다. 결국 입시에 합격하지 못했다.

5. 어떤 사람이 시험의 길흉을 물었다.

山澤損之火澤睽

丁卯年 申月 辛丑日 辰巳空亡

```
官寅 ▬▬▬ 應
財子 ▬ ▬
孫酉 兄戌 ✕
兄丑 ▬ ▬ 世
官卯 ▬▬▬
父巳 ▬▬▬
```

이 괘는 형제(兄弟)가 지세(持世)할 뿐만 아니라, 형제(兄弟)가 제4효에서 독발했으니 합격할 수 없다. 독발한 괘는 독발한 효를 보면 길흉을 정할 수 있다. 결과는 합격하지 못했다.

6. 어떤 사람이 한약방 영업에 대해 물었다.

水火旣濟之澤風大過

丁卯年 未月 庚午日 戌亥空亡

```
兄子 ▬ ▬ 應
官戌 ▬▬▬
兄亥  父申 ✕
        兄亥 ▬▬▬ 世
兄亥  官丑 ✕
官丑  孫卯 ◯
```

세(世)가 형제(兄弟)에 앉았으니 재물은 이롭지 않다. 비록 손(孫)과 관귀(官鬼)가 제1·2효에서 동했어도 제4효에서 부(父)가 동하고 제6효에서 일진(日辰)이 형제를 암동(暗動)했으니 좋지 않다. 서(書)에 '형제지세막구재(兄弟持世莫求財), 부형개동(父兄皆動), 무수연목구어(無殊緣木求魚)'라는 말이 있다. 비록 돈이 들어오나 지출도 많아 저축을 하기는 매우 어렵다. 재리가 평평하여 올해 자(子月까지 끌다가 결국 폐업하고 다른 곳으로 갔다.

7. 어떤 교사가 잃어버린 시험답안지를 찾을 수 있느냐고 물었다.

水風井之澤山咸

丁卯年 巳月 壬申日 戌亥空亡

```
父子 ▬ ▬
財戌 ▬▬▬ 世
父亥  官申 ✕
        官酉 ▬▬▬
孫午  父亥 ◯ 應寅兄伏
        財丑 ▬ ▬
```

괘에서 부모효(父母爻)는 문서를 나타낸다. 답안지에 대하여 물었으니 부모(父母)로 용신(用神)을 삼는다. 이 괘는 해수(亥水) 부효(父爻)

가 제2효에 동하고, 또 제4효에 신관(申官)이 동하여 생조(生助)하니 길하다. 재(財)는 세위(世位)에 앉아 안정되었으니 잃어버린 것을 찾을 괘상이 뚜렷하다.

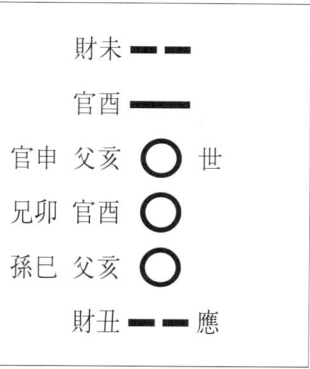

8. 장사를 하는 사람이 운세를 물었다.

澤風大過之水地比

丁卯年 丑月 辛酉日 子丑空亡

세위(世位)의 부(父)가 동했으니 손익관계에 마음을 쓰고 있다. 내괘(內卦)가 반음(反吟)이 되어 뒤바뀜이 반복되니 불길하다. 앞으로 일년은 좋지 않으니 때를 기다리면서 가정풍파를 막아야 한다. 돈을 벌면 부동산을 사고, 선행을 쌓아라. 의외의 파재를 줄이도록 해야 한다.

9. 어떤 부인이 동업으로 부동산중개소를 하려는데 괜찮으냐고 물었다.

澤水困之兌爲澤

丁卯年 丑月 庚申日 子丑空亡

세위(世位)의 인재(寅財)가 독발하고 재효(財爻)가 지세(持世)하여 재물에 이익이 있다. 또 육합(六合)이 있고 세응(世應)이 상생(相生)되어 길하다. 동업을 해도 좋다.

10. 어떤 부인이 한약재를 이용한 양고기점을 열면 어떠냐고 물었다.

火地晉卦

丁卯年 子月 己未日 子丑空亡

```
官巳 ▅▅▅▅▅
父未 ▅▅ ▅▅
兄酉 ▅▅▅▅▅ 世
財卯 ▅▅ ▅▅
官巳 ▅▅ ▅▅
父未 ▅▅ ▅▅ 應
```

구재점이니 처재(妻財)르 용신(用神)을 삼는다. 이 괘는 육효(六爻)가 안정되어 세효(世爻)를 먼저 본다. 세(世)가 형제(兄弟)에 앉았으니 소비는 많으나 이익은 적다. 설사 몸을 아끼지 않아도 지출이 많으니 돈을 모을 방법이 없다. 이런 경우에는 보시와 선행을 많이 하면 개선할 수 있다.

11. 한 아가씨가 비자에 대해 물었다.

風火家人

丙寅年 酉月 戊辰日 戌亥空亡

```
兄卯 ▅▅▅▅▅
孫巳 ▅▅▅▅▅ 應
財未 ▅▅ ▅▅
父亥 ▅▅▅▅▅
財丑 ▅▅ ▅▅ 世
兄卯 ▅▅▅▅▅
```

비자에 관한 것이니 부모(父母)가 용신(用神)이다. 이 괘는 육효(六爻)가 모두 정하고 해수(亥水) 부모가 공망

(空亡)되어 길하다. 해(亥)月에 나올 것이다. 해(亥)月은 전공(塡空)
되는 달이기 때문이다.

12. 어떤 아가씨가 간호사 시험에 합
격할 수 있는지를 물었다.

山天大畜

卯月 庚戌日 寅卯空亡

육효(六爻)가 안정되었고 일진(日辰)
이 흉신 형제를 암동(暗動)했으며 세
관이 공망(空亡)에 떨어졌으니 합격하기 힘들다.

13. 한 아가씨가 간호사 시험에 대하
여 물었다.

離爲火

丁卯年 寅月 辛丑日 辰巳空亡

육효(六爻)가 안정되고 일진(日辰)
이 구신(仇神) 손(孫)을 암동(暗動)하
며 세형(世兄)이 공망(空亡)되었으니 합격하지 못한다.

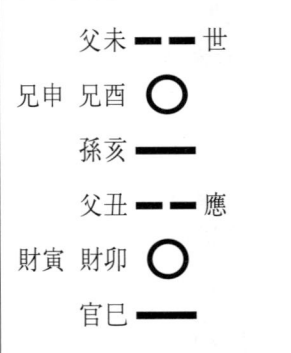

```
官酉 ▬ ▬
父亥 ▬ ▬
財丑 ▬ ▬ 世
孫午 官酉 ○
父亥 ▬▬▬
財丑 ▬ ▬ 應
```

14. 어떤 사람이 잃어버린 차를 찾을 수 있느냐고 물었다.

地風升之地水師

甲子年 未月 辛酉日 子丑空亡

자동차에 대한 것이니 부모(父母)로 용신(用神)을 삼는다. 이 괘는 원신(原神)인 관귀(官鬼)가 독발했는데 회두극(回頭剋)이 되어 흉하다. 또 세응(世應)이 공망(空亡)과 월파(月破)를 만났으니 더 불길하다. 찾을 방도가 없다고 했는데 결국 찾지 못했다고 한다.

```
父未 ▬ ▬ 世
兄申 兄酉 ○
孫亥 ▬▬▬
父丑 ▬ ▬ 應
財寅 財卯 ○
官巳 ▬▬▬
```

15. 어떤 사람이 원하는 학교의 교사가 될 수 있는지를 물었다.

兌爲澤之震爲雷

甲子年 丑月 庚申日 子丑空亡

육충괘(六沖卦)가 육충(六沖)이 되고, 세(世)는 월파(月破)가 되고, 응(應)은 공망(空亡)이 되었으니 불길하여 채용되지 못한다.

16. 어떤 아가씨가 한 남자와의 사랑
에 대하여 물었다.

地天泰之震爲雷

乙丑年 亥月 丙子日 申酉空亡

```
孫酉 ▬ ▬ 應
財亥 ▬ ▬
父午 兄丑 ✕
兄辰 兄辰 ○ 世
官寅 官寅 ○
財子 ▬▬▬
```

육합괘(六合卦)가 육충(六沖)으로 변
하고, 세위(世位)가 복음(伏吟)이 되
며, 응(應)이 공망(空亡)에 떨어졌으니 불길하다. 흐지부지 끝났다
고 한다.

17. 어떤 남자가 한 여자와의 애정이
어떻게 되는지를 물었다.

乾爲天之澤天夬

丁卯年 子月 辛丑日 辰巳空亡

```
父未 父戌 ○ 世
兄申 ▬▬▬
官午 ▬▬▬
父辰 ▬▬▬ 應
財寅 ▬▬▬
孫子 ▬▬▬
```

육충(六沖)이니 문서가 문서를 충하
는 형상이라 약혼이 성사되기 어렵다.
응(應)이 공망(空亡)되어 상대방에게 별 생각이 없는 것이다. 문복
자에게 이 괘상으로는 낙관적이지 않으니 만일 이 아가씨와 왕래
할 가치가 있다고 생각하면 지혜와 끈기로 극복해보는 것은 나쁘
지 않다고 하자, 문복자는 다른 아가씨와의 연분을 물어 다시 작괘
하여 보았다.

風雷益之地天泰
丁卯年 子月 辛丑日 辰巳空亡

官酉 兄卯 ○ 應
父亥 孫巳 ○
　　 財未 ▬ ▬
財辰 財辰 ✕ 世
兄寅 兄寅 ✕
　　 父子 ▬▬▬

괘중에 반음(反吟)과 복음(伏吟)이 모두 나타나니 불길하다. 문복자에게 이것은 근본적으로 애정의 결과가 있을 수 없다고 하자 그는 자신도 혼란스럽고 불안하다고 했다.

18. 어떤 아가씨가 인테리어 비용을 받을 수 있는지를 물었다.

風天小畜
癸亥年 壬戌月 戊戌日 辰巳空亡

兄卯 ▬▬▬
孫巳 ▬▬▬
財未 ▬ ▬ 應
財辰 ▬▬▬ 酉官伏
兄寅 ▬▬▬
父子 ▬▬▬ 世

부모(父母)가 지세(持世)했으니 노력을 해도 결과가 없는 형상이다. 게다가 괘중에 재효(財爻)가 많다. 서(書)에 이르기를 '괘중재현삼오중위태과(卦中財現三五重爲太過), 기재반복난구(其財反覆難求)'라고 하지 않던가. 과연 실망하고 돌아왔다고 한다.

19. 어떤 남자가 혼인에 대해 물었다.

兌爲澤 之 澤地萃

丁卯年 子月 庚戌日 寅卯空亡

```
父未 ▬ ▬ 世
兄酉 ▬▬▬
孫亥 ▬▬▬
父丑 ▬ ▬ 應
官巳 財卯 ○
父未 官巳 ○
```

세미응축(世未應丑)으로 육충(六沖)이 되고, 부모(父母)가 부모(父母)를 충하여 불길하다. 문복자의 말에 의하면, 이미 결정난 혼사인데 아가씨의 부모가 어떤 운명가에게 물어봤더니 사주팔자가 맞지 않는다고 해서 취소하려 해서 괴롭다고 했다. 모든 것은 인연에 따라야지 강요해서 될 일은 아니라고 해서 돌려보냈다.

20. 어떤 남자가 부부문제에 대해 물었다.

地天泰

乙丑年 亥月 丁卯日 戌亥空亡

```
孫酉 ▬ ▬ 應
財亥 ▬ ▬
兄丑 ▬ ▬
兄辰 ▬▬▬ 世
官寅 ▬▬▬ 巳父伏
財子 ▬▬▬
```

육합(六合)이 있으나 세형응손(世兄應孫)이 되어 혼인에 불리하고 이별의 조짐도 있다. 괘상으로는 이미 결렬되어 서로 정이 없고, 이혼할 가능성이 매우 높다. 애들이 무슨 죄가 있냐고 한 걸음 물러서서 생각해 보라고 했는데, 며칠이 지난 후 다시 와서 이혼했다고 한다.

官寅 ▬▬
財子 ▬ ▬ 應
兄戌 ▬ ▬
兄辰 ▬▬
兄丑 官寅 ○ 世午父伏
財子 ▬ ▬

21. 어떤 사람이 경찰시험의 합격여부를 물었다.

山天大畜之山火賁

丙寅年 申月 壬寅日 辰巳空亡

세위(世位)에 있는 원신(原神) 관귀(官鬼)가 독발했으니 길한데, 월의 충파(沖破)를 만나 흉하다. 관귀(官鬼)가 오히려 이롭지 못하게 작용하여 합격하지 못한다.

官巳 父戌 ✕
兄申 ▬ ▬
世 官午 ▬▬ 亥孫伏
兄申 ▬▬
官午 ▬ ▬
財卯 父辰 ✕ 應

22. 어떤 사람이 땅을 사서 집을 지어 팔면 돈을 벌 수 있느냐고 물었다.

雷山小過之離爲火

丁卯年 丑月 辛酉日 子丑空亡

관귀(官鬼)가 지세(持世)하여 일이 편안하지 않다. 내외괘(內外卦)의 부모(父母)가 모두 동하여 손파(損破)가 많은 형상이니 길하다고 할 수 없다.

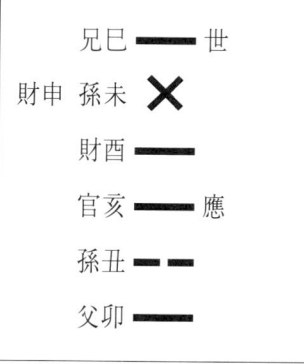

23. 어떤 사람이 재운과 다른 사람들처럼 즐겁게 놀수 있는지를 물었다.

風地觀之 山地剝

丁卯年 子月 辛亥日 寅卯空亡

```
財卯 ▬▬▬
孫子 官巳 ○
父未 ▬ ▬ 世
財卯 ▬ ▬
官巳 ▬ ▬
父未 ▬ ▬ 應
```

부모(父母)가 지세(持世)하고 관귀(官鬼)가 명요암흥(明搖暗興)하니 재운이 불리하다. 이 사람은 성실한 봉급자로 요행의 재물을 탐하지 않는 것이 좋다. 또 편재운이 없으니 여러 사람과의 놀이는 이따금 작은 파재를 가져온다. 구제와 보시로 음덕을 쌓는 것이 좋다.

24. 어떤 부인이 혼인에 대해 물었다.

離爲火之 天火同人

丁卯年 子月 丙辰日 子丑空亡

```
兄巳 ▬▬▬ 世
財申 孫未 ✕
財酉 ▬▬▬
官亥 ▬▬▬ 應
孫丑 ▬ ▬
父卯 ▬▬▬
```

육충(六沖)과 효동(爻動)이 있으니 혼인에 이롭지 않고, 제삼자의 개입도 있다. 그러나 부부가 불화하지만 정이 남아 있고, 남편이 혼약을 중시하기 때문에 이혼을 생각하지 않는다. 그리고 이 사람에게는 나이 어린 애인이 있는데, 이 부인을 가벼운 상대로 생각하니 조심해야 한다. 문복자가 어떻게 하면 좋겠냐고 묻길래, 거리를 두고 경계하라고 했다. 남편은 성격이 강하여 알게 되면 결과가 두렵다.

```
孫巳 財戌 ✕
     官申 ▬ ▬ 應
     孫午 ▬▬▬
     孫午 ▬ ▬
     財辰 ▬▬▬ 世
孫巳 兄寅 ✕   子父伏
```

25. 어떤 교사가 전국과학전람에서 학생이 표창을 받을 수 있는지 물었다.
雷水解之火澤睽
丁卯年 卯月 癸酉日 戌亥空亡

형(兄)이 동하고 재(財)가 동하여 상장과는 인연이 없다고 하자, 문복자가 믿을 수 없다고 한다. 그러나 과연 떨어졌다. 이 괘는 부모(父母)가 용신(用神)인데, 재(財)가 동하면 용신(用神)을 직접 극한다. 형(兄)이 동하여 우승을 다투는 자의 세력이 강하기 때문에 선발되지 못한 것이다.

```
     兄子 ▬ ▬ 世
     官戌 ▬▬▬
     父申 ▬ ▬
父申 財午 ✕   應
財午 官辰 ◯
     孫寅 ▬ ▬
```

26. 어떤 사람이 두세 명의 친구와 커피숍을 해도 괜찮겠느냐고 물었다.
坎爲水之水山蹇
丁卯年 丑月 辛酉日 子丑空亡

재관(財官)이 모두 동했으니 본래는 길한데, 세효(世爻)가 공망(空亡)되어 좋지 않다. 세효(世爻)가 이미 공망(空亡)에 들었으면 재관(財官)

의 동은 모두 나와 관계가 없다. 서(書)에 '세공망동아심용(世空亡動我心慵), 지공자가라동(只恐自家懶動)'이라는 말이 있다.

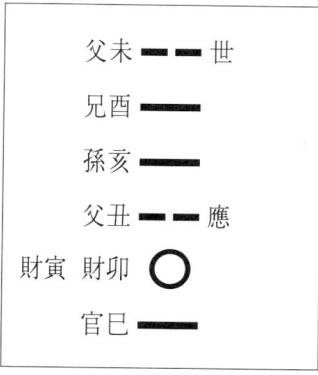

父未 ▬▬ 世
兄酉 ▬▬▬
孫亥 ▬▬▬
父丑 ▬▬ 應
財寅 財卯 ○
官巳 ▬▬▬

27. 학생이 대학입시에 대해 물었다.
兌爲澤之澤雷隨
丙寅年 酉月 丙子日 申酉空亡

시험에 대한 것이니 부모효(父母爻)가 용신(用神)이다. 이 괘는 비록 용신(用神)이 세위(世位)에 앉았으나 기신(忌神)이 독발하여 용신(用神)을 극상하니 불길하여 합격하지 못한다.

孫酉 ▬▬
財亥 ▬▬ 應
兄丑 ▬▬
兄丑 ▬▬
官卯 ▬▬▬ 世
父巳 ▬▬▬

28. 어떤 남자가 일년 운세를 물었다.
地澤臨
辛酉年 丑月 丙午日 寅卯空亡

묘목관귀(卯木官鬼)가 지세(持世)하여 불길하다. 서(書)에 '관귀지세사난안(官鬼持世事難安), 점신불병야조관(占身不病也遭官)'이라 했다. 순공(旬空)을 만나면 잠시는 무방하나 2월은 전실(塡實)되는 달이고, 8월은 충실(沖實)되는 달이니 재

난이 생길 염려가 있다. 그는 판매금지 약품을 유통시키다가 8월에
체포되어 처벌을 받았다.

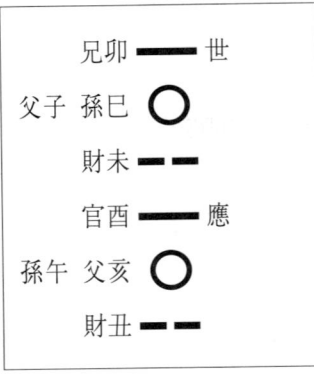

29. 어떤 의사가 애정문제를 물었다.
巽爲風之艮爲山
乙丑年 戌月 壬午日 申酉空亡

육충괘(六沖卦)가 육충(六沖)이 되고,
세형응공(世兄應空)이 되어 불길하다.
흐지부지 끝날 것으로 판단했는데 적
중했다.

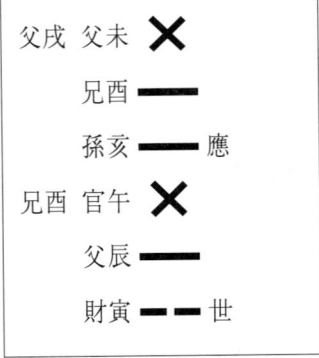

30. 어떤 사람이 한의학 시험에 합격
할 수 있는지를 물었다.
澤水困之天風姤
丙寅年 子月 丙申日 辰巳空亡

재관부(財官父)가 명암으로 동하고
연속으로 상생(相生)되어 장애가 없
으니 길하다.

31. 한 아가씨가 시험에 대해 물었다.

水山蹇之澤山咸

丙寅年 丑月 丙辰日 子丑空亡

```
孫子 ▬ ▬
父戌 ▬▬▬
孫亥  兄申 ✕  世
兄申 ▬▬▬
官午 ▬ ▬ 卯財伏
父辰 ▬ ▬ 應
```

세효(世爻)인 신금(申金) 형제(兄弟)가 독발하여 시험운이 불리하다. 비록 일진(日辰)이 제5효 용신(用神) 부모(父母)를 암동(暗動)하나 형제(兄弟)가 가까운 곳에서 설기(洩氣)하니 합격하지 못한다.

32. 어떤 아가씨가 옷과 장식가게를 열면 돈을 벌겠느냐고 물었다.

震爲雷之雷山小過

丁卯年 卯月 庚午日 戌亥空亡

```
財戌 ▬ ▬ 世
官申 ▬ ▬
孫午 ▬▬▬
官申  財辰 ✕  應
兄寅 ▬ ▬
財辰  父子 ○
```

재효(財爻)가 지세(持世)하여 재물이 이로룬데, 여기다 또 재(財)까지 동하니 더 길하다. 제1효인 부(父)가 동하니 집세를 주고 작은 가게를 여는 것이 무방하다. 문복자가 그 가게에서 돈을 번 사람은 한 명도 없다고 하는데 정말로 자신이 해도 되겠느냐고 묻는다. 사람들은 각자의 운이 있으니 걱정하지 말고 개업을 하면 반드시 돈을 벌 것이라고 했다.

```
孫寅 父酉 ✕

     兄亥 ▬ ▬

     官丑 ▬ ▬ 世

     兄亥 ▬▬▬

     官丑 ▬ ▬

     孫卯 ▬▬▬ 應
```

33. 어떤 사람이 새우양식을 하면 돈을 벌 수 있는지를 물었다.

地火明夷之山火賁

午月 癸未日 申酉空亡

관귀(官鬼)가 지세(持世)하여 일이 순조롭지 않은데, 부(父)가 동하여 손(孫)을 상극(傷剋)하니 재(財)의 원신(原神)인 손(孫)이 상하여 더 불길하다. 이로움이 없으니 재물을 기대하기는 어렵다.

```
     兄巳 ▬▬▬

     孫未 ▬ ▬ 應

     財酉 ▬▬▬

     財酉 ▬▬▬

     官亥 ▬▬▬ 世

     孫丑 ▬ ▬ 卯父伏
```

34. 한 부인이 남편의 관운을 물었다.

火水鼎

乙丑年 午月 丙申日 辰巳空亡

육효(六爻)가 모두 정한데 응(應)에 손(孫)이 임했다. 손(孫)은 관성(官星)의 기신(忌神)이니 관운이 좋지 않다.

```
應  兄巳 ▬▬▬▬▬
    孫未 ▬▬  ▬▬
    財酉 ▬▬▬▬▬
世  兄午 ▬▬  ▬▬  亥官伏
    孫辰 ▬▬  ▬▬
    父寅 ▬▬  ▬▬
```

35. 어떤 부인이 잃어버린 승용차를 찾을 수 있느냐고 물었다.

火水未濟

丁卯年 丑月 壬戌日 子丑空亡

부모(父母)로 용신(用神)을 삼으며 형제(兄弟)는 파패의 신인데, 세위(世位)에 앉아 있다. 일진(日辰)이 다시 구신(仇神)인 손(孫)을 암동(暗動)하여 불길하니, 승용차는 찾기 어렵다.

```
        兄子 ▬▬ ▬▬ 世
        官戌 ▬▬▬▬▬
兄亥    父申 ╳
        財午 ▬▬ ▬▬ 應
財巳    官辰 ○
        孫寅 ▬▬ ▬▬
```

36. 어떤 부인이 동업으로 옷과 장식 가게를 하면 괜찮겠느냐고 물었다.

坎爲水之澤地萃

丁卯年 丑月 甲子日 戌亥空亡

육충괘(六沖卦)에 세응(世應)이 충되고 형제(兄弟)가 지세(持世)하며 관부(官父)가 모두 동하여 불길하니 개업하지 않는 것이 좋다.

財子 ▬▬ 應
孫申 兄戌 ○
父午 孫申 ✕
孫酉 官卯 ✕ 世
財亥 父巳 ✕
兄未 ▬▬

37. 약혼한 남자가 혼사에 대하여 물
었다.

水地比之雷風恒

癸亥年 亥月 甲子日 戌亥空亡

효동(爻動)에 가로막히고 내괘(內卦)
가 반음(反吟)이 되었으니 중도에 변
고가 생겨 파혼한다.

孫酉 ▬▬
財亥 ▬▬
父午 兄丑 ✕ 應
兄辰 兄辰 ✕
官寅 官寅 ✕
財子 ▬▬▬ 世

38. 어떤 사람이 신문에 글을 내면 채
택되겠느냐고 물었다.

地雷復之雷天大壯

癸亥年 寅月 乙丑日 戌亥空亡

육합괘(六合卦)가 육충(六沖)이 되고
세(世)와 응(應) 사이에 효동(爻動)이
복음(伏吟)이 되어 가로막아 불길하니 채택되지 못한다.

```
父寅 ▬▬▬
官子 ▬▬ ▬▬
孫戌 ▬▬ ▬▬ 世
兄午 ▬▬ ▬▬
孫辰 ▬▬▬
父寅 ▬▬ ▬▬ 應
```

39. 어떤 사람이 잃어버린 대형 트럭을 찾을 수 있는지를 물었다.

山水蒙

甲子年 酉月 壬申日 戌亥空亡

손(孫)이 지세(持世)하여 일이 순조롭고, 일진(日辰)이 용신(用神)인 부모(父母)를 암동(暗動)하여 길하니, 오래지 않아 차를 찾을 것이다.

```
兄寅 ▬▬▬ 應
父子 ▬▬ ▬▬
財戌 ▬▬ ▬▬
官酉 ▬▬▬ 世
父亥 ▬▬▬
財丑 ▬▬ ▬▬
```

40. 어떤 사람이 한 아가씨와의 애정문제를 물었다.

山風蠱

丙寅年 巳月 戊辰日 戌亥空亡

세관(世官)이 응형(應兄)을 극하여 불길하다. 결과가 없을 것이라고 판단했는데, 결국은 흐지부지되었다고 한다.

官酉 ▬▬
父亥 ▬▬
財丑 ▬▬ 世
兄卯 官酉 〇
孫巳 父亥 〇
財丑 ▬▬ 應

41. 어떤 아가씨가 동업으로 일식집을 하면 어떻겠느냐고 물었다.

地風升之坤爲地

丙寅年 巳月 乙卯日 子丑空亡

세(世)와 응(應)이 모두 공망(空亡)되고 효동(爻動)이 반음(反吟)이 되어 불길하다. 개업을 하지 않는 것이 좋다.

父酉 ▬▬
官戌 兄亥 ✕
官丑 ▬▬ 世
兄亥 ▬▬▬
官丑 ▬▬
孫卯 ▬▬▬ 應

42. 어떤 남자가 한 아가씨와의 애정문제를 물었다.

地火明夷之水火旣濟

甲子年 巳月 壬戌日 子丑空亡

세관응손(世官應孫)이 되어 세(世)쪽에서 이미 상대방을 의심하며 싫어하고, 상대방 역시 경시하며 구경하는 태도이다. 여기다 세(世)가 공망(空亡)되고 응(應)도 타효와 합되니 성사되기 어렵다.

孫戌 ▬▬▬	應
財申 ▬▬▬	
兄午 ▬▬▬	
官亥 ▬▬▬	世
孫丑 ▬ ▬	
父卯 ▬▬▬	

43. 어떤 사람이 가스판매소를 해도 좋으냐고 물었다.

天火同人

巳月 癸亥日 子丑空亡

관귀(官鬼)가 지세(持世)하고 파(破)를 만났다. 서(書)에 '세공세파아심용(世空世破我心慵), 지공자가라동(只恐自家懶動)'이라는 말이 있다. 좋지 않다고 판단했는데 결과는 점친 사람이 포기했다.

兄子 ▬ ▬	
官戌 ▬ ▬	應
父申 ▬ ▬	
官辰 ▬ ▬	
孫卯 孫寅 ✕	世
兄子 ▬▬▬	

44. 어떤 아가씨가 입찰문제가 성사되는지를 물었다.

水雷屯 之 水澤節

午月 庚子日 辰巳空亡

세위(世位)의 손(孫)이 독발하여 길하니, 구하거나 도모하는 일은 순조롭다.

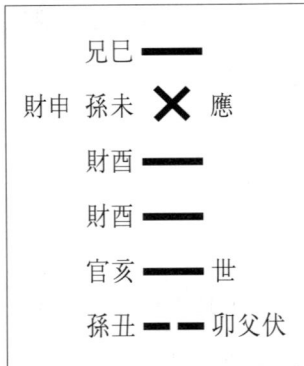

```
       兄巳 ━━━
財申  孫未 ✖ 應
       財酉 ━━━
       財酉 ━━━
       官亥 ━━━ 世
       孫丑 ━━ 卯父伏
```

45. 어떤 남자가 토지를 팔 수 있는지를 물었다.

火水鼎之天風姤

乙丑年 巳月 癸酉日 戌亥空亡

손(孫)이 재(財)로 화하니 본래는 길해야 하나, 세효(世爻)가 파(破)를 만나 팔리지 않는다.

```
       父未 ━━
       兄酉 ━━━ 應
兄申  孫亥 ◯
       財卯 ━━
       官巳 ━━ 世
       父未 ━━
```

46. 어떤 사람이 물고기를 길러 팔면 돈을 벌 수 있는지를 물었다.

澤地萃之水地比

巳月 丁巳日 子丑空亡

손(孫)이 독발하여 재효(財爻)를 생조(生助)하여 길하니, 돈을 벌 수 있을 것이다.

財戌 ▬▬ 世
官申 ▬▬
孫午 ▬▬▬
財辰 ▬▬ 應
兄寅 ▬▬
父子 ▬▬▬

47. 한 유부남이 결혼생활에 대하여 물었다.

震爲雷

甲子年 亥月 癸酉日 戌亥空亡

육충(六沖)이 있으니 부부가 불화하나, 세응(世應)에 재(財)가 있으니 이

별할 조짐은 없다.

官巳 ▬▬▬
父未 ▬▬
兄酉 ▬▬▬ 世
兄申 財卯 ✕
官巳 ▬▬
應 父未 ▬▬ 子孫伏

48. 어떤 남자가 연말에 있을 선거에 대하여 물었다.

火地晋之火山旅

寅月 戊戌日 辰巳空亡

재효(財爻)가 독발하여 관성(官星)을 생조(生助)하니 길하다. 높은 표차로

당선될 것이다.

```
官寅 ▅▅▅▅▅
財子 ▅▅ ▅▅
兄戌 ▅▅ ▅▅ 應
財亥 ▅▅▅▅▅ 申孫伏
兄丑 ▅▅ ▅▅ 午父伏
官卯 ▅▅▅▅▅ 世
```

49. 어떤 사람이 신문사에 원고를 내면 채택되겠느냐고 물었다.

山火賁

丁卯年 亥月 乙亥日 申酉空亡

관귀(官鬼)가 지세(持世)하면 일이 어렵게 된다. 용신(用神)인 부모(父母)가 복장(伏藏)되어 나타나지 않으니 불길하여 원고는 채택되지 않는다.

```
兄巳 ▅▅▅▅▅ 世
孫未 ▅▅ ▅▅
財酉 ▅▅▅▅▅
父卯 官亥 ◯ 應
孫丑 ▅▅ ▅▅
孫未 父卯 ◯
```

50. 어떤 아가씨가 혼사가 성사될 수 있는지를 물었다.

離爲火 之 火地晋

乙丑年 亥月 乙亥日 申酉空亡

응위(應位)의 관귀(官鬼)가 비록 동하나 육충(六沖)되었고, 세효(世爻)가 일파(日破)·월파(月破)를 만났다. 세효(世爻)가 파(破)되면 모든 것이 자기가 무심한 까닭이다. 오래지 않아 아가씨는 외국으로 갔고 약혼은 취소되었다.

51. 어떤 아가씨가 동업으로 돈을 벌 수 있는지를 물었다.

地澤臨之 雷澤歸妹

甲子年 丑月 丙午日 寅卯空亡

孫酉 ▬▬
財亥 ▬▬ 應
父午 兄丑 ✕
兄丑 ▬▬
官卯 ▬▬▬ 世
父巳 ▬▬▬

형제(兄弟)가 교중(交重)되어 재(財)를 극하고 관귀(官鬼)가 지세(持世)하여 일이 어렵게 되었다. 재물이 들어오기를 바라지 말라.

52. 어떤 사람이 새우를 양식하면 돈을 벌 수 있는지를 물었다.

地山謙之 水山蹇

午月 癸未日 申酉空亡

兄酉 ▬▬
父戌 孫亥 ✕ 世
父丑 ▬▬
兄申 ▬▬▬
應 官午 ▬▬ 卯財伏
父辰 ▬▬

세효(世爻)의 손(孫)이 회두극(回頭剋)되고 일진(日辰)이 다시 부효(父爻)를 암동(暗動)하여 극하니 이익은 많지 않다. 구재점에서는 재(財)가 복장(伏藏)되어 나타나지 않으면 손(孫)을 재(財)로 본다. 손(孫)이 재(財)를 생하는 복덕(福德)이기 때문이다.

<table>
<tr><td>孫酉 父巳 ⭘</td></tr>
<tr><td>兄未 ▬ ▬</td></tr>
<tr><td>兄丑 孫酉 ⭘ 世</td></tr>
<tr><td>兄丑 ▬ ▬</td></tr>
<tr><td>官卯 ▬▬▬</td></tr>
<tr><td>父巳 ▬▬▬ 應</td></tr>
</table>

53. 어떤 부인이 어머니의 병에 대하여 물었다.

火澤睽之地澤臨

丁卯年 子月 乙未日 辰巳空亡

어머니의 병환을 물었으니 부효(父爻)로 용신(用神)을 삼는다. 이 괘는 사화(巳火) 부모(父母)가 순공(旬空)을 만나 흉한데, 원신(原神)인 묘관(卯官)이 일고(日庫)에 들어 더 흉하다. 6일 후에 사망했다.

<table>
<tr><td>財戌 ▬ ▬</td></tr>
<tr><td>官申 ▬ ▬</td></tr>
<tr><td>孫午 ▬▬▬ 應</td></tr>
<tr><td>兄卯 ▬ ▬</td></tr>
<tr><td>財辰 孫巳 ✕</td></tr>
<tr><td>財未 ▬ ▬ 世</td></tr>
</table>

54. 어떤 사람이 토지를 팔 수 있는지를 물었다.

雷地豫之雷水解

乙丑年 巳月 癸酉日 戌亥空亡

이 괘는 구재괘와 같은 방법으로 본다. 재효(財爻)가 지세(持世)하고 손(孫)이 동하여 생하니 길하다. 4월에 팔린다고 판단했는데 적중했다. 4월은 사화손(巳火孫)이 독발하여 손(孫)月을 만나기 때문이다.

```
父未 ▬ ▬
兄酉 ▬▬▬ 應
孫亥 ▬▬▬
財卯 ▬ ▬
父辰 官巳 ✖ 世
父未 ▬ ▬
```

55. 한 아가씨가 초등교사 선발시험에 합격할 수 있는지를 물었다.

澤地萃 澤水困

丑年 申月 丙戌日 午未空亡

시험은 부모효(父母爻)가 용신(用神)이다. 원신(原神)인 관귀(官鬼)가 독발해 나쁘지 않은 것 같지만, 사관(巳官)이 술(戌)에 입고(入庫)되고 용신(用神)인 미부(未父)가 공망(空亡)되어 흉하다. 붙을 것 같다 떨어지니 더 안타깝다.

```
兄卯 ▬▬▬
孫巳 ▬▬▬
財未 ▬ ▬ 應
財辰 ▬▬▬
財丑 兄寅 〇
父子 ▬▬▬ 世
```

56. 한 부인이 시험운에 대해 물었다.

風天小畜之風火家人

丙寅年 申月 戊子日 午未空亡

형제(兄弟)가 독발하면 경쟁자의 실력이 강해 흉하나, 세위(世位)의 용신(用神)인 자부(子父)가 일진(日辰)과 같아 길하다. 서(書)에 일진(日辰)은 육효(六爻)의 주재라고 했다. 용신(用神)이 일진(日辰)에 있으면 바쁘고, 우승을 다투는 형제를 두려워하지 않는다. 경쟁자인 인형(寅兄)이 파(破)되고 세(世)가 용신(用神)에 앉아 길하다.

```
父未 ▬ ▬ 應
兄酉 ▬▬▬
孫亥 ▬▬▬
兄申 ▬▬▬ 世
孫亥 官午 ✕ 卯財伏
父辰 ▬ ▬
```

57. 어떤 아가씨가 음식점을 하면 돈을 벌 수 있는지를 물었다.

澤山咸之澤風大過

亥年 亥月 癸亥日 子丑空亡

형제(兄弟)가 지세(持世)했으니 재물을 모으기 어렵고, 관구(官鬼)가 동하여 세(世)를 극하니 역시 불길하다. 돈을 벌기 어려울뿐 아니라 시비가 생길 염려가 있다.

```
官寅 ▬▬▬
財子 ▬ ▬ 應
兄戌 ▬ ▬
兄辰 ▬▬▬ 申孫伏
世 官寅 ▬▬▬ 午父伏
財子 ▬ ▬
```

58. 어떤 사람이 악기점을 하면 잘 되겠느냐고 물었다.

山天大畜

甲子年 未月 甲辰日 寅卯空亡

구재점이니 처재(妻財)가 용신(用神)이다. 이 괘는 육효(六爻)가 안정되고 일진(日辰)이 제4효인 술형(戌兄)을 암동(暗動)하여 재성(財星)을 극상(剋傷)했다. 1년 걸러 2월에 금전위기가 올 것으로 판단했는데, 과연 다음해 묘(卯)月에 도박으로 돈을 잃고 가게문을 닫았다. 묘(卯)月은 기신(忌神)이 충하는데 합을 만나는 달이기 때문이다.

兄寅 ▬▬ 應
父子 ▬ ▬ 巳孫伏
財戌 ▬ ▬
官酉 ▬▬ 世
父亥 ▬▬
財丑 ▬ ▬

59. 한 역술인이 영업점을 쳐보았다.

山風蠱

甲子年 未月 癸卯日 辰巳空亡

육효(六爻)가 안정되고 오직 일진(日辰)이 세위(世位)인 유관(酉官)을 암동(暗動)하여 길하다. 서(書)에 이르기를 '구류구재이귀효위주고(九流求財以鬼爻爲主顧), 출현발동생합세효(出現發動生合世爻), 필연칭의(必然稱意)'라고 했다. 이날 과연 손님이 매우 많았다. 유관(酉官)을 손님으로 보기 때문이다.

兄戌 ▬ ▬
孫申 ▬ ▬
父午 ▬▬ 世
兄辰 ▬▬
官寅 ▬▬
財子 ▬▬ 應

60. 어떤 사람이 시험에 대해 물었다.

雷天大壯

丙寅年 卯月 壬子日 寅卯空亡

육효(六爻)가 안정되고 일진(日辰)이 세위(世位)인 오부(午父) 용신(用神)을 충동했으니 길하다. 그러나 원신(原神)인 인목관귀(寅木官鬼)가 순공(旬空)을 만난 것은 좋지 않다. 원신(原神)이 공망(空亡)에 떨어지고 용신(用神)이 충되어 불길하니 반드시 시험에서 떨어진다.

61. 어떤 사람이 신문사에 원고를 내면 채택되겠느냐고 물었다.

```
孫酉 ▬ ▬
財亥 ▬ ▬
兄丑 ▬ ▬ 應
兄辰 ▬ ▬
官卯 官寅 ✕
財子 ▬▬▬ 世
```

地雷復之地澤臨

丁卯年 午月 乙巳日 寅卯空亡

투고나 시험에 대한 점은 부모(父母)로 용신(用神)을 삼는다. 이 괘는 부모가 일진(日辰)에 임했고, 일진(日辰)은 육효(六爻)의 주재이니 길하다. 또 재관(財官)이 명동암흥(明動暗興)하여 금상첨화를 이루니 채택되는데 문제가 없다.

62. 어떤 사람이 돈을 돌려받을 수 있는지를 물었다.

```
官寅 ▬▬▬
財子 ▬ ▬
兄戌 ▬ ▬ 應
兄辰 財亥 ◯ 申孫伏
兄丑 ▬ ▬
官卯 ▬▬▬ 世
```

山火賁之山雷頤

子月 癸巳日 午未空亡

이 괘는 재효(財爻)가 독발하여 세(世)를 생하니 돌려받을 수 있다. 다만 재(財)가 동하여 입고(入庫)되고 일충(日沖)을 만났으니 과정에 고심이 따르나, 신(申年에 돌려받을 것이다. 신(申年은 신금(申金)이 용신(用神)을 생조(生助)하고, 일충(日沖)이 풀리는 해이기 때문이다.

兄寅 ▬▬▬▬

父子 ▬▬ ▬▬ 巳孫伏

財戌 ▬▬ ▬▬ 世

財辰 ▬▬ ▬▬ 酉官伏

兄寅 ▬▬ ▬▬

父子 ▬▬▬▬ 應

63. 어떤 사람이 돼지고기 판매업을 하면 괜찮겠느냐고 물었다.

山雷頤

亥年 壬戌月 壬辰日 午未空亡

이 괘에는 재(財)가 2개 있는데, 하나는 월파(月破)를 만나고 하나는 일충(日沖)을 만났다. 또 일진(日辰)과 월건(月建)이 재(財)로 구성되었다. 재효(財爻)가 많아 구하기 어려우니 불길하다.

兄戌 ▬▬▬▬

孫申 ▬▬▬▬ 世

父午 ▬▬▬▬

兄丑 ▬▬ ▬▬

官寅 官卯 ○ 應

父巳 ▬▬▬▬

64. 어떤 사람이 개점을 하면 돈을 벌 수 있는지를 물었다.

天澤履 之 天雷无妄

丁卯年 辰月 庚子日 辰巳空亡

손(孫)이 지세(持世)했으니 본래는 길하나, 일진(日辰)이 제4효의 오부(午父)를 암동(暗動)하여 손(孫)을 제(制)하니 재(財)를 생할 방법이 없어져 흉하다.

財戌 ▬ ▬
官申 ▬ ▬
孫午 ▬▬▬ 應
兄卯 ▬ ▬
孫巳 ▬ ▬
財未 ▬ ▬ 世

65. 어떤 사람이 동업으로 공사를 하는데 돈을 벌 수 있는지를 물었다.

雷地豫

乙丑年 巳月 壬戌日 子丑空亡

재효(財爻)가 지세(持世)한 육합(六合) 괘상인데 응(應)이 와서 세(世)를 생하니 길하다. 그러나 술(戌日 복괘(卜卦)로 재효(財爻)가 많고 반복되어 구하기 어려우니 좋지 않다. 때문에 용두사미격이 되어 8월쯤에 관계를 끊고 해산할 것이다.

孫戌 ▬▬▬
財申 ▬▬▬
兄午 ▬▬▬ 世
兄午 ▬ ▬ 亥官伏
孫辰 ▬▬▬
父寅 ▬ ▬ 應

66. 한 부인이 의과대학 앞에 분식점을 열었는데 괜찮겠느냐고 물었다.

天水訟

丙寅年 卯月 乙丑日 戌亥空亡

구재점이니 재(財)로 용신(用神)을 삼는다. 이 괘는 형제(兄弟)가 지세(持世)했는데 형제(兄弟)는 재(財)의 기신(忌神)이다. 다행스런 것은 그것이 안정된 것이나 재물을 모으기는 어렵다.

財戌 ▬▬▬	
官申 ▬▬▬	
孫午 ▬▬▬ 世	
財辰 ▬ ▬	
兄寅 ▬ ▬	
父子 ▬▬▬ 應	

67. 어떤 아가씨가 비디오 가게를 하면 잘 되겠느냐고 물었다.

天雷无妄

丁卯年 卯月 乙卯日 子丑空亡

손(孫)은 복신(福神)이 되고, 처재(妻財)의 원신(原神)이다. 손(孫)이 지세(持世)하고 극파(剋破)되지 않았으니 길하다. 서(書)에 이르기를 손(孫)이 지세(持世)하면 일에 근심이 없다고 했다. 매일 돈이 들어오는 괘상이니 길하다.

孫巳 財戌 ✖	
官申 ▬ ▬ 應	
孫午 ▬▬▬	
孫午 ▬ ▬	
財辰 ▬▬▬ 世	
孫巳 兄寅 ✖ 子父伏	

68. 어떤 사람이 월간지에 글을 내면 채택될 수 있는지를 물었다.

雷水解之 火澤睽

丁卯年 午月 壬寅日 辰巳空亡

투고에 대하여 물었으니 부효(父爻)로 용신(用神)을 삼는다. 이 괘는 재(財)와 형(兄)이 동하고 부(父)가 파(破)되었다. 따라서 채택되지 않을 것이 분명하다.

```
孫酉 ▬ ▬
財亥 ▬ ▬ 應
兄丑 ▬ ▬
兄丑 ▬ ▬
官寅 官卯 ○ 世
父巳 ▬▬
```

69. 어떤 부인이 집을 사려고 하는데 괜찮겠느냐고 물었다.

地澤臨之地雷復

戊辰年 寅月 乙巳日 寅卯空亡

서(書)에 이르기를 세효(世爻)가 왕상(旺相)하면 하는 일이 형통대길하다고 했다. 또 순공(旬空)이나 월파(月破)되면 좋지 않다고 했다. 이 괘는 세위(世位)의 공망(空亡)이 또 공망(空亡)되어 불길하다. 집을 살 수 없을 것이라고 판단했는데 과연 사지 못했다.

```
官寅 ▬▬
父巳 財子 ✕
兄戌 ▬ ▬ 應
兄辰 財亥 ○
兄丑 ▬ ▬
官卯 ▬▬ 世
```

70. 어떤 부인이 어머니의 병에 대하여 물었다.

山火賁之風雷益

丁卯年 丑月 庚午日 戌亥空亡

일진(日辰)은 육효(六爻)의 주재인데 용신(用神)이 일진(日辰)에 임하고, 기신(忌神)이 왕동(旺動)하여 흉하지 않으니 머지않아 나을 것이다.

71. 어떤 남자가 한 아가씨와의 애정
문제를 물었다.

艮爲山 之 山地剝

戊辰年 卯月 辛酉日 子丑空亡

```
官寅 ▬▬ 世
財子 ▬ ▬
兄戌 ▬ ▬
官卯 孫申 ○ 應
父午 ▬ ▬
兄辰 ▬ ▬
```

육충괘(六沖卦)이고 손(孫)이 발동하
여 세(世)를 충하니 불길하다. 오래가
지 않아 헤어질 것이다.

72. 보건소에서 근무하는 아가씨가 애
정문제를 물었다.

雷山小過 之 雷地豫

庚戌月 壬子日 寅卯空亡

```
父戌 ▬ ▬
兄申 ▬ ▬
官午 ▬▬ 世
財卯 兄申 ○
官午 ▬ ▬
父辰 ▬ ▬ 應
```

세효(世爻)가 오화관귀(午火官鬼)에
있는데 암동(暗動)하여 응효(應爻)에
있는 진토부(辰土父)를 생한다. 그녀는 그를 매우 사랑한다고 생각
하지만 세(世)가 일충(日沖)을 만나고 응(應)이 월파(月破)를 만나
니 결국은 헤어질 것이다. 이 괘는 용신(用神)인 관효(官爻)가 두
군데 있으니 그녀에게는 동시에 두 사람이 있음을 나타낸다. 후에
그녀는 다른 남자와 결혼했다.

73. 어떤 사람이 12월 운세를 물었다.

水地比之水雷屯

丁卯年 丑月 戊辰日 申酉空亡

```
財子 ▬▬ 應
兄戌 ▬▬▬
孫申 ▬▬
官卯 ▬▬ 世
父巳 ▬▬
財子 兄未 ✕
```

형제(兄弟)가 명동(明動)하거나 암동(暗動)하면 재물에 이롭지 않다. 이 달에 반드시 돈을 많이 쓸 것이라고 판단했는데, 문복자가 말하기를 400만원 정도를 지출했다고 한다.

74. 어떤 남자가 맞선을 보는데 성사 되겠느냐고 물었다.

風水渙之坤爲地

戊辰年 寅月 甲午日 辰巳空亡

```
財酉 父卯 ○
官亥 兄巳 ○ 世
     孫未 ▬▬
     兄午 ▬▬
兄巳 孫辰 ○ 應
     父寅 ▬▬
```

세(世)와 응(應)이 모두 공망(空亡)되고 또 반음(反吟)이 되었으니 성사되지 않는다.

```
兄戌 ▬▬ ▬▬
孫申 ▬▬ ▬▬
父午 ▬▬▬▬ 世
兄辰 ▬▬▬▬
官寅 ▬▬▬▬
財子 ▬▬▬▬ 應
```

75. 어떤 젊은 여자가 태어날 아기가 아들인지 딸인지 물었다.

雷天大壯

癸亥年 未月 庚戌日 寅卯空亡

괘상이 명확하게 안정되면 세(世)로 용신(用神)을 삼는다. 이 괘처럼 세 (世)가 양(陽)이면 아들일 가능성이 매우 높은데, 아들을 낳았다고 한다.

```
        兄子 ▬▬ ▬▬ 應
        官戌 ▬▬▬▬
        父申 ▬▬ ▬▬
官辰 兄亥  ○    世午財伏
        官丑 ▬▬ ▬▬
        孫卯 ▬▬▬▬
```

76. 어떤 젊은 여자가 태어날 아기가 아들인지 딸인지를 물었다.

水火旣濟之水雷屯

酉年 己亥月 庚寅日 午未空亡

괘상이 청정한데 세위(世位)의 한 효 가 독발했다. 양이 동하여 음으로 변 했으니 딸이라고 판단했는데, 후에 딸을 낳았다고 한다.

<table>
<tr><td>兄戌 ▬ ▬</td></tr>
<tr><td>孫酉 孫申 ✖</td></tr>
<tr><td>父午 ▬▬▬ 世</td></tr>
<tr><td>兄辰 ▬▬▬</td></tr>
<tr><td>官寅 ▬▬▬</td></tr>
<tr><td>財子 ▬▬▬ 應</td></tr>
</table>

77. 어떤 의사가 집을 보러 오는 사람이 있는데 팔릴 수 있는지를 물었다.

雷天大壯之澤天夬

甲子年 亥月 辛未日 戌亥空亡

집을 파는 점 역시 재(財)를 용신(用神)으로 삼는다. 이 괘는 손(孫)이 독발하여 진신(進神)이 되었고, 손(孫)은 처재(妻財)의 원신(原神)이니 좋다. 사(巳)시쯤 계약이 이루어질 것이다. 사(巳)시는 동효(動爻)와 합되기 때문이다.

<table>
<tr><td>父未 ▬ ▬</td></tr>
<tr><td>兄酉 ▬▬▬</td></tr>
<tr><td>孫亥 ▬▬▬ 應</td></tr>
<tr><td>官午 ▬ ▬</td></tr>
<tr><td>父辰 ▬▬▬</td></tr>
<tr><td>財寅 ▬ ▬ 世</td></tr>
</table>

78. 젊은 여자가 태어날 아기가 아들인지 딸인지를 물었다.

澤水困

癸亥年 酉月 甲寅日 子丑空亡

산육(産育)의 괘는 판단하기가 쉽지 않다. 더구나 효동(爻動)이 분란하면 더 어렵다. 만일 괘상이 청정하면 세위(世位)와 용신(用神)을 참작하여 판단하는 것이 좋다. 그러나 이것만을 보는 것도 옳지 않다. 이 괘는 육효(六爻)가 안정되고 세(世)가 음이니 딸로 보인다.

```
孫子 ▬ ▬
孫亥  父戌  ○
兄申 ▬▬▬ 世
兄申 ▬▬▬
官午 ▬ ▬
父辰 ▬ ▬ 應
```

79. 어떤 사람이 오기로 한 친구가 오겠느냐고 물었다.

水山蹇之地山謙)

丁未月 丙戌日 午未空亡

일진(日辰)이 응효(應爻)인 진토부(辰土父)를 암동(暗動)하여 세효(世爻)를 생하니 친구가 올 것이다. 술(戌日 응효(應爻)인 진토부(辰土父)를 충동하여 세(世)를 생하고, 제5효인 술토(戌土)도 발동하여 세(世)를 생하니 술(戌)시에 도착한다.

```
父酉 ▬ ▬
兄亥 ▬ ▬
官丑 ▬ ▬ 世
官辰  兄亥  ○  午財伏
官丑 ▬ ▬
孫卯 ▬▬▬ 應
```

80. 어떤 직장 아가씨가 노동보험 시험에 대하여 물었다.

地火明夷之地雷復)

癸丑月 甲戌日 申酉空亡

제3효의 형제(兄弟)가 독발하여 불길하다. 제6효의 유금부(酉金父)가 공망(空亡)되어 그녀는 자신에 대하여 큰 믿음이 없다. 결과는 후에 그만둘 생각으로 시험을 보러가지 않고 시내 번화가에 옷가게를 열었다.

81. 어떤 여자가 애정문제를 물었다.

```
兄子 ▬ ▬ 世
官戌 ▬▬▬
父申 ▬ ▬
財午 ▬ ▬ 應
財巳 官辰 ○
孫寅 ▬ ▬
```

坎爲水之水地比

癸丑月 癸未日 申酉空亡

육충괘(六沖卦)이니 불길하다. 응효(應爻)가 일진(日辰)과 합되어 상대 남자는 이미 아내가 있는 사람이다. 마음의 상처를 받기 전에 그만두는 것이 현명하다.

82. 한 남자가 아들의 상태를 물었다.

```
官卯 孫酉 ✕ 世 空亡
父巳 財亥 ✕
     兄丑 ▬ ▬
     官卯 ▬ ▬ 應
     父巳 ▬ ▬
     兄未 ▬ ▬
```

坤爲地之風地觀)

卯年 亥月 庚辰日 申酉空亡

육충(六沖)이 동하여 반음(反吟)이 되었으니 모든 일이 순조롭지 않을 징조이고 대립까지 예상된다. 이 아들은 지금 모든 일이 불순하다. 성격도 이랬다 저랬다 하고, 공부를 싫어하여 이미 학문을 중단한 현상이 나타난다. 문복자가 말하기를 사실은 지금 퇴학하고 집에 있다고 한다.

83. 어떤 사람이 우편으로 책을 주문
했는데 언제 오는지를 물었다.

天山遯之澤風大過

丙辰月 甲午日 辰巳空亡

용신(用神)인 술토(戌土) 부(父)가 발
동하여 퇴신(退神)이 되니 술(戌)日에
받아볼 것이다.

84. 어떤 사람이 재운을 물었다.

澤天夬之澤風大過

卯年 丑月 乙丑日 戌亥空亡

재(財)가 동하여 형(兄)이 되어 형
(兄)이 왕하다. 그리고 일진(日辰)이
형제효(兄弟爻)를 암동(暗動)했다. 형
(兄)이 왕하니 재효(財爻)를 직접 극상(剋傷)하여 재운이 불리하
다. 이 사람은 지금 재운은 상당히 좋지 않고, 이미 파재현상이 있
다. 파재는 형제를 위하다 생긴 일이다. 이 사람의 번뇌는 계속 악
화되어 한 번 가면 돌아오지 않는다. 속된 말로 개에게 고기만두를
던져주는 격이다.

```
父戌 ▅▅▅
兄申 ▅▅▅ 應
父未 官午 ○
兄申 ▅▅▅
世 官午 ▅▅ ▅▅ 寅財伏
父辰 ▅▅ ▅▅ 子孫伏
```

85. 어떤 사람이 재운을 물었다.
天山遯之風山漸
丁卯年 戌月 丙午日 寅卯空亡

관귀(官鬼)가 지세(持世)하고 또 동했으니, 이 사람은 지금 번뇌하는 일과 자질구레한 일이 너무 많다. 이미 부도수표나 어음 등으로 가정이 시끄럽지 않으냐고 물으니 머리를 끄덕이며 그렇다고 한다.

```
父卯 ▅▅▅
兄巳 ▅▅▅ 世
兄午 孫未 ✕
財酉 兄午 ✕
孫辰 ▅▅▅ 應
父寅 ▅▅ ▅▅
```

86. 어떤 아주머니가 재운을 물었다.
風水渙之天風姤
丁卯年 亥月 寅日 戌亥空亡

형제(兄弟)가 지세(持世)하면 재물이 나간다. 다행스러운 것은 형효(兄爻)가 동하고 또 손효(孫爻)가 동하니, 형(兄)이 동하여 손(孫)을 생하고, 손(孫)이 동하여 재(財)를 생하니 재운이 순조롭다.

87. 어떤 여자가 재운을 물었다.

坎爲水之水澤節

卯年 戌月 乙巳日 寅卯空亡

```
兄子 ▬ ▬ 世
官戌 ▬▬▬
父申 ▬ ▬
財午 ▬ ▬ 應
官辰 ▬▬▬
財巳 孫寅 ✕ 空亡
```

형제효(兄弟爻)가 지세(持世)하여 비록 재물이 나가기는 하지만 다행히 손효(孫爻)가 동하여 재(財)가 되었으니 저축한 것이 있다. 이 사람은 현재 장사도 잘 되는 편이고, 모아둔 돈도 있다.

88. 어떤 여자가 재운을 물었다.

天雷无妄之風雷益

卯年 戌月 丁酉日 辰巳空亡

```
財戌 ▬▬▬
官申 ▬▬▬
財未 孫午 ◯ 世
財辰 ▬ ▬
兄寅 ▬ ▬
父子 ▬▬▬ 應
```

손(孫)은 복신(福神)인데 손(孫)이 지세(持世)했으니 일에 근심이 없다. 그러나 이 사람은 남편을 업신여기는 경향이 있다. 이 사람은 돈을 버는 것을 좋아하여 머리 속은 온통 돈 생각으로 가득하다. 문복자가 말하기를 사실은 뷔페식당을 하는데 괜찮다고 한다.

89. 어떤 사람이 상대방이 약속한 시간에 오겠느냐고 물었다.

坎爲水之水澤節

卯年 壬子月 丙午日 寅卯空亡

```
兄子 == 世
官戌 ━━
父申 ==
財午 == 應
官辰 ━━
財巳 孫寅 ✕
```

일진(日辰)이 세효(世爻)를 암동(暗動)하고, 응(應)이 월파(月破)되고, 세응(世應)이 충되지만 손효(孫爻)가 동하여 화해시키니 반드시 온다. 그러나 약속한 미(未)시가 아닌 신(申)시에 도착할 것이다.

90. 어떤 남자가 재운을 물었다.

澤山咸之地風升

卯年 子月 壬辰日 午未空亡

```
空亡 父未 == 應
孫亥 兄酉 ○
父丑 孫亥 ○
     兄申 ━━ 世
孫亥 官午 ✕
     父辰 ==
```

형효(兄爻)가 지세(持世)하여 모재(耗財) 현상이 있다. 다만 형효(兄爻)와 손효(孫爻)가 동하니 형(兄)이 동하여 손(孫)을 생하고, 손(孫)이 동하여 재(財)를 생하니 재운이 순조롭다. 동한 관귀(官鬼)가 회두극(回頭剋)된 것이 걸리나 다행히 월주(月柱) 손(孫)이 관귀(官鬼)를 파하여 사단을 굴복시켜 순조로우나 자질구레한 일이 많다.

91. 어떤 사람이 김영삼이 대통령에 당선되겠느냐고 물었다.

地水師之 震爲雷

丁卯年 亥月 己丑日 午未空亡

```
父酉 ▬▬ 應
兄亥 ▬▬
財午 官丑 ✕
    財午 ▬▬ 世
孫寅 官辰 ○
兄子 孫寅 ✕
```

선거괘는 관귀(官鬼)가 용신(用神), 손(孫)이 기신(忌神), 형제효(兄弟爻)가 구신(仇神)이다. 관(官) 2개가 동하는데, 하나는 회두극(回頭剋)이 되고 세효(世爻)가 지재효(持財爻)하여 괜찮은 것 같으나, 세효(世爻)가 공망재(空亡財)가 되어 관(官)을 생할 수 없다. 또 손(孫)이 동하여 형제(兄弟)가 되고, 손(孫)을 생하여 관귀(官鬼)를 극하니 낙선할 가능성이 높다.

92. 어떤 사람이 대통령 선거에서 김대중이 당선되겠냐고 물었다.

火澤暌之 雷澤歸妹)

丁卯年 亥月 己丑日 午未空亡

```
兄戌 父巳 ○
    兄未 ▬▬
    孫酉 ▬▬▬ 世
    兄丑 ▬▬
    官卯 ▬▬▬
    父巳 ▬▬▬ 應
```

이 괘는 손(孫)이 지세(持世)하고 일진(日辰)이 형제(兄弟)를 암동(暗動)하니 상대방의 세력이 강하다. 따라서 낙선할 것이라고 판단했는데 과연 낙선하였다.

```
財戌 兄卯  ⭕  應
官申 孫巳  ⭕
孫午 財未  ✕
   世 財辰 ▬▬ 酉官伏
      兄寅 ▬▬
財未 父子  ⭕
```

93. 어떤 사람이 대통령 선거에서 노태우가 당선되겠냐고 물었다.

風雷益之雷地豫)

丁卯年 亥月 己丑日 午未空亡

이 괘는 동하여 육합괘(六合卦)가 되고, 형(兄)이 동하여 재(財)가 되어 육합(六合)을 이루고, 손(孫)이 동하여 관(官)을 이루었다. 또 재(財)가 동하여 손(孫)이 되고, 육합(六合)을 이루어 형(兄)이 동하여 손(孫)을 생하고, 손(孫)이 동하여 재(財)를 생하고, 재(財)가 생하여 관(官)을 생한다. 선거에서 가장 중요한 것은 관귀(官鬼)와 처재(妻財)인데 끊임없이 생생불식(生生不息)하니 순조롭다. 과연 높은 표차로 당선되었다.

```
      兄戌 ▬▬▬
兄未 孫申  ⭕  世
      父午 ▬▬▬
      兄丑 ▬▬
空亡 官卯 ▬▬▬ 應
      父巳 ▬▬▬
```

94. 한 여자가 재운을 물었다.

天澤履之火澤睽

卯年 子月 丁未日 寅卯空亡

손(孫)은 복덕(福德)인데 지세(持世)하면 근심이 없고, 손동(孫動)하여 형(兄)이 되어 회두생(回頭生)하니 역량이 커진다. 신(申)일이 되면 쉽게 500만 원 정도가 들어올 것이다.

95.

父戌 ▬▬▬ 應

兄申 ▬▬▬

官午 ▬▬▬

空亡 財卯 ▬ ▬ 世

官巳 ▬ ▬

父未 ▬ ▬

95. 어떤 여자가 재운을 물었다.

天地否)

卯年 子月 丁未日 寅卯空亡

재효(財爻)가 지세(持世)하니 길하나, 재효(財爻)가 공망(空亡)에 떨어져 재리가 좋지 않다. 이 사람은 재운이 하나도 없고 이미 파모(破耗)가 있다. 봉급으로 생활하는 것이 좋다고 하니, 문복자가 말하기를 현재 월급생활자이며 이미 적지 않게 재물을 잃었다고 한다.

96.

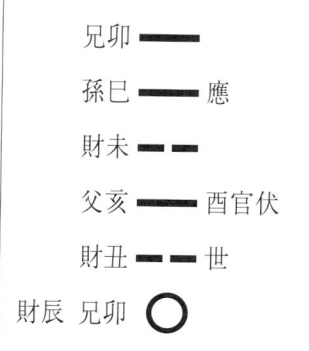

兄卯 ▬▬▬

孫巳 ▬▬▬ 應

財未 ▬ ▬

父亥 ▬▬▬ 酉官伏

財丑 ▬ ▬ 世

財辰 兄卯 ⭕

96. 한 남자가 최근의 재운을 물었다.

風火家人之風山漸

卯年 子月 丁未日 寅卯空亡

형제(兄弟)가 교중(交重)하면 재(財)를 극하고, 재효(財爻)가 지세(持世)해도 형제효(兄弟爻)가 동하여 재(財)가 되면 구재점에서는 좋지 않다. 작은 파재가 있으니 본분을 지켜 직장을 구하는 것이 좋다.

97. 한 아가씨가 집 계약이 성사되는
지를 물었다.

火水未濟之山水蒙)

甲子年 酉月 癸亥日 子丑空亡

```
兄巳 ▬▬ 應
孫未 ▬ ▬
孫戌 財酉 ○
兄午 ▬ ▬ 世
孫辰 ▬▬
父寅 ▬ ▬
```

형제(兄弟)가 지세(持世)하여 재물을
구하는 일에는 이롭지 않다. 비록 제4
효에 처재(妻財)가 나타나 왕동(旺動)하나 일진(日辰)이 제6효 사
형(巳兄)을 암동(暗動)하여 극하니 용신(用神)이 상하여 불길하다.

98. 어떤 사람이 귀인에 대해 물었다.

山風蠱之山水蒙

酉月 丙寅日

```
兄寅 ▬▬ 應
父子 ▬ ▬
財戌 ▬ ▬
孫午 官酉 ○ 世
父亥 ▬▬
財丑 ▬ ▬
```

세(世)가 월건(月建)인 관(官)에 임하
니 만날 수 있다. 그러나 관(官)이 오
화(午火)에게 회두극(回頭剋)이 되어
자(子日이 오화(午火)를 충거(沖去)시켜야 한다. 과연 병자(丙子日
에 만났다.

```
財未 ▬ ▬ 應
官酉 ▬▬▬
父亥 ▬▬▬ 午孫伏
財辰 ▬ ▬ 世
兄寅 ▬ ▬
財未 父子 ○
```

99. 어떤 사람이 자식의 미국비자가 언제 나오는지를 물었다.

澤雷隨 之 澤地萃

戊辰年 乙卯月 戊寅日

어린아이의 비자에서는 손효(孫爻)와 부모효(父母爻)가 용신(用神)이다. 초효(初爻) 부모(父母)가 동하여 회두극(回頭剋)이 되었다. 오손(午孫)이 복신(伏神)이 되어 발동한 용신(用神)인 부모효(父母爻) 자수(子水)와 자오(子午) 육충(六沖)이 되니 비자는 나오지 않는다.

```
父未 ▬ ▬
兄酉 ▬▬▬
孫亥 ▬▬▬ 應
官午 ▬ ▬
官巳 父辰 ○
財寅 ▬ ▬ 世
```

100. 어떤 사람이 운전면허 시험의 합격여부를 물었다.

澤水困 之 澤地萃

癸酉年 丙辰月 丙寅日

운전면허 시험은 부모효(父母爻)가 용신(用神)이다. 이효(二爻) 부모(父母)가 동하여 회두생(回頭生)이 되고, 월건(月建)의 도움이 있으니 반드시 합격한다.

제4편. 18문답

제1장. 18문답

제1문. 삼전(三傳 : 年月日建)이 용신(用神)을 극하는데 한 효는 동하여 생하고, 한 효는 동하여 극하는 것을 탐생망극(貪生忘剋)이라 할 수 있습니까?

대답하기를 적은 것으로 많은 것을 대적할 수는 없다. 한 효는 생하는데 한 효는 극하고, 또 화한 것의 극을 받는 것은 모두 좋지 않다. 하물며 삼전(三傳)이 극을 돕는다면 나쁜 것은 말할 필요가 없다.

또 묻기를 그럼 월은 극하는데 일이 생하거나, 일은 극하는데 월이 생하는 것은 어떻습니까?

대답하기를 필적할만하다. 다시 보아 동출(動出)한 한 효가 생하면 생이 되고, 동출(動出)한 한 효가 극하면 극이 되는 것이다.

제2문. 무엇을 회두극(回頭剋)이라 하며, 극에도 길흉이 있습니까?

대답하기를 토효(土爻)가 동하여 목효(木爻)로 변하고, 목효(木爻)가 동하여 금효(金爻)로 변하고, 금효(金爻)가 동하여 화효(火爻)로 변하고, 화효(火爻)가 동하여 수효(水爻)로 변하고, 수효(水爻)가 동하여 토효(土爻)로 변하는 것을 효의 회두극(回頭剋)이라고 한다.

건태괘(乾兌卦)가 이괘(離卦)로 변하고, 이괘(離卦)가 감괘(坎卦)로 변하고, 감괘(坎卦)가 간곤괘(艮坤卦)로 변하고, 간곤괘(艮坤卦)가 진손괘(震巽卦)로 변하고, 진손괘(震巽卦)가 건태괘(乾兌卦)로 변하는 것을 괘의 회두극(回頭剋)이라고 한다.

회두극(回頭剋)을 만나면 철저하게 모두를 극해버리기 때문에 원신(原神)이나 용신(用神)이 회두극(回頭剋)을 만나면 흉하고, 기신(忌神)이나 구신(仇神)은 회두극(回頭剋)을 만나면 길해진다.

제3문. 용신(用神)을 생하는 것이 원신(原神)이고, 원신(原神)은 본래 주로 길한데 길한 가운데 흉하기도 합니까?

대답하기를 원신(原神)이 동하여 용신(用神)을 생하거나, 용신(用神)이 나타나 왕상(旺相)하면 그 길함이 배가 된다. 가령 용신(用神)이 순공(旬空)되고 쇠약하거나 복장(伏藏)되어 나타나지 않으면, 용신(用神)이 출순(出旬)·득령(得令)·치일(値日)이 될 때 구하는 것이 이루어진다. 가령 용신(用神)이 왕상(旺相)한데 원신(原神)이 휴수(休囚)되어 동하지 않거나, 동했더라도 극(剋)·절

(絶)·묘(墓)로 변하거나, 월파(月破)나 일충(日沖)되거나, 구신(仇神)이 동하여 원신(原神)을 극하거나, 일월이 상충(相沖)되거나, 퇴신(退神)으로 화하면 모두 용신(用神)을 생할 수 없고, 용신(用神)의 뿌리가 상한 것이니, 이롭지 않고 오히려 손해와 손실만 따른다.

제4문. 삼합(三合)이 팔괘(八卦)에서 성국(成局)한 것은 어떻게 판단합니까?

대답하기를 원신국(原神局)이나 용신국(用神局)이면 길하고, 기신국(忌神局)이나 구신국(仇神局)이면 흉하다. 성국(成局)은 당(黨)을 이룬 것을 말한다. 괘 중에서 동효(動爻)인들 감히 제하겠는가?

예를 들어 삼효(三爻)가 같이 발동해서 용신국(用神局)을 합성(合成)하더라도 반드시 한 효만이 용신(用神)이 되고, 원신국(原神局)을 합성(合成)하더라도 반드시 한 효만이 원신(原神)이 되며, 구신국(仇神局)이나 기신국(忌神局)이 합성(合成)하더라도 반드시 한 효만이 구신(仇神)이나 기신(忌神)이 된다. 그 중 중심이 되는 한 효를 근본으로 삼고, 병이 되거나 병에 관련된 효를 찾아 단정한다.

또 정(靜)한 효가 일충(日沖)을 만나면 암동(暗動)이라 하고, 동한 효가 공망(空亡)인데 충을 만나면 실(實)이라 하고, 월건(月建)에 충되는 것을 파(破)라고 한다. 그러나 그러한 충파(沖破)가 되면 상합(相合)되어야 길흉이 나타난다.

가령 하나의 효는 정한데 두 개의 효가 발동하면 반드시 하나의 정효(靜爻)와 같은 날이 와야 일의 길흉이 나타난다. 가령 하나의 효가 정한데 공망(空亡)되거나, 동하여 공망(空亡)되거나, 혹은 화하여 공망(空亡)되면 공망(空亡)이 나가는 시기에 길흉이 나타난다. 가령 공망(空亡)인데 합되었거나, 정한데 합되었거나, 동했는데 합되면 충하는 시기에 일의 길흉이 나타난다.

가령 스스로 화하여 합되거나 일진(日辰)과 합되면 스스로 묘(墓)가 되거나 일진(日辰)에 묘(墓)가 된다면 충되는 시기를 기다려야 한다. 이는 세 효가 같이 발동하고 두 효는 무병일 때 스스로 화하는 것을 가리킨다. 가령 스스로 화하여 절(絶)이 되거나 일진(日辰)의 절(絶)이 되었으면 반드시 생하는 시기를 기다려야 한다. 역시 한 효만 병이 있는 경우를 가리킨다.

제5문. 반음(反吟)의 흉에도 경중이 있습니까?

대답하기를 반음(反吟)괘를 얻었는데 용신(用神)이 충극(沖剋)의 변화가 없으면 비록 일이 반복되어도 원하는 것을 성취할 수 있다. 그러나 용신(用神)이 화하고 충극(沖剋)되면 만사가 대흉하다.

제6문. 복음(伏吟)의 흉에도 경중이 있습니까?

대답하기를 복음(伏吟)이란 우울함과 신음하는 형상이다. 내괘(內卦)가 복음(伏吟)이 되면 안이 불리하고, 외괘(外卦)가 복음(伏吟)이 되면 밖이 불리하다. 모든 점에서 순조롭지 못하고 동이든 부동이든 한탄·번뇌·신음이 있다.

구명(求名)점에서는 벼슬길이 오래 막혀 곤란하고, 구리(求利)점에서는 원금까지 사라지고, 분영(墳塋)이나 택사(宅舍)점에서는 옮기고자 해도 지키지 못하고, 구병(久病)에는 신음하고, 혼인은 이루기 어렵고, 관사는 얽혀 풀리지 않고 상대방에게 질질 끌려다닌다.

출행에는 장애가 있고, 행인은 밖에서 다른 공포로 우울하고, 피차의 세력점에서는 내괘(內卦)에서 복음(伏吟)이되면 내 마음대로 되지 않고, 외괘(外卦)에서 복음(伏吟)이 되면 타인의 뜻이 편안하기 어렵다. 길흉관계를 묻고자 하는 점은 용신(用神)의 생극(生剋)을 연구하고 기신(忌神) 복음(伏吟)의 관계를 잘 사용하여 길흉화복을 살펴야 한다.

제7문. 효가 순공(旬空)을 만났을 때 도저전공(到底全空)이 되는가 하면, 오히려 전실(塡實)이 되어 응(應)하고 불공(不空)된 것을 판단하려는데 오히려 도저공(到底空)이 되는 것은 무슨 까닭입니까?

대답하기를 생은 없고 극만 있으면 도저공(到底空)이라 하는데, 생함은 있으나 극이 없으면 때를 기다리면 쓰임이 있다. 괘에서 가장 흉한 것은 희용(喜用)하는 효가 순공(旬空)이 되는 것이고, 괘에서 가장 좋은 것은 기신효(忌神爻)가 순공(旬空)이 되는 것이다.

제8문. 월파(月破)의 효는 파(破)가 되어 쓸모없으나, 오히려 파(破)가 응하고 불파(不破)가 도리어 도저파(到底破)가 되어 쓸모 없는 것은 왜 그렇습니까?

대답하기를 신(神)의 기(機)는 파(破)에서 나타나는 것이고, 화복의 기반은 동에 있다. 동하여 생은 있고 극이 없는 파효(破爻)는 출파(出破)나 전실(塡實)이나 합파(合破)해야 유용하고, 안정한데 극이 있고 생이 없는 파효(破爻)는 도저파(到底破)가 되어 쓸모가 없다.

제9문. 용신(用神)이 나타나지 않으면 복신(伏神)이 어느 효 아래에 있는지, 득출(得出)했느냐 부득출(不得出)이냐를 어떻게 논합니까?

대답하기를 복신(伏神)이 득출(得出)하는 경우는 4가지다. 첫째는 일월이 생하는 것과 일월과 같은 것이고, 둘째는 비신(飛神)이 일월의 생조를 받아 왕상한데 비신(飛神)이 복신(伏神)을 생하거나 동효(動爻)가 생하는 것이고, 셋째는 일월(日月) 동효(動爻)가 비신(飛神)을 충극(沖剋)하는 것이고, 넷째는 비신(飛神)이 일진(日辰)에서 공망(空亡)·파(破)·휴수(休囚)·묘절(墓絶)되는 것이다. 이상 4가지 경우는 모두 유용한 복신(伏神)이다.

복신(伏神)이 부득출(不得出)하는 경우도 4가지가 있다. 첫째는 휴수(休囚)되어 무기하고 일월(日月)이 극한 것이고, 둘째는 비신(飛神)이 복신(伏神)을 극하는 것이고, 셋째는 복신(伏神)이 일월(日月)이나 비신효(飛神爻)에 묘절(墓絶)되는 것이고, 넷째는 복신(伏神)이 휴수(休囚)되었는데 순공(旬空)이나 월파(月破)되는 것이다. 이상의 4가지 경우는 모두 무용한 복신(伏神)으로, 있어도 없는 것과 같고 끝내 부득출(不得出)인 것이다. 무릇 용신(用神)이 왕상(旺相)할 때 순공(旬空)을 만나면 출공(出空)되는 날 나온다.

제10문. 진신(進神)과 퇴신(退神)은 동효(動爻)가 변출(變出)한 신이다. 길흉화복과 희기(喜忌)의 분별을 어떻게 논합니까?

대답하기를 길신은 진신(進神)이 되어야 좋고, 기신(忌神)은 퇴신(退神)이 되어야 좋다. 진신(進神)에는 3가지 법이 있다. 첫째는 왕상(旺相)한 것이 세(勢)를 타고 나가는 것이고, 둘째는 휴수(休囚)된 것은 때를 기다려 나가는 것이고, 셋째는 동효(動爻)나 변효(變爻)가 하나 있는데 공망(空亡)·파충합(破沖合)을 만나면 전보합충(塡補合沖)이 되기를 기다려 나가는 것이다.

퇴신(退神)에도 역시 3가지 법이 있다. 첫째는 왕상(旺相)한 것이나 일월 동효(動爻)가 생부(生扶)하는 점은 가까운 일은 잠시동안 그대로 있고 퇴하지 않는 것이고, 둘째는 휴수(休囚)된 것이 즉시 퇴하는 것이고, 셋째는 동효(動爻)나 변효(變爻)가 하나 있는데 공망(空亡)·파·충·합을 만나면 전보합충(塡補合沖)이 되기를 기다렸다가 퇴하는 것이다.

제11문. 충중봉합(沖中逢合)과 합처봉충(合處逢沖)은 길흉을 어떻게 판단합니까?

대답하기를 합이란 모인다는 뜻이고 충이란 흩어진다는 뜻이다. 충중봉합(沖中逢合)이란 처음에는 흩어졌다가 나중에 모이는 것이고, 처음에는 잃다가 나중에 얻는 것이며, 처음에는 담(淡)했다가 나중에 농(濃)한 것이다. 합처봉충(合處逢沖)은 이와 반대로 판단하면 된다.

제12문. 사생묘절(四生墓絶)의 길흉은 어떻게 판단합니까?

대답하기를 사생묘절(四生墓絶)을 판단하는 방법에는 3가지가 있다. 첫째 일진(日辰)으로 생묘절(生墓絶)되는 것이고, 둘째 비신효(飛神爻)로 생묘절(生墓絶) 되는 것이고, 셋째 동하여 변출(變出)된 것이다. 기신(忌神)이 장생(長生)을 만나면 화가 많이 생기고, 용신(用神)이 묘절(墓絶)되어도 구함이 있으면 흉하지 않다. 정한 법이 이와 같으니 활변함은 사람의 능력에 달려 있다.

제13문. 육충(六沖)과 육합(六合)은 어떻게 판단합니까?

대답하기를 사람이 미워하는 것은 충되는 것이고, 좋아하는 것은 합되는 것이다. 오직 병점에서는 근병과 구병을 구분하여 논하는데, 근병은 충되면 낫고 구병은 충되면 죽는다.

육합(六合)은 이와 반대이다. 육충괘(六沖卦)가 일진(日辰)과 상합(相合)하거나 변효(變爻)가 상합(相合)하면 충중봉합(沖中逢合)이라 하고, 육합괘(六合卦)에서 일진(日辰)과 상충(相沖)하거나 변효(變爻)와 상충(相沖)하면 합처봉충(合處逢沖)이라 한다.

예를 들어 기신(忌神)을 충하고 용신(用神)과는 합되는 것을 거살유은(去煞留恩)이라 하는데 여러 가지 길함이 있고, 용신(用神)을 충하고 기신(忌神)과는 합되는 것을 유살해명(留煞害命)이라 하는데 만사가 흉하다.

제14문. 삼형(三刑) 육해(六害)를 범하면 반드시 흉합니까?

대답하기를 삼형(三刑)이란 인신사(寅申巳)가 모두 있으면 형이 되고, 자묘(子卯) 둘만 있어도 형이 되고, 축미술(丑未戌)이 모두 있어도 형이 된다. 진오유해(辰午酉亥)는 진진(辰辰)·오오(午午)·유유(酉酉)·해해(亥亥)로 자형(自刑)이 된다.

삼형(三刑)이란 용신(用神)이 휴수(休囚)되고 타효의 극이 있는데 삼형(三刑)까지 겸하면 흉재가 나타난다. 괘중에 삼형(三刑)을 구전했더라도 부동(不動)하고 용신(用神)이 손상되지 않고 생부(生扶)함이 있으면 삼형(三刑) 작용은 없다. 육해(六害)에 대해서는 여러 차례 실험해보았으나 증험함이 없어 여기에 기록하지 않는다.

제15문. 독정(獨靜)과 독발(獨發)은 어떤 응험이 나타납니까?

대답하기를 오효(五爻)가 모두 동하는데 오직 한 효만 안정되면 독정(獨靜)이라 하고, 오효(五爻)가 모두 안정되었는데 오직 한 효만 발동하면 독발(獨發)이라 한다. 만약 괘중에서 육효(六爻) 가운데 한 효는 명동(明動)하고, 한 효는 일진(日辰)의 충을 만나면 독발(獨發)이라 하지 않는다.

그러나 육효(六爻)가 모두 안정되었어도 한 효가 일진(日辰)의 충을 만나 동하면 독발(獨發)이라 한다. 그러나 독정(獨靜) 독발(獨發)은 일의 성패에 대한 늦고 빠름을 보는 것에 불과하고, 길흉에 관해서는 용신(用神)을 추리하여 판단한다. 만일 용신(用神)을 보지 않고 판단하면 엉뚱한 판단을 할 것이다.

제16문. 괘의 진정(盡靜)과 진발(盡發)은 어떻게 판단합니까?

대답하기를 육효(六爻)가 모두 안정되고 일주(日主)에 충효(沖爻)가 없는 것을 진정(盡靜)이라 하고, 육효(六爻)가 모두 동한 것을 진발(盡發)이라 한다. 진정(盡靜)이란 봄에 꽃이 꽃술을 함유함과 같아 사람들은 그 묘함을 볼 수 없지만 한 번 우로가 촉촉히 내리면 꽃이 점점 피어나는 것과 같고, 진발(盡發)이란 온갖 화초가 활짝 피어 사람들이 그 요염한 아름다움을 볼 수 있으나 광풍이 한 번 휘몰아치면 갑자기 꽃이 손실을 입는다. 그러므로 정은 항상 아름다우나 동은 허물과 위험이 따른다.

제17문. 용신(用神)이 많을 때는 어떤 것을 취합니까?

대답하기를 경험에 의하면 한 효를 버리고 지세(持世)한 것을 사용하고, 권세가 없는 것을 버리고 월일과 같은 것을 사용하고, 안정된 효를 버리고 동요한 것을 사용하고, 파(破)되지 않은 효를 버리고 월파(月破)된 효를 사용하고, 공망(空亡)이 아닌 효를 버리고 순공(旬空)된 효를 용신(用神)을 삼는다. 천기는 병이 있는 곳에 진설되니 판단하는 방법은 모두 의약이 있는 곳에 있다.

제18문. 문복자가 성심으로 임하고, 판단하는 자가 정명했는데도 맞지 않는 것은 왜 그렇습니까?

대답하기를 그 까닭은 점치는 사람에게 있는 것이지 판단하는 사람에게 있는 것이 아니다. 점치는 사람이 성의를 다했으나 혹 비밀

스런 일을 다른 사람에게 말하기 어려운 사정이 있거나 혹 이것을
물으면서 생각은 다른데 있기 때문에 맞지 않는 것이다.

제2장. 18문답 실점

兄子 ▬▬ 應	
官戌 ▬▬▬	
兄亥 父申 ✕	
兄亥 ▬▬▬ 世	
官丑 ▬▬	
孫卯 ▬▬▬	

1. 병에 걸려 위독한 아우의 길흉이 어떻습니까?

水火旣濟 之 澤火革

辰月 丙申日 占

이 괘는 해수(亥水) 형제(兄弟)가 용신(用神)인데 진토(辰土)월이 극하고 신금(申金)일이 생하였다. 또한 신금(申金) 동효(動爻)가 형(兄)을 생하니 위험에 빠지나 구제함이 있다. 과연 본일 유(酉)시에 명의를 만나 살아났고, 해(亥)일에 완쾌되었다.

2. 소송에 걸린 아우의 길흉이 어떻습니까?

```
父未 ▬▬ ▬▬
兄申 兄酉 ○
孫亥 ▬▬▬▬▬ 應
兄酉 官午 ✕
父辰 ▬▬▬▬▬
財寅 ▬▬ ▬▬ 世
```

澤水困之雷風恒

午月 丁未日 占

유금(酉金) 형제(兄弟)가 용신(用神)인데 오화(午火)월이 극하고 미토(未土)일이 생하여 대적할 것 같다. 그러나 동출(動出)한 오화(午火) 월건(月建)과 상극(相剋)하여 대흉하다. 올해가 진(辰)년 태세(太歲)이니 상합(相合)되어 무방하나, 용신(用神) 유금(酉金)이 신(申)으로 퇴신(退神)이 되었다. 오(午)년 신(申)월에 액을 당하겠다고 판단했는데, 오(午)년 신(申)월에 중형을 받았다.

3. 여동생의 출산 길흉이 어떻습니까?

```
官巳 ▬▬▬▬▬
父未 ▬▬ ▬▬
兄酉 ▬▬▬▬▬ 世
財卯 ▬▬ ▬▬
官巳 ▬▬ ▬▬
父未 ▬▬ ▬▬ 應
```

火地晋

午月 戊辰日 占

유금(酉金) 형제(兄弟)가 용신(用神)이데 오화(午火)월이 극하고 진토(辰土)일이 생하니 별다른 문제는 없다. 명일 묘(卯)시에 반드시 출산할 것이고 모자가 모두 편안할 것이다. 묘(卯)는 유금(酉金)과 진(辰)일이 상합(相合)했기 때문이다.

황금책(黃金策)에 이르기를 합을 만나면 반드시 충거(沖開)되어야 한다고 했는데, 묘(卯)시가 되어야 합된 유금(酉金)을 충하기 때문이다. 이것이 월은 극하고 일이 생할 때 생극(生剋)이라도 미워할 것이 없다고 하는 것이다.

孫巳 財未 ✕

財未 官酉 ⃝

父亥 ▅▅ 世

官酉 ▅▅

父亥 ▅▅

財丑 ▬ ▬ 應

4. 자신의 병에 대하여 물었다.

澤風大過之火風鼎

巳月 乙未日 占

세효(世爻) 해수(亥水)가 용신(用神)인데 미토(未土)가 동하여 세(世)를 극하고 유금(酉金)이 동하여 세(世)를 생하였다. 이것을 탐생망극(貪生忘剋)이라 하는데 흉이 화하여 길해진다. 다만 일진(日辰)이 극하거나 월의 충을 만나면 좋지 않다. 비록 유금(酉金) 원신(原神)이 발동하여 상생(相生)하나 나무에 뿌리가 없는 것과 같아 생하여도 일어나지 못한다. 과연 묘(卯)일에 죽었다. 묘(卯)일은 원신(原神)인 유금(酉金)을 충거(沖去)하고, 기신(忌神)이 같이 와서 극해(剋害)했기 때문이다.

```
朱  財寅 ▬▬▬▬▬
靑  孫子 ▬▬ ▬▬ 世
玄  父戌 ▬▬ ▬▬
白  財卯 ▬▬ ▬▬
騰  官巳 ▬▬ ▬▬ 應
句  父未 ▬▬ ▬▬
```

5. 분지(墳地)의 길흉이 어떻습니까?

山地剝

申月 戊子日 占

일진(日辰)인 손(孫)이 지세(持世)했는데 월건(月建) 신금(申金)이 생하였다. 청룡(靑龍)이 수(水)를 희롱하니 수(水)는 반드시 좌측에서 돌아 혈(穴) 가까이에 큰 물이 있거나, 길게 흐르는 물이 땅에 이를 것이다. 백호(白虎)가 묘목(卯木)에 임하여 자묘인(子卯寅) 중간에 생을 띤 재효(財爻)가 임하여 장애가 없다. 응(應)은 조산(朝山)인데 화(火)에 속하니 세(世)에게 조산(朝山)이 극되어 조산(朝山)은 높지 않을 것이다. 세효(世爻) 앞이 술토(戌土)이니 마주한 안산(案山)이 되고, 술토(戌土) 안산(案山)이 세수(世水)를 극했으니 안산(案山)은 높을 것이다. 이곳에 장사지낸 후 3년이 안 되어 자식 둘이 모두 과갑에 올랐다.

```
兄戌  財子 ✕
      兄戌 ▬▬▬▬▬
父午  孫申 ✕ 世
      兄辰 ▬▬▬▬▬
      官寅 ▬▬▬▬▬
      財子 ▬▬▬▬▬ 應
```

6. 가택인구가 편안하겠습니까?

水天需之乾爲天

卯月 癸亥日 占

신금(申金) 손(孫)이 지세(持世)했는데 오화(午火)로 화하니 회두극(回頭

剋)이 되어 자신과 자손이 모두 극을 받는다. 자수재효(子水財爻)
가 술토(戌土)로 화하여 회두극(回頭剋)이 되는데, 재(財)는 처첩
과 노복이니 일가가 극을 받는다. 후에 오(午)월이 되어 화왕(火
旺)한데 세(世)를 극하고 토(土)를 도와주니 재(財)가 극된다. 재
(財)는 월파(月破)를 만나 가족 중에서 몇 명이 화재로 죽었다.

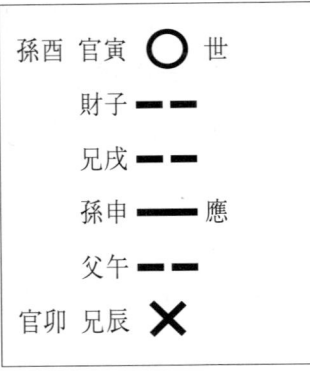

7. 개점의 길흉이 어떻습니까?

艮爲山之地火明夷

寅月 辛酉日 占

세(世)가 인목(寅木)에 임하고 월령
(月令)을 얻었으니 지금 개업해도 좋
다. 그러나 한편으로는 일주(日主)가
세(世)를 극하고 세(世)가 회두극(回頭剋)이 되었으니 귀(鬼)가 세
효(世爻)에 임한다. 이는 모름지기 질병을 방지해야 한다. 6월이 되
면 세(世)가 묘(墓)에 드는 때이니 방비해야 한다고 판단했는데,
과연 6월에 병을 얻었고 8월에는 가게에 도둑이 들어 손실이 컸다.
이는 모두 관(官)의 울림이다.

父戌 ▬▬▬
兄申 ▬▬▬ 應
官午 ▬▬▬
兄申 ▬▬▬
孫亥 官午 ✕ 世
父辰 ▬ ▬

8. 자신의 구병이 올해는 어떤지를 물었다.

天山遯之 天風姤

申月 戊午日 占

세효(世爻) 오화(午火)가 일진(日辰)에 임하여 왕상(旺相)하나, 신(申) 월건(月建)이 해수(亥水)를 생조(生助)하여 회두극(回頭剋)이 되었다. 이 사람은 해(亥)월 술(戌)일에 죽었는데, 해(亥)월은 오화(午火)는 일진(日辰)의 화(火)인데 해수(亥水)월에 득령(得令)하지 못하고 극이 되었기 때문이다. 그리고 술(戌)일인 것은 화고(火庫)가 술(戌)에 있기 때문이다.

兄卯 ▬▬▬
孫巳 ▬▬▬ 應
財未 ▬ ▬
父亥 ▬▬▬
兄寅 財丑 ✕ 世
兄卯 ▬▬▬

9. 한 사람이 상품을 파는 것에 대하여 물었다.

風火家人之 風天小畜

卯月 乙未日 占

축토(丑土) 재효(財爻)가 지세(持世)하고 묘목(卯木)월이 극하며 미(未)일이 충했다. 이러한 경우를 산(散)이라고 한다. 또 재축(財丑)이 인목(寅木)으로 화하여 회두극(回頭剋)이 되었으니 재(財)만 극되는 것이 아니라 세(世)도 상했다. 후에 미(未)월이 되자 세(世)가 월파(月破)를 만나 화재로 죽었다.

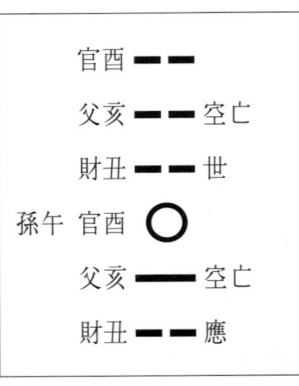

官酉 ▬ ▬
父亥 ▬ ▬ 空亡
財丑 ▬ ▬ 世
孫午 官酉 ○
父亥 ▬▬▬ 空亡
財丑 ▬ ▬ 應

10. 비가 언제 오겠습니까?

地風升之地水師

酉月 丙寅日 占

해수(亥水) 부효(父爻)가 용신(用神)인데 순공(旬空)을 만났다. 유금(酉金) 관귀효(官鬼爻)는 원신(原神)인데 오화(午火)로 화하여 회두극(回頭剋)이 되었으니 열흘 내에는 비가 오지 않는다. 자(子)일이 되면 몇 방울 내리겠다. 자(子)일은 오화(午火) 구신(仇神)을 충거(沖去)하기 때문이고, 조금 내리는 것은 순공(旬空)에 들어 뿌리가 없기 때문이다.

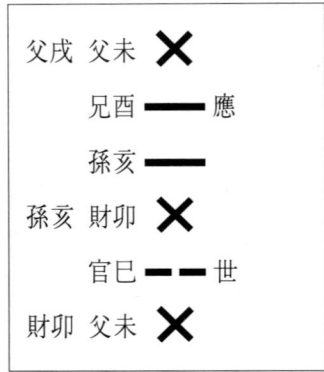

父戌 父未 ✕
兄酉 ▬▬▬ 應
孫亥 ▬▬▬
孫亥 財卯 ✕
官巳 ▬ ▬ 世
財卯 父未 ✕

11. 아버지의 관사가 어떻습니까?

澤地萃之天火同人

卯月 戊辰日 占

외괘(外卦)의 미토부(未土父)를 묘목(卯木)월이 극하고 토(土)가 봄을 만나 극되니 기가 패하는데, 또 해묘미

(亥卯未) 목국(木局)을 이루어 부토(父土)를 극하니 전혀 구조됨이 없다. 반드시 중죄가 닥칠 것으로 판단했는데 후에 참사당했다.

12. 하인이 언제 돌아오겠습니까?

澤天夬之天澤履

巳月 丁亥日 占

해수(亥水) 재효(財爻)가 용신(用神)이고, 해수(亥水)는 비록 월파(月破)되지만 일건(日建)이니 월파(月破)라고 하지 않는다. 다만 토(土)가 동함이 중중하니 손상됨이 있다. 속담에 두 주먹으로 대적이 안 되면 네 손으로 상대하라는 말이 있다. 언제 돌아온다고 기약하기 어렵고, 돌아오는 중에 예측하지 못한 재액을 당한다. 오(午)월에 이르러 왕한 화(火)가 미토(未土)와 합하여 토(土)를 도울 때 중도에서 해를 당하여 죽었다.

13. 자신의 병에 대하여 물었다.

離爲火之坎爲水

午月 丙寅日 占

이화(離火)가 감수(坎水)로 변하니 회두극(回頭剋)이 되었다. 사화(巳火)

세효(世爻)가 동하여 자수(子水)로 변하니 회두극(回頭剋)을 당하여 반음(反吟)이 된 것이다. 오(午)월 화왕(火旺)할 때는 일주(日主)가 생부(生扶)하여 지금은 장애가 없지만 겨울이 되면 위험하다. 이 사람은 술(戌)월 정해(丁亥)일에 사망했다. 술(戌)월은 세(世)가 입묘(入墓)되는 달이기 때문이고, 해(亥)일은 세효(世爻)인 사화(巳火)를 극충(剋沖)하는 날이기 때문이다.

14. 색방가(索房價)에 대하여 물었다.

坎爲水之坤爲地

卯月 乙酉日 占

```
兄子 ▬ ▬ 世
兄亥 官戌  ○
    父申 ▬ ▬
    財午 ▬ ▬ 應
財巳 官辰  ○
    孫寅 ▬ ▬
```

감괘(坎卦)가 곤괘(坤卦)로 변하니 회두극(回頭剋)이 되었다. 세효(世爻)가 비록 일의 생을 얻었으나 양중토(兩重土)가 동하여 상하니 좋지 않다. 이 괘는 매우 흉하여 방가사(房價事)는 작을 뿐 아니라 예측하지 못한 재화가 따른다. 이 사람은 오(午)월에 배가 뒤집혀 죽었다. 오(午)월은 진술토귀(辰戌土鬼)가 춘령에서 나서 화(火)를 만나 위엄이 증가되었고, 세(世)가 월충(月沖)에 임했기 때문이다. 이 점은 방가하였으나 그의 수명을 증험하는 것은 신이 흉함을 예보하여 점은 이쪽 저쪽으로 가볍게 점쳤어도 응함은 중한 것이다.

15.

```
官卯  ▬▬▬
財子 父巳  ○
兄未  ▬ ▬ 世
兄丑  ▬ ▬
官卯  ▬▬▬
父巳  ▬▬▬ 應
```

15. 구제(具題)에 대하여 물었다.

風澤中孚之山澤損

申月 戊辰日 占

오위(五位)의 사화(巳火)가 세(世)를 생하지만 동하여 자수(子水)가 되니 회두극(回頭剋)이 되어 구제(具題)에 좋지 않다. 사화(巳火)가 비록 생할 수는 없지만 다행히 괘중에 동효(動爻)가 세(世)를 극하지 않으니 이로울 것도 해로울 것도 없다. 그후 시험에 합격하지 못했다.

16.

```
財酉 兄巳  ○
     孫未  ▬ ▬
孫丑 財酉  ○ 應
     財申  ▬▬▬ 亥官伏
     兄午  ▬ ▬
父卯 孫辰  ✕ 世
```

16. 큰 계획이 걱정되어 점쳤다.

火山旅之地火明夷

寅月 丁巳日 占

손(孫)이 지세(持世)했는데 동하여 회두극(回頭剋)이 되었다. 다만 세위(世位)가 임한 세(世)는 자신이니 극되면 좋지 않다. 비록 금국(金局)이 생부(生扶)하나 은복(隱伏)된 관(官)이 탈이 없다고 할 수 없다. 후에 삭탈관직되었다고 한다.

17. 남편의 근병에 대하여 물었다.

天火同人之離爲火

申月 戊辰日 占

세효(世爻) 해수(亥水)가 용신(用神)인데 진(辰)일에 묘(墓)가 되었으니 어찌 흉하게 않겠는가. 그나마 다행한 것은 신금(申金) 원신(原神)이 동하여 용신(用神)을 생하고, 화출(化出)된 미토(未土)가 원신(原神)을 생조(生助)하고, 술토(戌土)가 암동(暗動)하여 원신(原神)을 생조(生助)하니 부성(夫星)인 해수(亥水)의 근체가 견고하고 깊은 것이다. 그러나 해수(亥水)가 순공(旬空)에 있어 그 생을 받지 못하니, 반드시 사(巳)일을 기다려 해수(亥水)를 충기(沖起)시켜야 병이 낫는다. 과연 기사(己巳)일에 완쾌되었다.

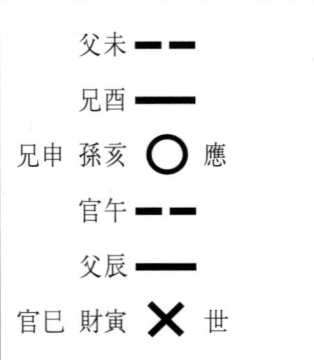

18. 풍수에 대하여 물었다.

澤水困之水澤節

卯月 甲寅日 占

이 괘는 육합(六合)이 되었으니 바람을 감추고 기운이 모였다. 다만 해수(亥水)와 신금(申金)이 일진(日辰)에게 충되었다. 신(申)은 수(水)의 원신(原神)이니 원류수(源流水)가 귀조(歸漕)하지 못했기 때문이다. 만약 수(水)를 귀조(歸漕)시켜도 방류에 이르지 않으면 사(巳)년에 궁전의 섬돌 맨 위 붉은칠을 한 회랑 단지에 재배하면 신(申)년에 자식을 낳을 것이다. 사(巳)년은 세상의 인목(寅木)이 동하여 관성(官星)이 되는 해이고, 신(申)년은 해수(亥水) 손(孫)이 신금(申金)으로 동하여 회두생(回頭生)이 되기 때문이다.

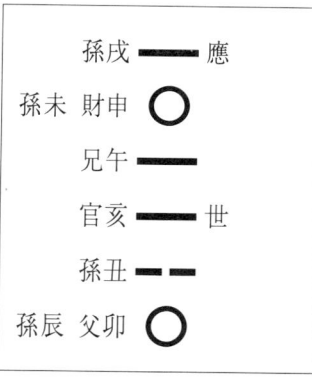

19. 자신의 근병에 대하여 물었다.

天火同人之火山旅

丑月 戊子日 占

자신의 병점은 세(世)가 용신(用神)이다. 세효(世爻) 해수(亥水)를 자(子)일이 공(拱)하고, 신금(申金) 원신(原神)이 동하여 세(世)를 생하니 죽지는 않는다. 그러나 신금(申金)이 미토(未土)로 화하여 월파(月破)와 순공(旬空)이 되어 원신(原神)이 뿌리가 없다. 지금은 장애가 없으나 봄이 되면 위태롭다고 판단했는데, 입춘일에 사망했다. 정월은 신금(申金) 원신(原神)이 월충(月沖)이 되고, 춘월은 목왕(木旺)하여 미토(未土)가 극되었기 때문이다.

20. 아버지의 병환에 대하여 물었다.

地風升之地水師

寅月 乙丑日 占

```
       官酉 ▬▬ ▬▬
空亡  父亥 ▬▬ ▬▬
       財丑 ▬▬ ▬▬ 世
孫午 官酉  〇
空亡  父亥 ▬▬▬▬▬
       財丑 ▬▬ ▬▬ 應
```

해수(亥水) 부효(父爻)가 용신(用神)이다. 순공(旬空)을 만나고 유금(酉金) 원신(原神)이 동하여 생하니 장애가 없다. 그러나 유금(酉金)이 화출(化出)한 오화(午火)에게 회두극(回頭剋)되니, 원신(原神)이 상하여 용신(用神)이 뿌리가 없어졌다. 이 사람은 묘(卯)일 묘(卯)시에 죽었다. 묘(卯)일 묘(卯)시는 오화(午火)를 생조해 원신(原神)을 충극(沖剋)하기 때문이다.

21. 두 마을이 용두레로 물을 퍼올리는 일로 싸운 물싸움 문제를 물었다.

離爲火之坤爲地

卯月 丁巳日 占

```
財酉 兄巳  〇  世
       孫未 ▬▬ ▬▬
孫丑 財酉  〇
父卯 官亥  〇  應
       孫丑 ▬▬ ▬▬
孫未 父卯  〇
```

내괘(內卦)가 우리 마을, 외괘(外卦)가 다른 마을이다. 내괘(內卦)는 해묘미(亥卯未)로 목국(木局)이고, 외괘(外卦)는 사유축(巳酉丑)으로 금국(金局)이니, 금(金)이 목(木)을 극했다. 다행히 쇠한 금(金)이 왕한 목(木)을 극하지 못하고, 일주(日主)가 금(金)을 제하니 두렵지 않다. 또 육충(六沖)이 육충(六沖)으로 변하니 잘못되지 않는다. 내외 양국으로 합성되어 피아의 구분이 동하지 않고 성국(成局)되지도 않아, 곧 세응(世應)을 만나면 합국(合局)하니 별 일 없다.

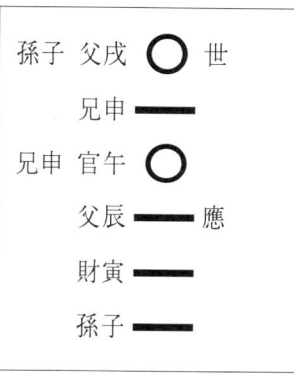

22. 결함을 보충하여 제출을 도모하고자 점을 쳤다.

乾爲天之水天需

巳月 丁酉日 占

인오술(寅午戌) 삼합(三合)으로 관국(官局)이 되어 세(世)를 생하니 이 결함은 반드시 내괘(內卦)에서 얻을 수 있다. 인(寅)자가 발동하지 않았으니 인(寅)일에 제출할 수 있다. 이것은 하나의 허(虛)를 기다렸다가 쓰는 것이다.

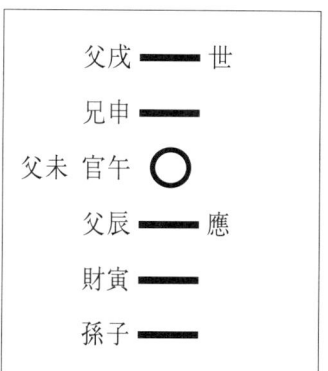

23. 선기에 대하여 물었다.

乾爲天之風天小畜

寅月 丙辰日 占

이 괘는 술효(戌爻)가 암동(暗動)하고 인효(寅爻)가 발하여 명동(明動)하는 것과 같다. 오화(午火) 관성(官星)이

미토(未土)로 화하여 오미(午未)로 합했으니 충개(沖開)하는 날을 기다려야 한다. 오화(午火)가 명동(明動)하고 술토(戌土)가 암동(暗動)하여 삼합(三合) 관국(官局)을 이루었는데 인(寅)자가 혼자 동해야 하니 인(寅) 월건(月建)을 빌려 쓰면 삼합(三合)을 이루어 이 달에 반드시 선택한다.

24. 변복(辨復)에 대하여 물었다.

澤地萃之澤火革

辰月 丁亥日 占

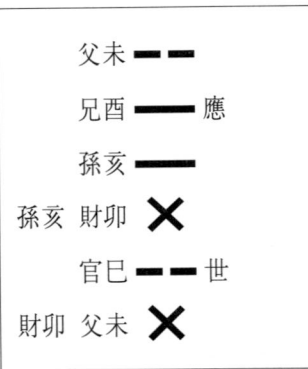

사화(巳火) 관성(官星)이 지세(持世)했는데 역마(驛馬)가 임하여 암동(暗動)하니 곧 변복(辨復)이 있겠다. 내괘(內卦)의 해묘미(亥卯未)가 합하여 재국(財局)이 되어 원신(原神)이 세(世)를 생한다. 미토(未土)가 순공(旬空)에 드니 반드시 미(未)월을 기다려야 한다. 미(未)월은 공망(空亡)이 실(實)해지는 달이기 때문이다.

父戌 ▬▬ 世
孫子 兄申 ○
父戌 官午 ○
父辰 ▬▬ 應
父丑 財寅 ○
孫子 ▬▬▬

25. 아버지의 급병이 어떻습니까?

乾爲天之山火賁

丑月 己卯日 占

세효(世爻) 술토(戌土) 부모(父母)가 용신(用神)이다. 근병에는 일합(日合)되는 것이 좋지 않은데, 다행히 인오술(寅午戌)이 합하여 화국(火局)을 이루어 용신(用神)을 생하니 무방하다. 다만 술효(戌爻)가 합되었으니 명일(明日) 진(辰)일에 합이 충을 만나면 병이 낫는다.

財酉 兄巳 ○ 世
孫未 ▬▬
孫丑 財酉 ○
官亥 ▬▬▬ 應
孫丑 ▬▬ 空亡
父卯 ▬▬▬

26. 숙모의 병에 대하여 물었다.

離爲火之地火明夷

丑月 戊午日 占

묘목(卯木) 부모효(父母爻)가 용신(用神)이다. 외괘(外卦)에 사유축(巳酉丑)으로 금국(金局)을 이루어 용신(用神)을 극했다. 일합(日合) 축토(丑土) 순공(旬空) 내에는 무방하지만 을축(乙丑)일의 위험을 준비해야 한다. 이 사람의 숙모는 축(丑)일 유(酉)시에 죽었다. 축(丑)일은 순공(旬空)이 나가는 날이기 때문이다.

27. 자식이 언제 돌아오겠습니까?

火澤暌之 火水鼎

未月 戊申日 占

내괘(內卦)는 사유축(巳酉丑) 금국(金局)을 이루어 용신(用神)이 되었다. 축토(丑土)는 월파(月破)에 놓였으니 입추 후 갑자(甲子)일에 돌아올 것이다. 입추 후로 보는 것은 축토(丑土)가 월파(月破)되었는데 미(未)월이 지나면 월파(月破)를 벗어나기 때문이고, 갑자(甲子)일은 월파(月破)에서 합을 만나야 하기 때문이다.

```
父巳 ━━━
兄未 ━ ━
孫酉 ━━━  世
孫酉 兄丑 ✕
官卯 ━━━
兄丑 父巳 ○  應
```

28. 아버지가 언제 돌아오시겠습니까?

山天大畜之 乾爲天

巳月 丙申日 占

인오술(寅午戌) 삼합(三合)으로 화부국(火父局)을 이루었다. 인(寅)이 혼자 정하나 일충(日沖)이 되고 또 신(申)일에 절(絶)되니 기해(己亥)일에 돌아올 것이다. 기해(己亥)일은 충하는 가운데 합을 만나고, 절처(絶處)에서 생을 만나기 때문이다.

```
官寅 ━━━  日沖
孫申 財子 ✕  應
父午 兄戌 ✕
兄辰 ━━━
官寅 ━━━  世
財子 ━━━
```

兄卯	父子 ✕	
空亡	財戌 ▬▬ 世	
	官申 ▬ ▬	
財丑	官酉 ○	
空亡	父亥 ▬▬ 應	
孫巳	財丑 ✕	

29. 탄핵을 방비할 수 있겠습니까?

水風井之風澤中孚

丑月 戊辰日 占

이 사람은 새로 무군을 바꾼 일로 탄핵이 따를까 염려되어 방책을 물었다. 이 괘는 매우 기이하다. 세(世)가 공망(空亡)인데 일충(日沖)을 만나 공망(空亡)이 되지 않는다. 세(世)가 극되지 않으면서 암동(暗動)하니 참론은 없어도 이임은 면할 수 없다. 세효(世爻)가 암동(暗動)하니 주(主)가 동요하기 때문이다. 내괘(內卦)가 사유축(巳酉丑) 삼합(三合) 금국(金局)을 이루어 응(應)을 생하니, 이 자리는 이미 다른 사람에게 넘어갔다.

	兄寅 ▬▬ 朱	
官申	父子 ✕ 青	
孫午	財戌 ✕ 世玄	
	財辰 ▬ ▬ 白	
	兄寅 ▬ ▬ 騰	
	父子 ▬▬ 應句	

30. 조장(造葬)해도 되겠습니까?

山雷頤之天雷无妄

寅月 戊午日 占

세효(世爻) 술토(戌土)가 봄을 만나 휴수(休囚)되었으나, 오화(午火) 손(孫)으로 화하여 회두생(回頭生)이 되었다. 일진(日辰) 월건(月建)과 인오술(寅午戌) 삼합(三合)을 이루고, 청룡(靑龍)이 수(水)에 임하여 신장생(申長生)으로 화하니 수원이 매우 멀다. 반드시 좌에서 입수(入首)했으나 월파(月破)되고, 자수(子水) 일진(日辰)과 충산(沖散)되어 이 물은 어떤 때는 마르기도 한다. 괘중에 일월 세(世)와 손(孫)이 같이 삼합(三合)을 이루어 망자는 편안하고 생자는 즐거우니 장사지내면 반드시 발복할 것이다. 진(辰)년에 장사지냈는데 유(酉)년에 손자가 차석으로 등과했고, 자(子)년에는 차손이 향방에 등과했다.

31. 어느날 비가 그치겠느냐고 물었다.

火水鼎 之 火澤暌

巳月 甲辰日 占

옛법에는 부(父)가 은복(隱伏)되었는데 공망(空亡)되면 비가 내리지 않고, 재(財)와 복덕손(福德孫)이 동하면 청명하다고 하나 지금은 그렇지 않다. 사유축(巳酉丑) 삼합(三合)하여 재국(財局)을 이루어 부(父)를 극할 때 부(父)가 공망(空亡)되지 않으면 그 극을 받아 비가 오지 않는다. 지금은 은복(隱伏)되고 또 공망(空亡)되었으니 극을 피해도 비를 그치게 할 수는 없다. 묘(卯)일을 기다려 출투(出透) 출공(出空)되어야 극이 되어 비가 그친다. 갑인(甲寅)일이 되자 비가 더 많이 오고, 묘(卯)일에는 날씨가 매우 맑았다. 인(寅)일은 비록 출공(出空)되지만 인(寅)은 괘중에 싣지 않았으니 극을 받지 않아 큰 비가 내린 것이다.

```
兄寅 財戌 ✖ 應
     官申 ▬ ▬
財戌 孫午 ◯
     官酉 ▬▬▬ 世
     父亥 ▬▬▬
     財丑 ▬ ▬
```

32. 아내가 계에 나가면 얻는 것이 있
겠습니까?

雷風恒之山風蠱

酉月 辛卯日 占

옛법으로는 재(財)가 동하고 복덕(福
德)이 생하면 이 모임은 반드시 득이
있다고 하나 지금은 그렇지 않다. 응(應)의 재(財)는 재(財)가 아
니라 이웃 사람의 아내이다. 인오술(寅午戌) 삼합(三合)으로 화국
(火局)을 이루어 응(應)을 생하고 세(世)를 극하는데 묘(卯)일이
응(應)과 합하고 세(世)를 충한다. 이것은 나에게는 무정하고 타인
에게 유정한 것이니 이웃사람의 아내가 회(會)를 얻은 것이다.

```
     財子 ▬ ▬ 應
     兄戌 ▬▬▬
     孫申 ▬ ▬
孫酉 官卯 ✖ 世
財亥 父巳 ✖
     兄未 ▬ ▬
```

33. 관을 따라 임지에 가면 어떤가요?

水地比之水風井

卯月 壬申日 占

세(世)가 묘(卯)에 임하고 유금(酉金)
으로 화하여 내괘(內卦)를 극충(剋
沖)하니 반음(反吟)이 되어 불길하니
가지 않는 것이 좋다. 후에 관부(官府)의 첨(籤)으로 득결(得缺)하
니 이곳은 적영(賊營)에서 가까워 가지 않았다. 나중에 다른 일로

그곳에 가보니 7월에 성벽이 무너지고, 관부가 해를 입었다. 대개 관(官)과 같이 해를 입는 것은 관효(官爻)가 유금(酉金)의 충극(沖剋)을 받기 때문이다. 그리고 나중에 가본 것은 내괘(內卦)가 반음(反吟)이 되었기 때문이다.

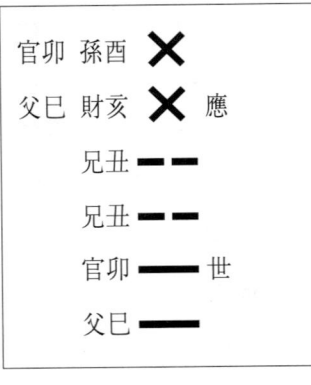

34. 승진하겠습니까?

地澤臨之風澤中孚

卯月 乙亥日 占

세(世)가 묘목(卯木) 월건(月建) 관성(官星)에 임하고 일(日)에서 장생(長生)을 얻었다. 세(世)와 관성(官星)이 왕지(旺地)에 임하니 승진한다. 과연 그 달에 강서에서 산동으로 승진임명되었고, 산동에 가기 전에 다시 강서로 임명되었다. 외괘(外卦)가 반음(反吟)이 되어 나갔다가 다시 돌아온 것이다.

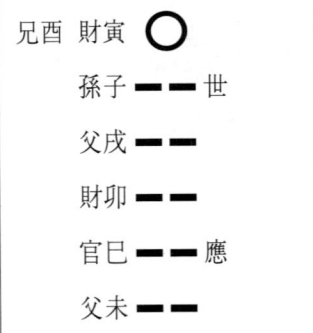

35. 형수의 병이 재발했는데 길흉이 어떻습니까?

山地剝之坤爲地

未月 丁巳日 占

외괘(外卦)에서 간(艮)이 변하여 곤

(坤)이 되니 곧 반음(反吟)괘가 되었다. 분명한 것은 병이 나았다가 다시 든 것이다. 인목(寅木) 용신(用神)이 유금(酉金)으로 화하여 회두극(回頭剋)이 된 것은 좋지 않을 뿐 아니라, 미(未)월에 묘(墓)가 되고 일진(日辰)이 형되어 신(申)일에 위태롭다고 판단했는데 신(申)일에 죽었다.

```
兄卯 ▬▬▬
孫巳 ▬ ▬
孫午 財未 ✕  應
財辰 ▬▬▬
兄寅 ▬▬▬
父子 ▬▬▬ 世
```

36. 예전에 갔던 곳에 가서 장사를 하면 이득이 있겠습니까?

風天小畜之乾爲天

巳月 戊申日 占

소축괘(小畜卦)가 변하여 건(乾)이 되었으니 반음(反吟)이다. 기쁜 것은 세(世)와 재효(財爻)가 일에 장생(長生)된 것이다. 이곳을 가리키는 점은 응효(應爻)로 목적지를 삼는다. 그런데 오화(午火)가 임하여 회두생(回頭生)이 되고 오미합(午未合)이 되었다. 지난 번 이익에 비하면 배는 될 것이라고 판단했는데, 이 사람은 세 차례나 그곳을 오가며 이익을 냈다.

官酉 兄卯 ○ 世
父亥 孫巳 ○
財未 ▬ ▬
官酉 ▬▬▬ 應
父亥 ▬▬▬
財丑 ▬ ▬

37. 분지(墳地)에 관하여 물었다.

巽爲風之地風升

卯月 戊子日 占

세(世)가 혈(穴)인데 월건(月建)에 임하고, 자(子)일이 생하여 길지로 본다. 그러나 효가 변하여 반음(反吟)이 된 것이 걸린다. 손(孫)과 세(世)가 모두 충극(沖剋)되었으니 그곳에 장사를 지내면 안된다. 문복자가 말하기를 오래 전에 큰 돈을 들여 만들었는데 지사들도 모두 좋은 자리라고 했다고 한다. 그러나 그곳에 장사를 지냈는데 4년 안에 2남1녀와 자신까지 연달아 죽었다.

財戌 財戌 ○
官申 官申 ○
孫午 ▬▬▬ 世
財辰 財辰 ✕
兄寅 兄寅 ✕
父子 ▬▬▬ 應

38. 군사가 몰려오는데 가족이 어디로 피난해야 좋겠습니까?

天雷无妄之雷天大壯

申月 乙卯日 占

내외괘(內外卦)가 모두 복음(伏吟)이니 우울함이 풀리지 않는다. 그러나 세효(世爻) 오화(午火) 손(孫)이 자신이고, 응효(應爻) 자수(子水) 부모(父母)가 부모인데, 월건(月建)이 응(應)을 생하고, 일진(日辰)이 세(世)를 생하며, 세응(世應)이 안정되어 부모와 자신에게는 장애가 없다. 그러나 인목(寅木) 형제효(兄弟爻)가 복음(伏吟)이 되고 월파(月破)를 당하니 형제에게 액이 따른다.

　문복자가 서방에 있는 친가에 부모님이 계시는데 해로움이 없겠냐고 묻길래, 서방은 금(金)에 속하니 부모(父母)를 생부(生扶)하여 아무런 근심이 없으니 그대나 동방으로 피신하라고 했다. 동방은 목(木)이니 화(火)를 생하여 손지세(孫持世)하니 형제와 아내, 하인들을 데리고 가면 무사할 것이다. 그는 가족을 데리고 동방으로 가서 편안했으나 그의 아우는 부모님을 모시러 가다가 군사에게 붙잡혀 해를 당했다.

```
父戌  父戌  ○
兄申  兄申  ○
      官午 ━━━━ 應
      兄酉 ━━━━
      孫亥 ━━━━
      父丑 ━━ ━━ 世
```

39. 아버지가 임지에서 평안하신지요?
天風姤之 雷風恒
申月 甲午日 占

외괘(外卦)가 복음(伏吟)이 되었으니 재임 중에 반드시 사고가 있으나, 일진(日辰)이 부(父)를 생하니 다른 일은 걱정이 없다. 그러나 복음(伏吟)이 되었으니 올해는 돌아오고 싶어도 안 된다. 내년 진(辰)월에 평정되면 재결(裁缺)되었다가 오(午)월에 복보(覆補)된다. 진(辰)월은 술부(戌父)가 복음(伏吟)되고 파(破)를 만나기 때문이고, 오(午)월은 일진(日辰) 관성(官星)이 용신(用神)을 돕고 생하니 득시(得時)하여 왕하기 때문이다.

財戌 ——
官申 ——
孫午 —— 世
財辰　財辰 ✕
兄寅　兄寅 ✕
父子 —— 應

40. 객지에 있는 사람이 집안의 안부를 물었다.

天雷无妄之乾爲天

寅月 乙卯日 占

내괘(內卦)를 가중(家中)으로 하는데 이미 복음(伏吟)이 되어 신음할 일이 생겼을 것이다. 인(寅)월과 묘(卯)일이 함께 진토(辰土) 재효(財爻)를 극하니 처첩과 노복에게 일이 있을 것이다. 아내가 궁금하다기에 다시 작괘하였다.

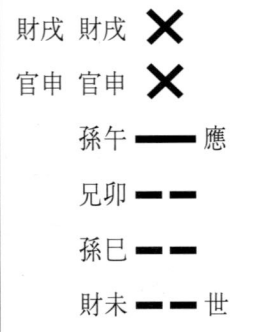

雷地豫之天地否

술토(戌土) 재효(財爻)가 또 복음(伏吟)되었는데 월일이 상극(相剋)하니 반드시 큰 액이 있을 것이다. 일진(日辰)이 술(戌)과 합하여 지금은 인묘(寅卯)가 모두 극해도 무방하나, 진(辰)월이 되면 복음(伏吟)이 또 월충(月沖)되니 피하기 어렵다. 과연 3월에 그의 아내가 세상을 떠났다.

```
          兄卯 ▬▬▬ 應
          孫巳 ▬▬▬
          財未 ▬ ▬
空亡   財辰 ▬ ▬ 世
          兄寅 ▬ ▬
          父子 ▬▬▬
```

41. 재물을 얻을 수 있겠습니까?

風雷益

巳月 戊戌日 占

진토(辰土) 재효(財爻)가 지세(持世)했는데 순공(旬空)되고 술(戌)일이 충했다. 공망(空亡)을 충하면 일어난다는 원칙에 따라 오늘 바로 재물을 얻을 것이다. 오늘인 술(戌)일은 재성(財星)인데 나를 충했기 때문이고, 이것은 공망(空亡)을 충한 것이 유용하기 때문이다.

```
          官未 ▬ ▬
          父酉 ▬▬▬
空亡   兄亥 ▬▬▬ 世
空亡   兄亥 ▬▬▬ 午財伏
          官丑 ▬ ▬
          孫卯 ▬▬▬ 應
```

42. 하인이 언제 돌아오겠습니까?

澤火革

亥月 甲子日 占

은복(隱伏)된 오화재(午火財)가 용신(用神)인데 일월(日月)에게 극을 당했으니 길흉을 따질 필요도 없이 흉하다. 돌아오는 것은 세(世)가 공망(空亡)되면 지연된다. 기신(忌神)이 순공(旬空)되어 순내(旬內)에는 반드시 도착하니 기사(己巳)일에는 반드시 돌아올 것이다. 사(巳)일은 사화(巳火) 역시 재성(財星)이고, 그 비신(飛神)을 충하니 은복(隱伏)된 것이 노출되기 때문이다. 황금책(黃金策)에 이르기를 공망(空亡) 밑에 은복(隱伏)된 복신(伏神)은 이끌어 내기가 쉽다는 말이 있는데 바로 이것을 가리키는 것이다.

43. 귀인을 만나 재물을 구하는 것이 어떻습니까?

天火同人

申月 丁卯日 占

해수(亥水) 관성(官星)이 지세(持世)하고 순공(旬空)이 되었으니 순공(旬空)이 나가는 해(亥)일에 반드시 귀인을 만난다. 월건(月建) 재효(財爻)가 세(世)를 생하니 재리는 마음처럼 순조롭다. 이것은 공망(空亡)이 나가는 때를 기다려 유용한 까닭이다.

44. 혼인이 성사되는지를 물었다.

雷風恒之火水鼎

子月 癸酉日 占

세(世)는 관(官)이요 응(應)은 재(財)이니 득지(得地)한 것이다. 이제 술토(戌土) 재효(財爻)는 순공(旬空)인데

사화(巳火)로 화하여 회두생(回頭生)이 되었다. 동을 생하여 불공
(不空)이 되니 다음 날인 갑술(甲戌)일에 청혼하면 반드시 승락할
것이다. 정한 축재(丑財)가 자(子)월과 합하고 유(酉)일과 합한 것
도 성사될 것을 암시한다.

45. 아내의 병이 언제 낫겠습니까?
澤地萃之水地比
午月 癸丑日 占

```
父未 ▬ ▬
兄酉 ▬▬▬ 應
兄申 孫亥 ○
空亡 財卯 ▬ ▬
官巳 ▬ ▬ 世
父未 ▬ ▬ 沖
```

묘목(卯木) 재효(財爻)가 용신(用神)
인데 순공(旬空)을 만났고, 해수(亥
水) 원신(原神)이 상생(相生)하니 다
음 날 반드시 나을 것이다. 옆에 있던 사람이 묘효(墓爻)가 순공
(旬空)이니 묘(卯)일로 판단해야지 왜 인(寅)일이냐고 한다. 갑인
(甲寅)일이 들어서면 묘목(卯木)이 이미 출공(出空)된 것이고, 인
목(寅木) 역시 용신(用神)이기 때문이다. 과연 하루가 지난 갑인
(甲寅)일에 병이 나았다.

46. 자식이 아픈데 언제 낫겠습니까?

天風姤之 天雷无妄

寅月 庚戌日 占

해수(亥水) 손(孫)이 인목(寅木)으로 화하여 순공(旬空)이 되었다. 근병은 공망(空亡)을 만나면 곧 낫는다. 다만 해수(亥水)가 인목(寅木)으로 화하여 순공(旬空)이 되어 유금(酉金)의 생을 받지 못하니 인(寅)일을 기다려야 한다. 공망(空亡)이 되어 공망(空亡)이 나가기 때문이다.

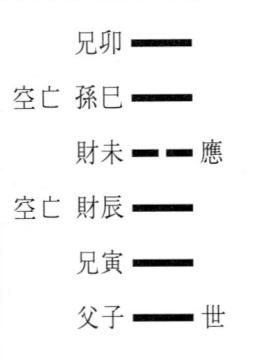

47. 재물이 언제 들어오겠습니까?

風天小畜

未月 庚子日 占

미(未)월이 지재(持財)했으니 이 달 안에 반드시 들어온다. 조 진토(辰土)가 순공(旬空)이 되니 재물을 얻을 것이다. 이는 공망(空亡)되지 않은 미토(未土) 재(財)를 버리고 공망(空亡)된 진토재(辰土財)에 응(應)하기 때문이다.

48. 장모의 근병이 어떻겠습니까?

地水師之地風升

酉月 庚辰日 占

```
空亡 父酉 ▅▅ 應
    兄亥 ▅▅
    官丑 ▅▅
父酉 財午 ✕ 世
    官辰 ▅▅▅
    孫寅 ▅▅
```

유금(酉金) 부모(父母)가 순공(旬空)되었는데 근병은 공망(空亡)을 만나면 곧 낫는다. 그러나 일진(日辰)과 진유합(辰酉合)이 되어 근병은 합을 만나면 곧 죽는다. 다만 세(世)가 기신(忌神)을 극하는 것이 좋지 않으니 반드시 위험하다. 오화(午火)가 스스로 동하여 순공(旬空)이 되었으니 순내(旬內)는 극할 수 없고, 근병이 공망(空亡)을 만나면 죽지 않으니 순내(旬內)에는 죽지 않으나 을유(乙酉)일은 위험하다고 방비하라고 했는데, 을유(乙酉)일 묘(卯)시에 사망했다.

49. 아들이 아픈데 언제 낫겠습니까?

澤風大過

酉月 壬辰日 占

```
財未 ▅▅
官酉 ▅▅▅
父亥 ▅▅▅ 世午孫伏
官酉 ▅▅▅
父亥 ▅▅▅
財丑 ▅▅ 應
```

오화(午火) 손(孫)이 세효(世爻) 해수(亥水) 아래에 은복(隱伏)되었는데, 월건(月建)이 해수(亥水)를 생조(生助)하여 오화(午火) 손(孫)을 극한다. 그러나 용신(用神)이 순공

(旬空)되어 지금 당장 극을 받지는 않는다. 갑오(甲午)일을 피하기는 어렵다고 판단했는데, 갑오(甲午)일 오(午)시에 죽었다. 이런 경우를 두고 은복(隱伏)되면 제발(提拔)됨이 없다고 하는 것이다.

```
孫酉 ▬ ▬
財亥 ▬ ▬ 沖
兄丑 ▬ ▬ 應
兄辰 ▬ ▬
空亡 官寅 ▬ ▬
財子 ▬▬▬ 世
```

50. 동생이 큰 호수에 빠져 죽었는데 시신을 찾을 수 있겠습니까?

地雷復

子月 乙巳日 占 점

시신을 점칠 때는 귀효(鬼爻)로 용신(用神)을 삼는다. 지금 인목(寅木) 귀효(鬼爻)가 순공(旬空)이고, 해수(亥水)는 곧 득령(得令)한 수(水)인데 암동(暗動)하여 합하니 분명히 떠오를 것이다. 그러나 인목(寅木)이 순공(旬空)되고 합이 되었으니 출순(出旬)되고 충되는 경신(庚申)일을 기다려야 한다.

그후 경신(庚申)일이 되었는데 보이지 않았고, 바로 축(丑)월이 되어 갑자순내(甲子旬內)의 임신(壬申)일이 되어서 시신이 물 위로 떠올랐다. 결국 인목귀(寅木鬼)가 출순(出旬)하고 해수(亥水)가 태왕하니 축월건(丑月建)으로 바뀌면서 축토(丑土)가 수(水)를 제하기 때문이다.

갑자순(甲子旬)에서 해수(亥水)가 공망(空亡)되었다. 수(水)가 공망(空亡)된 것은 수(水)가 물러난다는 뜻이기 때문이다. 목(木)이 수(水) 중에 있을 때는 충이 아니니 일어나지 않아 갑자순(甲子旬) 임신(壬申)일에 증험한 것이다. 어찌 신의 기이한 예보가 아니라고 하겠는가.

51. 아버지의 근병이 어떻습니까?
地雷復之火雷噬嗑
丑月 甲午日 占

사화(巳火) 부모(父母)가 용신(用神)인데 순공(旬空)을 만나고 일진(日辰)이 공(拱)한다. 근병은 공망(空亡)을 만나면 죽지 않으나 육합괘(六合卦)에서는 불리하다. 육합(六合)이 되면 곧 죽는 것으로 예상한다. 용신(用神)이 공망(空亡)되는 것과 육합(六合)되는 것은 서로 대적할만하다. 홀로 세(世)의 기신(忌神)이 암동(暗動)하는 것은 좋지 않다. 외괘(外卦)에 사유축합(巳酉丑合)하여 금국(金局)을 이루어 수(水)를 돕고 부효(父爻)를 극하니 이 병은 반드시 흉하다. 기해(己亥)일은 사화(巳火)를 극충(剋沖)하고 역시 순공(旬空) 내에 있어 해롭지 않다. 이 사람은 신해(辛亥)일에 죽었는데 출순(出旬)이 충극(沖剋)되었기 때문이다.

52.

```
財卯 ▬▬
官巳 ▬▬  空亡
父未 ▬ ▬  世
財卯 ▬ ▬
官巳 ▬ ▬  空亡
父未 ▬ ▬  應
```

52. 날씨가 매우 가문데 언제 비가 오
겠습니까?

風地觀

未月 戊戌日 占

월건(月建)인 미토(未土) 부모효(父母
爻)가 용신(用神)인데 일진(日辰)이

비화(比和)되어 도와주니 반드시 큰 비가 내린다. 다만 사화(巳火)
관효(官爻)가 원신(原神)인데 순공(旬空)을 만나고 안정되었으니
정은 반드시 충을 기다리고, 공망(空亡)은 반드시 출순(出旬)을 기
다려야 하니, 신해(辛亥)일에 큰 비가 내릴 것이다.

53.

```
孫子 ▬ ▬
父戌 ▬▬
兄申 ▬ ▬  世
兄申 ▬▬
官午 ▬ ▬
空亡 父辰 ▬ ▬  應 沖
```

53. 교소(交疏)한 사람이 어느날 오겠
습니까?

水山蹇

未月 무술(戊戌日 占

교재하는 친구는 형제(兄弟)로 용신
(用神)을 삼는데, 지금의 점은 사이가

먼 사람이니 응효(應爻)로 용신(用神)을 삼는다. 지금 응효(應爻)
는 순공(旬空)이 되고 일진(日辰)의 충기(沖起)를 만났으니 갑진
(甲辰)일 되면 반드시 온다.

54. 큰 비가 언제 오겠습니까?

雷山小過之澤火革

未月 甲辰日 占

```
父戌 ▬▬ ▬▬
兄酉 兄申 ✖
官午 ▬▬▬▬ 世
兄申 ▬▬▬▬
官午 ▬▬ ▬▬
財卯 父辰 ✖ 應
```

일진(日辰)인 진토(辰土) 부모효(父母爻)가 용신(用神)인데 발동하고, 월건(月建)이 돕고 또 토왕(土旺)하여 용사함에 진토(辰土)가 왕성함을 말로 다할 수 없으니 결코 비가 적지 않다. 그러나 묘목(卯木)으로 화하여 순공(旬空)되고 묘목(卯木)에게 진토(辰土)가 회두극(回頭剋)을 당했다. 비록 신금(申金)이 유금(酉金)으로 화하여 진신(進神)이 되어 묘목(卯木)을 극하고 토(土)를 구원하니 묘목(卯木) 순공(旬空)이라 공망(空亡)되어도 금(金)의 극을 파함이 두렵다.

진토부효(辰土父爻)는 마침내 묘목(卯木)이 병이 된다. 반드시 갑인순(甲寅旬) 을묘(乙卯)일이 되어야 묘목(卯木)이 출공(出空)하여 일을 만나니 출두하여 피하기 어렵다. 술토(戌土)가 암동(暗動)하여 금(金)을 도와주니 묘목(卯木)은 이미 금(金)의 극을 받아 진토(辰土)에게 해롭지 않다. 반드시 갑인순(甲寅旬) 을묘(乙卯)일에 비가 내릴 것이다.

그러나 을묘(乙卯)일이 되어도 기다리는 비는 없었다. 입추 후 신유(辛酉)일 신(申)시가 되면 비가 내린다. 입추 후 유(酉)일은 명현된 신금(申金)이 유(酉)로 화하기 때문이다. 묘목(卯木)이 출순

(出旬)하여 치일(値日)한 것은 도저히 모두 극하지는 못하니 신(申)월로 바뀌어야 극할 수 있으니 유(酉)일이 되어야 또 충하여 비가 시작되기 때문이다. 이 괘로 학문도 한 단계 높일 수 있다.

55. 송사의 길흉이 어떻습니까?

지천태(地天泰

술(戌月 정묘(丁卯日 占

효가 육합(六合)되면 관사는 반드시 심문을 받는다. 좋지 않은 것은 술월건(戌月建)이 세(世)를 충하니 곧 월파(月破)이다. 묘(卯)일이 세(世)를 극하니 송사에서 패소할 것이 뻔하다. 과연 장책을 당했는데 이는 일이 월파(月破)를 극한 응(應)이기 때문이다.

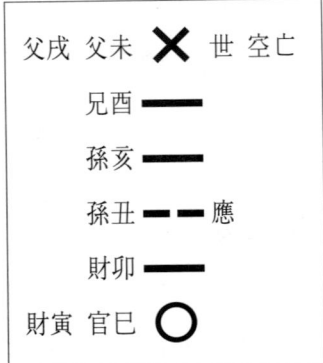

56. 장차 관(官)이 생기겠습니까?

태위택(兌爲澤) 천수송(天水訟

해(亥月 기축(己丑日 占

미토(未土) 부모효(父母爻)가 지세(持世)하여 진신(進神)이 되었다. 미토(未土)가 비록 순공(旬空)이 되나

360 | 육효대전

일진(日辰)이 충하니 실하여 공망(空亡)이 되지 않는다. 사화(巳火) 관성(官星)이 동하여 세(世)를 생하고, 인목(寅木)을 화출(化出)하여 장생(長生)이 되니 반드시 관사가 따른다. 사(巳)년에 반드시 그러한데 식록왕가(食祿王家)이기 때문이다.

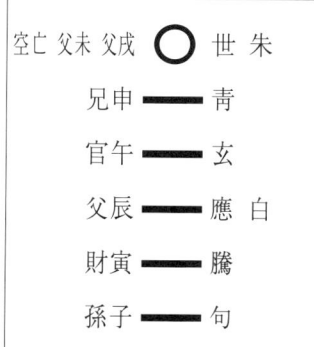

57. 아버지가 얼마 전에 나가셨는데 언제 돌아오시겠습니까?
건위천(乾爲天) 택천쾌(澤天夬)
진(辰)月 무자(戊子)日 占

부모(父母)가 지세(持世)했는데 월파(月破)를 만나고 화하여 공망(空亡)이 되고, 또 퇴신(退神)이 되었다. 만약 사법(死法)으로 본다면 아버지는 돌아올 수 없다. 다른 지방에서 돌아다니는 것이 아니라면 왔다가도 다시 나간다. 주작(朱雀)이 동효(動爻)에 임하고 지세(持世)했으니 묘(卯)일에 서신으로 연락이 오고, 미(未)일에는 반드시 돌아온다. 과연 묘(卯)일에 편지를 받았고, 을미(乙未)일에 돌아왔다. 묘(卯)일은 파된 술(戌)이 합을 만나는 날이고, 미(未)일은 부(父)가 미토(未土)로 화하여 순공(旬空)되었는데 공망(空亡)이 나가는 날이기 때문이다.

58. 공명을 얻을 수 있겠습니까?

艮爲山 之 風地觀

午月 癸卯日 占

```
官寅 ━━━ 世
父巳 財子 ✕
      兄戌 ━ ━
官卯 孫申 ○ 應
      父午 ━ ━
      兄辰 ━ ━
```

인목(寅木) 관성(官星)이 지세(持世)했는데 신금(申金)이 동하여 세(世)를 극한다. 금년 7월에 반드시 흉한 일이 있을 것이다. 응(應)이 동하여 세(世)를 극하니 필시 원한이 있는 집일 것이다. 만약 자수(子水)가 동요하지 않으면 자리에서 물러나야 하는데, 다행히 자수(子水)가 접속 상생(相生)하니 길하다.

그러나 파가 되고 공망(空亡)으로 화하니 지위가 강급된다. 과연 7월에 피차 게참(揭參)을 결성했으니 큰 잘못이다. 자(子)월에 일을 결성한 이유로 강급되어 조용했다가 후에 자(子)년 4월에 원래의 품위에 기용되어 연달아 두 번 임명되었다. 이는 자수(子水) 원신(原神)이 처음에는 공망(空亡) 파가 되어 세(世)를 생할 힘이 없었기 때문에 이같은 화단이 생긴 것이다. 후에는 전실(塡實)한 년월이 오자 다시 쓸모가 있어 증험한 것이다.

```
官寅 ▬▬ 世
財子 ▬ ▬
兄戌 ▬ ▬
父午 孫申 ○ 應
兄辰 父午 ✕
兄辰 ▬ ▬
```

59. 자식이 아픈데 어떻습니까?

艮爲山 之 山水蒙

寅月 甲午日 占

신금(申金) 손(孫)이 용신(用神)인데 월파(月破)를 당하고 일진(日辰)에게 극되어 좋지 않다. 동효(動爻)가 용신

(用神)을 극하고 화한 오화(午火)가 회두극(回頭剋)을 하여 극은 있고 생이 없으니 아들은 죽는다. 이는 전실(塡實)한 시에 응(應)이 되어 왔으니 극을 받고 죽은 것이다.

```
父未 ▬ ▬ 應 騰
兄酉 ▬▬ 句
孫亥 ▬▬ 朱
兄申 ▬▬ 世 靑
官午 ▬ ▬ 玄
父辰 ▬ ▬ 白
```

60. 분지(墳地)의 풍수가 어떻습니까?

澤山咸

丑月 庚申日 占

일진(日辰)에 청룡(靑龍)이 임하여 지세(持世)했으니 내룡(來龍)은 왼쪽에서 내려오고, 청룡(靑龍) 백호(白虎)는 모두 기운이 있으니 반드시 둥글게 잘 안았을 것이다. 가장 두려운 것은 응(應)의 미토(未土)가 월파(月破)를 만난 것이다. 응(應)은 조산(照山)인데 세(世) 앞의 일위(一位)가 조안(朝案)인데 해수(亥水)가 신(申)일의 생을 기뻐하니 반드시 조수(朝水)가 있을

것이다. 수(水)를 취하여 조(朝)로 하는 것은 좋으나 산을 취하여 향(向)으로 하는 것은 좋지 않다. 간효(間爻)는 명당인데 왕상(旺相)하면 반드시 넓고 크다. 문복자가 그렇다고 하면서 장사를 지내도 좋으냐고 묻는다. 수(水)를 취하여 조안(朝案)으로 삼고, 산이 없는 곳으로 향(向)을 삼아도 반드시 대발한다. 이 사람은 판단한 대로 그곳에 장사를 지낸 후 말한 것과 같이 그러하였다.

61. 집을 사도 좋겠습니까?
澤火革之澤天夬
申月 辛卯日 占

월건(月建)이 세(世)를 생하고 유금(酉金)이 암동(暗動)하여 세(世)를 생한다. 다만 좋지 않은 것은 화한 인목(寅木) 손(孫)이 월파(月破)되고 금(金)에게 극을 받아 자손이 상하는 위험을 막아야 한다. 문복자의 말에 의하면 이 집으로 이사한 지 보름쯤 되었을 때 아들이 꽃을 꺾는다고 나가서 죽었다고 한다. 그후 이 괘를 가지고 아들이 죽었는데 앞으로 이 집에서 살아도 되겠느냐고 묻길래 다시 점쳐서 결단하는 것이 좋겠다고 말했다.

官寅 ▬▬▬	
財子 ▬ ▬	
兄戌 ▬ ▬	應
財亥 ▬▬▬	
兄丑 ▬ ▬	午父伏 空亡
官卯 ▬▬▬	世

62. 문서를 언제 받겠습니까?

山火賁

卯月 壬辰日 占

오화(午火) 부모(父母)가 용신(用神)이 되는데 이효(二爻)인 축효(丑爻) 밑에 은복(隱伏)되고 순공(旬空)을 만났으니 갑오(甲午)일이 되면 출공(出空)하여 반드시 받는다. 이는 출순(出旬)하는 날 응(應)하기 때문이다.

孫子 ▬ ▬	
父戌 ▬▬▬	
兄申 ▬ ▬	世
兄申 ▬ ▬	
官午 ▬ ▬	卯財伏
父辰 ▬ ▬	應

63. 도망간 종이 언제 잡히겠습니까?

水山蹇

辰月 丁巳日 占

하인은 재효(財爻)로 용신(用神)을 삼는데, 본괘(本卦)의 이효(二爻)인 오화(午火) 비신(飛神) 아래에 묘목(卯木) 복신(伏神)이 임하였다. 현재 신금(申金)이 지세(持世)하여 묘목(卯木)을 극제(剋制)하니 결국은 달아나지 못한다. 복신(伏神)이 비신(飛神)을 생하니 설기(洩氣)가 되어 훔쳐간 재물은 노화가(爐火家)에서 모두 소비한 상태이다.

갑자(甲子)일이 되면 붙잡힐 것으로 판단했는데, 도박꾼의 소굴인

대장간을 하는 집에서 신(申)시에 잡았다. 자(子)일에 잡힌다고 한 것은 오화(午火) 비신(飛神)을 충극(沖剋)하고 묘목(卯木) 복신(伏神)은 생기하기 때문이다. 황금책(黃金策)에 이르기를 복신(伏神)은 꺼내지 않으면 쓸데없고, 비신(飛神)은 밀어서 열지 않으면 헛일이 된다고 했다.

64. 아들이 아픈데 어떻습니까?

地風升

酉月 丙辰日 占

```
官酉 ▬ ▬
父亥 ▬ ▬
伏孫午 財丑 ▬ ▬ 世 空亡
官酉 ▬▬▬
父亥 ▬▬▬
財丑 ▬ ▬ 應
```

오화(午火) 손(孫)이 세효(世爻)인 축토(丑土) 아래에 은복(隱伏)되었는데, 축토(丑土)는 순공(旬空)이 되어 끌어내기 쉽다. 따라서 오(午)일에 반드시 쾌유할 것이다.

65. 아버지가 아프신데 어떻습니까?

地雷復

卯月 丙辰日 占

```
孫酉 ▬ ▬
財亥 ▬ ▬
兄丑 ▬ ▬ 應
兄辰 ▬ ▬
官寅 ▬ ▬ 巳父伏
財子 ▬▬▬ 世
```

사화(巳火) 부모(父母)가 이효(二爻)인 인목(寅木) 아래에 은복(隱伏)되었고, 비신(飛神)인 인목(寅木)이 복신

(伏神)인 사화(巳火) 부(父)를 생하니, 복신(伏神)인 사화(巳火) 부(父)는 인목(寅木)의 장생(長生)을 만나 다음 날인 사(巳)일에 쾌유할 것이다.

兄子 ▬ ▬ 應
官戌 ▬▬▬
父申 ▬ ▬
伏財午 兄亥 ▬▬▬ 世
官丑 ▬ ▬
孫卯 ▬▬▬

66. 뽕나무잎 값에 대하여 물었다.
水火旣濟

辰月 庚申日 占

오화(午火) 재효(財爻)가 용신(用神)인데 세효(世爻)인 해수(亥水) 아래에 은복(隱伏)되었고, 신(申)일이 해수(亥水)를 생부(生扶)하며 오화(午火) 재효(財爻)는 또 해(亥)에 절(絶)이 되니, 뽕잎의 가격은 낮을 것이 뻔하다. 곁에 있던 사람이 묻기를 지금의 값은 삼전(三錢)하여 결코 싼 것이 아닌데 왜 싸냐고 하며, 큰 시장에서는 어느 날은 비싸고 어느 날은 싼 것은 왜 그러냐고 묻는다. 삼전(三錢)은 값이 비쌀 것을 염려하여 올해에 규정한 값이고, 갑자순(甲子旬)으로 바뀌면 해수(亥水)가 공망(空亡)되어 오히려 사오(巳午)일에 팔면 좋은 값을 받는다. 갑술순(甲戌旬)에는 해수(亥水)가 순(旬)을 만나므로 오화(午火) 재효(財爻)는 수(水) 때문에 일어날 수 없고, 값은 점점 싸진다.

兄卯　▬▬
孫巳　▬▬
財未　▬▬　應
財辰　▬▬　酉官伏
兄寅　▬▬
父子　▬▬　世

67. 몸이 아픈데 어느 귀신이 장난치
는지를 물었다.
風天小畜
寅月 戊辰日 占

귀신점은 관효(官爻)가 용신(用神)인
데 지금 관귀(官鬼)는 진토(辰土) 아
래에 은복(隱伏)되어 비신(飛神)과 합되고 일진(日辰)과도 합하니
감추어 둔 상이다. 유금(酉金)은 정기(正氣)의 신(神)인데 제3효는
방실(房室)이니 방 안에 있는 신상이 탈을 일으킨 것이다. 문복자
에게 물었더니 구리로 만든 달마상을 궤 속에 모셔두었다고 하길
래 사찰로 보내라고 했는데 역시 쾌유했다.

財戌　▬▬　應
官酉 官申　✕
孫午　▬▬
官酉　▬▬　世
父亥　▬▬
財丑　▬▬

68. 향시의 합격여부를 물었다.
雷風恒之澤風大過
申月 癸卯日 占

유금(酉金) 관성(官星)이 지세(持世)
하고 일충(日沖)하니 암동(暗動)하는
데, 구오효관(九五爻官)이 진신(進神)
으로 화하여 공부하니 외롭지 않다. 올 가을에 계수나무를 꺾으면
봄에는 장원급제한다. 이듬해인 진(辰)년에 연첩하는 것은 대개 진

신(進神)으로 화한 것은 금년 가을로 보고, 충하여 합을 만났기 때문이다.

69. 언제 자식을 낳겠습니까?

水雷屯 之 水澤節

酉月 庚戌日 占

인목(寅木) 손(孫)이 지세(持世)하여 진신(進神)으로 화하고, 인목(寅木)이 순공(旬空)인데 묘목(卯木)도 공망(空亡)되고 월파(月破)되었다. 인(寅)년 묘(卯)월이 되면 아내와 하녀가 연달아 아들을 낳을 것이다. 이는 묘목(卯木)이 비록 월파(月破)가 되었으나 일진(日辰)과 합되어 휴수(休囚)를 돕는 때이기 때문이다.

70. 혼인이 성사되겠습니까?

火雷噬嗑 之 水地比

卯月 乙丑日 占

재효(財爻)가 지세(持世)하여 진신(進神)으로 화하고, 사화(巳火) 손(孫)이 동하여 세(世)를 생하나 사화(巳火)가 자수(子水)로 화하여 회두극(回頭剋)을 하니, 반드시 오(午)일에 자수(子水)를 충거(沖去)해야 한다. 이를 '냄비 밑의 땔나무가 물러가는 법'이라고 한다. 오(午)일은 또 세효(世爻)와 생합(生合)하니 이 혼인은 반드시 성사된다. 혹 간효(間爻)인 유금(酉金) 관귀(官鬼)가 동하여 장애가 염려되나, 월파(月破)되고 퇴신(退神)이 되어 비록 장애가 있어도 힘이 없어 문제되지 않는다.

```
父酉 ▬ ▬ 應
兄亥 ▬ ▬
官丑 ▬ ▬
兄亥 財午 ✕ 世
官丑 官辰 ○
孫卯 孫寅 ✕ 空亡
```

71. 포로가 되면 자진하여 진술하는 것이 낫겠습니까?
地水師之地火明夷
酉月 甲辰日 占

세효(世爻)가 화하여 회두극(回頭剋)이 되고 관성(官星)이 화하여 퇴신(退神)이 되며 손(孫)이 화하여 진신(進神)이 되었다. 내괘(內卦) 삼효(三爻)가 모두 길한 조짐이 없다. 과연 이듬 해 2월에 체포되어 심문을 받았다. 묘(卯)월은 공망(空亡)된 손(孫)이 출공(出空)하면서 월을 파했기 때문이다.

孫未 孫戌 ○ 應
財申 ▬▬▬
兄午 ▬▬▬
官亥 ▬▬▬ 世
孫丑 ▬ ▬
父卯 ▬▬▬

72. 출사하여 공명을 얻겠습니까?

天火同人之澤火革

未月 丁卯日 占

손(孫)이 동하면 관(官)을 극하기 때문에 평생 관(官)이 없다. 진(辰)년에 출사할 수 있다고 판단했는데, 이것은 술토(戌土)기신(忌神)이 퇴신(退神)으로 화하여 관(官)을 극할 수 없기 때문이고, 묘(卯)일이 합하니 합은 충되는 진(辰)을 기다려야 하는 까닭인데 이것은 병이 있으면 의원이 있어야 되는 법이다.

財戌 ▬ ▬ 應
官申 ▬ ▬
孫午 ▬▬▬
兄卯 官酉 ○ 世
孫巳 父亥 ○
財丑 ▬ ▬

73. 멀리 나가서 무역을 하면 어떻겠습니까?

雷風恒之雷地豫

午月 丙辰日 占

세(世)의 유금(酉金)이 묘목(卯木)으로 화하여 상충(相沖)되는 것을 반음(反吟)괘 라고 한다. 묘목(卯木)은 충되지만 금(金)을 극할 힘은 없다. 일진(日辰)인 진토(辰土)가 세효(世爻)를 생합(生合)하니 충하는 가운데 합을 만난다. 변괘(變卦)가 육합(六合)과 술토(戌土) 재효(財爻)를 얻었는데 술토(戌土) 재효(財爻)가 일진(日辰)인 진

(辰)의 충을 받아 암동(暗動)한 것이 세(世)를 생하니 반음(反吟)이 된다. 주로 반복해서 이익을 구하기 때문이다.

74. 은을 빌릴 수 있겠습니까?

坤爲地

戌月 甲辰日 占

```
合 孫酉 ▬ ▬ 世
   財亥 ▬ ▬
   兄丑 ▬ ▬
空亡 官卯 ▬ ▬ 應
   父巳 ▬ ▬
   兄未 ▬ ▬
```

응(應)이 공망(空亡)에 떨어졌다. 황금책(黃金策)에 이르기를 빚을 거두거나 빌리는 자는 실망한다고 했는데, 지금 응효(應爻)가 순공(旬空)되고 또 육충괘(六沖卦)이니 묘하지 아니한가. 술월건(戌月建)이 응(應)과 합하며 세(世)를 생하고, 세(世)는 진(辰)일과 합되니 이는 곧 충하는 가운데 합을 만난 것이니, 먼저는 어렵고 나중에는 쉬우니 빌릴 수 있을 것이다.

문복자가 전 달에 빌리러 갔다가 실패했는데 다시 간다고 빌려주겠냐고 묻는다. 전 달에 갔을 때는 육충(六沖)이 명현했지만 지금은 육합(六合)이 명현하니 가능하다. 묘목(卯木)이 순공(旬空)되었으니 갑인(甲寅)일 되면 이미 인(寅)일이 출공(出空)되고 해수(亥水) 재효(財爻)와 합되니 가능하다.

```
兄卯 ━━━ 世 朱
空亡 孫巳 ━━━ 靑
孫午 財未 ╳ 玄
孫午 官酉 ○ 應 白
父亥 ━━━ 騰
財丑 ━ ━ 句
```

75. 잃어버린 은물을 찾겠습니까?

巽爲風之 天水訟

寅月 戊戌日 占

육충괘(六沖卦)인데 미토(未土) 재효(財爻)가 오화(午火)로 화하여 회두생합(回頭生合)을 했으니, 잃어버린 물건을 찾을 수 있는 상이다. 혹 응(應)이 백호(白虎) 금귀(金鬼)에 놓이고 현무(玄武)가 재(財)에 임했으니 어렵지 않겠냐고 할 지 모른다. 그러나 응(應)은 타인인데 오화(午火)에게 회두극제(回頭剋制)가 되었고, 재(財)는 용신(用神)인데 충하는 가운데 합을 만나고, 일주(日主)는 세(世)와 합하니 반드시 찾는다. 사화(巳火) 청룡(靑龍)이 원신(原神)인데 순공(旬空)되고, 병(病)은 사화(巳火)에 있으니 원신(原神)이 출공(出空)하는 을사(乙巳)일에 찾으리라.

```
父戌 ━━━ 應
兄申 ━━━
官午 ━━━
財卯 ━ ━ 世
官巳 ━ ━
父未 ━ ━
```

76. 혼인에 성사되겠습니까?

天地否

辰月 丁酉日 占

육합괘(六合卦)를 이루었으니 혼인에는 가장 좋다. 그러나 지금 세(世)는 일진(日辰)에게 충되고, 응효(應爻)는 월파(月破)를 만나 합처봉충(合處逢沖)이 되어 불길하다. 이 사람은 이 달에 큰 병을 얻었다. 미(未)월에는 세효(世爻)인 재(財)가 묘(墓)에 들어 병을 만난 것이다.

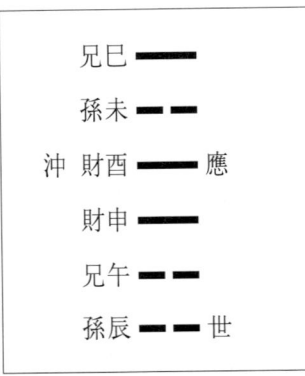

兄巳 ▅▅▅
孫未 ▅▅ ▅▅
沖 財酉 ▅▅▅ 應
財申 ▅▅▅
兄午 ▅▅ ▅▅
孫辰 ▅▅ ▅▅ 世

77. 계획한대로 재물을 얻겠습니까?
火山旅
卯月 乙卯日 占

세응(世應)이 상생(相生)되고 육합(六合)을 만났으니 도모하는 일은 이룰 수 있다. 다만 묘(卯)월 묘(卯)일이 응(應)이 되는 유금(酉金) 재효(財爻)를 충하니 타인의 재물과 인연이 없어 실망스럽다. 문복자가 내일가면 된다고 약속했는데 어찌 성사되지 않는다고 하냐고 묻는다. 다음 날 갔으나 논의만 하다가 임술(壬戌)일에 논의가 없던 일이 되어 불성되었다. 다음 날 논의가 된 것은 진(辰)일과 유재(酉財)인 응(應)이 합되기 때문이고, 술(戌)일에 깨진 것은 세(世)가 충되었기 때문이다. 이런 경우를 합처봉충(合處逢沖)이라고 한다.

78. 스승의 근병이 어떻습니까?

水澤節

午月 辛亥日 占

```
兄子 ▬ ▬
官戌 ▬▬▬
父申 ▬ ▬ 應
官丑 ▬ ▬
孫卯 ▬▬▬
財巳 ▬▬▬ 世沖
```

여러 번 경험했지만 병점에서 육합괘(六合卦)를 만나면 반드시 죽는다. 이 괘는 세효(世爻)에 있는 사화(巳火) 재효(財爻)를 일진(日辰)이 충하니 합처봉충(合處逢沖)이 되어 위험하나 구제될 것이다. 금(金)의 고(庫)가 축(丑)이니 축(丑)일을 방비해야 하고, 갑인(甲寅)일은 응(應)의 용효(用爻)를 충하니 구제된다.

79. 형의 근병이 어떻습니까?

火地晋

寅月 戊辰日 占

```
官巳 ▬▬▬
父未 ▬ ▬
兄酉 ▬▬▬ 世合
財卯 ▬ ▬
官巳 ▬ ▬
父未 ▬ ▬ 應
```

유금(酉金) 형제(兄弟)가 용신(用神)인데 일진(日辰)이 합했다. 근병에는 합을 만나면 좋지 않다. 그러나 다행히 명일(明日)이 묘(卯)월로 바뀌어 진유합(辰酉合)을 충하면 즉시 낫는다. 역시 합처봉충(合處逢沖)되기 때문이다.

80. 약혼을 취소했는데 다시 성사되겠습니까?

```
兄巳 ━━━ 世
孫未 ━ ━
財酉 ━━━
官亥 ━━━ 應
孫丑 ━ ━
孫辰 父卯 ○
```

離爲火之火山旅

未月 丁巳日 占

육충괘(六沖卦)가 육합괘(六合卦)로 되니 흩어졌다가 이루어지고 헤어졌다가 다시 합한다. 또 묘목(卯木)이 동하여 세(世)를 생하여 반드시 성사된다고 보았는데, 다음 해 인(寅)년 3월에 성사되었다. 구혼점에서는 재효(財爻)가 용신(用神)인데, 육충괘(六沖卦)가 이미 육합괘(六合卦)로 변하고 재효(財爻)가 합되었기 때문이다. 묘목(卯木)이 진토(辰土)를 화출(化出)했는데 이는 점칠 당시에 그에 관련된 기밀이 나타난 것이다. 인(寅)년은 응효(應爻)가 암동(暗動)하고 충하는데 합되었기 때문이다.

81. 재물을 언제 얻을 수 있겠습니까?

```
孫戌 兄巳 ○ 世
     孫未 ━ ━
     財酉 ━━━
     官亥 ━━━ 應
     孫丑 ━ ━
     父卯 ━━━
```

離爲火之雷火豊

巳月 戊寅日 占

유금(酉金) 재효(財爻)가 안정되어 내일인 묘(卯)일에 반드시 온다. 혹 형제(兄弟)가 동하여 지세(持世)했는데 어떻게 재물을 얻느냐고 할 것이다. 그러나 형제(兄弟)가 동하여 술(戌)이 되니 입묘(入墓)되어 극할 수 없고, 묘(卯)일은 안정된 재효(財爻)가 충되기 때문이다.

82. 아내의 병이 어떻습니까?
震爲雷之雷火豊

午月 己卯日 占

```
財戌 ▅▅ ▅▅ 世
官申 ▅▅ ▅▅
孫午 ▅▅▅▅▅
父亥 財辰 ✕ 應
兄寅 ▅▅ ▅▅
財子 ▅▅▅▅▅
```

진토(辰土)가 발동하여 진토(辰土) 재효(土財爻)가 용신(用神)인데 해수(亥水)로 화하니 아내가 죽지는 않는다. 다만 진토(辰土)가 묘(卯)일에 사(死)되는 것이 문제이나 근병은 육충(六沖)을 만나면 죽지 않는다. 그리고 진토(辰土)가 동하여 세(世)를 충하고, 세(世)의 술토(戌土)와 묘(卯)일이 합되어 다음 날인 진(辰)일에는 세(世)의 술토(戌土) 재효(財爻)가 진술충(辰戌沖)으로 충발(沖發)되어 곧 낫는다.

83. 출산에 관하여 물었다.

山地剝之風地觀

寅月 戊子日 占

```
財寅 ——— 朱
官巳 孫子 ✕ 世靑
父戌 ━ ━ 玄
財卯 ━ ━ 白
官巳 ━ ━ 應騰
父未 ━ ━ 句
```

자수(子水) 손(孫)이 사화(巳火)로 화하니 수(水)가 사(巳)에서 절(絶)이 되어 오늘 사(巳)시에 출산하나 죽을 것이다. 옆에 있던 역을 아는 사람이 청룡(靑龍)이 손(孫)에 임했는데 어찌 이렇게 판단하며, 손(孫)이 일진(日辰)을 만나고 청룡(靑龍)이 임했는데 어찌 신같이 판단하느냐고 묻는다. 일진(日辰) 손(孫)은 오늘이고, 사(巳)시는 지금 이 시간이며, 출산하자마자 죽는 것은 길신이 변하여 절(絶)이 되고 귀(鬼)로 화하기 때문이다.

84. 아들의 병이 어떻게 되겠습니까?

風山漸之風澤中孚

子月 辛未日 占

```
官卯 ——— 應
父巳 ———
兄未 ━ ━
兄丑 孫申 ◯ 世
官卯 父午 ✕
父巳 兄辰 ✕
```

신금(申金) 손(孫)이 지세(持世)했는데 동하여 축토(丑土)를 화출(化出)하니 축토(丑土)는 금고(金庫)가 되어 불길하다. 그러나 일진(日辰)인 미토(未土)가 축토(丑土)를 충개(沖開)하고, 또 일진(日辰)과 진토(辰土)가 동요하며, 용신(用神)인 신금(申金) 손(孫)을 생하니 오늘 오후가 되면 낫는다.

兄子 ▬▬
父申 官戌 ○ 應
財午 父申 ✕
官辰 ▬ ▬
孫寅 ▬ ▬ 世
兄子 ▬▬

85. 친구 아버지가 아프신데 어떻게 되겠습니까?
水雷屯 之 震爲雷
辰月 甲寅日 占

한 사람이 이 괘를 가져와 신금(申金) 부모(父母)가 용신(用神)이고, 신금(申金)이 인(寅)에서 절(絶)이 되었는데 절지(絶地)로 보는 것이 맞느냐고 묻는다. 절(絶)이 된다고 하니, 술토(戌土) 원신(原神)이 신금(申金)으로 화하여 장생(長生)이 되어 부모(父母)를 생부(生扶)하니 절처봉생(絶處逢生)이 아니냐고 묻는다. 그렇다고 하니, 그의 아버지 병이 중한데 무사하시겠느냐고 또 묻는다. 오늘 오(午)시를 넘기기 힘들다고 했더니 말없이 가버렸다. 이 분은 후에 오(午)시에 별세했다. 그동안의 경험으로는 절처봉생(絶處逢生)은 위급하다가도 구제된다. 이 괘는 신금(申金)이 인(寅)일에서 절(絶)되고, 인(寅)일이 변효(變爻)인 오화(午火)를 생조(生助)하여 회두극(回頭剋)이 되어 흉하다. 술토(戌土)가 금(金)을 생하면 길하나, 술토(戌土)가 월파(月破)되어 금(金)을 생부(生扶)할 힘이 없다. 비록 화출(化出)한 신금(申金)이 장생(長生)이 되어 신금(申金)이 일충(日沖)되고, 또 인(寅)일에 절(絶)이 되어 흉하다고 본 것이다.

```
空亡 兄子 ▬▬ 應靑
父申 官戌 ◯  玄
財午 父申 ✕  白
    兄亥 ▬▬▬ 世騰
    官丑 ▬▬ 句
    孫卯 ▬▬▬ 朱
```

86. 동생이 아픈데 어떻습니까?

水火旣濟之雷火豐

申月 丙辰日 占

자수(子水) 형(兄)은 순공(旬空)되고
해수(亥水) 형(兄)은 공망(空亡)되지
않았으니, 공망(空亡)된 자수(子水)
형(兄)으로 용신(用神)을 삼는다. 일진(日辰)이 묘고(墓庫)가 되지
만 신금(申金) 원신(原神)이 발동하여 생하고 술토(戌土)가 동하여
오히려 원신(原神)을 생하니, 자수(子水)가 비록 묘고(墓庫)에 들
었어도 병이 중하지는 않다. 갑자(甲子)일이 되면 용신(用神)이 출
공(出空)하고 오화(午火)를 충거(沖去)하니 원신(原神)이 상하지
않아 병이 곧 낫는다.

만약 입고(入庫)하면 반드시 죽고, 등사(騰蛇)가 동해도 대개는
죽고, 백호(白虎)가 동하면 대개는 상을 당하고, 가을에 술효(戌爻)
가 목욕살(沐浴殺)이 되어도 환자에게 흉하다. 괘를 볼 때는 용신
(用神)을 추존하며 생이 있고 극이 없는 것이 가장 길하고, 기신
(忌神)을 도와 용신(用神)을 상하게 하는 것이 가장 흉하다.

官寅 ▬▬ 應

財子 ▬ ▬

兄戌 ▬ ▬

兄丑 ▬ ▬ 世 申孫伏

官卯 ▬▬

父巳 ▬▬

87. 아들이 초생리에서 언제 돌아오겠습니까?

山澤損

申月 癸丑日 占

신금(申金) 손(孫)이 세효(世爻) 축토(丑土)인 묘고(墓庫)에 은복(隱伏)되어 좋지 않은데, 일진(日辰)도 묘(墓)가 되어 더 흉하다. 아들에게 큰 병이 있을까 염려된다고 했더니, 8월에 온다고 했으나 궁금해서 찾아왔다고 한다. 그러나 이 괘로는 그때 온다고 보기 어렵다.

옆에 있던 숙부가 조카의 평안 여부를 점치기 위해 얻은 괘가 천뢰무망지산뢰이(天雷无妄之山雷頤)라고 한다. 앞의 괘는 손(孫)이 입묘(入墓)되어 나타나지 않았고, 이 괘는 손효(孫爻)가 나타나 묘(墓)로 화하고 여기다 인목(寅木) 원신(原神)이 진파진공(眞破眞空)이 되어 생조(生助)할 수 없다. 또한 신금(申金) 월건(月建)인

財戌 ▬▬

父子 官申 ○

財戌 孫午 ○ 世

財辰 ▬ ▬

空亡 兄寅 ▬ ▬ 沖

父子 ▬▬ 應

관귀(官鬼)가 도로에서 발동했으니 두 괘 모두 상서롭지 않다. 문복자가 말하기를 어제 소식을 들었는데 5월에 장강에서 배가 뒤집혀 죽었다는 소식을 들었으나 답답해서 한 번 찾아왔다고 한다.

88. 시누이의 병에 대하여 물었다.

澤山咸之水山蹇

亥月 丙寅日 占

```
父未 ▬ ▬ 應
兄酉 ▬▬▬
兄申 孫亥 ○
兄申 ▬▬▬ 世沖
官午 ▬ ▬
父辰 ▬ ▬
```

시누이는 남편의 남매이니 관귀효(官鬼爻)로 용신(用神)을 삼는다. 지금 오화(午火) 관귀(官鬼)가 일진(日辰)에서 장생(長生)되었으나, 월건(月建)인 해수(亥水)에게 극되어 좋지 않다. 해수(亥水)가 동하여 신(申) 장생(長生)을 화출(化出)하니 신금(申金)이 해수(亥水)를 돕고, 해수(亥水)는 오화(午火) 관(官)을 극하니 반드시 죽는다. 해(亥)일은 순공(旬空)되었던 해수(亥水)가 실공되는 날이기 때문이다.

89. 올케가 병이 있는데 출산이 순조로운지를 물었다.

澤水困之坎爲水

卯月 乙未日 占

```
父未 ▬ ▬
兄酉 ▬▬▬
兄申 孫亥 ○ 應
官午 ▬ ▬
父辰 ▬▬▬
財午 ▬ ▬ 世
```

남동생 아내이니 재효(財爻)로 용신(用神)을 삼는데, 지금 인목(寅木) 재효(財爻)는 미(未)일이 묘고(墓庫)이니 병중에 있다. 해수(亥水)가 동하여 신금(申金)으로 화하니 장생(長生)을 얻어 재효(財爻) 인

(寅)을 생합(生合)하니 몸을 빼고 평안하다. 그리고 해수(亥水)가 신(申)으로 화하여 세(世)와 합하니 명일에 반드시 출산한다. 과연 다음날 출산했는데 모자 모두 건강하고, 병까지 완전히 나았다.

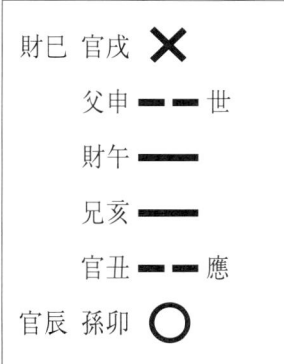

兄巳 ▬▬▬
孫未 ▬ ▬
財酉 ▬▬▬ 應沖
財申 ▬▬▬
兄午 ▬ ▬
孫辰 ▬ ▬ 世

90. 다른 사람의 죄를 폭로하려는데 어떠냐고 물었다.
火山旅
巳年 巳月 丁卯日 占

응효(應爻)인 유금(酉金)이 묘(卯日)의 충이 없으면 당연히 년월의 사(巳)가 장생(長生)이다. 그러나 지금 묘(卯)가 충되었으니 사(巳)년월에 극을 받아 상하나 구제되지 못한다. 그의 권세는 지금부터 쇠약해질 것이고, 손(孫)이 지세(持世)하여 해를 당하지는 않을 것이다.

財巳 官戌 ✖
父申 ▬ ▬ 世
財午 ▬▬▬
兄亥 ▬▬▬
官丑 ▬ ▬ 應
官辰 孫卯 〇

91. 군량미 문제로 탄핵을 받지 않겠느냐고 물었다.
雷火豊之火山旅
未月 戊申日 占

세(世)가 일진(日辰)에 임하고 월건(月建)이 생한다. 또 동출(動出)한 술토(戌土)가 생해주니 관직에는 근심이 없다. 혹 묘목(卯木) 손(孫)이 발동했는데 어찌 장애가 없냐고 의문을 가질 것이다. 그러나 목(木)이 일진(日辰)에서 절(絶)이 되고, 월건(月建)에서 묘(墓)가 되었으니 무슨 장애가 있겠는가.

92. 혈지(穴地)를 찾을 수 있습니까?
澤火革之水火旣濟

卯月 壬寅日 占

```
官未 ▬▬ ▬▬
父酉 ▬▬▬▬▬
父申 兄亥 ○ 世
兄亥 ▬▬▬▬▬
官丑 ▬▬ ▬▬
孫卯 ▬▬▬▬▬ 應
```

세효(世爻)인 해수(亥水)가 신금(申金)으로 화하여 회두생(回頭生)이 되었으니, 비록 일월(日月)이 휴수(休囚)되어도 생을 만나 왕하다. 다만 인(寅)이 신(申)을 충하니 가을이 되어야 좋은 자리를 얻고, 세(世)가 화하여 신(申)이 되었으니 서남방에 있을 것이다. 과연 7월에 땅을 구하여 장사를 지낸 후 세 아들이 모두 과갑에 올랐다. 혹 신금(申金)이 충되었으니 합되는 사(巳)월로 판단해야 하는데 어찌 신(申)월이라고 의문을 가질 지도 모른다. 그러나 사(巳)는 신(申)과 합되는 것은 가능하나 세효(世爻)인 해수(亥水)와 충되기 때문이다.

93. 조카가 무슨 일로 피해를 보는지를 물었다.

雷天大壯之地天泰

酉月 壬子日 占

육충괘(六沖卦)이니 사건이 반드시 흩어진다. 세효(世爻)의 오화(午火) 부모(父母)가 일진(日辰)에게 충되니 조카에게 해는 없다. 문복자는 조카가 돌아오면 혼내주겠다고 했다. 그러나 그후 사람들은 해산하고 조카를 꾸짖을 일이 없어졌다. 육충괘(六沖卦)인데 기신(忌神)을 충거(沖去)시켰기 때문이다.

94. 문서가 언제 도착하는지를 물었다.

乾爲天

巳月 丁酉日 占

응효(應爻)가 순공(旬空)되어 일진(日辰)과 진유합(辰酉合)이 되었고, 진효(辰爻) 부모(父母)가 용신(用神)이 되었으니 갑진(甲辰)일에 도착할 것이다. 이는 육충괘(六沖卦)인데 홀로 용신효(用神爻)만 합되었으니 충중봉합(沖中逢合)이 된 것이고, 갑진(甲辰)일은 공망(空亡)되는 날이기 때문이다.

95. 개점하는 것이 어떻습니까?

雷天大壯巽爲風

午月 丙子日 占

```
官卯 兄戌 ╳
父巳 孫申 ╳   空亡
兄未 父午 ○   世
     兄辰 ▬▬
     官寅 ▬▬
兄丑 財子 ○   應
```

육충괘(六沖卦)가 다시 육충괘(六沖卦)가 되어 개업하지 않는 것이 좋다고 했더니, 이미 개업하여 성업중이라고 한다. 오화(午火) 월건(月建)이 세효(世爻)에서 변한 미토(未土)와 합되어 일진(日辰)이 충해도 흩어지지 않지만 올 겨울에 변이 염려되었는데 점원에게 사고가 생겨 그만두었다. 신금(申金) 손(孫)이 종업원인데 공망(空亡)되고, 동출(動出)한 사화(巳火)에게 회두극(回頭剋)을 당하고, 인신충(寅申沖)이 되었기 때문이다.

96. 자식과 함께 체포되느냐고 물었다.

巽爲風坤爲地

申月 乙卯日 占

```
官酉 兄卯 ○   世
父亥 孫巳 ○
     財未 ▬▬
兄卯 官酉 ○   應
孫巳 父亥 ○
     財丑 ▬▬
```

육충괘(六沖卦)는 매사를 흩어지게 하는데 육충괘(六沖卦)로 변하면서 내외효가 반음(反吟)이 되었다. 난충란격(亂衝亂擊)이 되어 세효(世爻)와 손효(孫爻)가 모두 극을 받아 불길하다. 과연 뒤에 부자가 체포되어 중형을 받았다.

97. 매매에서 이익이 생기겠습니까?

兌爲澤之震爲雷

未月 乙亥日 占

```
父未 ▬ ▬ 世
兄申 兄酉 ○
孫亥 ▬▬▬
父丑 ▬ ▬ 應
財寅 財卯 ○
官巳 ▬▬▬
```

육충괘(六沖卦)가 다시 육충(六沖)이 되어 반음(反吟)이 되었고, 월건(月建)이 세효(世爻)와 같으니 장사를 하러 떠나고 큰 손해를 본다. 문복자가 오늘 떠난다고 한다. 그러나 반음(反吟)이 되어 사려고 한 물품이 적어 다른 것을 사면 이익이 없고, 태괘(兌卦)가 진괘(震卦)로 변하여 충하는 힘은 있으나 극할 힘은 없으니 편안하다. 이 사람은 녹두를 사려다가 물량이 적어 면화를 샀다가 손해를 봤다. 육충(六沖)이 다시 육충(六沖)으로 변하면 길상 길효라지만 생을 만나거나 합을 만나면 모두 사라진다.

98. 돈내기에서 이기겠습니까?

坤爲地

子月 己巳日 占

```
句 孫酉 ▬ ▬ 世
朱 財亥 ▬ ▬ 空亡 沖
青 兄丑 ▬ ▬
玄 官卯 ▬ ▬ 應
白 父巳 ▬ ▬
騰 兄未 ▬ ▬
```

세(世)가 응효(應爻)를 극하니 이긴다. 다만 사(巳)일이 해수(亥水)를 충동하여 응효(應爻)를 생하니 세(世)에게는 이익이 없어 이번에는 잃는다. 그러나 육충괘(六沖卦)라 결말

이 없다. 돈을 잃을 상황이었으나 싸움이 벌어져 많이 잃지는 않았다. 도박판이 해산된 것은 육충(六沖) 때문이고, 많이 잃지 않은 것은 공망(空亡)된 재(財)가 응(應)을 생했기 때문이고, 판이 깨진 것은 주작(朱雀)이 재(財)에 임하여 암동(暗動)했기 대문이다.

99. 과거시험에 합격하겠습니까?

風地觀 天地否

辰月 庚午日 占

```
財卯 ━━━
官巳 ━━━
官午 父未 ✖ 世
財卯 ━ ━
官巳 ━ ━
父未 ━ ━ 應
```

미토(未土) 부효(父爻)에 지세(持世)하고 동하여 일진(日辰)과 같은 오화(午火) 관성(官星)을 화출(化出)하여 오미(午未)로 생합(生合)했다. 좋은 성적으로 합격한다고 판단했는데 3등으로 붙었다.

100. 자식의 구병이 어떻습니까?

雷天大壯

寅月 甲午日 占

```
兄戌 ━ ━
孫申 ━ ━
父午 ━━━ 世
兄辰 ━━━
官寅 ━━━
財子 ━━━ 應沖
```

구병점에서 육충괘(六沖卦)를 이루면 곧 죽는다고 했다. 신금(申金) 손(孫)이 용신(用神)인데 월파(月破)를 만났고, 일진(日辰)인 오화(午火)가 지세(持世)하여 용신(用神)인 신금(申金)을 극하니 오늘은 흉하다. 그러나 자수(子水)가 암동(暗動)하여 화(火)를 억제하니 오늘은 죽지 않으나, 내일은 미(未)일이니 자수(子水)가 극제(剋制)를 받아 기신(忌神)인 오화(午火)와 합되니 불길하다. 미(未)일 진(辰)시에 사망했다.

```
父戌 ▬▬▬ 應
兄申 ▬▬▬
官午 ▬▬▬
財卯 ▬▬ 世
官巳 ▬▬
父未 ▬▬
```

101. 뒤쫓아가서 인편에 서신을 보내려는데 만날 수 있느냐고 물었다.

天地否

卯月 甲午日 占

육합괘(六合卦)이니 모든 일이 이루어진다. 내일 미(未)시에 청명절로 바뀌니 오늘 밤 안으로 쫓아가면 반드시 만난다. 그러나 청명절로 바뀌면 월건(月建)이 진(辰)이 되니 응효(應爻)가 월충(月沖)을 만나 충을 받으면 가도 만나지 못한다.

```
孫酉 ▬ ▬ 空亡
財亥 ▬ ▬ 破
父午 兄丑 ✕ 應
兄辰 ▬ ▬
官寅 ▬ ▬
兄未 財子 ◯ 世
```

102. 고향사람에게 돈을 빌릴 수 있겠습니까?

地雷復之雷地豫

巳月 甲戌日 占

육합괘(六合卦)가 육합괘(六合卦)로 되어 일이 순조롭고 오래도록 화목하다. 다만 해수(亥水) 재효(財爻)가 월파(月破)되고, 유금(酉金) 원신(原神)이 순공(旬空)되고, 세(世)의 자수(子水) 재효(財爻)가 미토(未土)로 화하여 회두극(回頭剋)이 되고, 일진(日辰)이 진토(辰土)를 극하고, 암동(暗動)이 오화(午火)를 극하고, 응효(應爻)인 축토(丑土)를 생부(生扶)하여 극하니 극이 매우 심하다. 뜻밖의 화를 막아야 한다. 문복자가 어제 친구와 함께 가기로 약속했다고 한다. 그 친구가 어떤 사람이냐고 물으니 광동인이라고 하길래 말렸다. 그러나 듣지 않고 돈을 빌려 돌아오다 몇 리도 못 와 해를 당했다.

```
父戌 ▬▬▬ 應
兄申 ▬▬▬
官午 ▬▬▬
父辰 財卯 ✕ 世
財寅 官巳 ✕
空亡 孫子 父未 ✕
```

103. 스승을 초빙하여 자식을 가르치는 문제에 대해 물었다.

天地否之乾爲天

巳月 甲寅日 占

응효(應爻)가 용신(用神)인데 술토

(戌土) 부(父)가 임했으니 가히 학문이 넉넉하다. 그러나 육합괘(六合卦)가 육충괘(六沖卦)로 변하니, 공부하는 동안에 변국이 생겨 오래가지 못할까 염려된다. 그리고 초효(初爻)인 미토(未土) 부모(父母)가 화하여 자수(子水) 손(孫)이 되는데, 손(孫)이 순공(旬空)이 되고 부효(父爻)가 동하여 자수(子水)를 극하니 자손에게 재변이 있을 것이다. 그후 오(午)월이 되자 자수(子水)가 월파(月破)를 만나자, 아들에게 질병이 생겨 가정교사는 떠나갔다.

104. 질손의 병이 어떻습니까?

風火家人之離爲火

寅月 庚申日 占

```
兄卯 ▅▅▅▅▅
財未  孫巳 ○  應
官酉  財未 ✕
父亥 ▅▅▅▅▅
財丑 ▅▅ ▅▅ 世
兄卯 ▅▅▅▅▅
```

사화(巳火)인 손효(孫爻)가 용신(用神)인데, 월이 생하고 일진(日辰)이 합하여 치료할 수 있다. 다만 월건(月建)인 인(寅)과 일진(日辰)인 신(申)과 손효(孫爻)인 사(巳)가 인사신(寅巳申) 삼형(三刑)을 이루니 위태롭다. 그후 과연 인(寅)일 인(寅)시에 사망했다.

105. 남편의 병에 대하여 물었다.

離爲火之山雷頤

辰月 戊午日 占

```
兄巳 ━━━ 世
孫未 ━ ━
孫戌 財酉 ○
孫辰 官亥 ○ 應
孫丑 ━ ━
父卯 ━━━
```

해수(亥水) 관성(官星)이 용신(用神)인데 술토(戌土)가 유금(酉金)을 생부(生扶)한다. 그러나 용신(用神)인 해수(亥水)가 화한 진토(辰土)에 입묘고(入墓庫)가 되었고, 변한 진토(辰土)가 월건(月建)인 진(辰)과 합세하여 해수(亥水)를 회두극(回頭剋)하고, 또 일진(日辰) 오(午)와 진유해(辰酉亥)가 자형(自刑)을 이루었다. 위험하다고 판단했는데 그 날 오(午)시에 죽었다.

106. 첩의 근병이 어떻습니까?

巽爲風之火天大有

亥月 戊戌日 占

```
兄卯 ━━━ 世
財未 孫巳 ○ 空亡
官酉 財未 ✕
官酉 ━━━ 應
父亥 ━━━
父子 財丑 ✕
```

미토(未土) 재효(財爻)가 용신(用神)인데 유금(酉金) 관귀(官鬼)로 화하고, 사화(巳火) 원신(原神)이 순공(旬空)을 만나 월파(月破)되고, 사화(巳火)는 또 일진(日辰)에서 묘고(墓庫)가 되었다. 여기다 축술미(丑戌未) 삼형(三刑)까지 있어 좋은 조짐이 전혀 없다. 오늘을 방비해야 하는데 미(未)시에 죽었다.

```
官寅 ▅▅▅▅▅
父巳 財子 ✕
兄戌 ▅▅ ▅▅ 應
財亥 ▅▅▅▅▅
兄丑 ▅▅ ▅▅
官卯 ▅▅▅▅▅ 世
```

107. 올 겨울 장사가 어떻습니까?

山火賁之風火家人

戌月 庚子日 占

묘목(卯木)이 지세(持世)하여 월건(月建)과 합되고, 일진(日辰) 자수(子水)가 생해준다. 올 겨울에는 반드시 충분한 이익이 있다. 혹 자(子)일과 자(子)효가 세효(世爻)를 형(刑)하는데 어떻게 좋다고 하는지 궁금할 것이다. 그러나 괘를 볼 때는 세효(世爻)와 용신(用神)을 추존하고, 생극(生剋)을 가장 중요하게 생각해야 한다. 이 괘는 형(刑)한 가운데 생을 띠었으니 탐생기형(貪生忌刑)이 되었다. 그후 한겨울에 큰 이득을 보았다고 한다.

```
官巳 ▅▅▅▅▅ 應
父未 ▅▅ ▅▅
兄酉 ▅▅▅▅▅
父辰 ▅▅▅▅▅ 世
父丑 財寅 〇
孫子 ▅▅▅▅▅
```

108. 가출한 아버지를 찾으러 가는데 만날 수 있는지를 물었다.

火天大有之離爲火

午月 丙午日 占

친구가 역학을 아는 사람과 같이 와서 그의 아버지에 대한 괘라며 물었다. 인목(寅木) 한 효만이 독발했으니 정월에 만날 수 있느냐고. 그렇지 않다. 부효(父爻)가 지세(持世)했으나 발동한 인목(寅木)에게 극제(剋制)되니 자신은 움직일 수 없고, 아버지도 만날 수 없다. 몸을 움직여 아버지를 만나려고 해도 인목(寅木)을 충극(沖剋)하는 년월을 기다려야 한다. 다시 점을 쳐서 두 괘를 함께 보기로 했다.

澤火革之水火旣濟

이 괘도 앞 괘와 내용이 같다. 앞 괘는 인목(寅木)을 충개(沖開)해야 하는 뜻으로 응(應)한 것이 신(申)이고, 이것은 세(世)가 신금(申金)으로 화하여 회두생(回頭生)이 되니 역시 신(申)이 응(應)한 것이다. 과연 신(申)년 8월에 아버지를 찾아 집으로 돌아왔다. 신(申)년은 앞 괘는 기신(忌神)을 충거(沖去)한 것이고, 이 괘는 화출(化出)한 신금(申金) 부모(父母) 용신(用神)이 세(世)를 생했기 때문이다.

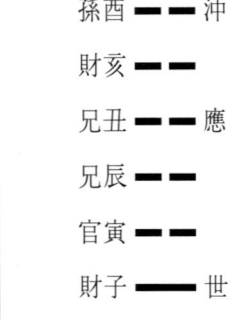

109. 대를 이을 자식이 있습니까?
地雷復
申月 辛卯日 占

이 사람은 아들이 하나 있었는데 난리로 잃어버렸는데 앞으로 자식을 두겠냐고 물었다. 자수(子水)가 지세(持世)했는데 월건(月建)이 손(孫)이 되어 세(世)를 생하니 아들을 둘 징조이다. 제6효에 있는 유금(酉金) 손(孫)이 암동(暗動)하여 세(世)를 생하니 역시 독발했고, 외괘(外卦)에서 동하니 잃어버린 아들이 찾아오는 형상이다. 내년 갑진(辰)년이 되면 유금(酉金)과 상합(相合)되니 반드시 돌아온다. 이는 용신(用神)이 독발하여 충되었으니 합되는 해에 이루어지는 것이다.

```
孫未  孫戌  ○   應
      財申  ▬▬
      兄午  ▬▬
      官亥  ▬▬  世
      孫丑  ▬ ▬
      父卯  ▬▬
```

110. 오래도록 내린 비 때문에 보리가 상하지 않았는지 물었다.

天火同人之澤火革

午月 甲申日 占

한 친구가 이 괘를 갖고와서 술토(戌土) 손(孫)이 독발했으니 어제 병술(丙戌)일에는 당연히 날이 맑아야 하는데 어찌해서 아직도 비가 오냐고 물었다. 신(申)이 손(孫)을 발동시켜 세(世)에 있는 귀(鬼)를 극거(剋去)하니 보리는 상하지 않는다. 다만 술토(戌土)가 퇴신(退神)이 되어 근심을 모두 극할 수 없어 계속 비가 오는 것이다. 그러나 묘(卯)일에는 술토(戌土)가 합되어 개일 것이다.

兄卯 ▬▬
孫巳 ▬▬ 應
財未 ▬ ▬
財辰 父亥 〇
財丑 ▬ ▬ 世
兄卯 ▬▬

111. 탄갱을 개발하면 언제쯤 탄을 볼 수 있는지를 물었다.

風火家人之風雷益

申月 甲午日 占

진토(辰土) 재효(財爻)로 용신(用神)을 삼는다. 해수(亥水)가 독발하여 진재(辰財)를 화출(化出)했으니 진(辰)월에 볼 수 있다. 과연 다음 해 청명이 지난 뒤에 탄을 보게 되었다. 이것은 독발해서 화출(化出)한 용신(用神)으로 된 달이기 때문이다.

官子 兄巳 〇 應
孫戌 孫未 ✕
財申 財酉 〇
財申 兄午 ✕ 世
兄午 孫辰 〇
父寅 ▬ ▬

112. 딸의 병이 어떻게 되겠습니까?

火水未濟之水山蹇

寅月 庚戌日 占

이 괘는 인목(寅木)이 독정(獨靜)했는데 용신(用神)을 보지 않고 판단하면 인(寅)일에 생한다고 할 것인가, 죽는다고 할 것인가. 토(土)가 용신(用神)인데 사오화(巳午火)가 동하여 생해주고, 미토(未土) 손(孫)이 진신(進神)이고, 진토(辰土) 손(孫)은 회두상생(相生)되었으니 길하다. 인(寅)일이 되면 병이 나을 것이다.

父戌 父戌 ⭕	
兄申 兄申 ⭕ 應	
官午 ▬	
父丑 兄申 ⭕	
財卯 官午 ✕ 世	
官巳 父辰 ✕	

113. 아버지가 멀리 가셨는데 언제 돌아오는지를 물었다.

天山遯之雷澤歸妹

寅月 甲辰日 占

외괘(外卦)가 복음(伏吟)이 되었으니 외지에서 근심하는 형상이다. 내괘(內卦)의 진토(辰土) 부모(父母)는 사화(巳火)로 화하여 회두생(回頭生)이 되었고, 세효(世爻)인 오화(午火)는 묘목(卯木)으로 화하여 회두생(回頭生)이 되었으니 아무런 해는 없다. 제4효인 오화(午火)만 독정(獨靜)하니 5월에 반드시 돌아온다. 그후 3·4월에는 아버지가 호광에서 생활할 때 그곳 성에서 병란이 있을 것을 생각하지 못하고 고생하다가 병란이 그치고 5월에 돌아왔다.

兄巳 ▬▬ 世	
孫未 ▬ ▬	
財酉 ▬▬ 合 空亡	
官亥 ▬▬ 應	
孫丑 ▬ ▬	
父卯 ▬▬	

114. 얼마 전에 나간 하인이 언제 돌아오겠습니까?

離爲火

午月 庚辰日 占

유금(酉金) 재효(財爻)가 용신(用神)인데 월은 극하고 일은 생하니 대적할만한데 생극(生剋)이 없다. 오직 한 괘에 유금(酉金) 용신(用神)

이 순공(旬空)되고 일진(日辰)과 합되었다. 순공(旬空)만 되었다면 출순(出旬)을 기다렸다가 공망(空亡)을 합한다. 비록 출공(出空)에는 작용력이 반만 있으나 충발(沖發)을 기다려야 한다. 소서절로 바뀌고 신묘(辛卯)일이 되면 유금(酉金) 용신(用神)이 공망(空亡)을 벗어나고, 진유합(辰酉合)된 유금(酉金)을 충하여 돌아온다. 이것은 정하면서 충을 만난 것이고, 합되면서 충을 만난 것이며, 공망(空亡)이면서 출공(出空)되었기 때문이다.

115. 오늘 은화를 돌려받겠습니까?

坤爲地

辰月 己卯日 占

孫酉 ▬▬ 世	空亡
財亥 ▬ ▬	
兄丑 ▬ ▬	
官卯 ▬ ▬ 應	
父巳 ▬ ▬	
兄未 ▬▬	

유금(酉金) 원신(原神)이 순공(旬空)인데 일진(日辰)이 충했다. 정효가 충을 만났으니 그 날 일어난 것이다. 일진(日辰)이 응효(應爻)에 임하고 세(世)와 충되니 오늘 사(巳)시에 돈을 돌려줄 것이다. 과연 그 날 사(巳)시에 반을 받았고, 을유(乙酉)일 사(巳)시에 나머지 반을 받았다. 이것은 정효의 공망(空亡)을 충하여 반의 힘을 받아 재(財) 역시 반이 된 것이다. 을유(乙酉)일에 다 받은 것은 이미 충기(沖起)되었던 신(申)이 일(日)을 만나는 날이고, 이는 재(財)의 원신(原神)이 전족(塡足)되기 때문이다.

兄未	官寅	⭕	
孫酉	財子	✖	應
財亥	兄戌	✖	
官卯	兄辰	⭕	
父巳	官寅	⭕	世
兄未	財子	⭕	

116. 반란군 속에 있는 아버지가 무사하시겠습니까?

山天大畜之澤地萃

子月 壬申日 占

육효(六爻)가 모두 난동하여 반란군 속에 있는 형상이다. 화출(化出)한 사화(巳火) 부모효(父母爻)가 용신(用神)인데 월건(月建)을 극하고, 또 인목(寅木) 원신(原神)은 일진(日辰)에게 충극(沖剋)을 당하니 생명을 보전하기 어렵다. 반란군 속에서 죽었는지 찾지 못했다.

兄酉	父戌	⭕	世
孫亥	兄申	⭕	
父丑	官午	⭕	
財卯	父辰	⭕	應
官巳	財寅	⭕	
父未	孫子	⭕	

117. 무덤을 만들어 부모를 장사지내면 어떻습니까?

乾爲天之坤爲地

辰月 甲子日 占

이 괘는 매우 흉하다. 이미 조성한 무덤에 장사를 지내면 어떠냐고 물었다. 안된다고 말리는데 어떤 사람이 와서 혈장(穴場) 아래에 말(斗)만한 큰 돌덩이가 매우 많아 점혈할만한 곳이 없다고 한다. 그후 지사가 가서 보고는 배수주석(背水走石)이라 무덤을 만들 수 없는 흉지라고 하였다.

118. 재물을 얻을 수 있습니까?

風天小畜

未月 庚子日 占

```
兄卯 ▬▬
孫巳 ▬▬ 空亡
財未 ▬ ▬ 應
財辰 ▬▬ 空亡
兄寅 ▬▬
父子 ▬ ▬ 世
```

미토(未土) 월건(月建)이 용신(用神)이고 진토(辰土)가 순공(旬空)이다. 공망(空亡)은 반드시 원인이 있으니 이 달 진(辰)일에 재물이 들어온다. 과연 갑진(甲辰)일 사(巳)시에 들어왔다. 이것은 출공(出空)되는 일시이기 때문이다. 불공(不空)된 것은 버리고 공망(空亡)된 것을 쓰는 것이 올바른 법이다.

119. 승진하겠습니까?

地水師之風水渙

未月 甲午日 占

```
父申 父酉 ✕ 應
財巳 兄亥 ✕
官丑 ▬ ▬ 破
財午 ▬ ▬ 世
官辰 ▬▬ 空亡
孫寅 ▬ ▬
```

일진(日辰)과 세효(世爻)가 같아 극왕하다. 월건(月建)은 관성(官星)이 되어 세(世)와 합하는데 괘중에 관성(官星)이 2개 나타났다. 하나는 공망(空亡)이 되고 하나는 월파(月破)가 되니 어느 효를 용신(用神)으로 삼고, 어느 해에 승진한다고 판단해야 하는가. 금년이 묘(卯)년이고 내년이 진(辰)년이니 진효(辰爻)로 용신(用神)을 삼아 내년에 승진할 수 있다. 다만 외괘(外卦)

가 반음(反吟)이 되어 다시 돌아온다. 과연 진(辰)년에 하남으로 전근했으나 10월에 다시 개독부로 돌아왔다. 두 차례 전근되고 한 차례 승진한 것은 모두 실공(實空)의 해이기 때문이다.

```
財戌 ▬ ▬
官申 ▬ ▬
孫午 ▬▬▬ 應
兄卯 ▬ ▬
兄卯 孫巳 ✕ 破
孫巳 財未 ✕ 世
```

120. 아들이 어려움에서 언제 벗어날 수 있습니까?

雷地豫之雷澤歸妹

亥月 丙午日 占

손(孫)이 3개나 나타나 모두 세(世)를 생해주니 틀림없이 액난에서 벗어난다. 일진(日辰)과 오효(五爻) 손(孫)이 안정되고 2개의 사화(巳火) 손(孫)이 월파(月破)가 되니, 사(巳)년이 되어야 액난에서 벗어난다. 이 경우는 용신(用神)이 많아 월파(月破)된 효로 용신(用神)을 삼고, 병이 있는 효는 실파(實破)년에 증험이 된다.

```
官子 兄巳 ○
孫戌 孫未 ✕ 應
財申 財酉 ○
     財酉 ▬▬▬
     官亥 ▬▬▬ 世
官子 孫丑 ✕
```

121. 오랫동안 나가 있는 아들이 언제 돌아오겠습니까?

火水鼎之水天需

未月 丁丑日 占

미토(未土) 손(孫)이 진신(進神)인데

일진(日辰)이 충했고, 축토(丑土) 손(孫)은 자수(子水)로 화하여 자축합(子丑合)이 되고, 사화(巳火) 원신(原神)은 동하여 용신(用神)을 생하나 자수(子水)로 화하여 회두극제(回頭剋制)가 되었으니, 당장은 오지 못하나 오(午)년에 반드시 온다. 오(午)년은 미토(未土)가 동하고 일이 충하여 동충봉합(動沖逢合)이 되기 때문이다. 또 축토(丑土)가 자수(子水)로 화하여 자축합(子丑合)이 되어 충개(沖開)하는 년월이어야 하기 때문이고, 사화(巳火)는 자수(子水)로 화하니 극이 되어 자수(子水)를 충거(沖去)해야 하므로 거살유은(去煞留恩)이 되기 때문이다.

官寅	孫酉 ✖	世
	財亥 ▬▬	
	兄丑 ▬▬	
孫申	官卯 ✖	應
	父巳 ▬▬	
	兄未 ▬▬	

122. 아들을 많이 둘 수 있습니까?

坤爲地之艮爲山

寅月 癸亥日 占

이 사람은 3~4명의 아내에게서 3~5년 동안 자식을 9명이나 낳았으나 지금은 한 명도 없다고 한다. 손(孫)이 귀(鬼)로 화하거나 귀(鬼)가 손(孫)으로 화할 뿐아니라 난잡하게 어질러져 앞으로도 자식을 두기는 어렵다. 후에 조카를 양자로 삼았다고 한다.

123. 백부가 언제 돌아오시겠습니까?

火山旅之艮爲山

酉月 戊申日 占

만약 이 괘가 백부의 평안을 보는 점이라면 묘목(卯木) 부모(父母)가 은복(隱伏)되어 나타나지 않았고, 일진(日辰) 월건(月建) 동효(動爻)에게 극충(剋沖)되었으니 반드시 편안하지 않다. 그러나 여기서는 돌아오는 것에 대한 점이니 용신(用神)이 복장(伏藏)되어 극을 받으니 돌아오지 않는다.

124. 가택에 대하여 물었다.

水風井之水澤節

申月 乙亥日 占

응(應)이 이효(二爻)에 있으니 이른바 응(應)이 날아서 들어오는 것인데, 부모가 임하니 반드시 성씨가 다른 어른과 함께 산다. 그리고 내괘(內卦)가 관귀국(官鬼局)을 합하여 집안이 불안하다. 이 사람 말로는 외인과 함께 살지 않고, 집안에 난잡함도 없다고 한다. 그렇다면 인목(寅木) 형제(兄弟)가 월파(月破)되고 복장(伏藏)되었는데 관국(官局)이 극하니 형제의 집안이 불리할 것이다.

이 사람은 또 자신의 가택점은 스승과 향시를 보는 공명이라고 한다. 그러나 공명과 가택은 하늘과 땅 차이로 다르다. 공명은 관귀(官鬼)가 관성(官星)이 되지만 가택은 귀(鬼)가 화액에 해당한다. 만일 공명을 점친 것이라면 형제는 공명이 없고, 스승은 반드시 좋은 성적으로 합격한다. 관국(官局)이 응(應)을 생하면서 세(世)를 생하지 않으니 이른바 출현해도 무정하여 나오는 관계가 없기 때문이다. 이 사람은 8월 유금(酉金)이 식공(寔空)되는 달에 시험장에 나가지 않았고, 스승은 4등으로 합격했다.

125. 유년운에 대하여 물었다.

```
官寅 ━━━ 世
財子 ━ ━
兄戌 ━ ━
孫申 ━━━ 應
父午 ━ ━
兄辰 ━ ━
```

艮爲山

未月 癸亥日 占

이 사람은 군대에 가기 전에 찾아왔는데, 구명점을 유년으로 말하여 관효(官爻)로 관(官)을 삼았는데 가장 기쁜 것은 관성(官星)이 지세(持世)한 것이다. 유년운을 점칠 때는 귀효(鬼爻)로 귀(貴)를 삼지만 관귀(官鬼)가 지세(持世)하는 것은 좋지 않다. 그런데 관성(官星)이 지세(持世)하고 일진(日辰)이 생합(生合)했으니 이미 이루어진 것이나 마찬가지이다. 과연 임신(壬申)일에 문서를 받았다. 신(申)일은 인목(寅木) 관성(官星)이 일진

(日辰)과 합되었으니 충되는 날을 기다려야 하기 때문이다. 만약 유년으로 판단했다면 많이 다르다.

財子 ▬ ▬
兄戌 ▬▬▬
孫申 ▬ ▬ 世
兄辰 ▬▬▬
官寅 ▬▬▬
財子 ▬▬▬ 應

126. 현직의 길흉이 어떻습니까?

水天需

子月 乙酉日 占

이 괘는 빈자리로 가는 것을 묻는 점이라면 손(孫)이 지세(持世)하니 가지 못하고, 현직의 길흉을 묻는 점이라면 손(孫)이 지세(持世)했으니 휴관된다. 과연 빈 자리는 얻지 못했으나 현직에서는 편안했다.

兄卯 ▬▬▬ 應
孫巳 ▬▬▬
孫午 財未 ✕
空亡 財辰 ▬ ▬ 世
兄寅 ▬ ▬
父子 ▬▬▬

127. 어머니의 병과 유년운을 물었다.

風雷益之天雷无妄

午月 申丑日 占

매매를 하고자 하는 사람이 유년운을 물었다면 재효(財爻)를 중요하게 여긴다. 이 괘는 왕재(旺財)가 지세(持世)하고 미토(未土) 재(財)는 오화(午火)로 화하여 생합(生合)되니 많은 돈을 번다. 그러나 어머니의 병을 보는 점이니, 세효(世爻)인 진토(辰土)가 출순(出旬)하는 날이기 때문에 어머니는 갑진(甲辰)일이 위험하다.

128. 공명에 관하여 물었다.

澤地萃之天山遯

午月 申酉日 占

이 괘는 아버지가 열두 살된 아들의 공명을 보는 점이다. 만약 관효(官爻)가 지세(持世)하고 하화(夏火)가 당령하며 미토(未土) 부모(父母)가 문장인데 진신(進神)으로 화하니 공명이 유망하다. 그러나 묘목(卯木)이 동했으나 부(父)를 극할 수 없고, 부(父)가 동하여 손(孫)을 극하니 이 아들은 미(未)월 술(戌)일에 죽었다.

제5편. 매화역수실점(梅花易數實占)

제1장. 일반 시간 문점

일반 시간 문점은 주로 월을 보아야 한다.

1. 장 선생이 묘(卯)월 오(午)시에 2년 안에 요직에 오를 수 있는지를 물었다. 제1차 백미 8개, 제2차 백미 3개를 집었다. 8은 곤지(坤地)로 하괘(下卦)이고, 3은 이화(離火)로 상괘(上卦)이니 화지진(火地晋) 괘가 된다. 8과 3과 7(午)을 합하니 18인데 육효(六爻)의 수인 6으로 나누니 나머지수가 없다. 따라서 나눈 숫자인 6이 동효(動爻)가 된다.

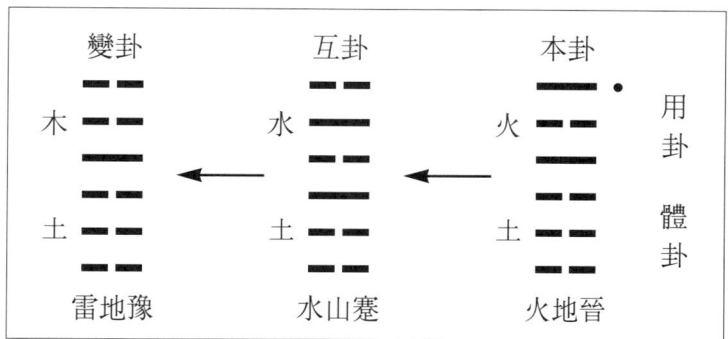

용괘(用卦) 이화(離火)가 상괘(上卦)에서 체괘(體卦) 하괘(下卦) 곤토(坤土)를 생하니, 지금 이 사람은 상사의 신임과 사랑을 받고 있다. 다만 문점월이 묘목(卯木)월이니 묘목(卯木)이 체괘(體卦) 곤토(坤土)를 상극(傷剋)하여 이 달에는 회사에 변동이 있어 소박

하고 듬직한 장 선생에게 영향을 주어 미래에 대한 의혹이 생긴 것이다. 호괘(互卦) 간토(艮土)는 당년 9월을 가리키고, 감수(坎水)는 10월이나 11월을 가리키니 금년 말 이전에 불안은 더 심해질 것이다. 그리고 변괘(變卦)가 진목(震木)이니 명년 1월 말 이전에 퇴직하게 될 것이다.

2. 왕 군이 인(寅)월 유(酉)시에 시험에 관하여 물었다. 제1차 백미 9개, 제2차 백미 5개를 집었다. 9를 8로 제하면 1이 남으니 하괘(下卦)는 건천(乾天)이고, 5는 8로 제할 수 없으니 상괘(上卦)는 손풍(巽風)으로 풍천소축(風天小畜) 괘를 얻었다. 동효(動爻)는 9와 5와 10(酉)을 합하니 24인데 육효(六爻)의 수인 6으로 나누니 나머지수가 없다. 따라서 나눈 숫자인 6이 동효(動爻)가 된다.

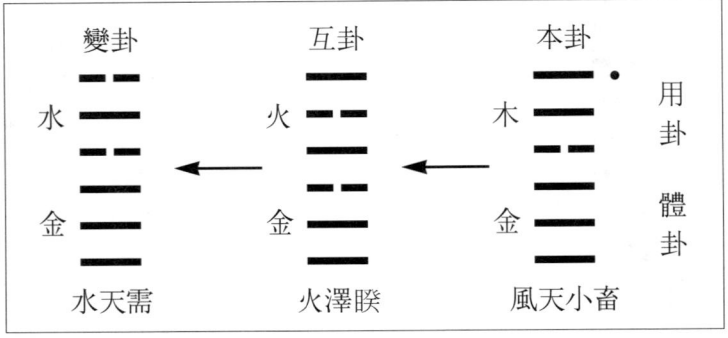

본괘(本卦) 중에서 체괘(體卦)가 하괘(下卦)에 있는데 건금(乾金)이 임하여 금기(金氣)가 냉하고 느리니 열정과 이상이 부족하다는 뜻이다. 용괘(用卦)는 상괘(上卦)에 있는데 손목(巽木)이 임하여

체괘(體卦)가 용괘(用卦)를 극한다. 손목(巽木)은 주로 바람과 불안을 상징하니 공부하는 방법이 옳지 않다는 뜻이니, 많은 노력을 하고도 성과가 적다. 시험이 있는 미(未)월은 음토(陰土)이며 목(木)의 고(庫)이고, 호괘(互卦) 중에 이화(離火)가 체괘(體卦)를 상극(傷剋)하니 4~5월에는 공부하기가 더 어려워진다. 변괘(變卦)는 감수(坎水)이니 체괘(體卦)의 기를 도설(盜洩)하여 시험보는 날 신체가 허약해진다.

3. 황 여사가 오(午)월 자(子)시에 일거리를 쉽게 찾을 수 있는지를 물었다. 제1차 백미 7개, 제2차 백미 6개를 집었다.

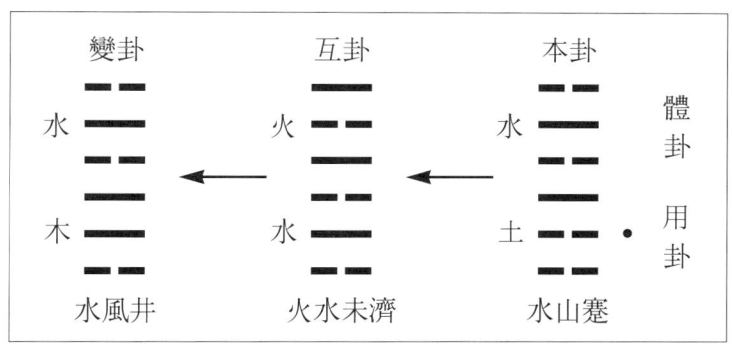

문점한 오(午)월은 오행(五行)으로 화(火)이니 용괘(用卦)인 간토(艮土)를 생조(生助)하고, 간토(艮土)는 체괘(體卦)인 감수(坎水)를 상극(傷剋)한다. 따라서 이 사람은 지금 재운이 좋지 않을 뿐아니라 뜻밖의 상해를 조심해야 한다. 호괘(互卦) 중에 건금(乾金)과 태금(兌金)이 없으니, 7~8월 금(金)의 오행(五行)이 체괘(體卦)인 감수(坎水)를 생조(生助)할 수 없다. 그러나 호괘(互卦)에 감수(坎水)가 있으니 10~11월에는 일거리를 찾을 징조가 있다. 변괘(變卦)가 체괘(體卦)인 감수(坎水)가 되니 용괘(用卦)인 손목(巽木)을 생하여 설기(洩氣)된다. 따라서 겨울에 찾은 일은 매우 힘든 일이어서 날로 몸이 허약해질 것이다.

4. 오 선생이 사(巳)월 신(申)시에 개점하면 장사가 잘 되는지를 물었다. 제1차 백미 2개, 제2차 백미 12개를 집었다.

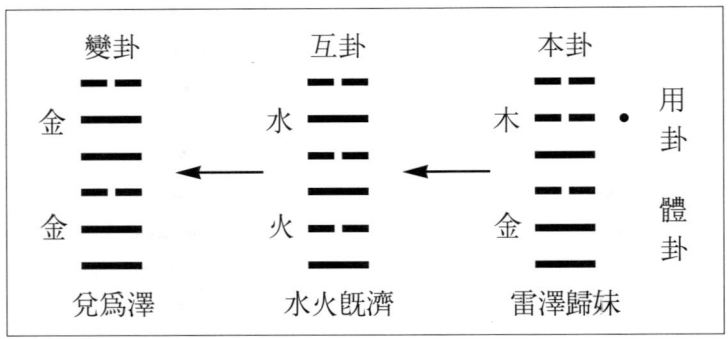

본괘(本卦) 중 용괘(用卦)는 진목(震木)이고 체괘(體卦)는 태금(兌金)이므로 체괘(體卦)가 용괘(用卦)를 극한다. 따라서 개점하는 일을 두고 걱정을 많이 한다. 이러한 걱정은 외부 환경에서 온 것이다. 사화(巳火)월 문점이니 용괘(用卦)인 진목(震木)이 사화(巳火)를 생하고, 화(火)는 체괘(體卦)인 태금(兌金)을 상극(傷剋)하니, 만일 이 달과 다음 달에 개장을 하면 심각한 재액이 생길 것이다. 그리고 호괘(互卦) 중에 감수(坎水)와 이화(離火) 괘가 있으니 개점 후 9개월을 잘 버틸 수 있을지 염려된다. 변괘(變卦)와 체괘(體卦)와 용괘(用卦)가 태금(兌金)이니 8월에 개장하는 것이 좋고, 앞으로 2개월 동안은 괜찮으나 후반에는 기복이 확실하지 않다. 그러나 결국에는 성공할 것이다.

5. 조 사장이 인(寅)월 술(戌)시에 금년의 업무에 대하여 물었다. 제1차 백미 14개, 제2차 백미 20개를 집었다.

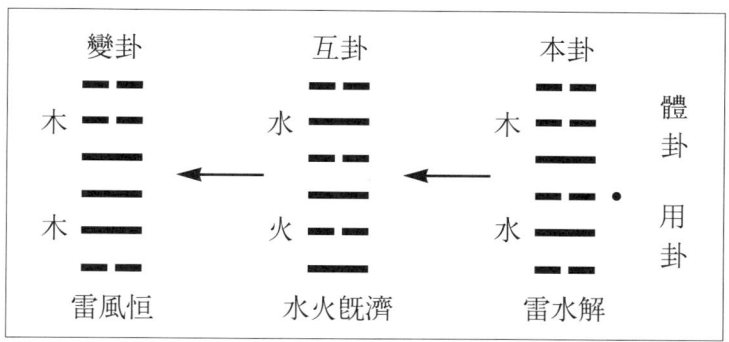

체괘(體卦)가 진목(震木)이고 용괘(用卦)가 감수(坎水)이니, 용괘(用卦)가 체괘(體卦)를 생조(生助)한다. 점월이 인목(寅木)이니 체괘(體卦)인 진목(震木)과 비화(比和)되어 1~2월 운세는 매우 좋다. 호괘(互卦)에 이화(離火)와 감수(坎水)가 있어 사(巳)월과 오(午)월 두 달은 비교적 노력을 많이 하나 지출도 많아 효과가 드러나지는 않을 것이고, 겨울철 3개월 동안은 매우 좋고, 나머지 달은 보통이다. 변괘(變卦) 중에 체괘(體卦) 진목(震木)과 용괘(用卦) 손목(巽木)이 비화(比和)되어 금년 10월부터 12월 말까지 5개월의 운세는 매우 좋다. 결론은 금년은 좋은 한 해이다.

6. 여 양이 진(辰)월 진(辰)시에 올해 결혼 상대를 만날 수 있는지를 물었다. 제1차 백미 6개, 제2차 백미 3개를 집었다.

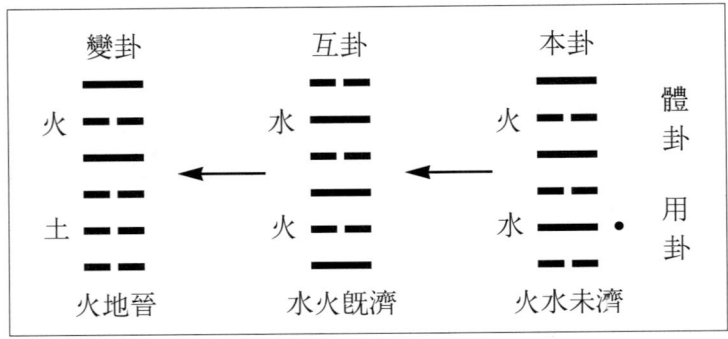

본괘(本卦) 중에 용괘(用卦) 감수(坎水)가 하괘(下卦)에 있고, 체괘(體卦)는 이화(離火)이니 용괘(用卦)가 체괘(體卦)를 상극(傷剋)하고, 감수(坎水)는 아래에서 흐르는데다 하괘(下卦)에 있으니, 지금의 상극(傷剋)은 마음 깊은 곳의 상처이다. 점월이 진토(辰土)월이니 진토(辰土)가 용괘(用卦)인 감수(坎水)를 극거(剋去)한다. 다만 체괘(體卦)인 이화(離火)를 도설(盜洩)하여 이 사람이 고심하며 숨기는 지난 날의 마음의 상처를 나타낸다. 호괘(互卦)에 이화(離火)가 있으니 4~5월에는 신중하지 못한 연정을 품게 되고, 변괘(變卦)의 용괘(用卦)가 곤토(坤土)이니 체괘(體卦)를 도설(盜洩)하여 겨울이 되면 깨진다.

7. 진 선생인 사(巳)월 해(亥)시에 최근에 알게 된 아가씨와 잘 되겠느냐고 물었다. 제1차 백미 17개, 제2차 백미 12개를 집었다.

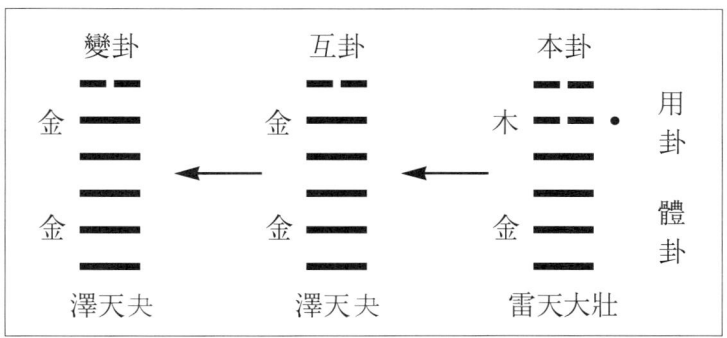

본괘(本卦) 중 용괘(用卦)인 진목(震木)이 상괘(上卦)에 있고, 체괘(體卦)인 건금(乾金)이 하괘(下卦)에 있다. 체괘(體卦)가 용괘(用卦)를 극제(剋制)하니 초조하고 성급하여 상대방을 존중하는 마음이 부족하다. 사화(巳火)월의 문점이니 사화(巳火)가 용괘(用卦)인 진목(震木)을 얻어 상생(相生)이 되어 체괘(體卦)인 건금(乾金)을 상극(傷剋)하니, 사오(巳午)월 중에 상대방을 존중하는 마음으로 고치지 않으면 반드시 실패한다. 변괘(變卦)와 호괘(互卦) 모두 금기(金氣)이니 7월에 적극적으로 행동하면 비교적 쉽게 성공할 수 있을 것이다.

8. 최 선생이 묘(卯)월 술(戌)시에 금년운을 물었다. 제1차 백미 7 개, 제2차 백미 6개를 집었다.

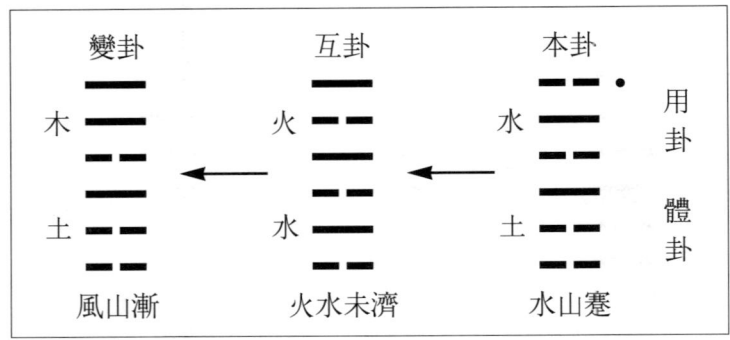

본괘(本卦) 중에서 체괘(體卦)는 간토(艮土)이고 용괘(用卦)는 감 수(坎水)이다. 체괘(體卦)가 용괘(用卦)를 극제(剋制)하니 지금은 무슨 일을 하든 장애가 많고 공이 없다. 묘(卯)월의 문점이니 용괘 (用卦)인 감수(坎水)가 묘목(卯木)을 생조(生助)하고 체괘(體卦)인 간토(艮土)를 상극(傷剋)하니 주로 외부환경으로 인한 뜻밖의 일 이 생긴다. 호괘(互卦)에 이화(離火)와 감수(坎水)가 있으니 여름 에는 잠깐 호전되나 겨울이 되면 다시 지금과 같다. 변괘(變卦) 중 에 용괘(用卦)인 손목(巽木)이 체괘(體卦)인 간토(艮土)를 상극(傷 剋)하니 내년 2월에 큰 재액을 만날 것이다.

9. 이 선생이 신(申)월 유(酉)시에 금년에 창업해도 좋은지를 물었 다. 제1차 백미 7개, 제2차 백미 3개를 집었다.

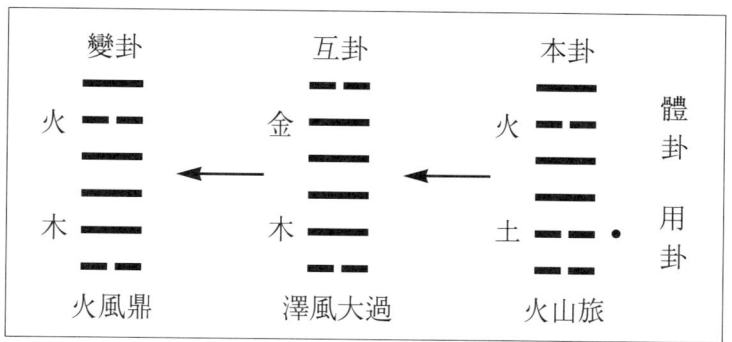

변괘(變卦) 互卦 本卦
火 金 火 體卦 用卦
木 木 土
火風鼎 澤風大過 火山旅

본괘(本卦) 중 체괘(體卦)가 이화(離火)이고 용괘(用卦)가 간토 (艮土)이니, 용괘(用卦)가 체괘(體卦)를 설기(洩氣)하여 지금 창업에 마음을 많이 쓰고 있음을 알 수 있으나 아직 준비가 잘 되지 않았다. 신(申)월 문점이니 신금(申金)은 체괘(體卦)인 이화(離火)에 저지되어 사업을 넓히는 상황이다. 호괘(互卦) 중에 태금(兌金)이 있으니 지금 급하게 창업하는 것은 좋지 않다. 시간을 두고 시장조사와 분석을 하고 창업에 성공한 사람의 조언을 받는 것이 좋다. 변괘(變卦)의 용괘(用卦)인 손목(巽木)이 체괘(體卦)를 생조(生助)하니 귀인의 도움으로 창업에 성공할 것이다. 그러나 내년 묘(卯)월에 행동을 개시하는 것이 좋다.

10. 한 양이 유(酉)월 신(申)시에 남자친구와 앞으로 어떻게 되겠느냐고 물었다. 제1차 백미 8개, 제2차 백미 4개를 집었다.

본괘(本卦) 중에서 체괘(體卦)가 진목(震木)이고 용괘(用卦)가 곤토(坤土)이다. 체괘(體卦)가 용괘(用卦)를 극제(剋制)하니, 남자친

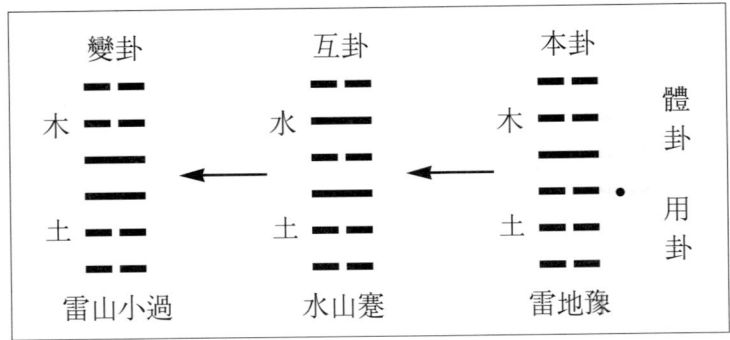

變卦　　　　　互卦　　　　　本卦

木　　　　　　水　　　　　　木　　　　體卦

土　　　　　　土　　　　　　土　　　　用卦

雷山小過　　　水山蹇　　　　雷地豫

구와 함께 지낸 것으로 보인다. 두 사람은 모두 지나치게 자기중심적이라 지금 장애를 겪는 시기이다. 유금(酉金)월 문점이니, 유금(酉金)은 용괘(用卦)인 곤토(坤土)의 상생(相生)을 받아 체괘(體卦)를 상극(傷剋)하니, 남자친구는 지금 다른 여자와 애기가 오고 가 한 양이 매우 불안을 느끼고 있다. 호괘(互卦)에 감수(坎水)와 간토(艮土)가 있고 변괘(變卦)의 용괘(用卦)가 간토(艮土)이니, 내년 9월 말까지는 이런 상황이 바뀌지 않을 것이다. 두 사람의 결과는 점복 중에 있지 않고 다른 논법에 있다.

11. 조 여사가 묘(卯)월 미(未)시에 금년의 재운을 물었다. 제1차 백미 2개, 제2차 백미 5개를 집었다.

　본괘(本卦) 중 체괘(體卦)가 상괘(上卦)에서 손목(巽木)이 되고, 용괘(用卦)가 하괘(下卦)에서 태금(兌金)이 되었다. 용괘(用卦)가 체괘(體卦)를 상극(傷剋)하니 지금의 운은 매우 좋지 않고 의외의 재액을 당할 우려도 있다. 그러나 묘목(卯木)월 문점이니 기초가

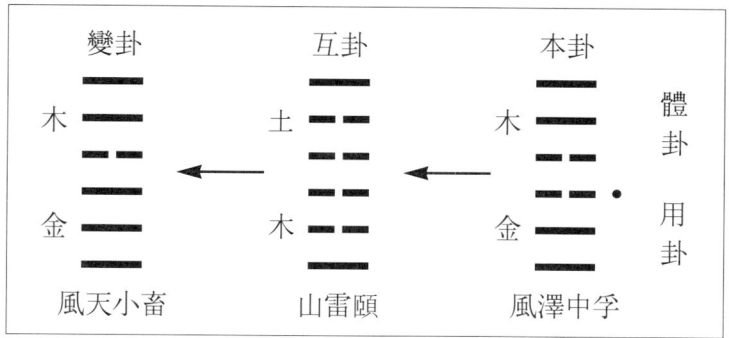

꽤 안정되어 있어 타격을 받아도 당장 무너지지는 않을 것이다. 변괘(變卦) 중 용괘(用卦)인 건금(乾金)이 체괘(體卦)인 손목(巽木)을 상극(傷剋)하니 금년 재운은 상당히 좋지 않다. 7~8월에 큰 파재의 조짐이 있다. 종합적으로 보면 금년의 사(巳)·오(午)·신(申)·유(酉)월에는 절대로 위험이 높은 장사에 투자하면 안된다. 투자하기 좋은 시기는 10월부터 3월 전까지이다.

12. 신 양이 인(寅)월 사(巳)시에 금년에 소인과 귀인을 만나는지를 물었다. 제1차 백미 1개, 제2차 백미 7개를 집었다.

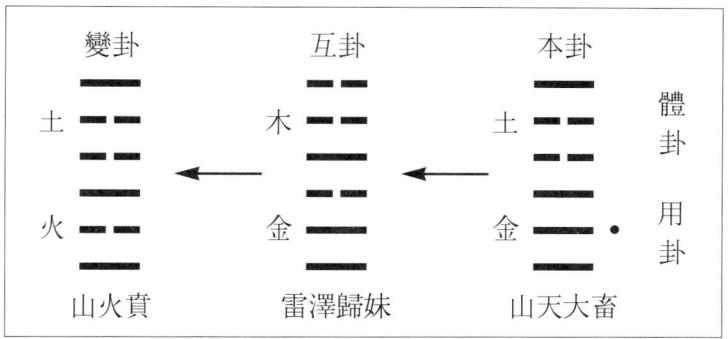

본괘(本卦)의 체괘(體卦)가 간토(艮土)이고 용괘(用卦)가 건금(乾金)이다. 용괘(用卦)가 체괘(體卦)를 도설(盜洩)하니 번거롭고 마음 쓸 일이 많아 심신이 편안하지 않다. 인목(寅木)월 점이니 목(木)이 체괘(體卦)인 간토(艮土)를 상극(傷剋)하고 호괘(互卦)에 또 진목(震木)이 있으니, 이 달에 소인을 만나 해를 입는다. 괘에서 볼 수 있듯이 인(寅)·묘(卯)월에는 소인에 의한 상해는 매우 크고, 사(巳)·오(午)월에는 귀인의 도움을 받고, 신(申)·유(酉)월에는 소인을 만나나 심력만 소모시킬 뿐 다른 해는 없을 것이다.

제2장. 장시간 문점

장시간 문점은 년을 위주로 월을 보로 한다.

1. 진 선생이 진(辰)년 사(巳)월 오(午)시에 지금 하는 일이 전망이 있는지, 언제 요직에 오르는지를 물었다. 제1차 백미 4개, 제2차 백미 6개를 집었다.

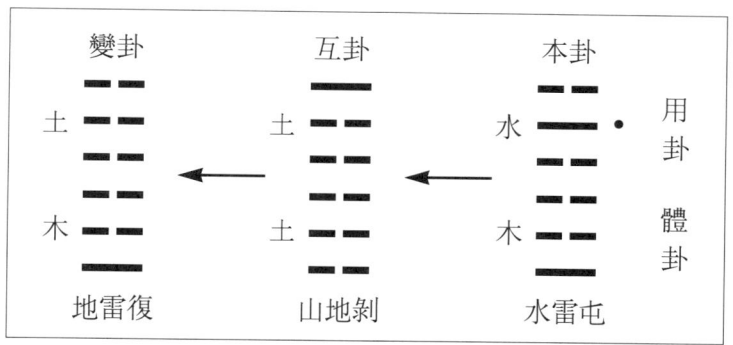

본괘(本卦) 중 용괘(用卦)인 감수(坎水)가 체괘(體卦)인 진목(震木)을 생조(生助)한다. 순조로운 시기이니 노력에 비해 공은 두배가 된다. 다만 진토(辰土)년 사화(巳火)월 문점이니, 진토(辰土)가 감수(坎水)를 극제(剋制)하고 사화(巳火)는 진목(震木)을 도설(盜洩)하여, 많이 나쁘지는 않으나 운기가 정체되는 시기이다. 변괘(變卦)의 체괘(體卦)인 진목(震木)이 용괘(用卦)인 곤토(坤土)를 극제(剋制)하는데, 여기서 곤토(坤土)는 미(未)년을 가리킨다. 따라서

4년동안은 정체된 운기가 계속되니 노력에 비하여 얻는 것은 적다.

2. 황 양이 신(申)년 유(酉)월 진(辰)시에 혼인에 대하여 물었다.
제1차 백미 3개, 제2차 백미 7개를 집었다.

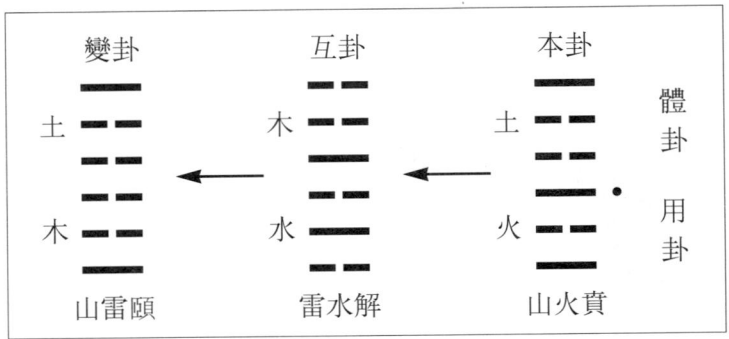

본괘(本卦)의 용괘(用卦) 이화(離火)가 체괘(體卦) 간토(艮土)를
생조(生助)하니, 남자가 그녀에게 매우 잘 한다. 그러나 괘상이 비
(賁)이고, 문점년월이 신유금(申酉金)이니, 남자가 그녀의 외모를
흡족해 하지 않는 것으로 보인다. 변괘(變卦)의 용괘(用卦)는 진목
(震木)인데 체괘(體卦) 간토(艮土)를 상극(傷剋)하니, 6년 후 혼인
은 큰 문제가 생긴다. 잘못은 남자에게 있으나 황 양이 상처를 받
는다. 시간을 잘 이용하여 생계에 충실히 하면서 외모를 가꾸는 일
에도 게을리 하지 않기를 바란다.

3. 조 양이 사(巳)년 인(寅)월 미(未)시에 삼각관계가 어떻게 되는
지를 물었다. 제1차 백미8개, 제2차 백미 2개를 집었다.

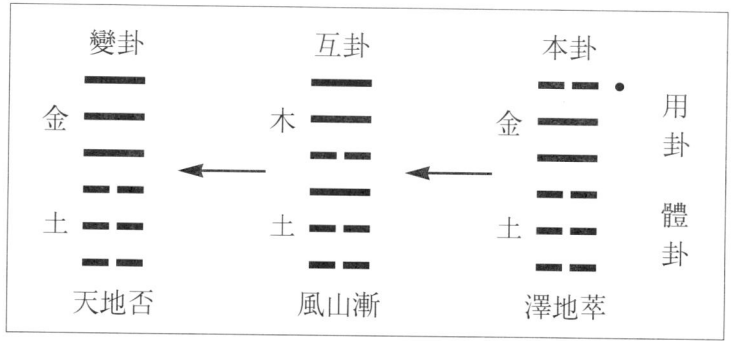

變卦	互卦	本卦	用卦
金	木	金	
土	土	土	體卦
天地否	風山漸	澤地萃	

본괘(本卦) 중 용괘(用卦) 태금(兌金)이 체괘(體卦) 곤토(坤土)를 도설(盜洩)하고 괘상이 췌(萃)이니, 성격이 유순하나 주관이 없어 다른 사람에게 깊은 불안감을 준다. 사화(巳火)년 문점이니 3년 동안은 이런 혼외정이 지속되나, 변괘(變卦) 중 용괘(用卦) 건금(乾金)이 체괘(體卦) 곤토(坤土)를 도설(盜洩)하니 신(申)년에는 남자가 멀리하기 시작하여 원만한 결과는 기대하기 어렵다. 그러나 사(巳)년 오(午)년에 남쪽으로 가면 귀인이 많으니 새로운 연정을 만날 수 있다.

4. 송 선생인 술(戌)년 해(亥)월 유(酉)시에 회사의 경영이 계속될 수 있는지, 어디서 문제가 생기는지를 물었다. 제1차 백미 11개, 제2차 백미 7개를 집었다.

본괘(本卦) 중 용괘(用卦) 간토(艮土)가 체괘(體卦) 이화(離火)를 도설(盜洩)하고 괘상이 비(賁)이니, 겉치레를 매우 중시하여 쓸데없는 일에 돈을 낭비하는 것을 알 수 있다. 호괘(互卦)와 변괘(變

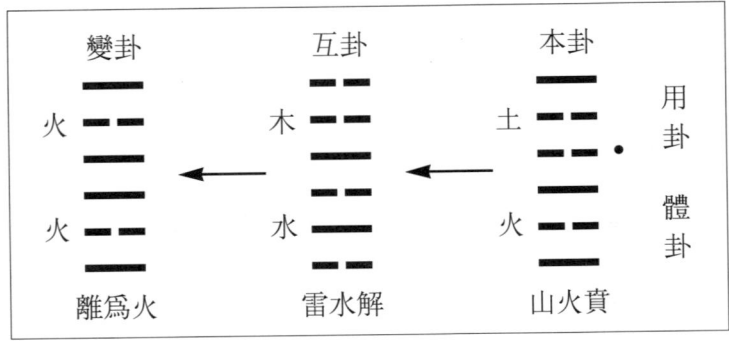

卦)에 화목(火木)이 있는 것으로 보아 회사 전망은 괜찮다. 그러나 앞으로 3개월이나 3년 동안은 매우 허약한 시기이나 잘 견디면 5년 후에는 좋은 풍경을 그릴 수 있다. 최대한 인원을 줄이고 고정원가를 낮추면서 착실하게 운영하면 성공할 것이다.

5. 강 양이 오(午)년 인(寅)월 해(亥)시에 언제 인연을 만나는지, 또 착실한 사람인지를 물었다.

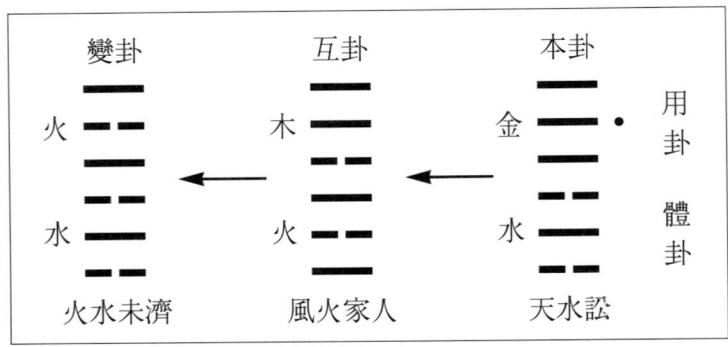

본괘(本卦)의 용괘(用卦) 건금(乾金)이 체괘(體卦) 감수(坎水)를 생조(生助)하고, 용괘(用卦)가 상괘(上卦)에 있으니 주변 환경을

나타낸다. 괘상이 건(乾)과 송(訟)이니 지금 유부남이 구애를 해오는 것을 알 수 있다. 그러나 문점 년월이 오화(午火)와 인목(寅木)으로 화(火)가 금(金)을 극제(剋制)하니 자신의 마음을 잘 조절하고 있다. 변괘(變卦)의 용괘(用卦)가 이화(離火)이니 체괘(體卦) 감수(坎水)의 운을 방해한다. 금년과 내년에는 평상심으로 미혼남성과 교제할 수 있다. 그러나 지나치게 가깝게 지내면서 마음을 쓸 필요는 없고, 2년 후에는 연분이 성숙하니 그때 가서 마음을 주는 것이 좋다. 다만 평판이 실제보다 지나치지 않을까 염려된다.

6. 모 여사가 사(巳)년 진(辰)월 해(亥)시에 앞으로 결혼생활이 순조로운지, 남편에게 다른 여자가 있는지를 물었다. 제1차 백미 3개, 제2차 백미 6개를 집었다.

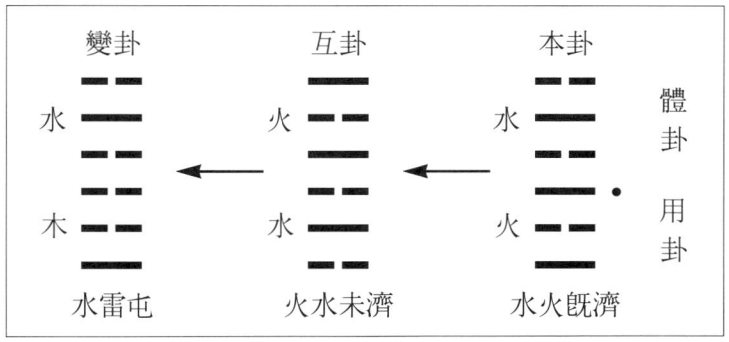

본괘(本卦)의 체괘(體卦) 감수(坎水)가 용괘(用卦) 이화(離火)를 극제(剋制)하니, 남편을 지나치게 통제하고 있음을 알 수 있다. 점복 년월이 사화(巳火) 진토(辰土)이니 남편은 이미 아내에게 피곤

함을 느끼고 있다. 사화(巳火)년에는 용괘(用卦)의 역량을 강화하고 진토(辰土)월에는 화(火)의 생조(生助)를 얻어 오히려 체괘(體卦) 감수(坎水)를 상극(傷剋)한다. 변괘(變卦)의 용괘(用卦) 진목(震木)은 체괘(體卦)의 기를 도설(盜洩)하고, 호괘(互卦)에 이괘(離卦)와 감괘(坎卦)가 있으니, 3년 동안은 부부간에 말타툼이 쉽게 벌어질 징조이니 자신의 언행을 조절하는 것이 가장 좋다. 이 3년만 잘 참아넘기면 6년 안에 4년의 좋은 광경을 만들 수 있다.

7. 문 여사가 오(午)년 묘(卯)월 사(巳)시에 지금 사는 집의 기운이 어떤지, 가족에게 어떤 영향을 주는지를 물었다. 제1차 백미 13개, 제2차 백미 11개를 집었다.

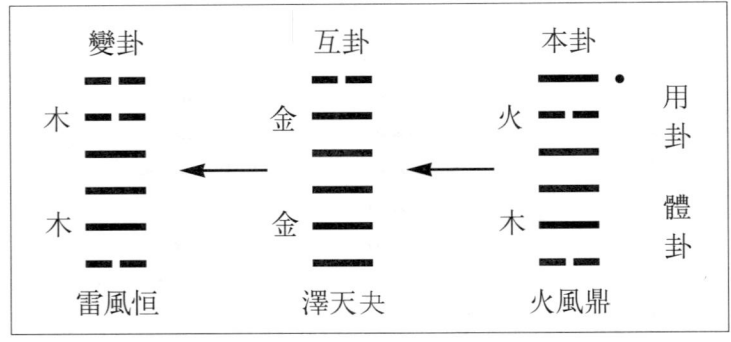

본괘(本卦)의 용괘(用卦) 이화(離火)가 체괘(體卦) 손목(巽木)을 도설(盜洩)하니, 그 집은 가족이 쉽게 병이 나는 등 불리한 영향을 준다. 문점 년월이 오화(午火)와 묘목(卯木)이고 호괘(互卦)에 건금(乾金)과 태금(兌金)이 있으니, 5년 안에 가족에게 좋지 않은 기

운을 준다. 특히 2년 후인 신(申)·유(酉)년에 집 근처의 서방이나 서북방에 길을 만들면 자동차 사고 등 뜻밖의 상해를 당한다. 이 집은 5년 후에야 좋은 운으로 행한다.

8. 서 양이 묘(卯)년 신(申)월 신(申)시에 오래된 아파트를 사려는데 어떠냐고 물었다. 제1차 백미 16개, 제2차 백미 6개를 집었다.

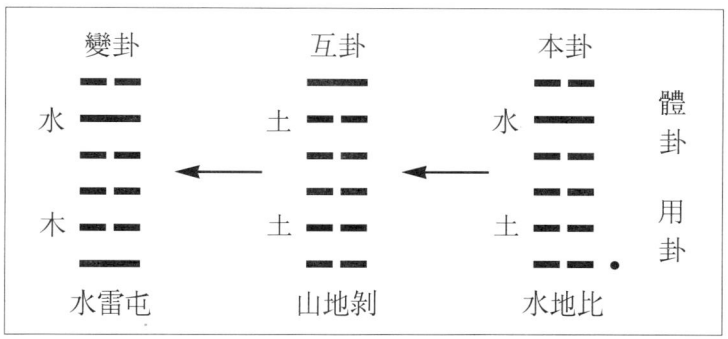

본괘(本卦)의 용괘(用卦) 곤토(坤土)가 체괘(體卦) 감수(坎水)를 상극(傷剋)하여 대흉하다. 용괘(用卦)가 하괘(下卦)에 있으니 이 아파트는 정체되는 기가 매우 많이 누적되었음을 알 수 있다. 비록 괘상이 비(賁)이나 절대로 이 집을 사면 안 된다. 신금(申金)월 문점이니 이 집은 수리한 집이고, 묘목(卯木)년 문점이니 반년 후에 연달아 문제가 발생할 것이다. 호괘(互卦)의 간토(艮土)와 곤토(坤土)가 체괘(體卦) 감수(坎水)를 상극(傷剋)하고, 변괘(變卦)의 진목(震木)이 체괘(體卦)를 도설(盜洩)하니, 이 아파트로 들어가면 반드시 4년 안에 재난과 손해가 많을 것이다.

9. 황 선생이 신(申)년 유(酉)월 신(申)시에 지금 하는 장사가 어떤지를 물었다. 제1차 백미 7개, 제2차 백미 4개를 집었다.

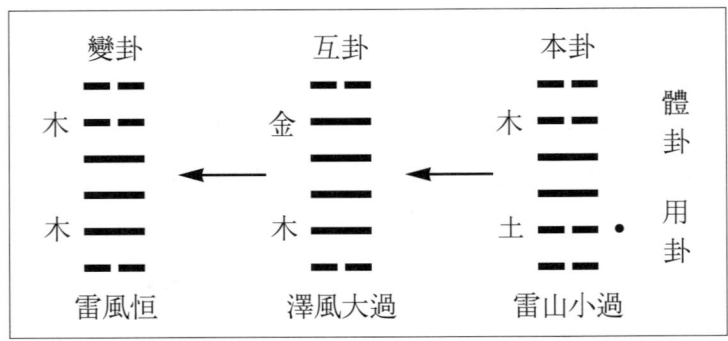

본괘(本卦)의 체괘(體卦) 진목(震木)이 용괘(用卦) 간토(艮土)를 극제(剋制)하니, 노력에 비하여 얻는 것이 적고 매우 피곤하다. 신금(申金)년 유금(酉金)월 문점이니 초봄부터 장사가 좋지 않다. 특별히 사(巳)월부터 현재 유(酉)월까지 5개월 동안의 장사는 최고로 나빴을 것이다. 호괘(互卦)에 태금(兌金)과 손목(巽木)이 있고, 변괘(變卦)의 용괘(用卦) 손목(巽木)과 체괘(體卦)가 비화(比和)되었으니, 2년 반 안에는 호전될 가망이 없으니 영업을 그만두는 것이 좋다. 그러나 2년 반 후에는 운세가 호전되니 재투자를 해도 좋고, 5년의 순운이 있겠다.

10. 주 여사가 술(戌)년 묘(卯)월 유(酉)시에 투자한 집이 언제쯤 팔리는지, 이윤은 어떤지를 물었다. 제1차 백미 4개, 제2차 백미 2개를 집었다.

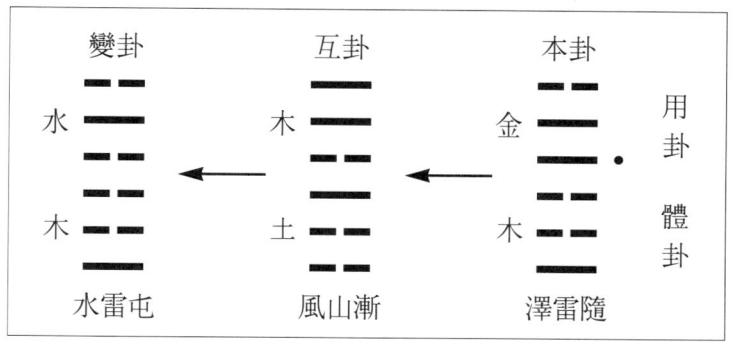

變卦	互卦	本卦	
			用卦
水	木	金	
			體卦
木	土	木	
水雷屯	風山漸	澤雷隨	

　본괘(本卦)의 용괘(用卦) 태금(兌金)이 체괘(體卦) 진목(震木)을 상극(傷剋)하니 지금의 운세는 좋지 않다. 집을 보러 오는 사람마다 터무니 없이 싼 값을 제시하니 전혀 얘기가 되지 않는다. 술토(戌土)년 묘목(卯木)월의 문점으로, 묘술(卯戌)이 육합(六合)하여 화성(火星)이 되고, 화성(火星)은 체괘(體卦) 진목(震木)을 도설(盜洩)하니, 금년에는 절대로 팔리지 않는다.

　그러나 호괘(互卦)에 간토(艮土)와 손목(巽木)이 있으니 해(亥)년 묘(卯)월부터는 운세가 호전하고, 변괘(變卦)의 용괘(用卦) 감수(坎水)가 체괘(體卦) 진목(震木)을 생조하니 빠르면 해(亥)년 자(子)월 말 이전에는 순조롭게 팔릴 것이다. 늦어도 자(子)년 자(子)월 말 이전에 팔면 이윤이 좀 있겠다.

11. 이 양이 술(戌)년 인(寅)월 미(未)시에 지금의 연정이 얼마나 가는지, 결혼할 수 있는지를 물었다. 제1차 백미 3개, 제2차 백미 7개를 집었다.

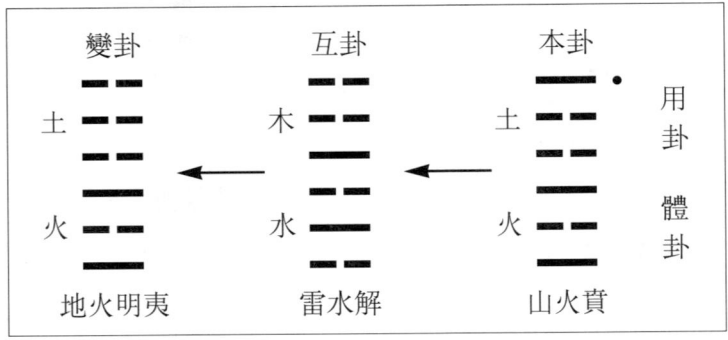

본괘(本卦)의 용괘(用卦) 간토(艮土)가 체괘(體卦) 이화(離火)의 기를 도설(盜洩)하니, 이 연정은 상당히 피곤하다. 생각없이 돈을 쓰니 상대방이 존중하지 않고 소중함도 모른다. 술토(戌土)년 인목(寅木)월 문점이니, 연정이 반 년은 유지되나 미(未)월부터 연말까지 반 년은 감정의 기복이 상당히 심할 것이다. 호괘(互卦)에 진목(震木)과 감수(坎水)가 있고, 변괘(變卦)의 용괘(用卦) 곤토(坤土)가 체괘(體卦) 이화(離火)의 기를 도설(盜洩)하니, 관계를 4년은 유지할 수 있으나 결혼 상대는 아니다.

12. 나 선생인 자(子)년 묘(卯)월 해(亥)시에 건강에 대하여 물었다. 제1차 백미 1개, 제2치 백미 7개를 집었다.

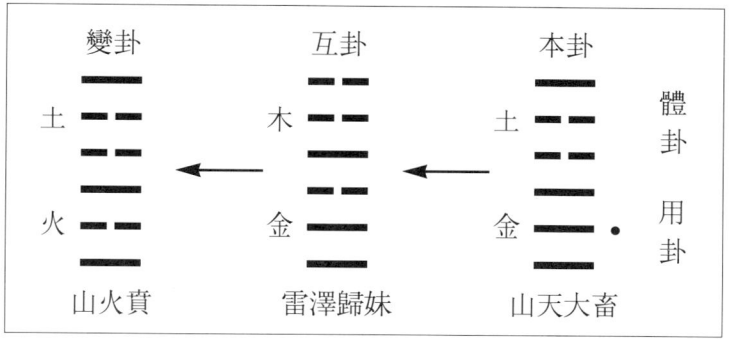

變卦	互卦	本卦	
土	木	土	體卦
火	金	金	用卦
山火賁	雷澤歸妹	山天大畜	

본괘(本卦)의 용괘(用卦) 건금(乾金)이 체괘(體卦) 간토(艮土)를 도설(盜洩)하니, 쉽게 설사를 할 것이다. 식욕이 좋지 않고 비위에 장애가 있으며 가슴이 답답하고 호흡이 불순하며 신체가 허약하여 쉽게 감기에 걸린다. 자수(子水)년 묘목(卯木)월 문점이니 이 2개월 동안에 건강이 좋아질 것이다. 호괘(互卦)에 진목(震木)과 태금(兌金)이 있고, 변괘(變卦)의 용괘(用卦) 이화(離火)가 체괘(體卦) 간토(艮土)를 생조하니 건강을 회복할 것이다. 자(子)·인(寅)·묘(卯)년 3년은 건강이 악화되니, 남방 따뜻한 곳에서 사는 것이 좋다. 진(辰)년 후에는 차차 건강이 좋아지고, 무술을 배워도 된다.

제3장. 단시간 문점

단시간 문점은 일진(日辰)을 위주하고 월을 보로 하여 본다.

1. 공 양이 진(辰)월 해(亥)일 진(辰)시에 빚을 독촉해도 되는지, 이달 안에 받을 수 있는지를 물었다. 제1차 백미 7개, 제2차 백미 12개를 집었다.

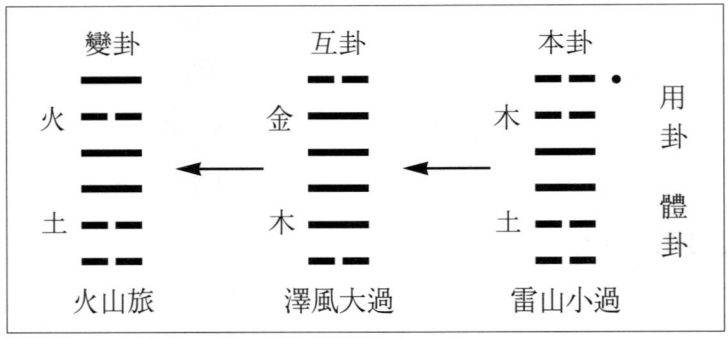

　본괘(本卦)의 용괘(用卦) 진목(震木)이 체괘(體卦) 간토(艮土)를 상극(傷剋)하고, 또 해(亥)일의 문점으로 해수(亥水)가 진목(震木)을 생조(生助)하여 체괘(體卦)를 상극(傷剋)하니 더 좋지 않다. 이이틀간은 받기가 매우 어렵고, 의외의 흉액을 만들까 우려된다. 해(亥)일 문점이고 용괘(用卦) 진목(震木)은 인목(寅木)일이니 상해는 이틀 후의 사(巳)시나 해(亥)시에 발생할 것이다. 호괘(互卦)에 손목(巽木)과 태금(兌金)이 있는데, 손목(巽木)은 묘목(卯木)일이고 태금(兌金)은 유금(酉金)일이니, 이틀 후인 인(寅)일과 묘(卯)일에는 채무를 독촉하면 안 된다. 사(巳)·오(午)일에는 변괘(變卦)의 용괘(用卦) 이화(離火)가 체괘(體卦) 간토(艮土)를 생조(生助)하니 그때 독촉하는 것이 좋다. 그러나 그 달에 장애가 있으면 또 어렵게 된다.

2. 송 선생이 유(酉)월 인(寅)일 오(午)시에 이 달에 계약서에 서명하는 일이 순조로운지를 물었다. 제1차 백미 6개, 제2차 백미 1개를 집었다. 계약일은 축(丑)일.

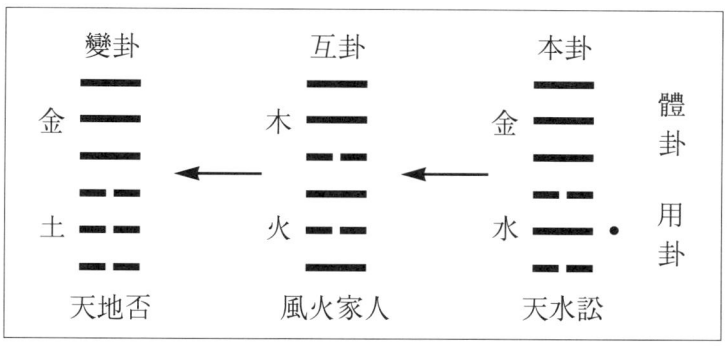

본괘(本卦)의 용괘(用卦) 감수(坎水)가 하괘(下卦)에 있는데 체괘(體卦) 건금(乾金)의 기를 도설(盜洩)한다. 인목(寅木)일 문점이니 체괘(體卦) 건금(乾金)에 반드시 저항력이 생기니 이번 계약에 꽤 많은 문제가 있어 벌이지는 않았다. 본괘(本卦)가 천수송(天水訟)이니 법적으로 하자가 없는지를 잘 살펴보아야 한다. 비록 호괘(互卦)에 손목(巽木)이 있어도 이화(離火)가 폐를 끼치고, 계약일이 축(丑)일이니 화기(火氣)가 될 수 있고, 또 변괘(變卦)의 용괘(用卦) 곤토(坤土)가 체괘(體卦) 건금(乾金)을 생조(生助)하고, 점월이 유금(酉金)월이니 성공할 수 있다.

3. 유 양이 해(亥)월 신(申)일 해(亥)시에 입찰에 대하여 물었다. 제1차 백미 4개, 제2차 백미 3개를 집었다.

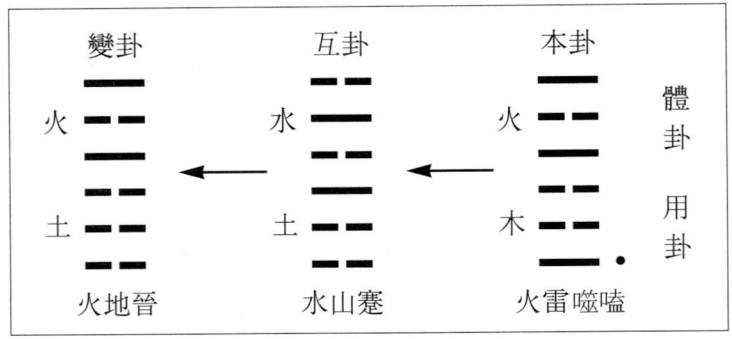

본괘(本卦)의 용괘(用卦) 진목(震木)이 하괘(下卦)인데 체괘(體卦) 이화(離火)를 생조(生助)하고, 신금(申金)일 문점이니 이번이나 다음 번에 부금을 표시할 수 있음을 강하게 암시한다. 입찰은 미(未)일에 있는데 변괘(變卦)의 용괘(用卦) 곤토(坤土)가 체괘(體卦) 이화(離火)의 기를 도설(盜洩)하고, 또 호괘(互卦)의 체괘(體卦) 이화(離火)에 불리한 괘상이 많다. 여기다 점월인 해수(亥水)도 체괘(體卦)를 상극(傷剋)하니 반드시 불성한다. 만일 입찰가를 몇 만원 올린다면 될 가능성도 있고, 너무 성급하게 써내지 않으면 2개월 후에는 희망이 있다.

4. 방 선생이 진(辰)월 인(寅)일 유(酉)시에 이 달에 동남아 여행을 떠나는데 괜찮겠느냐고 물었다. 제1차 백미 2개, 제2차 백미 4개를 집었다.

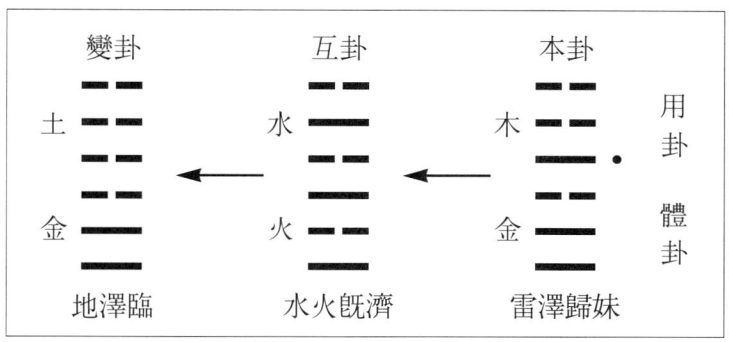

본괘(本卦)의 체괘(體卦) 태금(兌金)이 하괘(下卦)에서 용괘(用卦) 진목(震木)을 극제(剋制)하니, 외부로부터 불안한 환경의 영향이 있음을 나타낸다. 문점일이 인목(寅木)일이니 용괘(用卦) 진목(震木)의 역량이 강화된다. 체괘(體卦) 태금(兌金)의 저지력이 더욱 크니, 의외의 사건이 텔레비전에 의해 함부로 보도됨을 나타내어 그의 마음 속의 압력을 더욱 깊게 한다. 이번 동남아행에서는 아름다운 여인을 만날 것이다. 후환이 없도록 하는 것이 좋겠다. 변괘(變卦)의 용괘(用卦) 곤토(坤土)가 체괘(體卦) 태금(兌金)을 생조(生助)하고, 진(辰)월 문점이니 평안하게 다녀올 것이다.

5. 사 선생이 묘(卯)월 해(亥)일 유(酉)시에 이 달에 돈을 빌릴 수 있는지, 어느 날에 가능한지를 물었다. 제1차 백미 2개, 제2차 백미 7개를 집었다.

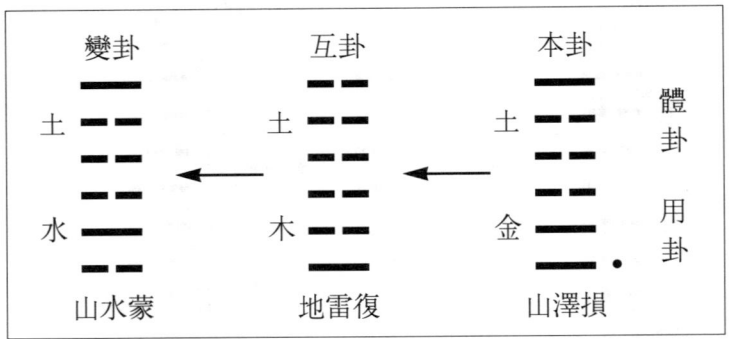

본괘(本卦)의 용괘(用卦) 태금(兌金)이 체괘(體卦) 간토(艮土)의 기를 도설(盜洩)하고, 괘상이 산택손(山澤損)이고, 문점일이 해수(亥水)일이니, 돈이 모자라 걱정하고 있음을 나타낸다. 친구나 친척에게 돈을 빌리러 가도 소액에 이르지 않는다. 묘목(卯木)월 문점이고, 호괘(互卦)에 진목(震木)이 있고, 변괘(變卦)의 용괘(用卦) 감수(坎水)가 체괘(體卦) 간토(艮土)의 기운을 저지하니, 이번 달에는 적은 돈도 빌릴 수가 없다. 그러나 체괘(體卦)가 간토(艮土)이고 묘(卯)월점이니 다음 달인 진토(辰土)월에는 빌릴 수 있다.

제4장. 단순한 공간 문점

1. 주 선생이 술(戌)년 묘(卯)월 해(亥)시에 대륙투자에 대하여 물었다. 제1차 백미 2개, 제2차 백미 3개를 집었다.

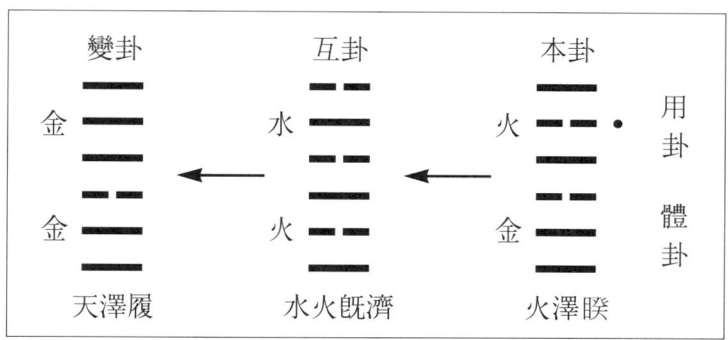

본괘(本卦)의 용괘(用卦) 이화(離火)가 상괘(上卦)에서 하괘(下卦)인 체괘(體卦) 태금(兌金)을 상극(傷剋)하고, 오효(五爻)인 군위(君位)가 발동했으니 지금 가장 흉한 방위는 남방이다. 대륙투자의 길흉은 본괘(本卦)를 보아 알듯이 가장 우려되는 것은 손윗사람이나 이전의 상사나 거액의 자금을 쥔 친구가 남방투자를 독려하는 것이다. 그러나 절대 하면 안된다. 그렇지 않으면 후환이 무궁할 것이다. 대륙은 대만에서 볼 때는 서북방에 있고, 서북은 건금궁(乾金宮) 자리이고, 본 점복 중 체괘(體卦)는 태금(兌金)이니 매우 적합하다. 더구나 변괘(變卦)의 용괘(用卦) 건금(乾金)과 체괘(體卦) 태금(兌金)이 비화(比和)되니 대륙투자는 매우 좋다.

2. 안 선생이 오(午)시에 금년에는 어느 방위가 좋은지를 물었다.
제1차 백미 2개, 제2차 백미 5개를 집었다.

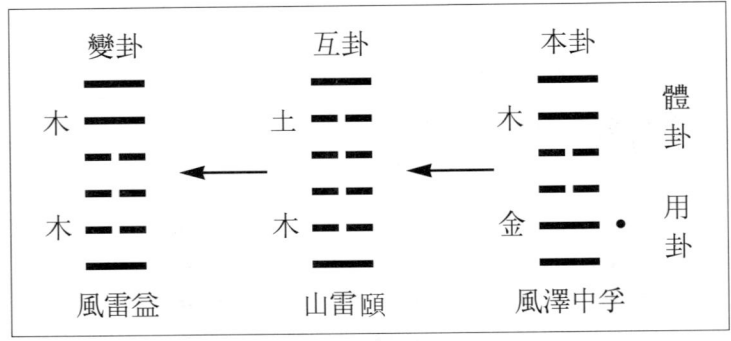

流年九星

二黑	七赤	九紫
一白	三碧	五黃
六白	八白	四綠

금년에는 삼벽목성(三碧木星)이 중궁(中宮)에 들어 왕기(旺氣)의 방위는 서북 사록목성(四綠木星)이고, 생기의 방위는 정동 일백수성(一白水星)이고, 살기(煞氣)는 동북 육백금성(六白金星)과 남방 칠적금성(七赤金星)이고, 수고는 많으나 소득은 적은 조기(阻氣)의 방위는 북방 팔백토성(八白土星)과 동남 이흑토성(二黑土星)과 정서 오황토성(五黃土星)이고, 소비 소모가 많은 설기(洩氣)의 방위는 서남 구자화성(九紫火星)이다.

본괘(本卦)의 용괘(用卦) 태금(兌金)이 체괘(體卦) 손목(巽木)을 상극(傷剋)하는데, 태금(兌金)은 서방이고 금년에는 오황토성(五黃土星)이 들고 조기(阻氣)의 방위이니 대흉하다. 변괘(變卦)의 용괘(用卦) 진목(震木)이 체괘(體卦) 손목(巽木)을 생조(生助)하는데,

진목(震木)은 정동방이고 금년에는 일백수성(一白水星)이 들어 생기의 방위이니 금년에는 정동방으로 가면 대길하다.

3. 여 양이 오(午)시에 재운과 귀인에 대하여 물었다. 제1차 백미 4개, 제2차 백미 2개를 집었다.

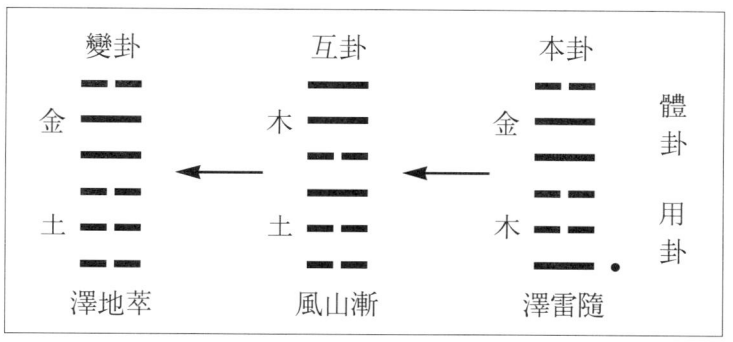

二黑	七赤	九紫
一白	三碧	五黃
六白	八白	四綠

流年九星

본괘(本卦)의 체괘(體卦) 태금(兌金)이 용괘(用卦) 진목(震木)을 극제(剋制)하였다. 체괘(體卦)가 용괘(用卦)를 극제(剋制)하면 고생은 많아도 소득이 적다. 다만 진목(震木)이 동방이고 금년에 일백수성(一白水星)이 들어 생조(生助) 방위이니 재기방으로 논한다. 즉 정동은 저항력이 있으나 재기 또한 성하다. 호괘(互卦)에 손목(巽木)과 간토(艮土)가 있다. 손목(巽木) 용괘(用卦)는 체괘(體卦) 태금(兌金)에 대해 저항이 있으니 좋지 않다. 그 외에 간토(艮土)는 동북방이 되고 유년에 육백금성(六白金星)이 들어 살기(煞氣位)에 앉았다. 간토(艮土)는 비록 체괘(體卦) 태금(兌金)을 생조(生助)하지만 다만 동북방 귀인의 조력은 마침내 흉악함을 생하는 운이다. 변괘(變卦)의 용괘(用卦) 곤토(坤土)가 체괘(體卦) 태금(兌金)을 생조(生助)하고 곤토(坤土)에 구자화성(九紫火星)이 드니 화생토(火生土) 토생금(土生金)이 되어 서남방으로 가는 것이 좋다.

4. 전 선생이 술(戌)시에 잃어버린 친척을 어디로 가면 찾을 수 있는지와, 그녀가 지금 어떤 처지에 있는지를 물었다. 제1차 백미 3개, 제2차 백미 2개를 집었다.

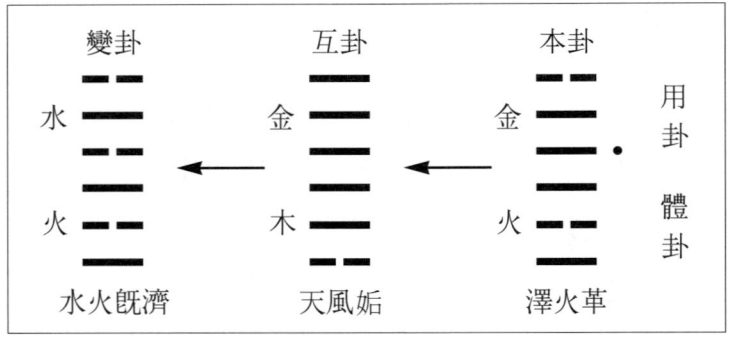

流年九星

一白	六白	八白
九紫	二黑	四綠
五黃	七赤	三碧

유년 구성(九星)인 이흑토성(二黑土星)이 중궁(中宮)에 들어 왕기(旺氣)의 방위인 서남방에는 팔백토성(八白土星)이 들었고, 동북방에는 오황토성(五黃土星)이 들었고, 생기의 방위

는 정동방이며 구자화성(九紫火星)이 들었고, 조기(阻氣)의 방위는 동남방이며 일백수성(一白水星)이 들었고, 설기(洩氣)의 방위는 정남방이며 육백금성(六白金星)이 들었고, 정북방에는 칠적금성(七赤金星)이 들었고, 살기(煞氣)의 방위는 서북방이며 삼벽목성(三碧木星)이 들었고, 정서방에는 사록목성(四綠木星)이 들었다.

본괘(本卦)·호괘(互卦)·변괘(變卦) 중에서 유독 변괘(變卦)의 용괘(用卦)가 상괘(上卦)에서 체괘(體卦) 이화(離火)를 상극(傷剋)하니 북방에 있음을 알 수 있다. 북방은 금년에 설기위(洩氣位)가 되고 칠적금성(七赤金星)이 들어 금성(金星)이 용괘(用卦)인 감수(坎水)를 생하고 체괘(體卦) 이화(離火)를 상극(傷剋)하니 찾으려는 사람은 흉은 많고 길은 적다.

5. 장 양이 해(亥)시에 연분이 어느 방향에 있는지를 물었다. 제1차 백미 13개, 제2차 백미 9개를 집었다.

본괘(本卦)는 천풍구(天風姤)이고 체괘(體卦)는 손목(巽木)이며 손괘(巽卦)는 풍(風)이 되어 파동을 뜻하며 하괘(下卦)에 있으니 내심의 동요를 나타낸다. 하괘(下卦)에 있는 체괘(體卦) 손목(巽木)이 상괘(上卦)에 있는 용괘(用卦) 건금(乾金)에게 상하니 내심 불안한 동요를 나타낸다. 괘상이 구(姤)이니 소매가 길면 춤추기 좋듯이 안목이 좀 높아서 경제면과 감성면을 모두 중요시 하니 다 갖춘 사람을 찾기 어렵다. 그만둔다 해도 발빠른 다른 여자가 앞장

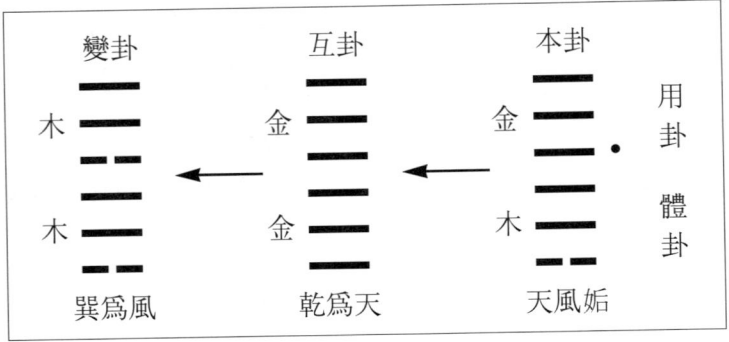

變卦	互卦	本卦

流年九星

一白	六白	八白
九紫	二黑	四綠
五黃	七赤	三碧

서 승리한다. 본괘(本卦)와 호괘(互卦)에 건금(乾金)이 3개나 있으니 돈이 많고 지위가 높아야 된다는 생각을 버려야 한다. 그렇지 않으면 일생 좋은 인연을 만나기 어렵다. 건금(乾金)은 서북방이니 금년에는 살기(煞氣)의 방위가 된다.

6. 주 여사가 사(巳)시에 재혼할 수 있는지, 어느 방향이 좋은지를 물었다. 제1차 백미 18개, 제2차 백미 12개를 집었다.

유년의 사록목성(四綠木星)이 중궁(中宮)에 들어 왕기(旺氣)의 방위는 동남방이며 삼벽목성(三碧木星)이 들었고, 생기의 방위는 서남방이며 일백수성(一白水星)이 들었고, 조기(阻氣)의 방위는 정동방이며 이흑토성(二黑土星)이 들었고, 정남방에는 팔백토성(八白土星)이 들었고, 서북방에는 오황토성(五黃土星)이 들었고, 설기(洩氣)의 방위는 정북방이며 구자화성(九紫火星)이 들었고, 살기(煞

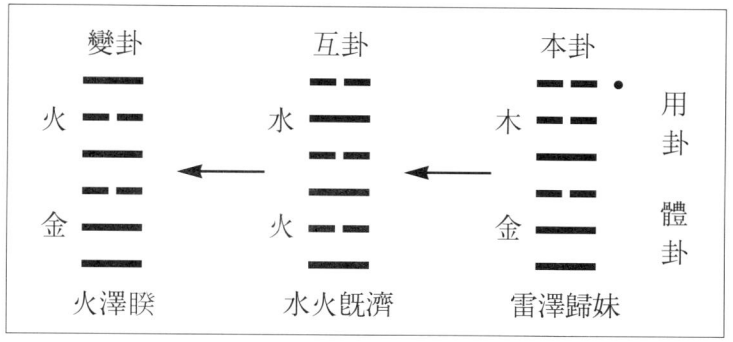

	變卦			互卦			本卦		

火澤睽　　　　水火旣濟　　　　雷澤歸妹

流年九星

三碧	八白	一白
二黑	四綠	六白
七赤	九紫	五黃

氣)의 방위는 동북방이며 칠적금성(七赤金星)이 들었고, 정서방에는 육백금성(六白金星)이 들었다.

본괘(本卦)의 용괘(用卦) 이화(離火)가 체괘(體卦) 태금(兌金)을 상극(傷剋)한다. 용괘(用卦)에는 토금(土金)이 보이지 않으니 지금은 냉정함이 마땅하다. 가까운 시기에 만나는 사람은 그녀를 상해하니 오직 서남방 생기방으로 가는 것이 좋다.

7. 진 선생이 미(未)시에 최근에 늘 파재를 하는데 어느 방향이 기분전환에 좋은지 물었다. 제1차 백미 5개, 제2차 백미 8개를 집었다.

본괘(本卦)의 용괘(用卦) 손목(巽木)이 체괘(體卦) 곤토(坤土)를 상극(傷剋)하고, 괘상이 지풍승(地風升)이고, 또 용괘(用卦)가 하괘(下卦)에 있으니, 재물의 손실로 불안함이 나날이 커지는 형세다. 본괘(本卦)・호괘(互卦)・변괘(變卦)의 용괘(用卦)에 손목(巽木)

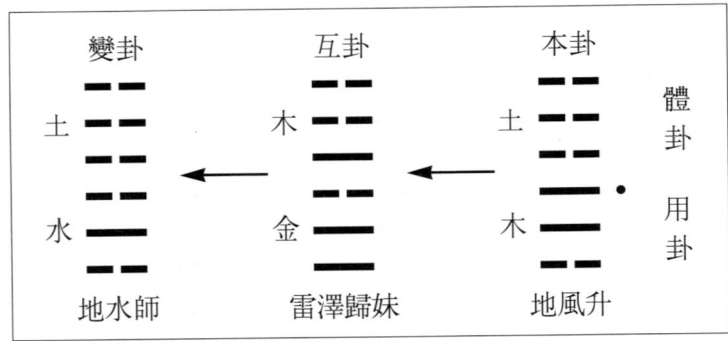

變卦	互卦	本卦
土	木	土
水	金	木
地水師	雷澤歸妹	地風升

體卦 用卦

流年九星

三碧	八白	一白
二黑	四綠	六白
七赤	九紫	五黃

태금(兌金) 감수(坎水)의 오행(五行)이 있으니 체괘(體卦) 곤토(坤土)가 꺼리니 정동·정서·정북은 좋지 않다. 서남방은 토(土)에 속하고 금년에 생기의 방위이고 일백수성(一白水星)이 들었고 변괘(變卦)와 합되니 기분전환을 할 수 있을 것이다.

8. 임 양이 해(亥)시에 은둔할 곳을 찾는데 어느 방향이 좋은지를 물었다. 제1차 백미 3개, 제2차 백미 2개를 집었다.

본괘(本卦)의 용괘(用卦)가 태금(兌金)인데 태괘(兌卦)는 감정을 나타내는 괘상이다. 체괘(體卦) 이화(離火)는 용괘(用卦) 태금(兌金)을 극제(剋制)하는 택화혁(澤火革) 괘이니 일차적인 감정에 저지를 받아 다시 사색을 하게 되어 새롭게 역량를 진작한다. 본괘(本卦)와 호괘(互卦)에 금괘(金卦)가 2개 있으니 서방과 서북방은 좋지 않다. 금년은 서방이 살기위(煞氣位)이고, 육백금성(六白金星)

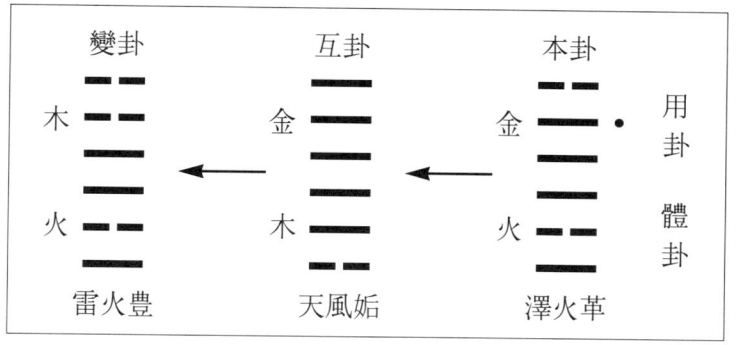

변괘(變卦) 互卦(互卦) 本卦(本卦)

雷火豐　　　天風姤　　　澤火革

流年九星

三碧	八白	一白
二黑	四綠	六白
七赤	九紫	五黃

이 임하였고, 조기위(阻氣位)이고, 오황토성(五黃土星)이 들었다. 호괘(互卦)와 변괘(變卦)에 목괘(木卦)가 2개 있는데 하나는 동남방의 손목괘(巽木卦)이며 하나는 동방의 진목괘(震木卦)이다. 그러나 동방에는 이흑토성(二黑土星)이 들어 금년에는 조기위(阻氣位)이니 그렇게 좋지 않고, 동남방에는 삼벽목성(三碧木星)이 들고 왕기위(旺氣位)가 되었으니 행하여도 좋다.

9. 우 여사가 유(酉)시에 앞으로 재운이 어떤지, 어느 곳에 귀인이 있는지를 물었다. 제1차 백미 2개, 제2차 백미 16개를 집었다.

유년 오황관살(五黃關殺) 토성(土星)이 중궁(中宮)에 들어 왕기위(旺氣位)는 동북방이고 팔백토성(八白土星)이 들고 서남방에는 이흑토성(二黑土星)이 있다. 생기위(生氣位)는 정남방이고 구자화성(九紫火星)이 들었다. 조기위(阻氣位)는 정북방이고 일백수성(一白

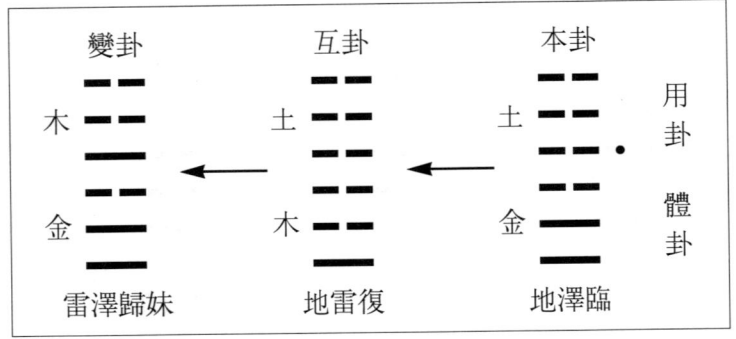

<table>
<tr><td colspan="3" align="center">變卦</td></tr>
</table>

변괘(變卦) 木 ─── / 金 ─── 雷澤歸妹
호괘(互卦) 土 ─── / 木 ─── 地雷復
본괘(本卦) 土 ─── / 金 ─── 地澤臨
用卦 體卦

流年九星

四綠	九紫	二黑
三碧	五黃	七赤
八白	一白	六白

水星)이 들었다. 설기위(洩氣位)는 서북방이고 육백금성(六白金星)이 들고 정서방에는 칠적금성(七赤金星)이 있다. 살기위(煞氣位)는 정동방이고 삼벽목성(三碧木星)이 들었고, 동남방에는 사록목성(四綠木星)이 있다. 체괘(體卦)는 태금(兌金)이니 금년에는 정서방과 서북방 모두 설기위(洩氣位)이니 그렇게 좋지 않다. 본괘(本卦)·호괘(互卦)·변괘(變卦)에 곤토(坤土)가 2개 있으니 금년에는 서남 곤궁(坤宮)이 왕기위(旺氣位)이니 서남방으로 행해도 좋다. 금년에는 동방과 동남방으로 행하면 흉하다.

10. 문 양이 술(戌)시에 자동차를 잃어버렸는데 찾을 수 있는지를 물었다. 제1차 백미 8개, 제2차 백미 6개를 집었다.

본괘(本卦)의 용괘(用卦) 곤토(坤土)가 체괘(體卦) 감수(坎水)를 상극(傷剋)하고, 금년의 서남 곤궁(坤宮)이 왕기위(旺氣位)이고 이

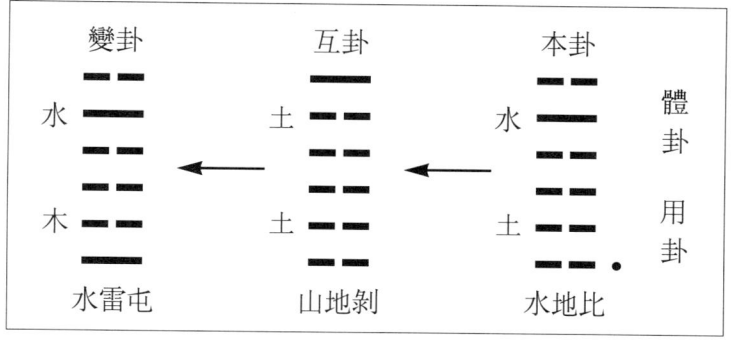

	變卦		互卦		本卦	
水		土		水		體卦
木		土		土		用卦
	水雷屯		山地剝		水地比	

流年九星

四綠	九紫	二黑
三碧	五黃	七赤
八白	一白	六白

흑토성(二黑土星)이 들었으니, 차는 지금 전라남도 일대에 있고 멀쩡하다. 호괘(互卦)에 토(土)가 2개 있는데 곤토(坤土) 위에 간토(艮土)가 놓여 괘상이 박(剝)이니, 지금 전남 서남방에 있다. 산을 끼고 있는 구역이나 산세가 높은 도시에 있는데, 지리산 인근 지세가 높은 작은 도시에 있다. 변괘(變卦) 의 용괘(用卦) 진목(震木)이 체괘(體卦) 감수(坎水)를 도설(盜洩)하니, 금년에 정동방 진목궁(震木宮)은 살기위(煞氣位)이니 찾지 못한다.

제5장. 공간과 시간 종합 문점

1. 양 선생이 해(亥)년 사(巳)월 해(亥)시에 도둑맞은 차를 언제 찾을 수 있는지, 어느 방향으로 가면 찾을 수 있는지를 물었다. 제1차 백미8개, 제2차 백미 6개를 집었다.

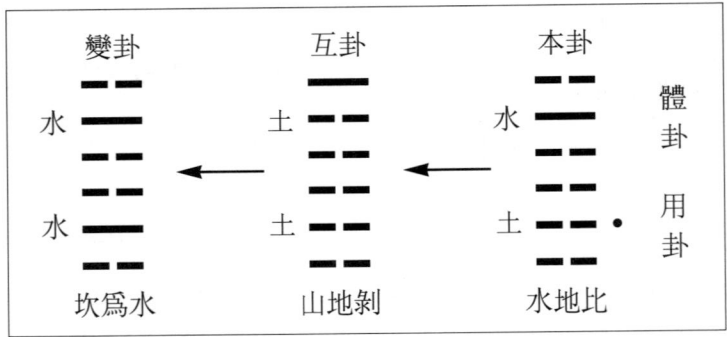

본괘(本卦)의 용괘(用卦) 곤토(坤土)가 체괘(體卦) 감수(坎水)를 상극(傷剋)하니 차는 서북방으로 갔다. 해(亥)년 사(巳)월 문점이며 변괘(變卦)의 용괘(用卦) 감수(坎水)가 체괘(體卦) 감수(坎水)와 비화(比和)되니 10월이나 11월에 북부에서 찾을 수 있다. 다만 호괘(互卦)에 토(土)가 2개 있어 박괘(剝卦)가 되니 상당히 손상되었을 것이다.

2. 고 여사가 진(辰)년 유(酉)월 유(酉)시에 도둑맞은 자동차를 찾을 수 있는지를 물었다. 제1차 백미 9개, 제2차 백미 2개를 집었다.

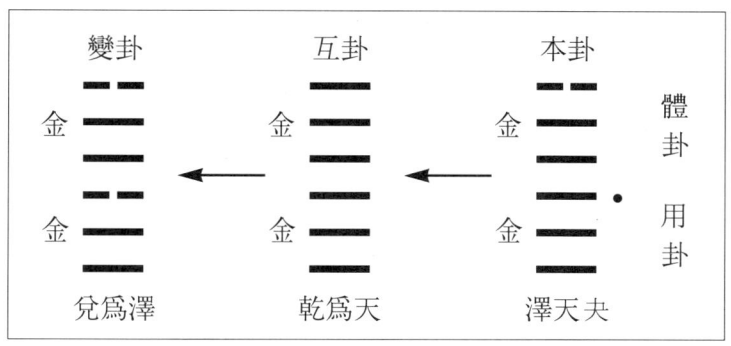

變卦	互卦	本卦
金	金	金 體 卦
		用
金	金	金 卦
兌爲澤	乾爲天	澤天夬

　본괘(本卦)의 체괘(體卦) 태금(兌金)이 용괘(用卦) 건금(乾金)과 비화(比和)되고 괘상이 쾌(夬)이며 점월이 유금(酉金)이고 점년이 진토(辰土)이며 체괘(體卦)와 용괘(用卦)가 비화(比和)되어 점월과 같은 오행(五行)이니 차는 도난 당한 것이 아니다. 체괘(體卦)는 태금(兌金)인데 태괘(兌卦)는 희열·심정·흥치 상태가 되고 상괘(上卦)에 있으니 역술인에게 알아보는 것이 일대 즐거운 일임을 나타낸다. 본괘(本卦)·호괘(互卦)·변괘(變卦)에 모두 금괘(金卦)가 있고, 점년이 토(土)이고 점월이 금(金)이며 변괘(變卦)가 태위택(兌爲澤)이니 자동차는 지금 그녀의 딸이 운전 중이다.

3. 묘 양이 술(戌)년 신(申)월 미(未)시에 잃어버린 차를 찾을 수 있는지를 물었다. 제1차 백미 2개, 제2차 백미 4개를 집었다.

　본괘(本卦)의 용괘(用卦) 태금(兌金)이 체괘(體卦) 진목(震木)을 상극(傷剋)하고 신금(申金)월 문점이니 차는 지금 서방에 있다. 두 달 모두 서방에 있겠으나 찾지 못하고 오히려 포부가 큰 모사꾼에

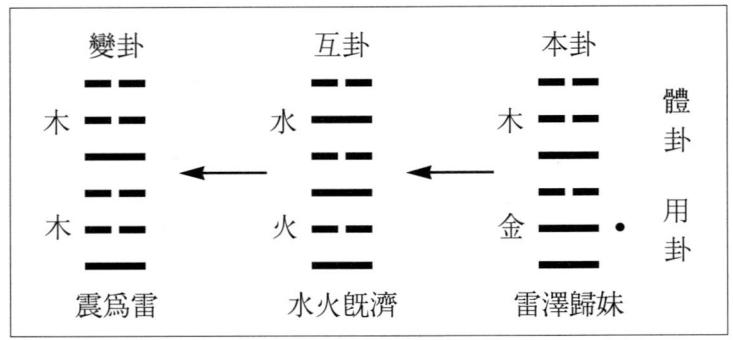

變卦	互卦	本卦
木	水	木	體卦
木	火	金	用卦
震爲雷	水火旣濟	雷澤歸妹

게 재물을 사기당할 가능성이 있다. 호괘(互卦)에 이화(離火)가 있으니 이 사람은 심력이 크게 소모되었다. 또 호괘(互卦)에 감수(坎水)가 있으니 금년 10월부터 북방으로 행하면 귀인의 도움을 받을수 있다. 점년이 술토(戌土)이니 10월에 북방으로 행하면 비록 귀인을 만나나 연말 이전에는 찾지 못한다. 변괘(變卦)의 상하괘(上下卦)가 모두 진목(震木) 비화(比和)이니 해수(亥水)년 인(寅)월이되어야 사랑하는 차를 찾을 수 있다.

4. 주 선생이 진(辰)년 미(未)월 미(未)시에 도둑맞은 차를 찾을 수있는지, 운세가 어떤지를 물었다. 제1차 백미 1개, 제2차 백미 11개를 집었다.

본괘(本卦)의 체괘(體卦) 이화(離火)가 용괘(用卦) 건금(乾金)을극제(剋制)하니 이 사람의 차는 손상을 입었다. 미토(未土)월 문점이니 토(土)는 능히 체괘(體卦) 이화(離火)의 기를 도설(盜洩)하고, 또 용괘(用卦) 건금(乾金)의 기를 생조(生助)하니 미(未)월 해

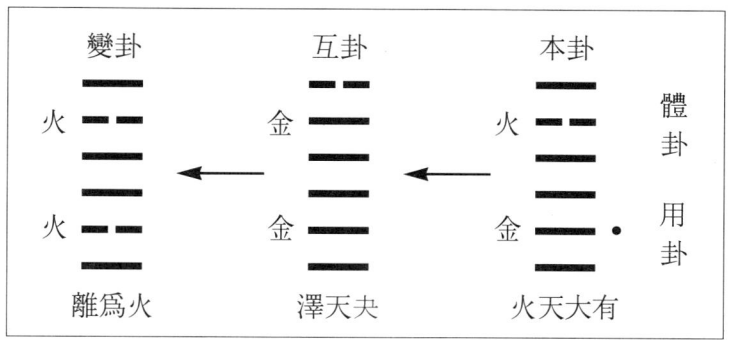

(해(亥)일이나 자(子)일에 도둑맞았음을 알 수 있다. 진토(辰土)년 문점이고 호괘(互卦)에 태금(兌金)과 건금(乾金)이 있으니 금년에는 차가 서방과 서북방에서 달아나고 있으나 찾지 못한다. 명년(明年) 사(巳)년의 여름에 남으로 가면 오(午)월 말 이전에 찾을 수 있다. 명년(明年) 연초에는 운이 좋아진다.

5. 진 여사가 미(未)년 유(酉)월 해(亥)시에 반 년 전에 잃어버린 차를 찾을 수 있는지 물었다. 제1차 백미 4개, 제2차 백미 8개를 집었다.

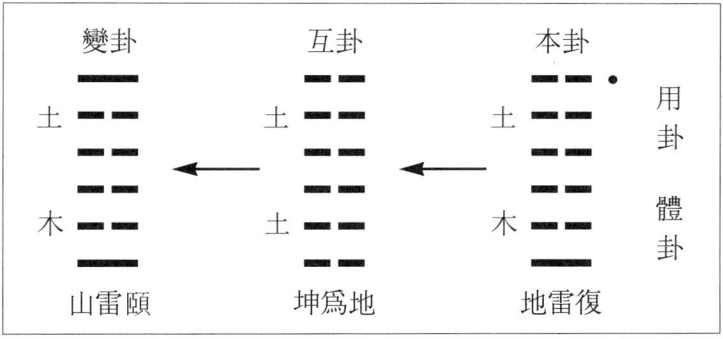

본괘(本卦)의 체괘(體卦) 진목(震木)이 용괘(用卦) 곤토(坤土)를 상극(傷剋)하고 유금(酉金)월 점이다. 곤토(坤土)가 유금(酉金)을 생하고, 유금(酉金)은 체괘(體卦) 진목(震木)을 상극(傷剋)하니, 자동차는 서남방에 있으나 4개월 안에는 찾기 어렵다. 호괘(互卦)에 곤토(坤土)가 2개 있고, 변괘(變卦)에 간토(艮土) 용괘(用卦)가 상괘(上卦)에 있으니, 금년 해(亥)월 이전에는 차가 서남방에 있겠으나 쉽게 찾지는 못한다. 9월에는 차가 서남에서 동북방으로 이동하는데 이 때가 찾을 수 있는 유일한 기회이다. 먼저 북방으로 가보고, 다시 동방·동남방·동북방 세 방향을 찾아보라. 2개월 동안 찾을 가능성은 60%이나, 이 시간이 지나면 찾지 못한다.

6. 손 여사가 인(寅)년 사(巳)월 술(戌)시에 실종된 지 반 년된 딸이 무사한지를 물었다. 제1차 백미 2개, 제2차 백미 15개를 집었다.

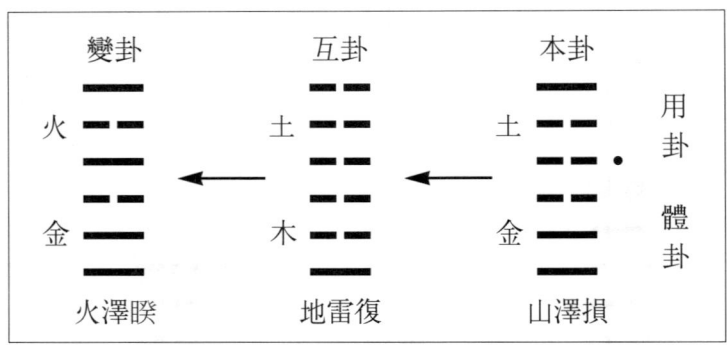

본괘(本卦)의 용괘(用卦) 간토(艮土)가 체괘(體卦) 태금(兌金)을 생조(生助)하니 딸은 지금 동북방에 있는데 시간이 더 지나면 매

우 좋지 않다. 인(寅)년 문점으로 인목(寅木)이 용괘(用卦) 간토
(艮土)를 상극(傷剋)하니 딸은 금년이 좋지 않다. 사(巳)월 문점으
로 사화(巳火)가 체괘(體卦) 태금(兌金)을 상극(傷剋)하고 태(兌)
는 하괘(下卦)에 있으니 심리적·감성적인 면을 나타내는데, 이 달
에 손 여사의 슬픔이 가중된다. 호괘(互卦)와 변괘(變卦)에 곤토
(坤土)가 1개 있으니 미(未)월부터 술(戌)월 말까지 4개월 동안을
나타내므로 딸은 서남방에 있으니 빨리 가서 찾아야 한다. 이 때를
놓치면 찾기 어렵다.

7. 황 여사가 자(子)년 유(酉)월에 실종된 지 2년된 남편이 어디에
있는지, 남편의 채무를 어떻게 해야 하는지를 물었다. 제1차 백미 3
개, 제2차 백미 10개를 집었다. 문점시간은 신(申)시.

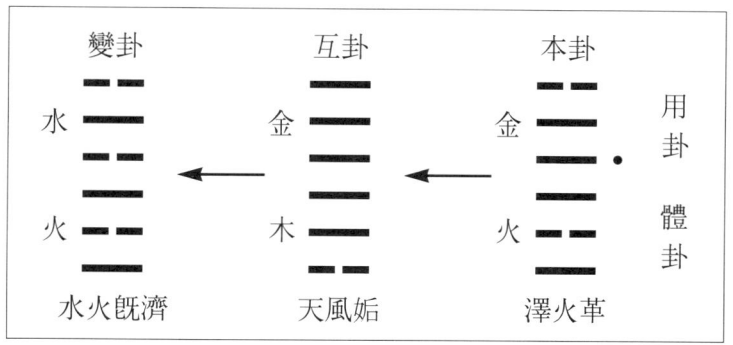

본괘(本卦)의 용괘(用卦) 태금(兌金)과 체괘(體卦) 이화(離火)는
서로 방해가 되고, 유(酉)월의 문점으로 월령(月令)의 금기(金氣)
가 용괘(用卦) 태금(兌金)의 역량을 강하게 하여 체괘(體卦)의 저

항력을 더 깊게 하니, 빚독촉애서 벗어날 길이 없음을 알 수 있다. 그의 남편은 지금 서방에 피신해 있다. 호괘(互卦)에 건금(乾金)이 있으니 서북방에 재운이 조금 있으니 노력을 많이 하면 얻을 수 있다. 호괘(互卦)의 하괘(下卦)에 손목(巽木)이 있으니 동남방에 귀인이 있다. 점년이 자수(子水)년이고 변괘(變卦)의 용괘(用卦) 감수(坎水)가 체괘(體卦) 이화(離火)를 상극(傷剋)하니, 앞으로 4개월이 가장 위험한 시간임을 나타낸다. 1년이 지나야 활기를 찾을 수 있다.

8. 양 여사가 오(午)년 사(巳)월에 귀인을 만날 수 있는지, 채무를 해결할 수 있는지를 물었다. 제1차 백미 6개, 제2차 백미 10개를 집었다. 문점시간은 미(未)시.

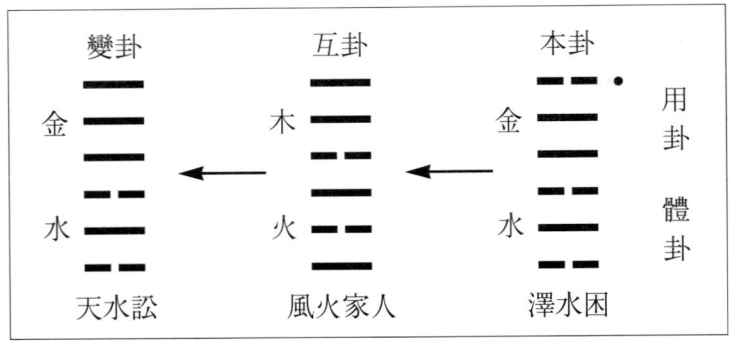

본괘(本卦)의 용괘(用卦) 태금(兌金)이 체괘(體卦) 감수(坎水)를 생조(生助)하니 매우 길하다. 문점 년월이 모두 화(火)가 되어 용괘(用卦) 태금(兌金)을 극제(剋制)한다. 사(巳)월 이전은 인묘목

(寅卯木)월과 진토(辰土)월인데 목(木)월은 체괘(體卦) 감수(坎水)의 기를 도설(盜洩)하고, 토(土)월은 직접 체괘(體卦)를 상극(傷剋)한다. 본괘(本卦)의 용괘(用卦) 태금(兌金)이 도와주나 아무리 빨라도 미(未)월이나 신(申)월에 서방에서 귀인을 만날 수 있다. 호괘(互卦)에 손목(巽木)과 이화(離火)가 있어 올해 서쪽에서 만나는 귀인도 채무를 완전히 해결해주지 못한다. 한 해 걸러 7월을 기다려 서북방으로 가면 강하고 힘있는 귀인을 만날 수 있을 것이다.

9. 장 선생이 오(午)년 인(寅)월에 어느 방향으로 가서 투자하는 것이 좋은 지를 물었다. 제1차 백미 11개, 제2차 백미 7개를 집었다. 문점시간은 미(未)시.

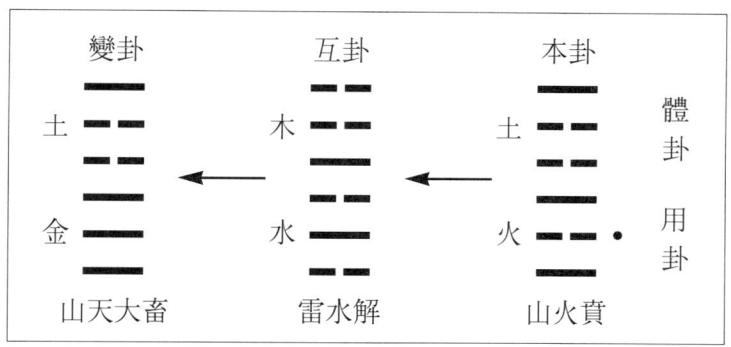

본괘(本卦)의 용괘(用卦) 이화(離火)가 체괘(體卦) 간토(艮土)를 생조(生助)하고, 오(午)년 문점이니 지금은 물론 금년의 운세가 대단히 좋다. 인목(寅木)월 문점으로 인목(寅木)은 체괘(體卦) 간토(艮土)를 상극(傷剋)하나 용괘(用卦) 이화(離火)를 생하니 지금 곧

남방에 투자해도 좋다. 그러나 인(寅)월과 묘(卯)월에는 북방·동방·동남방의 수목(水木)이 왕한 곳에 투자하는 것은 좋지 않다. 호괘(互卦)에 진목(震木)과 감수(坎水)가 있고, 변괘(變卦)의 용괘(用卦) 건금(乾金)이 체괘(體卦) 간토(艮土)를 도설(盜洩)하고, 오화(午火)년 점이니 이 2년 동안에는 남방에 투자해도 좋고 도모하는 일에 이득이 있다. 다만 2년 후 신(申)년이 되거든 끝내야 한다.

10. 송 선생이 술(戌)년 인(寅)월에 금년의 운이 어떤지를 물었다. 제1차 백미 2개, 제2차 백미 17개를 집었다. 문점시간은 신(申)시.

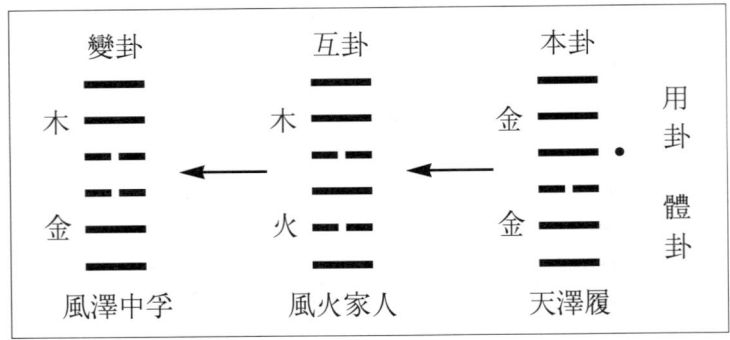

變卦	互卦	本卦	
木	木	金	用卦
金	火	金	體卦
風澤中孚	風火家人	天澤履	

체괘(體卦)가 태금(兌金)이고 술(戌)년 점이니 유년이 체괘(體卦)를 생조(生助)하여 금년의 운세는 괜찮다. 귀인의 도움을 받을 수 있고, 귀인은 서북방에 있다. 변괘(變卦)의 체괘(體卦) 태금(兌金)은 용괘(用卦) 손목(巽木)을 극제(剋制)하니 수고는 많으나 소득은 적은 형상이다. 문제는 성심에 있기 때문에 변괘(變卦)가 중부괘(中孚卦)인 것이다. 성실하지 않으면 이루기 어렵다. 서북방에서 재

물을 얻고자 도모하면 저절로 귀인의 도움을 받을 것이다.

11. 안 양이 해(亥)년 유(酉)월에 금년의 업무에 대하여 물었다. 제 1차 백미 4개, 제2차 백미 6개를 집었다. 문점시간은 미(未)시.

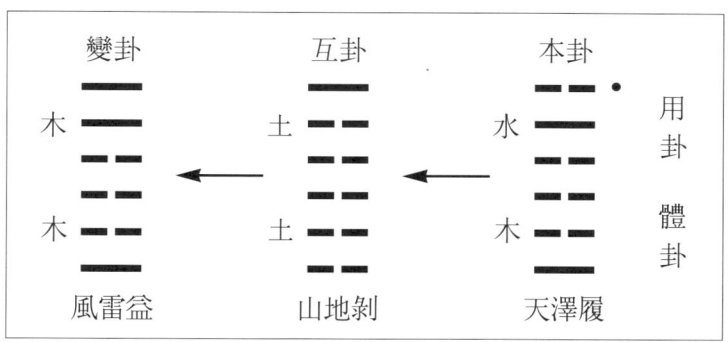

본괘(本卦)의 용괘(用卦) 감수(坎水)가 체괘(體卦) 진목(震木)을 생조(生助)하고, 해수(亥水)년 점이니 운세가 매우 좋다. 인(寅)월 과 묘(卯)월의 중요한 방위는 북방으로 귀인의 도움을 받아 업적 을 드높일 수 있다. 진(辰)·미(未)·술(戌)·축(丑) 4개월의 중요 한 방위는 동방과 동남방으로 수고로움이 많으나 얻는 것도 많다. 사(巳)월과 오(午)월의 중요한 방위는 북방이고, 신(申)월과 유 (酉)월의 중요한 방위도 북방으로 서방과 서북방은 흉하다. 북방으 로 가면 의외의 수확이 있고, 해(亥)월과 자(子)월에 동남·동방· 북방은 대길하다. 변괘(變卦)의 체괘(體卦)와 용괘(用卦)가 비화 (比和)되니 대길하다.

제6장. 유년구성을 머금은 공간과 시간 문점

1. 강 선생이 유(酉)년 인(寅)월에 대륙의 투자와 운세를 물었다. 제1차 백미 13개, 제2차 백미 5개를 집었다. 문점시간은 미(未)시.

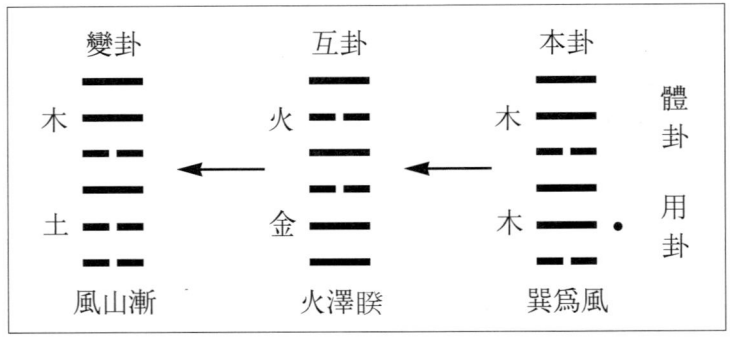

六白	二黑	四綠
五黃	七赤	九紫
一白	三碧	八白

流年九星

본괘(本卦)의 용괘(用卦) 손목(巽木)이 체괘(體卦) 손목(巽木)과 비화(比和)되고, 인(寅)월 문점이니 운세가 꽤 좋은 편이다. 그러나 손풍괘(巽風卦)이고 유금(酉金)년 문점이니 대륙에 투자하는 것에 불안과 의혹을 가지고 있다. 금년에는 서북방이 생기방이고, 동남방이 왕기(旺氣)방이다. 대륙은 대만의 서북방에 있고, 대만은 대륙의 동남방에 있으니 길하다. 다만 금년이 유금(酉金)년이니 적게 투자하는 것이 좋다. 변괘(變卦)의 체괘(體卦) 손목(巽木)이 간토(艮土)를 극제(剋制)하니 2년 동안은 수고는 많으나 소득은 적기 때문이다. 그러나 2년이 지나고 해(亥)년이 되면 빠르게 이득을 얻을 수 있을 것이다.

2. 전 양이 축(丑)년 미(未)월에 올해 대륙에 투자를 하려는데 적합한지, 앞으로의 운세가 어떤지를 물었다. 제1차 백미 8개, 제2차 백미 2개를 집었다. 문점시간은 해(亥)시.

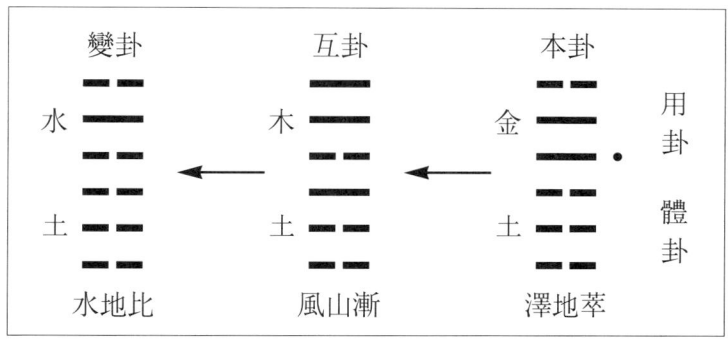

流年九星

二黑	七赤	九紫
一白	三碧	五黃
六白	八白	四綠

본괘(本卦)의 용괘(用卦) 태금(兌金)이 체괘(體卦) 곤토(坤土)의 기를 도설(盜洩)하니 지금 소모가 많은 것을 알 수 있다. 그러나 문점 년월이 축미토(丑未土)이라 체괘(體卦) 곤토(坤土)를 비조(比助)하니, 소비가 많다고 하기 보다는 생각이 깊고 많다. 대륙은 대만 서북방에 있고 금년의 왕기위(旺氣位)이고 사록목성(四綠木星)이 들었으니 대륙은 금년의 운세가 자못 강하고, 사록

목성(四綠木星)이 체괘(體卦) 곤토(坤土)를 상극(傷剋)하니 길하다고 볼 수는 없다. 앞으로 몇 년 동안의 운세는 모두 왕하지 않다. 그리고 호괘(互卦)와 변괘(變卦)에 목(木)과 수(水)가 있으니 수고는 많으나 소득은 적다. 기술을 투자하는 것이 가장 좋다.

3. 고 여사가 축(丑)년 인(寅)월에 실종된 어린아이를 찾을 수 있는지, 무사한지를 물었다. 제1차 백미 2개, 제2차 벽미 12개를 집었다. 문점시간은 신(申)시.

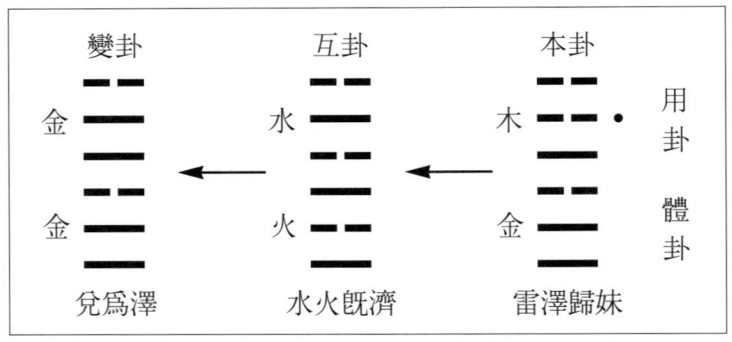

流年九星

二黑	七赤	九紫
一白	三碧	五黃
六白	八白	四綠

본괘(本卦)의 체괘(體卦) 태금(兌金)이 진목(震木) 용괘(用卦)를 상극(傷剋)하고 인목(寅木)월 문점이다. 정동방은 금년 유년 구성(九星)의 생기위(生氣位)이고 일백수성(一白水星)이 들었으니 어린아이는 동북에 평안하게 있으나 지금은 찾기 어렵다. 유년이 축토(丑土)년이라 체괘(體卦) 태금(兌金)을 생조(生助)한

다. 변괘(變卦)의 용괘(用卦) 태금(兌金)과 체괘(體卦) 태금(兌金)이 비화(比和)되고 태택괘(兌澤卦)이니 금년 8월에 찾을 수 있는 확률이 80% 이상이다. 다만 금년에 정서방에는 오황토성(五黃土星)이 놓이고, 중궁(中宮)을 삼벽목성(三碧木星)이 극하여 아이가 손상을 당할까 염려된다. 6월부터 9월 말 사이에 서쪽으로 가면 찾을 가능성이 매우 많다.

4. 황 여사가 축(丑)년 진(辰)월에 금년의 운세는 어떤지, 개점하는 것은 어떤지를 물었다. 제1차 백미 12개, 제2차 백미 6개를 집었다. 문점시간은 술(戌)시.

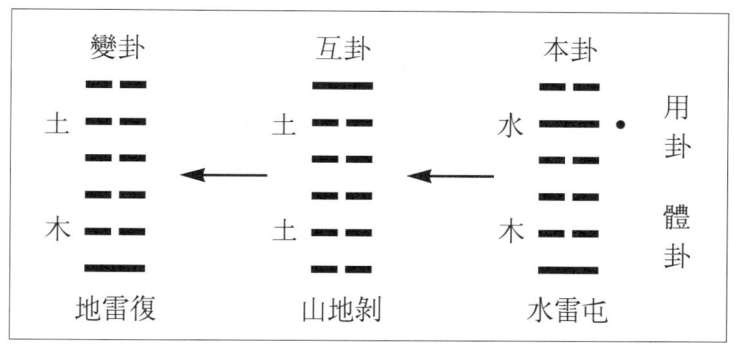

流年九星

二黑	七赤	九紫
一白	三碧	五黃
六白	八白	四綠

본괘(本卦)의 용괘(用卦) 감수(坎水)가 체괘(體卦) 진목(震木)을 생조(生助)하니 운세는 괜찮고 귀인의 도움도 많다. 그러나 축토(丑土)년 진토(辰土)월 문점이니 토(土)의 역량이

용괘(用卦) 감수(坎水)를 극제(剋制)하고, 북방에는 금년에 팔백토성(八白土星)이 임하고 조기위(阻氣位)이니 지금의 운세는 보통이며 귀인은 허하고 부실하다. 호괘(互卦)와 변괘(變卦)에 간곤토(艮坤土)의 기가 중하니 금년의 운기는 노력에 비해 성과는 적은 편이다. 그러나 명후년인 인목(寅木)년과 묘목(卯木)년에는 체괘(體卦)와 비조(比助)되어 매우 길하다. 만일 올해 개점을 하려면 8월이 지난 다음이 가장 좋다.

제7장. 오행인(五行人) 문점

1. 체격이 호리호리한 이 선생이 술(戌)년에 북쪽에 가서 일을 하는 것은 어떤지, 금년운은 어떤지를 물었다. 제1차 백미 8개, 제2차 백미 5개를 집었다. 문점시간은 미(未)시.

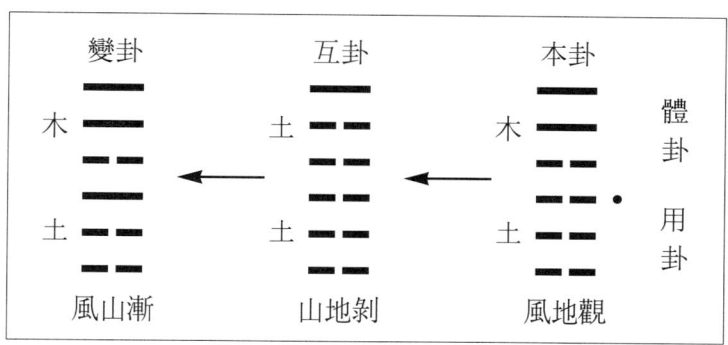

체괘(體卦)가 손목(巽木)이고 술토(戌土)년 점이며 용괘(用卦) 또한 곤토(坤土)이니 지금 하는 일이 매우 저지를 받고 있다. 체격이 길고 여의었으니 오행(五行)으로는 목(木)에 속하여 체괘(體卦) 손목(巽木)과 비조(比助)되니 현재 방해가 많아 노력을 많이 해도 얻는 것이 적다. 그러나 의지력이 매우 강하여 신심과 끈기로 난관을 돌파할 수 있다. 호괘(互卦)와 변괘(變卦)에 간곤토(艮坤土)가 많으니 술토(戌土)년에는 운세가 순조롭지 않다. 북방은 수(水)에 속하고, 수(水)는 체괘(體卦) 목(木)을 생할 수 있으니 본래는 길하나, 괘중에 수(水)가 없으니 북방으로 가도 도움을 받기는 어렵다.

2. 체격이 둥글고 살찐 고사장이 해(亥)년에 올해 남부에서 개점할 생각인데 어떠냐고 물었다. 제1차 백미 4개, 제2차 백미 7개를 집었다. 문점시간은 술(戌)시.

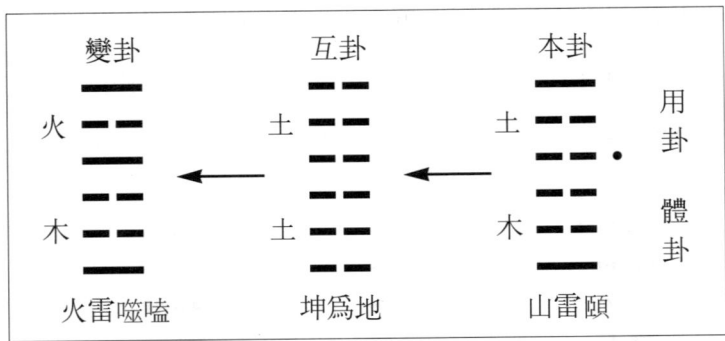

체괘(體卦)가 진목(震木)이고 유년이 해수(亥水)년이니 유년이 체괘(體卦)를 생조(生助)하여 대길하다. 몸집이 둥글고 살찐 형체이니 오행(五行)으로 수(水)에 속하고, 또 체괘(體卦)를 생조(生助)하니 본래는 대길하다. 본괘(本卦)의 용괘(用卦) 간토(艮土)가 체괘(體卦) 진목(震木)을 방해하고, 남부는 화(火)에 속하니 용괘(用卦) 간토(艮土)를 생조(生助)하여 방해하는 역량을 강하게 하니, 비록 귀인의 도움을 많이 받으나 방해 또한 적지 않고 경쟁상대가 약하지 않고 매우 많다. 호괘(互卦)의 곤토(坤土)가 중복되고 변괘(變卦)의 용괘(用卦) 이화(離火)가 상괘(上卦)에서 체괘(體卦) 진목(震木)에게 기를 도설(盜洩)당하니 금년의 운세는 비록 나쁘지는 않으나 남부의 환경적인 문제로 심력만 소비할 것이다.

3. 허둥대며 격렬한 모습의 홍 선생이 해(亥)년에 동남아에 투자를 하려는데 어떠냐고 물었다. 제1차 백미 15개, 제2차 백미 19개를 집 었다. 문점시간은 오(午)시.

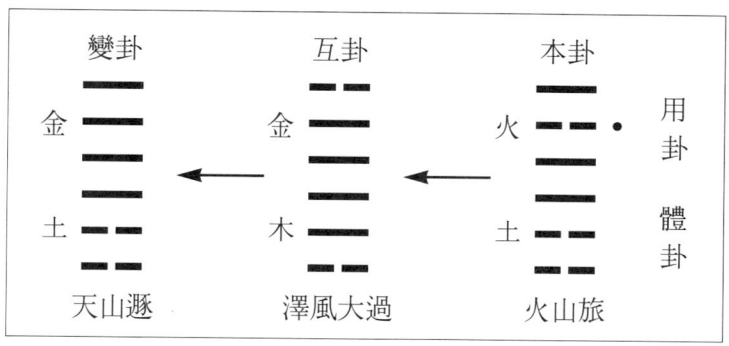

체괘(體卦)가 간토(艮土)이고 신체의 모양이 화(火)에 속하여 체괘(體卦) 간토(艮土)를 생조(生助)하니 동남아 투자는 해볼만하다. 본괘(本卦)의 용괘(用卦) 이화(離火)가 체괘(體卦) 간토(艮土)를 생조(生助)하니 지금 동남아 지역으로 상당히 끌리고 있음을 나타낸다. 그러나 해수(亥水)년이니 조력이 약화될까 우려된다. 호괘(互卦)에 태금(兌金)이 체괘(體卦) 간토(艮土)를 도설(盜洩)하고, 손목(巽木) 또한 체괘(體卦)를 상극(傷剋)하며, 변괘(變卦)의 용괘(用卦) 건금(乾金)이 체괘(體卦)를 도설(盜洩)하는 것으로 보아 동남아에 투자하면 진괘(震卦)인 인목(寅木)년에 큰 상해를 입고, 앞으로 5년 동안은 돈을 벌기가 매우 어렵다.

4. 신체가 늠름하고 크며 풍후한 허 선생이 유(酉)년에 대륙에 투자하면 어떤지, 앞으로 운세는 어떤지를 물었다. 제1차 백미 4개, 제2차 백미 8개를 집었다. 문점시간은 해(亥)시.

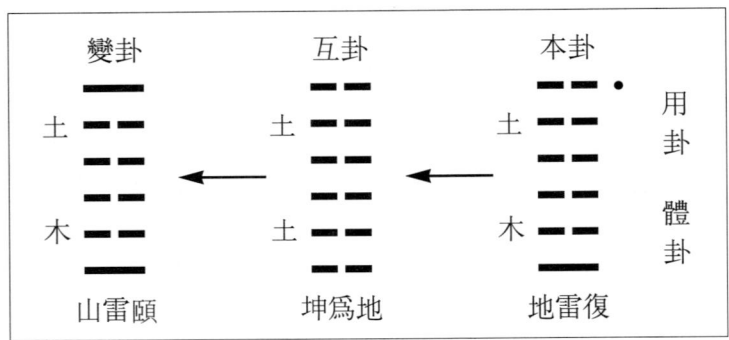

체괘(體卦)가 진목(震木)이고 신체 모양이 토(土)에 속하니 투자하고자 하는 일에 대한 모든 여건이 부족하다는 것을 알 수 있다. 본괘(本卦)의 용괘(用卦) 곤토(坤土)가 체괘(體卦) 진목(震木)을 방해하니 금년에는 대륙에 투자하는 것이 좋지 않다. 호괘(互卦)와 변괘(變卦)에 곤간토(坤艮土)가 많으니 방해가 중중하여 투자사업은 전혀 확장할 수 없다. 유(酉)년과 술(戌)년 모두 대륙투자에는 좋지 않다. 그래도 투자를 하려면 해(亥)년 인(寅)월에 시작하는 것이 좋다.

5. 체격이 적당하고 얼굴이 모나며 피부가 섬세한 마 양이 자(子)년에 올해 서울 지역에서 개점하면 어떠냐고 물었다. 제1차 백미 7개, 제2차 백미 2개를 집었다. 문점시간은 유(酉)시.

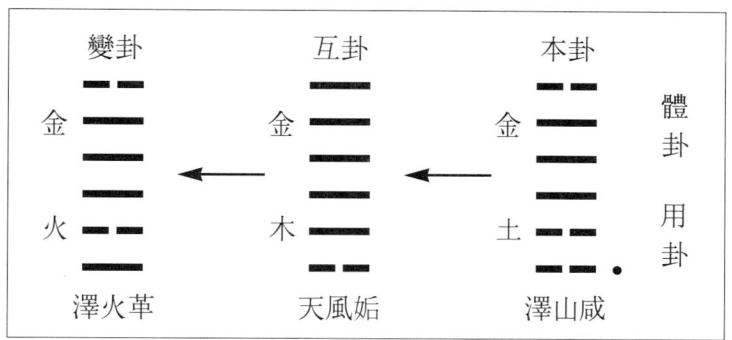

變卦　　　　　互卦　　　　　本卦

金　　　　　　金　　　　　　金　　體卦

　　　　←　　　　　←　　　　　　　用卦

火　　　　　　木　　　　　　土

澤火革　　　　天風姤　　　　澤山咸

　체괘(體卦)는 태금(兌金)이고 신체 모 양이 금(金)에 속하니 체괘(體卦) 태금(兌金)과 비조(比助)되어 개점에 대한 능력과 신심이 강하다는 것을 알 수 있다. 또 본괘(本卦)의 용괘(用卦) 간토(艮土)는 체괘(體卦) 태금(兌金)을 생조(生助)하니 귀인의 도움이 있어 북으로 가서 개점하려는 생각과 신심을 더욱 강하게 만든다. 그러나 자수(子水)년이니 체괘(體卦) 태금(兌金)의 기를 일설(溢洩)하고, 호괘(互卦)에 손목(巽木)이 있고, 변괘(變卦)에 이화(離火)가 있어 위로는 방해가 있고, 아래로는 체괘(體卦) 태금(兌金)을 상극(傷剋)하니 의외의 재앙이 염려된다. 만일 중부에서 개점하면 이화(離火) 살기(煞氣)를 끌어당겨 조력이 되니 비교적 좋다.

제8장. 직업 오행 문점

1. 김 선생이 신(申)년에 종교성 사업에 손을 대도 되는지, 앞으로 의 운은 어떤지를 물었다. 제1차 백미 7개, 제2차 백미 6개를 집었 다. 문점시간은 신(申)시.

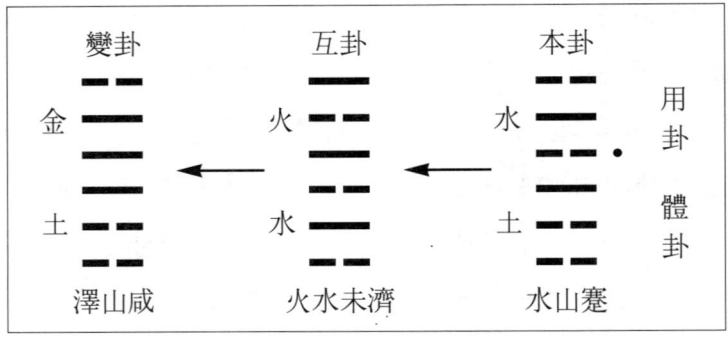

체괘(體卦)는 간토(艮土)이고, 종교성 사업은 오행(五行)으로는 목(木)에 속하여 체괘(體卦) 간토(艮土)를 상극(傷剋)하니 이 사업 에 대한 자세가 바르지 않고, 결국에는 재앙이 되지 않을까 염려된 다. 본괘(本卦)의 체괘(體卦) 간토(艮土)가 용괘(用卦) 감수(坎水) 를 극제(剋制)하고 신(申)년 문점이니, 만약 올해 손을 대면 소모 는 많으나 얻는 것은 적을 것이다. 호괘(互卦)에 이화(離火) 감수 (坎水)가 있고, 변괘(變卦)의 용괘(用卦) 태금(兌金)이 체괘(體卦) 의 기를 도설(盜洩)하니 2년 내에는 운이 쉽게 바뀌지 않을 것이 다. 만일 강행하고 싶으면 남쪽으로 가면 수확이 조금 있을 것이다.

2. 갑 양이 오(午)년에 글쓰는 일을 직업으로 삼으면 어떤지, 앞으로의 운은 어떤지를 물었다. 제1차 백미 6개, 제2차 백미 1개를 집었다. 문점시간은 유(酉)시.

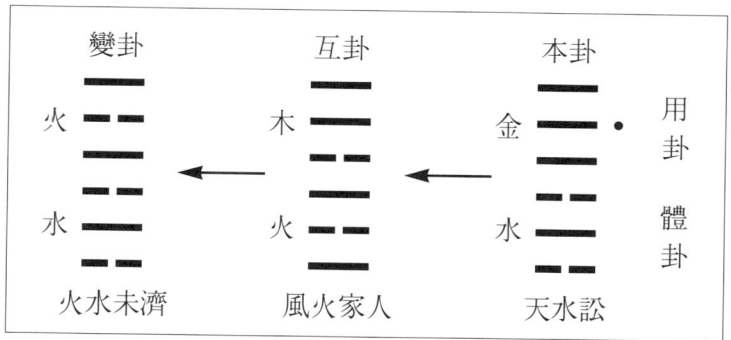

체괘(體卦)가 감수(坎水)이고 글을 쓰는 직업은 화(火)에 속하니 이 사람은 총명하며 재지력이 충분하다. 그러나 생명을 사랑하는 마음이 부족하기 때문에 표면적인 글에 머물러 사람의 마음을 감동시키지 못한다. 본괘(本卦)의 용괘(用卦) 건금(乾金)이 체괘(體卦)를 생조(生助)하니 귀인의 도움이 있으나 오화(午火)년 문점이니 창작활동이 순조롭지 않다. 호괘(互卦)에 손목(巽木)과 이화(離火)가 있고, 변괘(變卦)의 용괘(用卦) 이화(離火)가 체괘(體卦) 감수(坎水)를 막으니 2년 동안은 원고 수입이 순조롭지 못하다. 그러나 서북방으로 가면 신(申)년부터 운이 좋아질 것이다.

3. 손 여사가 해(亥)년에 중부에서 금은보석방을 열려고 하는데 어떤지, 앞으로의 운은 어떤지를 물었다. 제1차 백미 12개, 제2차 백미 9개를 집었다. 문점시간은 해(亥)시.

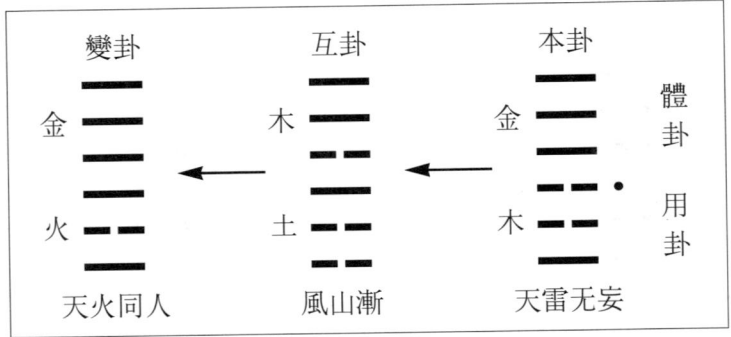

체괘(體卦)가 태금(兌金)이고 금은보석방은 직업 오행(五行)으로 금(金)에 속하니 금은보석에 대한 지식과 능력이 대단히 좋다. 본괘(本卦)의 용괘(用卦) 진목(震木)이 체괘(體卦) 건금(乾金)을 막고, 해수(亥水)년 문점이다. 첫째는 용괘(用卦) 진목(震木)을 생조(生助)하여 체괘(體卦)의 어려운 정도를 더 강하게 하고, 둘째는 체괘(體卦) 건금(乾金)의 기를 도설(盜洩)하니 금년에 보석가게를 열면 막힘과 방해가 있어 소모는 많으나 득은 적다. 호괘(互卦)에 손목(巽木) 간토(艮土)가 있고, 변괘(變卦)의 용괘(用卦) 이화(離火)가 체괘(體卦) 건금(乾金)을 상극(傷剋)하니 중부에서 개점하면 토왕(土旺)하여 체괘(體卦) 건금(乾金)을 생하니 오히려 길하다. 인묘사오(寅卯巳午)년에는 화재와 약탈을 조심하는 것이 좋다.

4. 주 여사가 축(丑)년에 중부에서 청량음료와 홍차를 취급하는 가게를 열고 싶은데 어떠냐고 물었다. 제1차 백미 3개, 제2차 백미 11개를 집었다. 문점시간은 유(酉)시.

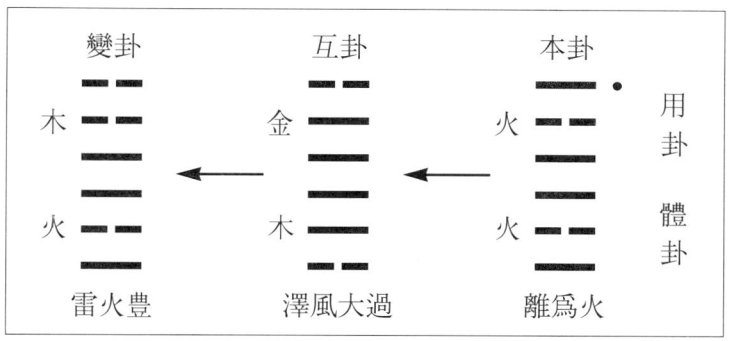

체괘(體卦)가 이화(離火)이고, 청량음료와 홍차를 취급하는 가게는 직업 오행(五行)으로 수(水)에 해당한다. 수(水)가 체괘(體卦) 이화(離火)를 극상(剋傷)하니 이 사람은 이 방향에 문외한이면서 마음은 낙관적임을 알 수 있다. 본괘(本卦)의 용괘(用卦) 이화(離火)와 체괘(體卦) 이화(離火)가 비조(比助)하니 동업에 뜻이 있는 친구와 개점하는 것이 좋다. 그러나 축토(丑土)년 문점이니 이화(離火)의 기를 도설(盜洩)하여 올해는 이윤을 얻기 어렵다. 변괘(變卦)의 용괘(用卦) 진목(震木)이 체괘(體卦) 이화(離火)를 생조(生助)하니 만약 내년 인(寅)월에 시작하면 앞으로 5년 동안은 장사가 잘 될 것이다.

5. 정 선생이 술(戌)년에 도자기 전문매장을 열면 어떠냐고 물었다. 제1차 백미 10개, 제2차 백미 4개를 집었다. 문점시간은 미(未)시.

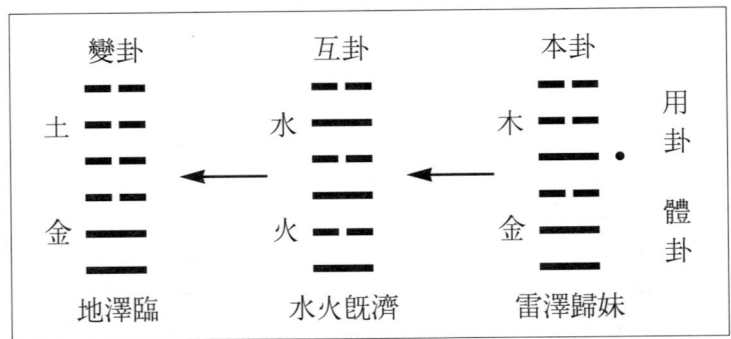

變卦	互卦	本卦	用卦
土	水	木	
金	火	金	體卦
地澤臨	水火旣濟	雷澤歸妹	

체괘(體卦)가 태금(兌金)이고, 도자기 전문매장은 직업 오행(五行)이 토(土)이니 토생금(土生金)이 된다. 그에게 상당히 유리한 직업이고 많은 귀인의 도움을 받을 수 있다는 것을 알 수 있다. 본괘(本卦)의 체괘(體卦) 태금(兌金)이 용괘(用卦) 진목(震木)을 극제(剋制)하니 계획하는 과정에 방해가 많을 것이다. 문점년이 술토(戌土)이니 체괘(體卦) 태금(兌金)을 생조(生助)하여 금년에 시작하려면 빨리하는 것이 좋다. 변괘(變卦)의 용괘(用卦) 곤토(坤土)가 체괘(體卦) 태금(兌金)을 생조(生助)하니 7년 동안의 장사는 일정한 수준 이상을 유지하며 귀인이 많이 만난다.

6. 심 여사가 유(酉)년에 금년운이 어떤지, 찻잎 장사를 하려는데 괜찮은지를 물었다. 제1차 백미 5개, 제2차 백미 4개를 집었다. 문점시간은 술(戌)시.

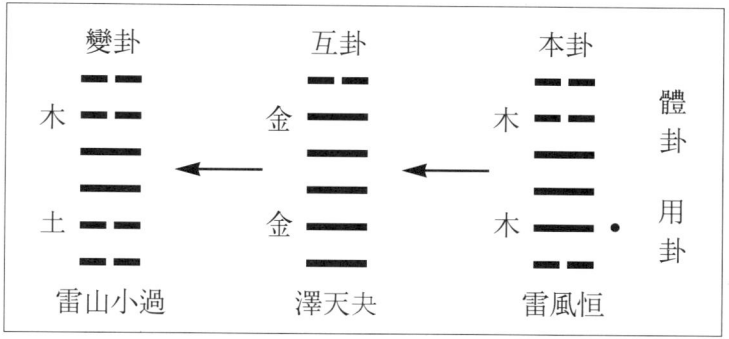

變卦　　　　　互卦　　　　　本卦

木　　　　　　金　　　　　　木　　體卦

土　　　　　　金　　　　　　木　　用卦

雷山小過　　　澤天夬　　　　雷風恒

　체괘(體卦)가 진목(震木)이고 찻잎 장사는 목(木)에 해당하니, 이 사람에게 매우 길한 직업이다. 다만 유금(酉金)년이니 8월 말 이전은 좋지 않고 10월에 개업하는 것이 좋다. 호괘(互卦)에 태금(兌金)과 건금(乾金)이 중중하여 체괘(體卦) 진목(震木)을 상극(傷剋)하니 금년 겨울 이전에는 절대로 개업하지 말라. 변괘(變卦)의 용괘(用卦) 간토(艮土)가 체괘(體卦) 진목(震木)을 막으니 내년인 술(戌)년의 운세는 수고로움도 많고 얻는 것도 많으니 평평하고, 해(亥)년이 되면 대길대왕할 것이다.

7. 동 양이 해(亥)년에 꽃가게를 열고 싶은데 어떤지, 몇 월에 여는 것이 좋은지를 물었다. 제1차 백미 8개, 제2차 백미 3개를 집었다. 문점시간은 신(申)시.

　체괘(體卦)가 이화(離火)이고 꽃가게는 목(木)에 해당하여 체괘(體卦)를 생조(生助)하니 꽃가게를 여는 것은 매우 좋고, 귀인을 매우 많이 만난다. 그러나 해수(亥水)년 문점이고 용괘(用卦) 곤토

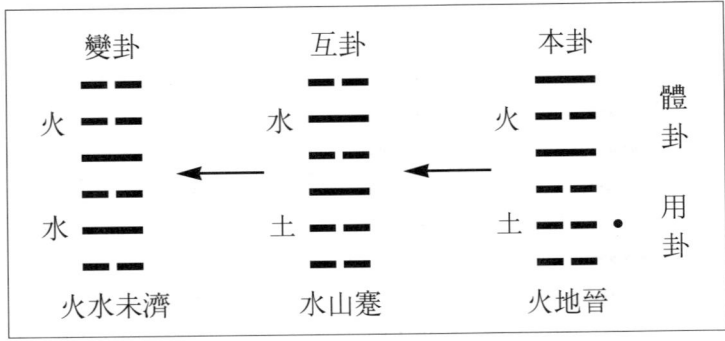

(坤土)가 체괘(體卦) 이화(離火)를 도설(盜洩)하니 금년의 운세는
그렇게 좋지 않다. 호괘(互卦)에 감수(坎水)와 간토(艮土)가 있으
니 금년에 개점하면 빠르면 금년 말 이전에 늦으면 내년 말 이전
에 문을 닫는다. 그래도 금년에 화초와 관계 있는 일을 하고 싶으
면 작은 꽃부터 펼쳐놓고 시작하면 크게 해롭지 않다. 그러나 2~3
년이 지난 후 인(寅)년 초에 개점하면 5년 동안 좋을 것이다.

8. 하 양이 미(未)년에 다방을 하면 어떤지, 운은 어떤지를 물었다.
제1차 백미 2개, 제2차 백미 3개를 집었다. 문점시간은 사(巳)시.

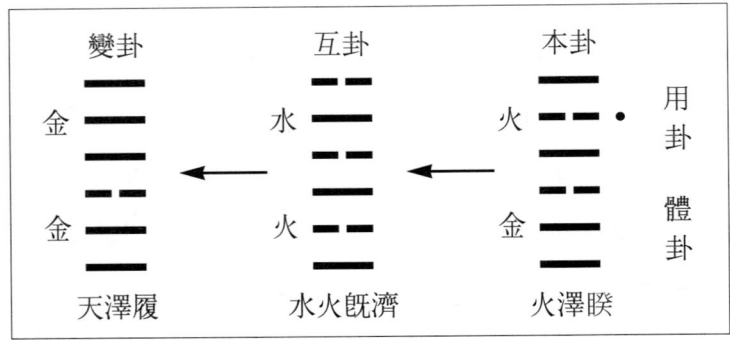

본괘(本卦)의 용괘(用卦) 이화(離火)가 체괘(體卦) 태금(兌金)을 상극(傷剋)하니 흉하다. 다만 점년 미토(未土)가 이화(離火)의 극을 설하여 체괘(體卦) 태금(兌金)을 생한다. 다방은 직업 오행(五行)으로 수(水)이니 체괘(體卦) 태금(兌金)의 기를 도설(盜洩)하여 만약 개점하면 가게 안의 사정으로 쉽게 심신의 소모가 있다. 변괘(變卦)의 용괘(用卦) 건금(乾金)과 체괘(體卦) 태금(兌金)이 비조(比助)되어 만약 금년에 개점하면 4년 동안의 장사는 괜찮다. 호괘(互卦)에 감수(坎水)와 이화(離火)가 있으니 남방으로 가는 것은 좋지 않고, 북방에서 개점하면 4년 후에 운세가 나빠진다.

9. 장 선생이 해(亥)년에 건축업에 발전이 있는지, 앞으로 운세는 어떤지를 물었다. 제1차 백미 4개, 제2차 백미 7개를 집었다. 문점시간은 오(午)시.

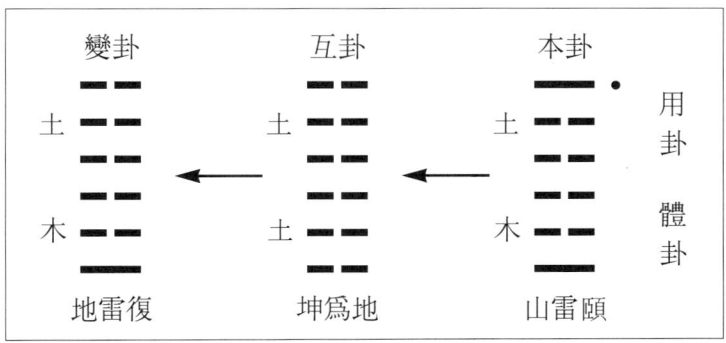

본괘(本卦)의 체괘(體卦) 진목(震木)이 용괘(用卦) 간토(艮土)를 극제(剋制)하고 건축업은 직업 오행(五行)으로 토(土)이니 건축업

이 발전하기 어렵다는 것을 알 수 있다. 호괘(互卦)와 변괘(變卦)에 곤토(坤土)가 3개 있으니 만약 건축업에 뛰어들면 장애가 많아 이루어짐이 적다. 점년인 해수(亥水)가 체괘(體卦) 진목(震木)을 생조(生助)하니 앞으로 5년 동안의 운세는 나쁘지 않다. 마땅히 수(水)의 직업이 좋고, 북방으로 가면 귀인의 도움을 받을 수 있다.

10. 신 여사가 해(亥)년에 우수한 작품점을 열려고 하는데 어떤지, 앞으로의 운은 어떤지를 물었다. 제1차 백미 2개, 제2차 백미 7개를 집었다. 문점시간은 유(酉)시.

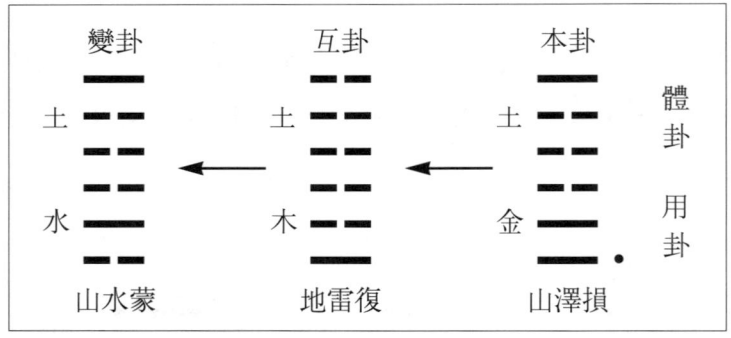

체괘(體卦)가 간토(艮土)이고 걸작품은 직업 오행(五行)으로 금(金)이니 체괘(體卦) 간토(艮土)의 기를 도설(盜洩)하니 만약 이 사업을 시작하면 정신적인 소모가 적지 않을 것이다. 본괘(本卦)의 용괘(用卦) 태금(兌金)이 체괘(體卦) 간토(艮土)를 도설(盜洩)하고, 점년이 해수(亥水)년이니 지금 이 사업을 시작하려고 무리를 하고 있다. 호괘(互卦)에 곤토(坤土)와 진목(震木)이 있고, 변괘(變

卦)의 용괘(用卦) 감수(坎水)가 체괘(體卦)를 막으니 2년 안에 열면 고생은 많으나 얻는 것은 적다.

11. 강 양이 해(亥)년에 금융업에 종사하려고 하는데 적합한지, 앞으로의 운은 어떤지를 물었다. 제1차 8개, 제2차 백미 4개를 집었다. 문점시간은 신(申)시.

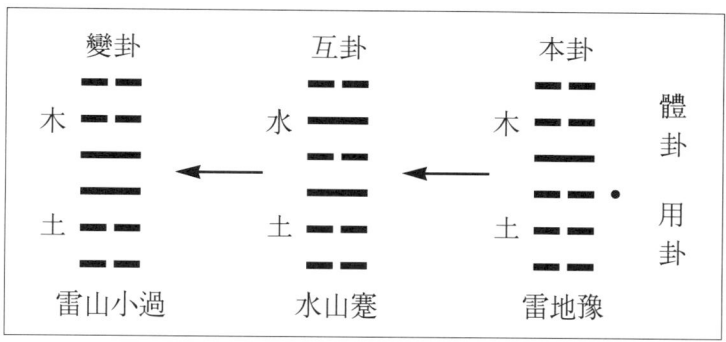

변괘(變卦) 　　　 호괘(互卦) 　　　 본괘(本卦)

木 　　　　　 水 　　　　　 木 　　　 體
卦

土 　　　　　 土 　　　　　 土 　　　 用
卦

雷山小過 　　 水山蹇 　　　 雷地豫

　본괘(本卦)의 용괘(用卦) 곤토(坤土)가 체괘(體卦) 진목(震木)을 막고 금융업은 직업오행으로 금(金)이니 체괘(體卦) 진목(震木)을 상극(傷剋)한다. 용괘(用卦) 곤토(坤土)는 금(金)을 생조(生助)하고, 금(金)은 체괘(體卦) 진목(震木)을 상극(傷剋)하니 매우 불길하다. 다만 해수(亥水)년이 체괘(體卦)를 상극(傷剋)하는 금기(金氣)를 설기(洩氣)하여 오히려 강렬하게 체괘(體卦) 진목(震木)을 생조(生助)한다. 이 해(亥)년과 자(子)년은 수왕(水旺)하여 금융에 대한 일에 반드시 도움이 있다. 다만 3년 후 상황은 크게 같지는 않다. 이 괘상을 보면 5년 정도 종사할 수 있다.

12. 양 양이 술(戌)년에 공부를 가르치는 일이 적합한지, 앞으로의 운은 어떤지를 물었다. 제1차 백미 13개, 제2차 백미 7개를 집었다.

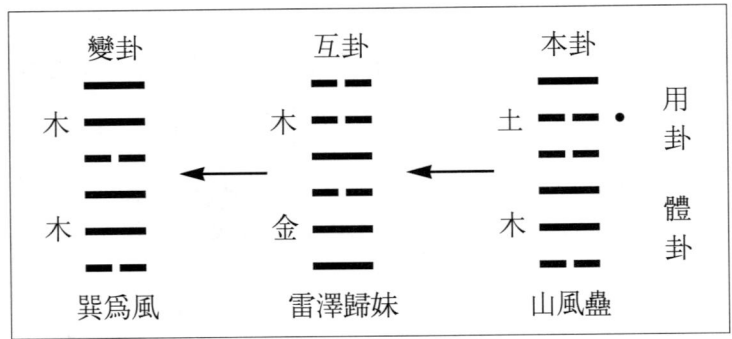

본괘(本卦)의 용괘(用卦) 간토(艮土)가 체괘(體卦) 손목(巽木)을 막고 점년이 술토(戌土)이니 금년의 운은 매사에 수고로움이 많아야 얻을 수 있다. 가르치는 일은 목(木)에 해당하니 체괘(體卦) 손목(巽木)과 비조(比助)되어 매우 길하다. 호괘(互卦)에 태금(兌金)이 있으니 서방과 서북방은 좋지 않고, 북방·동방·동남방이 좋다. 해(亥)년부터 운이 좋아져 5년 동안은 길하다.

13. 서 양이 해(亥)년에 작은 음식점을 하면 어떤지를 물었다. 제1차 백미 2개, 제2차 백미 3개를 집었다. 문점시간은 해(亥)시.

본괘(本卦)의 용괘(用卦) 이화(離火)가 체괘(體卦) 태금(兌金)을 상극(傷剋)하고, 점년이 해수(亥水)년이니 지금의 운세는 그리 좋지 않다. 질병이나 흉액이 쉽게 따른다. 음식점은 화(火)에 해당하

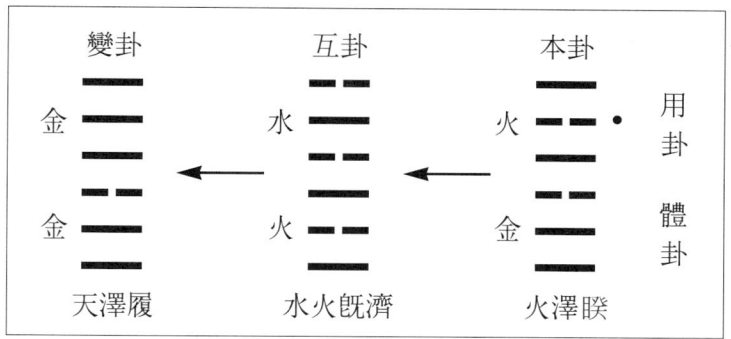

니 체괘(體卦) 태금(兌金)을 상극(傷剋)한다. 이 사람은 지금 자금도 부족하고 여러모로 착각을 하는 것 같다. 귀찮고 더러운 것을 견디지 못하는 성격이니 이런 직업은 반드시 실패한다. 그러나 변괘(變卦)의 용괘(用卦) 건금(乾金)이 체괘(體卦) 태금(兌金)을 생조(生助)하여 길하나, 모두 좋은 것은 아니다. 음식점은 적합하지 않고, 서북방에서 금속철물업에 종사하면 비교적 이로울 것이다.

14. 시 여사가 술(戌)년에 올해 철물점을 열면 어떤지를 물었다. 제1차 백미 7개, 제2차 백미 9개를 집었다. 문점시간은 오(午)시.

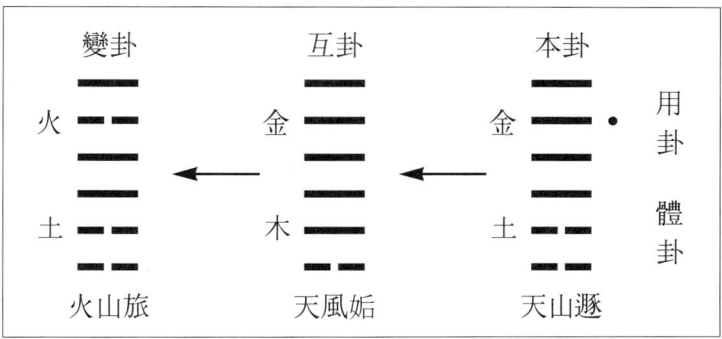

본괘(本卦)의 용괘(用卦) 건금(乾金)이 체괘(體卦) 간토(艮土)를 도설(盜洩)하고, 금속철물업은 금(金)에 해당하니 양자 모두 체괘 (體卦) 간토(艮土)를 도설(盜洩)한다. 만약 철물점을 열면 심력의 소모가 적지 않다. 점년 술토(戌土)가 체괘(體卦) 간토(艮土)와 비 조(比助)되니 화(火)월에 여는 것이 좋다. 만약 진(辰)월인 3월에 열면 앞으로 4개월 동안은 좋으나, 이후 몇 년 동안은 좋은 운이 없다. 변괘(變卦)의 용괘(用卦) 이화(離火)가 체괘(體卦) 간토(艮 土)를 생조(生助)한다. 이것은 철물점을 연 후 특허취득을 암시하 고, 앞길이 매우 좋은 것으로 본다.

15. 진 여사가 자(子)년에 서점을 해도 좋은지를 물었다. 제1차 백 미 6개, 제2차 백미 3개를 집었다. 문점시간은 사(巳)시.

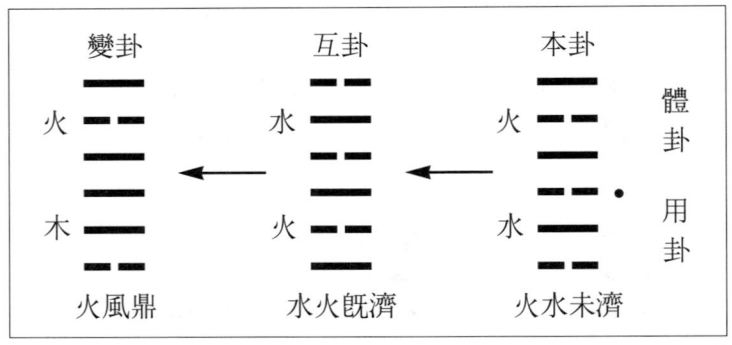

본괘(本卦)의 용괘(用卦) 감수(坎水)가 체괘(體卦) 이화(離火)를 상극(傷剋)하고, 점년 자수(子水)가 체괘(體卦)를 상극(傷剋)한다. 다만 서점은 목(木)에 해당하여 체괘(體卦) 이화(離火)를 생조(生

助)하니 수(水)의 역량을 자기가 쓰게 되어 수(水)의 살기(煞氣)가 오히려 체괘(體卦) 이화(離火)를 생조(生助)한다. 호괘(互卦) 에 감수(坎水)와 이화(離火)가 있고, 변괘(變卦)의 용괘(用卦) 손목(巽木)이 체괘(體卦) 이화(離火)를 생조(生助)하니 길하다. 북방은 좋지 않고 남방·동방·동남방이 좋다. 앞으로 2년 동안은 소길하고 그 이후 5년 동안은 대길할 것이다.

16. 황 선생이 신(申)년에 올해 수산물가게를 열려는데 어떤지, 앞으로의 운은 어떤지를 물었다. 제1차 백미 2개, 제2차 백미 14개를 집었다. 문점시간은 신(申)시.

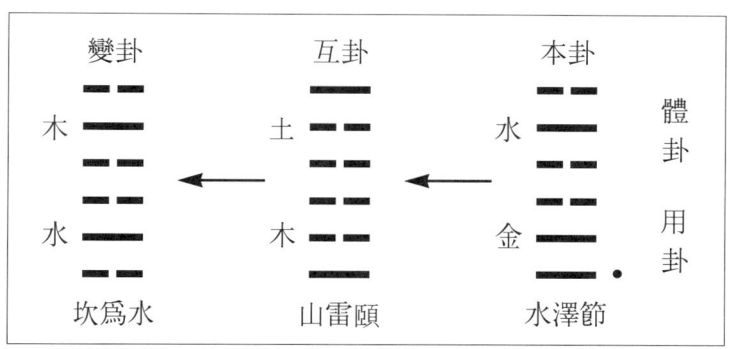

본괘(本卦)의 용괘(用卦) 태금(兌金)이 체괘(體卦) 감수(坎水)를 생조(生助)하고, 수산물은 수(水)에 해당하니 체괘(體卦) 감수(坎水)와 비조(比助)되고, 신금(申金)년 점이니 대길하다. 6월에 개업해도 좋은데 북방·서방·서북방이 길하다. 호괘(互卦)에 간토(艮土)와 진목(震木)이 있으니 동북과 동방은 좋지 않고, 서남과 동남방도 매우 나쁘다. 변괘(變卦)의 용괘(用卦) 감수(坎水)가 체괘(體卦) 감수(坎水)와 비조(比助)되어 대길하니 만일 금년에 개업하면 5년 동안은 장사가 잘 된다.

17. 권 양이 유(酉)년에 피부미용업을 하려는데 어떤지를 물었다. 제1차 백미 8개, 제2차 백미 7개를 집었다. 문점시간은 사(巳)시.

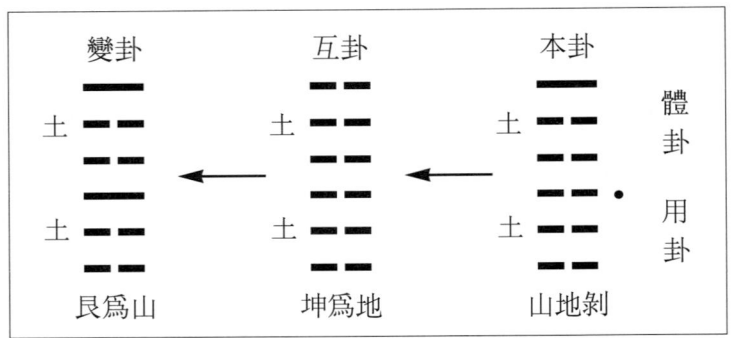

變卦	互卦	本卦	
			體卦
土	土	土	
			用卦
土	土	土	
艮爲山	坤爲地	山地剝	

본괘(本卦)의 용괘(用卦) 곤토(坤土)와 체괘(體卦) 간토(艮土)가 비화(比和)되니 길하나, 점년이 유금(酉金)이니 쉽게 병이 생기고, 쉽게 심력을 소모한다. 피부미용업은 태금(兌金)에 해당하니 체괘(體卦) 간토(艮土)의 기를 설하여 중부·서남·동북방이 좋다. 괘가 모두 토(土)이니 금(金)의 도설(盜洩)을 두려워하지 않으니 금년에 개업해도 좋다.

18. 진 양이 유(酉)년에 올해 출판사를 내려는데 어떤지를 물었다. 제1차 백미 9개, 제2차 백미 4개를 집었다. 문점시간은 해(亥)시.

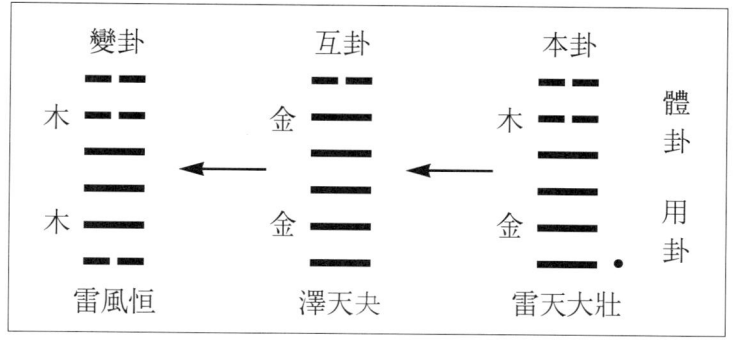

變卦	互卦	本卦	
木	金	木	體卦
木	金	金	用卦
雷風恒	澤天夬	雷天大壯	

　본괘(本卦)의 용괘(用卦) 건금(乾金)이 체괘(體卦) 진목(震木)을 상극(傷剋)하고 점년이 유금(酉金)년이니 금년 10월 해수(亥水)월 전에는 운이 매우 좋지 않다. 출판사는 목(木)에 해당하니 체괘(體卦) 진목(震木)과 비조(比助)한다. 만일 지은이가 자비로 책을 내는 거라면 직업 오행은 화(火)가 된다. 호괘(互卦)에 태금(兌金)과 건금(乾金)이 2개 있으니 내년 술(戌)년 해(亥)월에 창업하는 것이 불필요한 번거로움을 피할 수 있다. 변괘(變卦)의 용괘(用卦) 손목(巽木)과 체괘(體卦) 진목(震木)이 비조(比助)되어 대길하니 해수(亥水)년부터 운이 크게 좋아지고 앞으로 5년은 매우 좋다.

19. 류 여사가 해(亥)년에 영어학원에 투자하면 어떠냐고 물었다. 제1차 백미 2개, 제2차 백미 7개를 집었다. 문점시간은 사(巳)시.

　본괘(本卦)의 용괘(用卦) 태금(兌金)이 체괘(體卦) 간토(艮土)의 기를 도설(盜洩)하고, 영어학원의 목(木)에 해당하여 체괘(體卦) 토(土)를 상극(傷剋)하니 좋지 않다. 문점년 해수(亥水)가 체괘(體

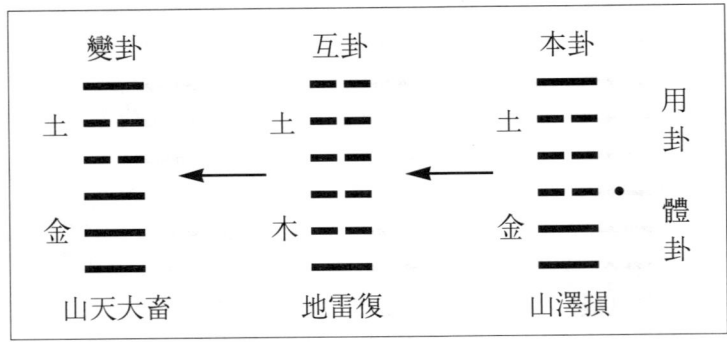

卦) 간토(艮土)의 전진하는 기세를 막아 비록 재리를 구할 수는 있
으나 노력에 비하여 이득이 적다. 호괘(互卦)에 곤토(坤土)와 진목
(震木)이 있고, 변괘(變卦)의 용괘(用卦) 건금(乾金)이 체괘(體卦)
간토(艮土)를 도설(盜洩)하니, 금년에는 중부·서남·남·동북방이
좋다. 그러나 3년 후 인목(寅木)년이 오면 쉽게 큰 손실을 당한다.

20. 이 선생이 오(午)년에 대륙의 합성수지 공장에 투자하려는데
어떤지를 물었다. 제1차 백미 13개, 제2차 백미 14개를 집었다. 문점
시간은 해(亥)시.

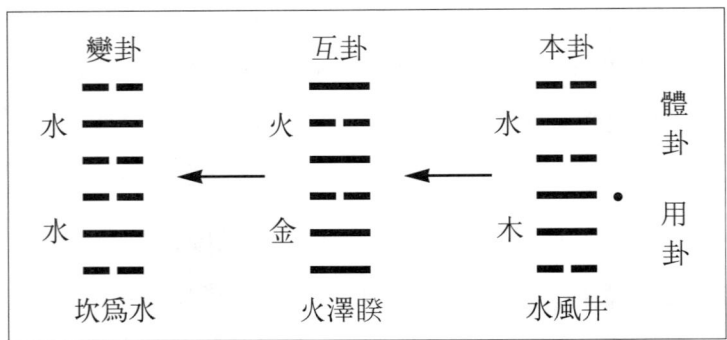

본괘(本卦)의 용괘(用卦) 손목(巽木)이 체괘(體卦) 감수(坎水)를 도설(盜洩)하고, 유년 오화(午火)에 재기(財氣)가 있으나 저지 방해하는 힘이 작지 않다. 하물며 내년은 미토(未土)년이니 체괘(體卦) 감수(坎水)를 상극(傷剋)하여 만약 금년에 대륙에 투자하면 1~2년은 버틸 수 있다. 합성수지는 화(火)에 해당하고 공장은 직업 오행(五行)으로 금목수화토(金木水火土)가 고루 있다. 모름지기 제조하는 물건을 참작하여 논한다. 일반 공장은 금(金)과 화(火)에 해당한다. 호괘(互卦)에 이화(離火)와 태금(兌金)이 있고 변괘(變卦)에 감수(坎水)가 있으니 신(申)년에 투자하는 것이 좋다.

제9장. 사건 오행 문점

1. 황 선생이 축(丑)년에 헛소문 사건이 자신에게 어떤 영향을 주는지를 물었다. 제1차 백미 4개, 제2차 백미 2개를 집었다. 문점시간은 술(戌)시.

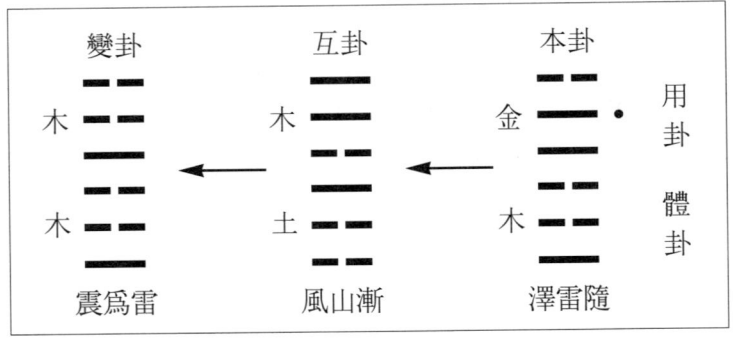

본괘(本卦)의 용괘(用卦) 태금(兌金)이 체괘(體卦) 진목(震木)을 상극(傷剋)하니 지금 유언비어의 피해를 당하고 있음을 알 수 있다. 태괘(兌卦)는 구설과 소인을 나타내는데 외괘(外卦)에 있으니 헛소문은 밖에서 온 것으로 문제는 외부환경이다. 점년 축토(丑土)는 능히 용괘(用卦) 태금(兌金)을 생조(生助)하니 금전의 헛소문은 가라앉기가 매우 어려운데, 유언비어의 사건 오행(五行)은 태금(兌金)이니 유년 축토(丑土)가 생하여 금년 일년은 헛소문이 멈추기가 어렵고 상당한 상해를 입는다. 그러나 호괘(互卦)와 변괘(變卦)에 목(木)이 많으니 인(寅)년 인(寅)월이 되면 저절로 끝난다.

2. 심 양이 자(子)년에 최근 회사에서 허둥대며 돌아다닌 일로 상해를 입는 것은 아닌지를 물었다. 제1차 11개, 제2차 백미 2개를 집었다. 문점시간은 유(酉)시.

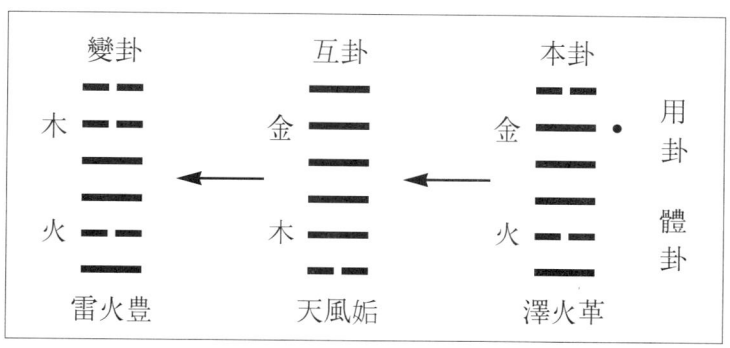

본괘(本卦)의 용괘(用卦) 태금(兌金)이 체괘(體卦) 화(火)의 운세를 방해하고, 용괘(用卦) 태금(兌金)이 유년 자수(子水)를 생조(生助)하여 체괘(體卦) 이화(離火)를 상극(傷剋)하니 금년운은 좋지 않다. 회사에서 허둥대며 돌아다닌 사건은 적지 않은 압력을 줄 것이다. 허둥대며 움직인 사건 오행(五行)은 진목(震木)이 되어 체괘(體卦) 이화(離火)를 생조(生助)하니 이 사건은 정세가 분명하지 못하지만 많은 우려와 의심을 면하기 어렵다. 변괘(變卦)의 용괘(用卦) 진목(震木)이 체괘(體卦) 이화(離火)를 생조(生助)하니 빠르면 내년 인(寅)월에 사정이 밝혀질 것이다. 그런데 2년 후 인(寅)년이 되면 화로 인하여 복을 얻으니 길하다.

3. 장 양이 해(亥)년 사(巳)월에 어려운 일이 있는데 자신에게 영향을 미치는 것은 아닌지를 물었다. 제1차 백미 7개, 제2차 백미 5개를 집었다. 문점시간은 해(亥)시.

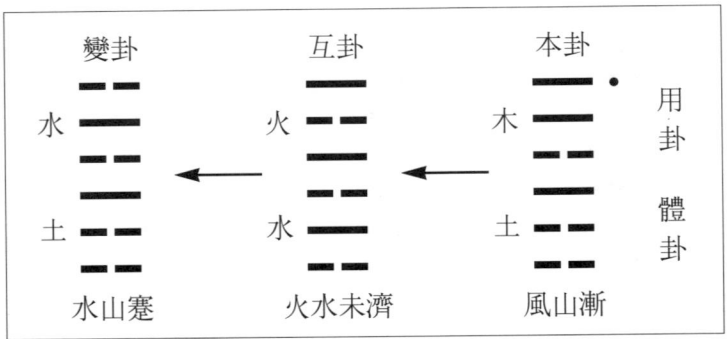

본괘(本卦)의 용괘(用卦) 손목(巽木)이 체괘(體卦) 간토(艮土)를 상극(傷剋)하고, 점년 해수(亥水)가 용괘(用卦) 손목(巽木)을 생조(生助)하여 체괘(體卦) 간토(艮土)를 상극(傷剋)한다. 이 일은 그녀에게 상당히 상해가 될 것임을 나타낸다. 점월이 사화(巳火)이니 화(火)는 능히 용괘(用卦) 손목(巽木)의 기를 설하여 오히려 체괘(體卦) 간토(艮土)를 생하니 사(巳)월과 오(午)월에는 별로 큰 영향을 주지 않는다. 좌우 어려운 사건은 손목(巽木)의 상이 되는데 변괘(變卦)의 용괘(用卦) 감수(坎水)가 생하여 체괘(體卦) 간토(艮土)를 상극(傷剋)하니 2년 동안에는 상당히 좋지 않은 영향을 미치니 가능하면 피하는 것이 좋다.

4. 황 여사가 술(戌)년 신(申)월에 금년 7월에 발생한 영적인 사건이 어떤 영향을 주는지를 물었다. 제1차 백미 7개, 제2차 백미 14개를 집었다. 문점시간은 술(戌)시.

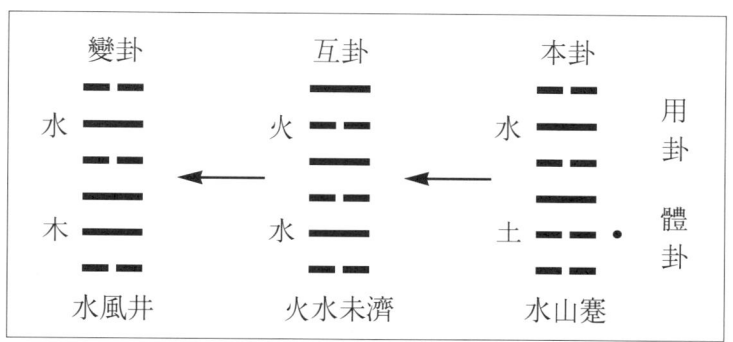

본괘(本卦)의 용괘(用卦) 간토(艮土)가 체괘(體卦) 감수(坎水)를 상극(傷剋)하고, 점년이 술토(戌土)년이니 금년의 운이 매우 좋지 않다. 저승같은 영적인 사건은 오행(五行)이 토(土)이니 체괘(體卦) 감수(坎水)를 상극(傷剋)한다. 다만 점월 신금(申金)이 토(土)를 설기(洩氣)하여 오히려 체괘(體卦) 감수(坎水)를 생하니 신(申)월과 유(酉)월에는 운세가 길하다. 다만 술(戌)월이 되면 운세가 많이 나빠지는데 서방이나 서북방으로 가면 재액을 피할 수 있다. 변괘(變卦)의 용괘(用卦) 손목(巽木)이 체괘(體卦) 감수(坎水)의 기를 도설(盜洩)하니 금년 7월에 발생한 사건은 앞으로 소비 소모 실패 등의 영향을 줄 것이다.

5. 오 선생이 유(酉)년 인(寅)월에 제자리 걸음인 사건이 있는데 언제쯤 해결되는지를 물었다. 제1차 백미 4개, 제2차 백미 7개를 집었다. 문점시간은 유(酉)시.

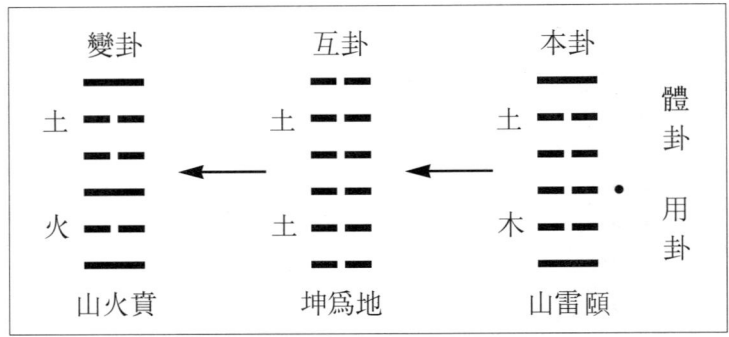

본괘(本卦)의 용괘(用卦) 진목(震木)이 체괘(體卦) 간토(艮土)를 상극(傷剋)하니 문점한 사건은 외부의 강력한 방해로 조성된 것이고, 이미 일정한 상해를 입히고 있다. 유금(酉金)년 인목(寅木)월 문점이니 유년 유금(酉金)이 체괘(體卦)의 기를 도설(盜洩)하고 또 유(酉)월 인목(寅木)이 체괘(體卦) 간토(艮土)를 상극(傷剋)하니 이 사건은 금년 일년 동안 그를 매우 괴롭힐 것이다.

특히 인(寅)월과 묘(卯)월이 가장 심하다. 호괘(互卦)에 곤토(坤土)가 중복되고, 변괘(變卦)의 용괘(用卦) 이화(離火)가 체괘(體卦) 간토(艮土)를 생조(生助)하니 술(戌)년 사(巳)월이 되면 풀릴 것이다.

6. 고 양이 해(亥)년 묘(卯)월에 회사에서 자신에게 위험한 사건을 맡기려고 하는데 괜찮은지를 물었다. 제1차 백미 2개, 제2차 백미 5개를 집었다. 문점시간은 술(戌)시.

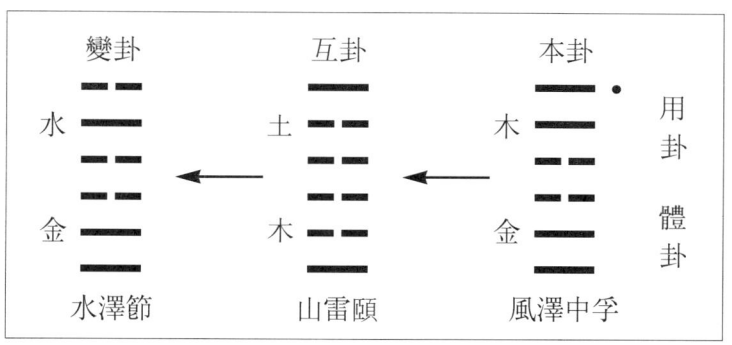

체괘(體卦) 태금(兌金)이 하괘(下卦)에 있는데 용괘(用卦) 손목(巽木)이 체괘(體卦)의 기를 저지하고, 위험한 사건은 오행(五行)으로 화(火)이니 용괘(用卦) 손목(巽木)이 화(火)를 생조(生助)하고, 화(火)는 체괘(體卦) 태금(兌金)을 상극(傷剋)하니 이 사람은 지금 매우 두려워 하고 있음을 알 수 있다. 해수(亥水)년 묘목(卯木)월 문점이니 첫째는 체괘(體卦)의 기를 도설(盜洩)하고, 둘째는 사건 오행(五行)인 화(火)를 생조(生助)하여 체괘(體卦) 태금(兌金)을 상극(傷剋)하니 이러한 두려움과 불안한 심정을 나타낸다. 5개월 동안은 두려움이 깊어지고 줄어들지 않을 것이다. 호괘(互卦)에 간토(艮土)가 있으니 동북방으로 가면 귀인을 만날 수 있다. 변괘(變卦)의 용괘(用卦) 감수(坎水)가 체괘(體卦)의 기를 도설(盜洩)하니 금년에 소비와 소모가 많으나 평안하다.

7. 장 선생이 술(戌)년 인(寅)월에 올해 영전할 수 있는지 물었다. 제1차 백미 6개, 제2차 백미 13개를 집었다. 문점시간은 유(酉)시.

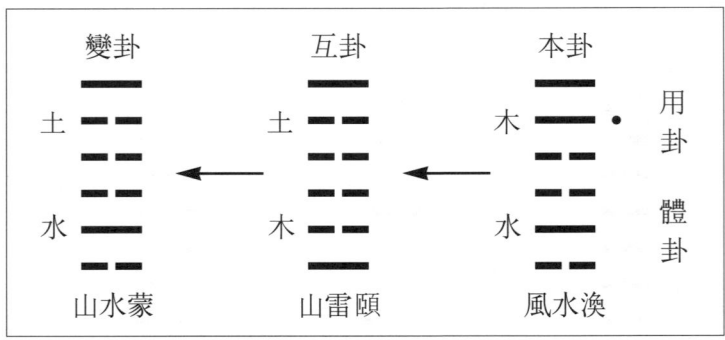

본괘(本卦)의 용괘(用卦)가 상괘(上卦)에서 체괘(體卦) 감수(坎水)의 기를 도설(盜洩)하니 이 사람의 마음은 혼란스럽다. 외부의 불확실한 것이 그의 마음을 고단하게 한다. 영전하는 사건은 오행(五行)이 화(火)이니 체괘(體卦) 감수(坎水)의 작용을 저지하고 사건 오행(五行)인 화(火)를 용괘(用卦) 손목(巽木)이 생하여 승진 사건의 곤란도를 더욱 강하게 한다.

호괘(互卦)와 변괘(變卦)에 간토(艮土)가 2개 있으니 체괘(體卦) 감수(坎水)를 상극(傷剋)하고, 유년이 술토(戌土)년이며 본괘(本卦)가 풍수환(風水渙)이고 변괘(變卦)가 산수몽(山水蒙)이니 금년에 승진할 수 없을 뿐아니라 이 일로 상사와 다투며 상당히 불쾌하다. 직장을 떠나거나 해고당할 조짐이 있으나 평상심으로 사람을 대하고 자중하면 길하다.

8. 원 양이 사(巳)년에 관재소송 사건이 어떻게 되는지를 물었다. 제1차 백미 9개, 제2차 백미 3개를 집었다. 문점시간은 미(未)시.

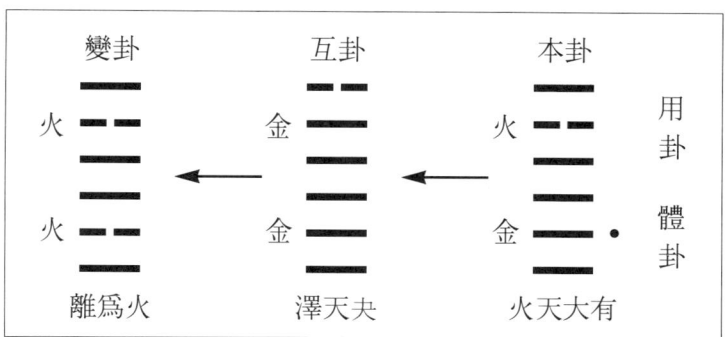

본괘(本卦)의 용괘(用卦) 건금(乾金)이 체괘(體卦) 이화(離火)를 저지하니 이 문제는 교착상태에 빠져 있다. 가장 중요한 원인은 배상금액이다. 소송사건은 오행(五行)이 수(水)이니 용괘(用卦) 건금(乾金)이 소송건 오행(五行)인 수(水)를 생하여 체괘(體卦) 이화(離火)를 상극(傷剋)하는 역량을 강화하니 빨리 매듭짓는 것이 좋다. 그렇지 않으면 쉽게 변이 생긴다. 호괘(互卦)에 금괘(金卦)가 2개 있고, 변괘(變卦)의 용괘(用卦) 이화(離火)와 체괘(體卦) 이화(離火)가 비조(比助)되고, 점년이 사화(巳火)이니 늦어도 내년 6월 전에는 매듭이 되어 길하다. 만약 미(未)년까지 끌면 해결하기 어렵다.

제10장. 실물 오행 문점

1. 임 선생이 해(亥)년 진(辰)월에 이틀 전에 잃어버린 손목시계를 찾을 수 있는지를 물었다. 제1차 백미 2개, 제2차 백미 11개를 집었다. 문점시간은 미(未)시.

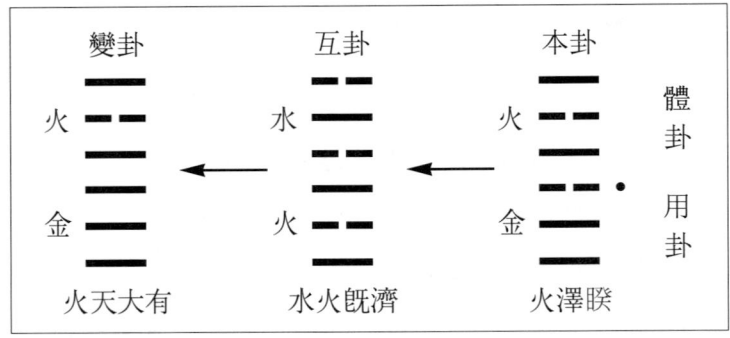

본괘(本卦)의 용괘(用卦) 태금(兌金)이 체괘(體卦) 이화(離火)를 방해하고, 진토(辰土)월 문점이니 첫째 체괘(體卦) 이화(離火)의 기를 도설(盜洩)하고, 둘째 용괘(用卦) 태금(兌金)의 저지하는 역량을 생조(生助)하니 이 달에는 찾기 어렵다. 호괘(互卦)에 감수(坎水)와 이화(離火)가 있고, 손목시계의 오행은 금(金)이고, 변괘(變卦)의 용괘(用卦) 건금(乾金)이 체괘(體卦) 이화(離火)에게 극제(剋制)되니 사오(巳午)월에는 남방으로 찾으면 60% 기회가 있다. 손목시계는 금(金)이고 체괘(體卦)는 화(火)이니 만약 화(火)월에 찾으면 망가졌을 염려가 있다. 본괘(本卦)와 변괘(變卦)에 용괘(用卦)가 하나는 태금(兌金)이고 하나는 건금(乾金)이니 집 안 서쪽과 사무실의 서북방에 단서가 있다.

2. 양 여사가 해(亥)년 유(酉)월에 잃어버린 보석을 찾을 수 있는 지 물었다. 제1차 백미 4개, 제2차 백미 3개를 집었다. 문점시간은 신(申)시.

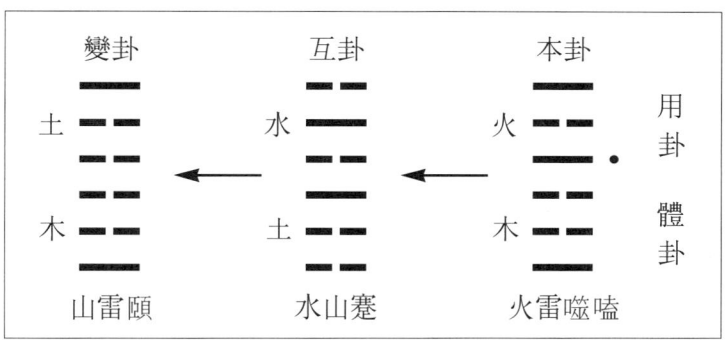

보석의 오행(五行)은 태금(兌金)이니 체괘(體卦) 진목(震木)을 상극(傷剋)하고, 점월이 유금(酉金)이니 이 달에는 찾기 어렵다. 본괘(本卦)의 용괘(用卦) 이화(離火)가 체괘(體卦) 진목(震木)을 도설(盜洩)하니 남방은 마음만 소모할 뿐이다. 점년이 해수(亥水)이니 체괘(體卦) 진목(震木)을 생조(生助)하고, 호괘(互卦)의 감수(坎水)가 상괘(上卦)에 있으니 북방에서 찾을 수 있다. 호괘(互卦)와 변괘(變卦)에 간토(艮土)가 있으니 동북방에서는 찾지 말라. 만약 동북방의 경찰서에 신고하면 1년 반 안에 찾을 가능성은 있다.

3. 차 양이 유(酉)년 진(辰)월에 도둑맞은 목조불상을 찾을 수 있는지 물었다. 제1차 백미 5개, 제2차 백미 9개를 집었다. 문점시간은 신(申)시.

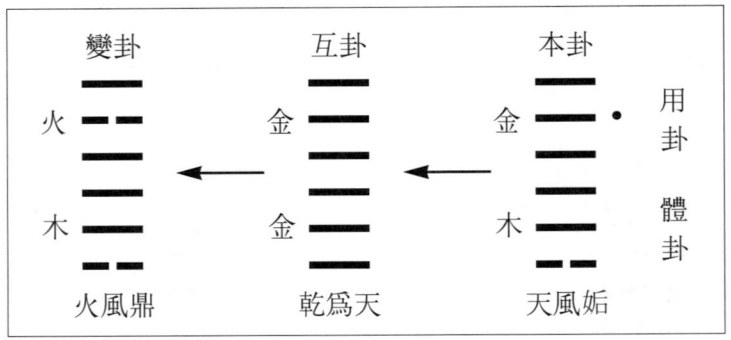

불상이나 신상의 오행(五行)은 일반적으로 목금토(木金土)이다. 목조불상은 오행(五行)이 목(木)이니 체괘(體卦) 손목(巽木)과 비조(比助)되어 상당한 도움과 이익이 된다. 그러나 본괘(本卦)의 용괘(用卦)가 상괘(上卦)에 있으면서 건금(乾金)이니 체괘(體卦) 손목(巽木)을 상극(傷剋)하고, 유금(酉金)년을 만나 불상을 잃어버린 후 갑자기 운이 나빠졌다.

절대 서북방으로 가지마라. 흉액과 재화가 많이 생길 염려가 있다. 호괘(互卦)에 금(金)이 중복되고, 변괘(變卦)의 용괘(用卦) 이화(離火)가 체괘(體卦) 손목(巽木)을 도설(盜洩)하니 불상을 찾을 방법이 없다. 서둘러 북방으로 가서 불상을 청하면 흉재가 될 것이다.

4. 추 선생이 축(丑)년에 도둑맞은 골동품을 찾을 수 있는지 물었다. 제1차 백미8개, 제2차 백미 12개를 집었다. 문점시간은 술(戌)시.

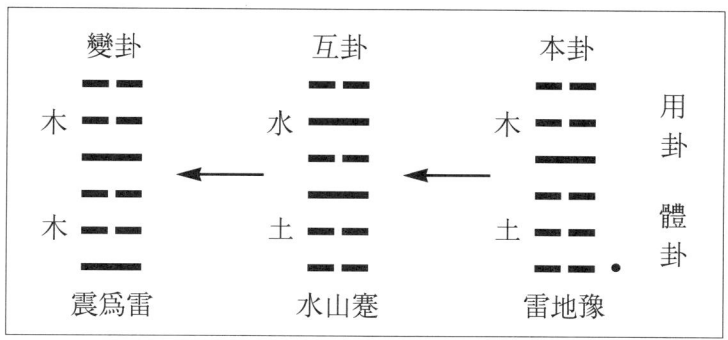

流年九星

二黑	七赤	九紫
一白	三碧	五黃
六白	八白	四綠

잃어버린 골동품은 수백년 된 도자기이니 토(土)에 해당한다. 본괘(本卦)의 체괘(體卦) 진목(震木)이 상괘(上卦)에서 용괘(用卦)인 곤토(坤土)를 극제(剋制)하고, 점년이 축토(丑土)년이니 금년에는 찾기 어렵다. 비록 호괘(互卦)에 감수(坎水)가 있어 체괘(體卦) 진목(震木)을 생조(生助)하나 북방으로 가도 찾기 어렵다. 첫째는 건괘(乾卦)이고, 둘째는 금년에는 북방이 조기위(阻氣位)이고 팔백토성(八白土星)이 들었기 때문이다. 동방으로 가면 찾을 수 있으나 내년 인(寅)년이 되어야 찾을 수 있다.

제11장. 질병 오행 문점

1. 윤 여사가 해(亥)년에 간장병이 언제 낫는지, 어떻게 치료를 해야 하는지를 물었다. 제1차 백미 2개, 제2차 백미 5개를 집었다. 문점시간은 유(酉)시.

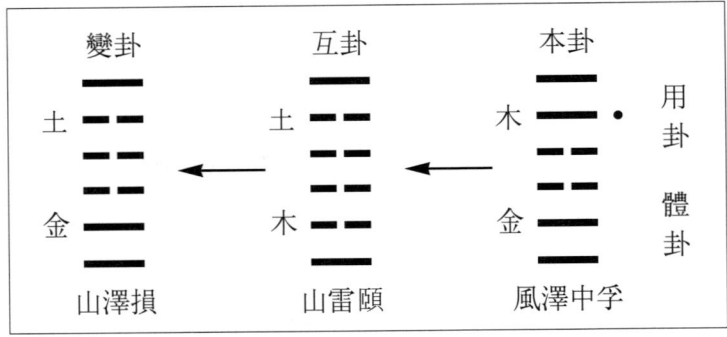

流年九星

四綠	九紫	二黑
三碧	五黃	七赤
八白	一白	六白

본괘(本卦)의 체괘(體卦) 태금(兌金)이 용괘(用卦) 손목(巽木)을 상극(傷剋)하고, 손목(巽木)은 음목(陰木)이고 간장도 음목(陰木)에 속한다. 상괘(上卦)는 용괘(用卦)이니 이 사람의 간장병은 외부에서 감염된 것이다. 해수(亥水)년 문점이니 용괘(用卦) 손목(巽木)의 저항력을 조장하고 체괘(體卦) 태금(兌金)의 기를 도설(盜洩)하니 금년에는 몸이 더 허약해진다. 호괘(互卦)와 변괘(變卦)에 간토(艮土)가 1개씩 있는데 체괘 태금(兌金)을 생조

(生助)하니 금년에는 동북방이 왕기위(旺氣位)이고 팔백토성(八白土星)이 드니 동북방에 있는 의원을 찾아 치료하는 것이 좋다. 3년 안에는 치유되지 않고, 5년 안에도 호전되기는 어렵다.

2. 진 여사가 자(子)년에 심장병이 언제 낫는지를 물었다. 제1차 백미 7개, 제2차 백미 11개를 집었다. 문점시간은 술(戌)시.

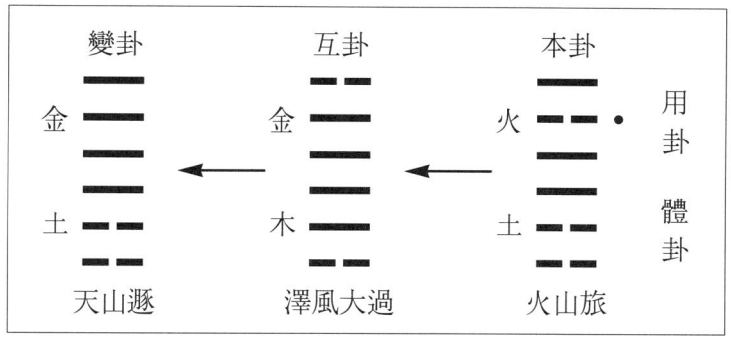

流年九星

三碧	八白	一白
二黑	四綠	六白
七赤	九紫	五黃

본괘(本卦)의 용괘(用卦) 이화(離火)가 체괘(體卦) 간토(艮土)를 생조(生助)하니 이 사람의 심장병은 지금 치유효과가 있고 평안한 상태다. 다만 혈압이 매우 높으니 감정을 다스려야 한다. 심장병은 화(火)에 해당하여 체괘(體卦) 간토(艮土)를 생조(生助)하니 유전에 의한 심장병이다. 자수(子水)년 문점이니 수화(水火)가 충되어 특별히 조심해야 한다. 서남과 동북은 토(土)가 중한 방위가 된다. 금년에는 동북방이 살기위(煞氣位)이니 행하

면 좋지 않고, 서남방은 생기위(生氣位)이니 가도 좋다. 서남방으로 가서 의원을 구하면 좋고, 축(丑)년으로 접어들면 좋아질 것이다.

3. 오 여사가 축(丑)년에 위장병이 언제쯤 낫는지, 어느 의원에게 치료를 받는 것이 좋은 지를 물었다. 제1차 백미 7개, 제2차 백미 4개를 집었다. 문점시간은 미(未)시.

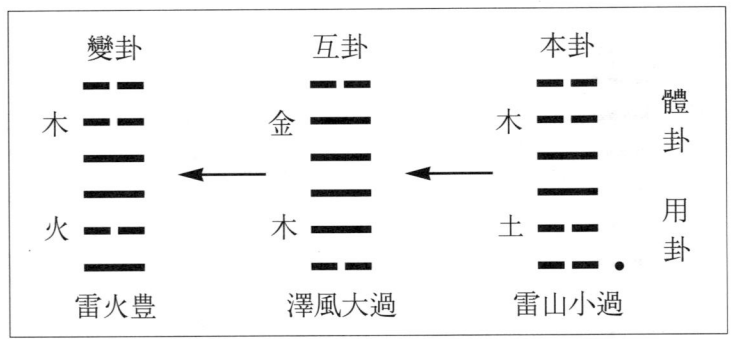

變卦	互卦	本卦
木	金	木
火	木	土
雷火豊	澤風大過	雷山小過

體卦 用卦

流年九星

二黑	七赤	九紫
一白	三碧	五黃
六白	八白	四綠

본괘(本卦)의 용괘(用卦) 간토(艮土)가 체괘(體卦) 진목(震木)을 저지하고, 간토(艮土)는 양토(陽土)이고 위장도 양토(陽土)이며 축(丑)년 점이니 위산과다가 원인인데 금년에 더 심해질 것이다. 용괘(用卦) 간토(艮土)가 하괘(下卦)에 있으니 반드시 식습관을 조절해야 한다. 호괘(互卦) 중에 태금(兌金)과 손목(巽木)이 있고, 변괘(變卦)의 용괘(用卦) 이화(離火)가 체괘(體卦)의 기를 도설(盜洩)하니, 본래 소모와 손상이 많지만 문점한 질병

은 위토의 병이니 오히려 순생의 기미가 있다. 원래 목토(木土)가 상극(傷剋)하는 상황인데 하나의 화(火)를 얻어 오히려 목생화(木生火) 화생토(火生土)로 순생하는 형세가 되었다. 동방 생기위(生氣位)로 가면 치료할 수 있다. 내년부터 병이 차차 낫고, 모름지기 식이요법을 겸하면 길할 것이다.

4. 황 여사가 사(巳)년에 폐장의 병이 더 악화되는지, 어디에 가서 치료를 받는 것이 좋은지를 물었다. 제1차 백미 10개, 제2차 백미 14개를 집었다. 문점시간은 오(午)시.

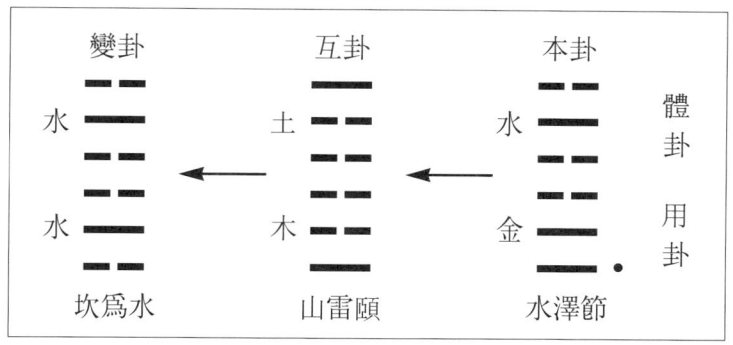

流年九星

一白	六白	八白
九紫	二黑	四綠
五黃	七赤	三碧

본괘(本卦)의 용괘(用卦) 태금(兌金)이 체괘(體卦) 감수(坎水)를 생조(生助)하고, 폐장은 금(金)에 해당하고 사화(巳火)년 문점이니 금년 상반기에 감염된 것으로 상태가 심하지는 않다. 호괘(互卦)에 간토(艮土)와 진목(震木)이 있으니 체괘(體

卦) 감수(坎水)를 상극(傷剋)하고 체괘(體卦)의 기가 일설(溢洩)되니 모름지기 위장과 간담의 합병증을 조심해야 하고 동북방으로 행하는 것은 좋지 않다. 변괘(變卦)의 용괘(用卦) 감수(坎水)와 체괘(體卦) 감수(坎水)가 비조(比助)되니 완치될 수 있다. 빨라도 3년 후 신(申)년 해수(亥水)월에 북방으로 의원을 찾는 것이 좋다. 특히 사오미(巳午未) 3년은 더 조심해야 한다. 몸에 이상한 증세가 나타나면 즉시 치료를 받아야 한다. 그렇지 않으면 병세가 쉽게 심각해질 수 있다.

5. 이 선생인 해(亥)년에 신장병이 완치될 수 있는지를 물었다. 제1차 백미 6개, 제2차 백미 8개를 집었다. 문점시간은 술(戌)시.

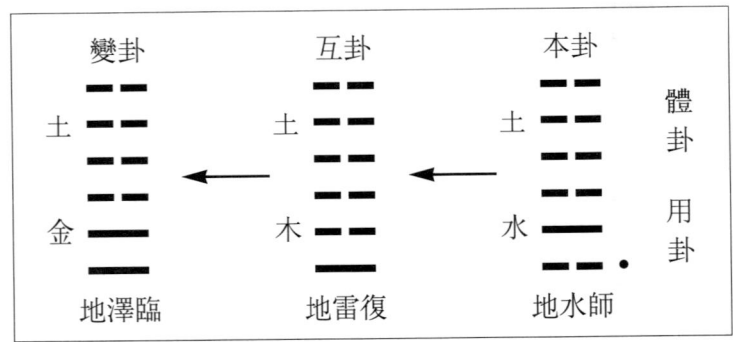

流年九星

四綠	九紫	二黑
三碧	五黃	七赤
八白	一白	六白

본괘(本卦)의 용괘(用卦) 감수(坎水)가 체괘(體卦) 곤토(坤土)의 기를 저지하고, 신장은 수(水)에 해당하니 이 사람의 신장병은 자신도 모르게 생긴

것이다. 오장육부의 병은 만약 체괘(體卦) 오행(五行)이 오장육부 오행(五行)을 극제(剋制)하면 반드시 자신이 평소 몸을 돌보지 않아 생긴 것이다. 호괘(互卦)에 곤토(坤土)와 진목(震木)이 있으니 변괘(變卦)의 용괘(用卦) 태금(兌金)이 체괘(體卦)의 기를 일설(溢洩)하여 3년 안에는 치유할 방법이 없다. 후에도 완치가 될 희망은 없고 다만 억제할 따름이다. 금년에는 서남이나 동북방으로 가서 치료를 받는 것이 좋다.

제12장. 간단한 문점

1. 황 선생이 해(亥)년에 공무원 시험에 합격할 수 있는지를 물었다. 제1차 백미 3개, 제2차 백미 2개를 집었다. 문점시간은 술(戌)시.

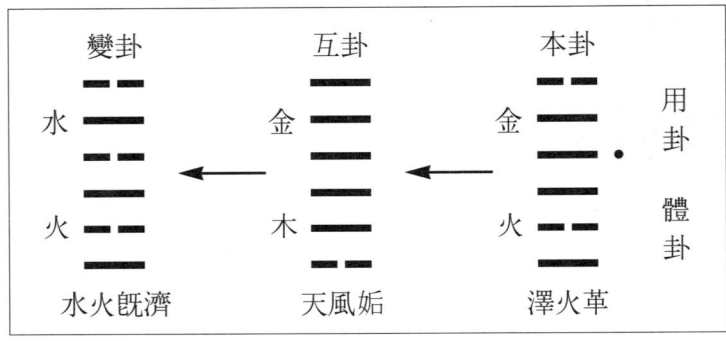

괘상과 유년 오행(五行)에서 알 수 있듯이 올해는 합격하지 못한다. 본괘(本卦)의 용괘(用卦) 태금(兌金)이 체괘(體卦) 이화(離火)를 저지하고, 태괘(兌卦)는 심정인데 상괘(上卦)에 있으니 쉽게 바깥 환경의 영향으로 공부하는 심정을 나타낸다.

체괘(體卦) 이화(離火)가 하괘(下卦)에 있으니 마음은 조급하고 혼란스러우며 쉽게 화를 내며 울화증이 있다. 노력에 비하여 실속이 없다. 유년이 해수(亥水)년이고, 변괘(變卦)의 용괘(用卦) 감수(坎水)가 체괘(體卦) 이화(離火)를 상극(傷剋)하고, 호괘(互卦)에 손목(巽木)과 건금(乾金)이 있어 조력과 상극(傷剋)이 생기니 반드시 실패한다.

2. 정 양이 축(丑)년에 빌려준 돈을 언제 받을 수 있는지를 물었다. 제1차 백미 9개, 제2차 백미 6개를 집었다. 문점시간은 유(酉)시.

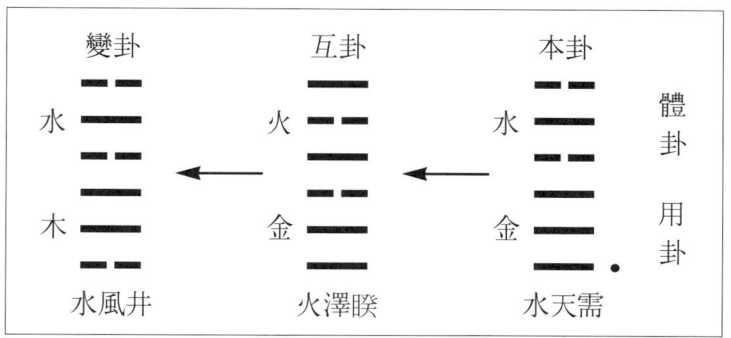

본괘(本卦)·호괘(互卦)·변괘(變卦)의 괘상과 유년으로 판단하면 빨라도 2년 후 묘목(卯木)년에 가능하나, 기대했던 높은 이자는 받을 수 없고 원금만 회수해도 좋다. 본괘(本卦)의 용괘(用卦) 건금(乾金)이 체괘(體卦) 감수(坎水)를 생조(生助)하고, 건금(乾金)이 하괘(下卦)에 있으니 높은 이자로 빌려준 것이다. 감수(坎水) 체괘(體卦)가 상괘(上卦)에 있으니 이 사람의 마음은 불안하며 의심이 있다. 점년이 축토(丑土)년이고 변괘(變卦)의 용괘(用卦) 손목(巽木)이 체괘(體卦) 감수(坎水)를 일설(溢洩)하니 높은 이자를 받을 수 없고, 묘(卯)년에 원금만 받아도 다행이다.

3. 백 여사가 축(丑)년에 잃어버린 보석을 언제 찾을 수 있는지 물었다. 제1차 백미 3개, 제2차 백미 17개를 집었다. 문점시간은 유(酉)시.

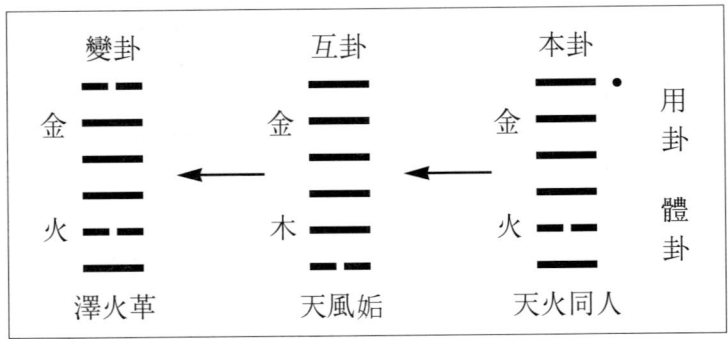

본괘(本卦)·호괘(互卦)·변괘(變卦)의 괘상과 유년을 보면 금년에는 찾지 못한다는 것을 알 수 있다. 내년이나 후년에 찾을 수 있는데 돈을 써야 돌아온다. 본괘(本卦)의 용괘(用卦) 건금(乾金)이 체괘(體卦) 이화(離火)의 기를 막고, 용괘(用卦)가 상괘(上卦)에 있으면서 건금(乾金)이니 아직 남의 손을 거치지는 않았다.

괘상이 동인(同人)이니 잘 아는 친구가 습득했을 가능성이 있다. 점년이 축토(丑土)년이고, 호괘(互卦)의 손목(巽木) 귀인이 건금(乾金)에게 상극(傷剋)되고, 변괘(變卦)의 태금(兌金)의 저지가 있으니 금년에는 반드시 찾지 못한다. 인목(寅木)년이 되면 인목(寅木)이 체괘(體卦) 이화(離火)를 생조(生助)하니 찾을 희망이 있다.

4. 진 양이 해(亥)년에 새로 사귄 친구와의 이해관계를 물었다. 제1차 백미 2개, 제2차 백미 7개를 집었다. 문점시간은 술(戌)시.

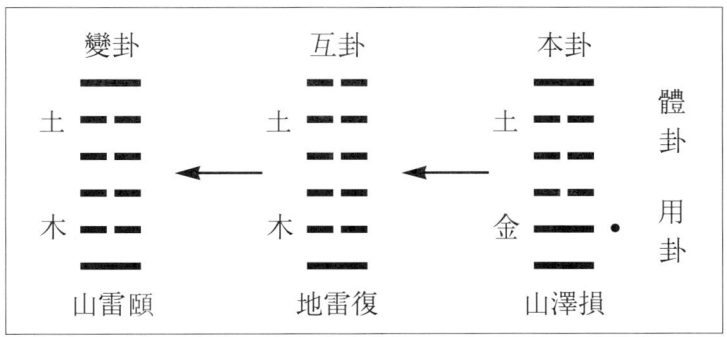

본괘(本卦)·호괘(互卦)·변괘(變卦)의 괘상과 문점한 유년으로 보아 새로 알게 된 친구는 해는 있고 도움은 주지 않는다는 것을 알 수 있다. 본괘(本卦)의 용괘(用卦) 태금(兌金)은 체괘(體卦)의 기를 일설(溢洩)하고, 태금(兌金)은 하괘(下卦)에 있어 정감의 요소는 안에 있다는 뜻이니, 이 사람은 이 친구 때문에 적지 않은 심력을 소모했다.

호괘(互卦)의 진목(震木)이 체괘(體卦)를 상극(傷剋)하고, 변괘(變卦)의 용괘(用卦) 진목(震木)이 체괘(體卦) 간토(艮土)를 상극(傷剋)하고, 유년 해수(亥水)가 용괘(用卦) 진목(震木)을 생조(生助)하여 진목(震木) 체괘(體卦)를 상극(傷剋)하는 힘을 강화시키니, 앞으로 조심하지 않으면 심한 상해를 입는다.

5. 두 선생이 술(戌)년에 친구와 사업상의 이해득실을 물었다. 제1
차 백미 7개, 제2차 백미 8개를 집었다. 문점시간은 오(午)시.

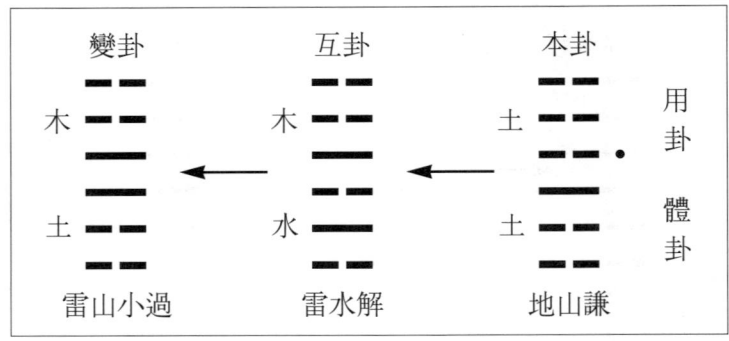

본괘(本卦)·호괘(互卦)·변괘(變卦)의 괘상과 문점년으로 보아
이 친구는 지금 사업에 도움을 준다는 것을 알 수 있다. 그러나 술
토(戌土)년을 지나 해수(亥水)년이 되면 도움은 없고 심하면 중대
한 상해를 줄 것이다. 본괘(本卦)의 용괘(用卦) 곤토(坤土)와 체괘
(體卦) 간토(艮土)는 비조(比助)되고, 용괘(用卦)가 상괘(上卦)에
있으니 그 친구는 이 사람을 많이 도와줬다. 그러나 애석하게도 호
괘(互卦)와 변괘(變卦)에 수목(水木)이 있으니 해수(亥水)년이 되
면 수생목(水生木)으로 목(木)은 체괘(體卦) 간토(艮土)를 상극(傷
剋)하니 상해가 큰 것이다.

6. 진 양이 자(子)년에 상사의 진심이 어떤지를 물었다. 제1차 백미
2개, 제2차 백미 4개를 집었다. 문점시간은 해(亥)시.

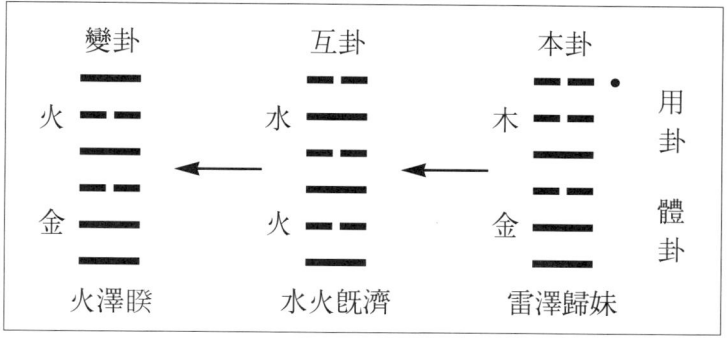

變卦	互卦	本卦	
火	水	木	用卦
金	火	金	體卦
火澤睽	水火旣濟	雷澤歸妹	

　본괘(本卦)・호괘(互卦)・변괘(變卦)의 괘상과 유년으로 보아 그 상사와는 좋은 결과를 기대하기 어렵다. 빠르면 2년 늦어도 7년 안에는 반드시 상해를 입을 것이다. 본괘(本卦)의 용괘(用卦) 진목(震木)이 체괘(體卦) 태금(兌金)을 저지하고, 귀매괘(歸妹卦)이니 지금 상사와 혼외정을 맺은 것이다. 유년 자수(子水)가 용괘(用卦) 진목(震木)을 생조(生助)하여 진목(震木)이 체괘(體卦) 태금(兌金)을 저지하는 역량을 강화시키니 금년에 상사의 열정이 줄어들 것이고, 변괘(變卦)의 이화(離火)가 체괘(體卦)를 상극(傷剋)하니 인목(寅木)년이 되면 반드시 상해를 입을 것이다.

7. 나 선생이 미(未)년에 친구가 권유하는 곳에 투자를 해도 되는지 물었다. 제1차 백미 5개, 제2차 백미 10개를 집었다. 문점시간은 유(酉)시.

　본괘(本卦)・호괘(互卦)・변괘(變卦)의 괘상과 유년의 생극제화(生剋制化)를 보아 친구가 권유한 이 사업에 투자를 해도 좋다. 다

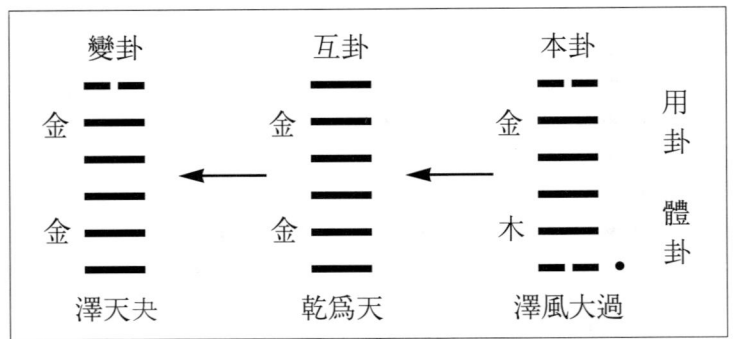

變卦　　　　　　互卦　　　　　　本卦

用
卦

體
卦

澤天夬　　　　　乾爲天　　　　　澤風大過

만 4년 후인 해(亥)년에 들면 이익이 없으니 즉시 투자한 자금을 회수하는 것이 좋다. 본괘(本卦)의 용괘(用卦) 손목(巽木)이 체괘(體卦) 태금(兌金)을 저지하고, 점년이 미토(未土)년이고, 호괘(互卦)에 건금(乾金)이 중복되어 있고, 변괘(變卦)의 건금(乾金) 용괘(用卦)와 체괘(體卦) 태금(兌金)이 생조(生助)와 비조(比助)되니 신(申)년이 되면 돈을 벌기 시작한다. 특별히 신(申)년과 유(酉)년에 가장 많은 이윤이 있을 것이다.

8. 정 여사가 해(亥)년에 친구와 동업을 하면 어떠냐고 물었다. 제1차 백미 15개, 제2차 백미 12개를 집었다. 문점시간은 신(申)시.

　본괘(本卦)·호괘(互卦)·변괘(變卦)의 괘상과 유년의 생극제화(生剋制化)로 보아 친구와 동업을 하면 자금을 모두 날린다. 본괘(本卦)의 용괘(用卦) 진목(震木)이 체괘(體卦) 간토(艮土)를 상극(傷剋)하고, 유년 해수(亥水)는 진목(震木)을 생조(生助)하여 체괘(體卦) 간토(艮土)를 상극(傷剋)하는 역량을 강화시킨다. 호괘(互

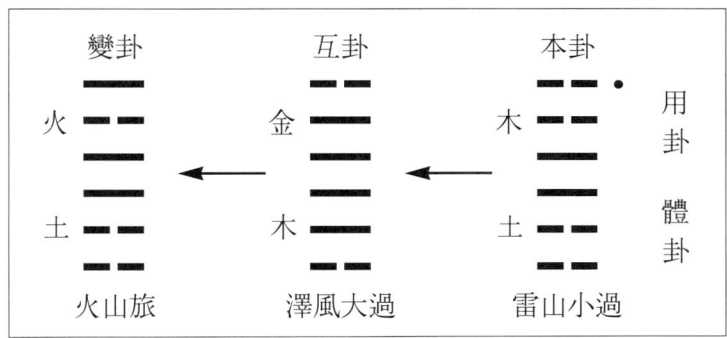

變卦	互卦	本卦	
火	金	木	用卦
土	木	土	體卦
火山旅	澤風大過	雷山小過	

卦)에 금(金)과 목(木)이 있으니 체괘(體卦) 간토(艮土)의 기를 일설(溢洩)하고, 변괘(變卦)를 상극(傷剋)한다. 또 변괘(變卦)의 용괘(用卦) 이화(離火)가 체괘(體卦) 간토(艮土)를 생조(生助)하고, 유년 해수(亥水)가 용괘(用卦) 이화(離火)를 극거(剋去)하니 2년 동안의 장사는 비참하기 이를데 없을 것이다.

제6편. 하지론(何知論)

제1장. 하지장(何知章)

1. 어떻게 남의 부모에게 질병이 있는 것을 아는가?

　백호(白虎)가 부모효(父母爻)에 임했는데 일진(日辰)이나 동효(動爻)의 형극(刑剋)을 겸하기 때문이다.

2. 어떻게 남의 부모에게 재앙이 있는 것을 아는가?

　재효(財爻)가 발동하여 살신(煞神)이 되어 상하기 때문이다.

3. 어떻게 남의 집안에 자손이 있는 것을 아는가?

　청룡(靑龍) 복덕(福德)이 효(爻) 중에 뚜렷하게 있기 때문이다.

4. 어떻게 남의 집안에 자손이 없는 것을 아는가?

　육효(六爻)에 자손(子孫) 복덕(福德)이 임한 효(爻)가 없기 때문이다.

5. 어떻게 남의 자손에게 질병이 있는 것을 아는가?
부모효(父母爻)가 동하여 자손(子孫)을 상극(相剋)하기 때문이다.

6. 어떻게 남의 자손에게 재앙이 있는 것을 아는가?
백호(白虎)가 자손(子孫) 복덕(福德)에 임하기 때문이다.

7. 어떻게 남의 집안에 어린아이가 죽는 것을 아는가?
자손(子孫)에 공망(空亡)과 백호(白虎)가 임하기 때문이다.

8. 어떻게 남의 형제가 망하는 것을 아는가?
형제(兄弟)가 공망(空亡)인데 백호(白虎)가 임하기 때문이다.

9. 어떻게 남의 아내에게 재앙이 있는 것을 아는가?
백호(白虎)가 임한 형제(兄弟)가 발동하여 재(財)를 상하게 하기 때문이다.

10. 어떻게 남의 아내가 임신하는 것을 아는가?
청룡(靑龍)이 재성(財星)에 놓이고 천희신(天喜神)이 임하기 때문이다.

11. 어떻게 남의 집안에 처첩이 있는 것을 아는가?
재(財)가 내외괘(內外卦)에 있고 왕상(旺相)하기 때문이다.

12. 어떻게 남의 아내가 손(損)한 것을 아는가?

재효(財爻)가 귀살(鬼煞)을 띠고 백호(白虎)나 공망(空亡)에 떨어지기 때문이다.

13. 어떻게 남의 집안에 송사가 끝나는 것을 아는가?

관귀(官鬼)가 공망(空亡)인데 또 휴수(休囚)되기 때문이다.

14. 어떻게 남의 집안에 송사가 많은 것을 아는가?

주작(朱雀)이나 백호(白虎)가 지세(持世)했는데 관귀(官鬼)가 와서 돕기 때문이다.

15. 어떻게 남의 집안에 육정(六丁)이 왕성한 것을 아는가?

육친이 유기(有氣)한데 길신(吉神)이 임하기 때문이다.

16. 어떻게 남의 집안에 인구가 느는 것을 아는가?

청룡(靑龍)이 득위(得位)하여 인묘해자(寅卯亥子)에 놓였는데 재(財)가 임하여 지켜주기 때문이다.

17. 어떻게 남의 집안이 대부호인 것을 아는가?

재효(財爻)가 왕상(旺相)한데 또 묘고(墓庫)에 거하기 때문이다.

18. 어떻게 남의 집안에 땅이 느는 것을 아는가?
 구진(勾陳)이 토효(土爻)에 있고 자손(子孫)이 임하기 때문이다.

19. 어떻게 남의 집안에 산업이 증진되는 것을 아는가?
 청룡(靑龍)이 재효(財爻)에 임하여 왕상(旺相)하기 때문이다.

20. 어떻게 남의 집안에 재물이 밖에서 들어오는 것을 아는가?
 외괘(外卦)에서 청룡(靑龍)이 재효(財爻)나 복덕효(福德爻)에 임하기 때문이다.

21. 어떻게 남의 집안에 기쁜 일이 있는 것을 아는가?
 청룡(靑龍) 복덕(福德)이 2·3효 문정(門庭)에 있기 때문이다.

22. 어떻게 남의 집안이 부귀창성하는 것을 아는가?
 재성(財星)이 강한데 왕한 복덕(福德)에 청룡(靑龍)이 임하기 때문이다.

23. 어떻게 남의 집안이 빈천한 것을 아는가?
 재효(財爻)가 대모살(大耗煞)을 띠고 휴수(休囚)되기 때문이다.

24. 어떻게 남의 집안에 늙어서 의지할 자손이 없는 것을 아는가?
 복덕손(福德孫)이 공망(空亡)되고 사지(死地)에 놓이기 때문이다.

25. 어떻게 남의 집 부엌이 파손되는 것을 아는가?
 현무(玄武)가 관귀(官鬼)를 띠고 이효(二爻)에 임하기 때문이다.

26. 어떻게 남의 집 밥솥이나 냄비가 깨져 새는 것을 아는가?
 현무(玄武)가 해자수효(亥子水爻)에 놓이고 관귀(官鬼)가 임하기 때문이다.

27. 어떻게 남의 집안에서 회사나 업체를 설립하거나 새로 지은 집에 사는 것을 아는가?
 부효(父爻)에 청룡(靑龍)이 있고 매우 왕상(旺相)하기 때문이다.

28. 어떻게 남의 집이 실패하거나 망하는 것을 아는가?
 부효(父爻)에 백호(白虎)가 임하고 휴수(休囚)되어 무너지기 때문이다.

29. 어떻게 남의 집 묘지에 바람이 있는 것을 아는가?
 백호(白虎)와 공망(空亡)이 상효(上爻)에 임하고 진손사효(辰巽巳爻)에 놓이기 때문이다.

30. 어떻게 남의 집 묘지에 물이 드는 것을 아는가?
 상효(上爻)에서 백호(白虎)와 공망(空亡)이 해자효(亥子爻)에 놓이기 때문이다.

31. 어떻게 남의 집안에 향화가 없는 것을 아는가?
　육효(六爻) 중에 사오화(巳午火)가 없기 때문이다.

32. 어떻게 남의 집안에 풍수가 없는 것을 아는가?
　육효(六爻)에 해자수(亥子水)가 없기 때문이다.

33. 어떻게 남의 집 부엌에 아궁이가 두 개인 것을 아는가?
　괘중에 화(火)가 두 개이기 때문이다.

34. 어떻게 남의 집안이 불공을 하지 않는 것을 아는가?
　금관귀효(金官鬼爻)가 공망(空亡)에 떨어지기 때문이다.

35. 두 성씨가 한 집에 사는 것을 어떻게 아는가?
　괘중에 두 귀성(鬼星)이 왕상(旺相)하기 때문이다.

36. 한 집에 두 성씨가 있는 것을 아는가?
　괘중에 부모(父母)가 이중으로 임하기 때문이다.

37. 어떻게 남의 집 닭이 밤중에 울거나 암닭이 어지럽게 우는 것을 어떻게 아는가?
　등사(騰蛇)나 백호(白虎)가 유효(酉爻)에 임하기 때문이다.

38. 어떻게 남의 집 개가 어지러이 짖어대는 것을 아는가?

등사(螣蛇)나 백호(白虎)가 술효(戌爻)에 임하고 다시 관귀(官鬼)를 만나기 때문이다.

39. 어떻게 남의 집안에 구설수가 있는 것을 아는가?

주작(朱雀)이 지세(持世)하고 관귀(官鬼)를 띠기 때문이다.

40. 어떻게 남의 집안에 구설이 이를 것을 아는가?

괘중의 주작(朱雀)이 인묘목(寅卯木)을 띠고 웃기 때문이다.

41. 어떻게 남의 집에 분쟁이나 경쟁 등 싸움이 많은 것을 아는가?

주작(朱雀)이 임한 형제(兄弟)가 세응(世應)을 밀기 때문이다.

42. 어떻게 남의 집안에서 소인이 나오는 것을 아는가?

현무(玄武)가 놓인 관귀(官鬼)가 발동하여 신효(身爻)에 임하기 때문이다.

43. 어떻게 남의 집안에 도적이 드는 것을 아는가?

현무(玄武)가 재(財)에 임하고 관귀(官鬼)가 왕하여 부(扶)되기 때문이다.

44. 어떻게 남의 집안에 재화가 이르는 것을 아는가?
   관귀(官鬼)가 응효(應爻)에 임하여 세(世)를 극하기 때문이다.

45. 어떻게 남의 집안에 두진병(痘疹病)이 있는 것을 아는가?
   등사효(騰蛇爻)가 화(火)에게 불타기 때문이다.

46. 어떻게 남의 집안에 병으로 죽은 이가 있는 것을 아는가?
   용신(用神)을 구원하지 못하는데 또 묘(墓)에 들었기 때문이다.

47. 어떻게 남의 집안에서 꿈자리가 어지러운 것을 아는가?
   등사(騰蛇)가 관귀(官鬼)를 띠고 지세(持世)하기 때문이다.

48. 어떻게 남의 집안에서 괴이한 귀신이 나오는 것을 아는가?
   등사(騰蛇)나 백호(白虎)가 문(門) 위에 임하기 때문이다.

49. 어떻게 남의 집안에 물에 빠진 사람이 있는 것을 아는가?
   현무(玄武)가 해자수(亥子水)인데 관귀(官鬼)가 임하기 때문이다.

50. 어떻게 남의 집안에 목을 매는 사람이 있는 것을 아는가?
   등사(騰蛇)가 목귀(木鬼)에 있고 세효(世爻)에 임하기 때문이다.

51. 어떻게 남의 집안에서 부모상을 당하는 것을 아는가?

관귀(官鬼)가 교중(交重)되었는데 부효(父爻)에 백호(白虎)가 임하거나, 상문(喪門)이나 조객(弔客)이 괘중에 있거나, 상문(喪門)이 발동하기 때문이다.

52. 어떻게 남의 집안에 실망스런 일이 생기는 것을 아는가?

현무(玄武)가 관귀(官鬼)를 띠고 응효(應爻)가 동했기 때문이다.

53. 어떻게 남의 집안에서 옷을 잃어버리는 것을 아는가?

구진(勾陳)이나 현무(玄武)가 재향(財鄕)에 들기 때문이다.

54. 어떻게 남의 집안에서 육축(六畜)이 손실되는 것을 아는가?

백호(白虎)가 관귀(官鬼)를 띠고 소속위에 임하기 때문이다.

55. 어떻게 남의 집안에서 소를 잃어버리는 것을 아는가?

오효(五爻)에 축관귀(丑官鬼)가 놓이고 공망(空亡)에 떨어지기 때문이다.

56. 어떻게 남의 집안에서 닭을 잃어버리는 것을 아는가?

초효(初爻)가 관귀(官鬼)인데 현무(玄武)가 임하여 기만당하기 때문이다.

57. 어떻게 남의 집에 소나 돼지가 없는 것을 아는가?

축해효(丑亥爻)가 공망(空亡)인데 양위(兩位)가 허하기 때문이다.

58. 어떻게 남의 집에 닭이나 개가 없는 것을 아는가?

유술효(酉戌爻)가 공망(空亡)되기 때문이다.

59. 어떻게 남의 집에 사람이 오지 않는 것을 아는가?

세(世)와 응(應)이 모두 공망(空亡)되기 때문이다.

60. 어떻게 남의 집안이 편안하지 못한 것을 아는가?

육효(六爻)가 모두 발동하여 산란하고 분분하기 때문이다.

61. 홀아비이나 과부인 것을 어떻게 아는가?

괘중에 재(財)가 없으면 홀아비이고, 관(官)이 없으면 과부이다.

62. 어떻게 실업자인 것을 아는가?

용신(用神)이 휴수(休囚)되고 진공(眞空)되기 때문이다.

63. 어떻게 원행하는 것을 아는가?

세효(世爻)에 역마(驛馬)가 임하기 때문이다.

64. 어떻게 결혼하려고 하는 것을 아는가?

재(財)가 손(孫)으로 화하거나, 손(孫)이 재(財)로 화하고 청룡(靑龍)을 띠기 때문이다.

65. 아버지가 소에 받혀 다치는 것을 어떻게 아는가?

오효(五爻) 축토(丑土)가 백호(白虎)를 띠고 부효(父爻)를 파극(破剋)하기 때문이다.

66. 바람을 피우다 봉변당하는 것을 어떻게 아는가?

외괘(外卦) 재(財)가 세효(世爻)에 놓이고 백호(白虎)를 띠고 공망(空亡)되기 때문이다.

67. 아내가 나를 속이는 것을 어떻게 아는가?

현무(玄武) 재(財)가 동(動)하여 세(世)를 극(剋)하기 때문이다.

68. 남편의 학대가 심한 것을 어떻게 아는가?

백호(白虎) 관(官)이 동(動)하여 세(世)를 극(剋)하기 때문이다.

69. 묘지를 옮기거나 상석이나 비석을 세우거나 사초를 하거나 족보문집을 만드는 것을 어떻게 아는가?

상효(上爻)에 토(土)문서가 동(動)하기 때문이다.

70. 내환이 있는 것을 어떻게 아는가?

 이효(二爻)에 관귀(官鬼)가 임하기 때문이다.

71. 길에서 재물을 도난당하거나 분실하는 것을 어떻게 아는가?

 오효(五爻)에 현무(玄武) 관(官)이나 현무(玄武) 형(刑) 또는 현무(玄武) 재(財)가 공망(空亡)되기 때문이다.

72. 길에서 처액을 당하는 것을 어떻게 아는가?

 오효(五爻) 재(財)에 공망(空亡)이나 백호(白虎)·등사(騰蛇)가 임하기 때문이다.

73. 부모가 길에서 액을 당하는 것을 어떻게 아는가?

 외괘(外卦) 부효(父爻)에 공망(空亡)이 임하기 때문이다.

74. 문서를 분실하는 것을 어떻게 아는가?

 부효(父爻)에 공망(空亡)이나 현무(玄武)가 임하기 때문이다.

75. 재산을 매각처분하는 것을 어떻게 아는가?

 부효(父爻)가 동(動)하여 재(財)로 변하기 때문이다.

76. 재산을 취득하는 것을 어떻게 아는가?

 재효(財爻)가 동(動)하여 부(父)로 화하기 때문이다.

77. 임신 때문에 앓는 것을 어떻게 아는가?

　이효(二爻) 관(官)이 변하여 자손(子孫)으로 화하기 때문이다.

78. 처와 첩이 싸우는 것을 어떻게 아는가?

　내괘(內卦) 재(財)와 외괘(外卦) 재(財)가 상충(相沖)되기 때문이다.

79. 방에 연탄가스가 새는 것을 어떻게 아는가?

　이효(二爻)나 삼효(三爻)에 현무(玄武) 화관귀(火官鬼)나 백호(白虎) 화관귀(火官鬼)가 임하기 때문이다.

80. 침수 소동이 있는 것을 어떻게 아는가?

　이효(二爻)나 삼효(三爻)에 주작수(朱雀水)나 백호수(白虎水)·등사수(騰蛇水)가 임하기 때문이다.

81. 인근에 불이 난 것을 어떻게 아는가?

　사효(四爻)에 화관귀(火官鬼)가 놓이고 등사(騰蛇)나 백호(白虎)나 주작(朱雀)이 놓이기 때문이다.

82. 집에 돌아오다가 길에서 손액을 당하는 것을 어떻게 아는가?

　사효(四爻) 자손(子孫)에 공망(空亡)이나 백호(白虎)가 임하기 때문이다. 오효(五爻)에 자손효(子孫爻)가 공망(空亡)이면 가두손액

이요, 오효(五爻) 자손(子孫)이 백호(白虎)나 등사(騰蛇)이고 공망
(空亡)이면 유혈액이다.

83. 철로선상에서 송아지가 혈상되는 것을 어떻게 아는가?
　오효(五爻) 신유(申酉)에 백호(白虎)가 놓이고 자손(子孫)이 공망
(空亡)되기 때문이다.

84. 가정부나 고용인이 상하거나 도망가는 것을 어떻게 아는가?
　상효(上爻)가 공망(空亡)되기 때문이다.

85. 무덤을 옮기거나 사초하는 것을 어떻게 아는가?
　상효(上爻)가 동(動)하거나 공망(空亡)되기 때문이다.

86. 집을 이사하거나 수리하는 것을 어떻게 아는가?
　내괘(內卦)가 발동하기 때문이다.

87. 이사한 후에 재난이 사라지고 길한 조짐이 있는 것을 어떻게
아는가?
　흉성(凶星)이 발동하여 길성(吉星)으로 변하기 때문이다.

88. 이사한 후 손해와 재앙을 당하는 것을 어떻게 아는가?
　길신(吉神)이 동(動)하여 흉신(凶神)이 되기 때문이다.

89. 이사한 후에 자손에게 액이 생기는 것을 어떻게 아는가?

자손(子孫)이 동(動)하여 관(官)이나 부(父)로 화하기 때문이다.

90. 부엌의 벽이 무너지는 것을 어떻게 아는가?

이효(二爻)에 진술축미토(辰戌丑未土)가 놓이고 공망(空亡)되거나 백호(白虎)가 가세하기 때문이다.

91. 장독이 깨지는 것을 어떻게 아는가?

초효(初爻)나 이효(二爻) 기지효(基地爻)에 해자수(亥子水)가 놓이고 백호(白虎)와 공망(空亡)이 임하기 때문이다.

92. 집의 담이 무너지거나 축대가 파괴되는 것을 어떻게 아는가?

상효(上爻)에 공망(空亡)이 임하거나 백호(白虎)가 놓이고 부효(父爻)가 공망(空亡)되기 때문이다.

93. 태어나는 자손 때문에 구설이 생기는 것을 어떻게 아는가?

자손효(子孫爻)에 주작(朱雀)이 임하여 동(動)하기 때문이다.

94. 양계사업에 실패하는 것을 어떻게 아는가?

초효(初爻)에 관귀(官鬼)가 있거나 공망(空亡)되기 때문이다.

95. 집에서 기르는 개에게 문제가 생기는 것을 어떻게 아는가?

　이효(二爻)에 관귀(官鬼)가 임하면 개가 죽거나 앓거나 집을 나가고, 이효(二爻)에 관귀(官鬼)와 백호(白虎)가 임하면 개가 죽고, 이효(二爻)에 관귀(官鬼)와 주작(朱雀)이 임하면 개가 헛되이 짖거나 자주 울고, 이효(二爻)에 현무(玄武)가 임하면 개를 잃어버리고, 이효(二爻)에 구진(勾陳)이 임하면 개가 시름시름 앓고, 이효(二爻)에 청룡(靑龍)이 공망(空亡)되면 개가 다친다.

96. 기르는 돼지가 잘 안되거나 죽는 것을 어떻게 아는가?

　삼효(三爻)에 관귀(官鬼)가 임하거나 삼효(三爻) 관귀(官鬼)에 백호(白虎)가 임하기 때문이다.

97. 양잠이나 목양이 잘 안되는 것을 어떻게 아는가?

　사효(四爻)에 관귀(官鬼)가 임하거나 공망(空亡)되기 때문이다.

98. 소가 길에서 상하는 것을 어떻게 아는가?

　오효(五爻)에 관귀(官鬼)가 놓이거나 공망(空亡)되기 때문이다.

99. 여자와 함께 가다가 길에서 봉변당하는 것을 어떻게 아는가?

　외괘(外卦)의 재(財)가 지세(持世)하고 공망(空亡)되기 때문이다.

100. 밖에서 자식을 얻는 것을 어떻게 아는가?

　외괘(外卦)에 자손(子孫)이 동(動)하기 때문이다.

101. 임신이 유산되는 것을 어떻게 아는가?

　손화위관(孫化爲官)이 되고 백호(白虎)나 등사(螣蛇)가 임하거나
손화위부(孫化爲父)에 백호(白虎)가 임하기 때문이다.

102. 자손이 생기는 것을 어떻게 아는가?

　자손효(子孫爻)가 동하기 때문이다.

103. 인공유산하는 것을 어떻게 아는가?

　세(世)에 임한 자손(子孫)이 동하여 관(官)으로 화하기 때문이다.

104. 객지에 있는 자손이 돌아오는 것을 어떻게 아는가?

　외괘(外卦) 자손(子孫)이 내괘(內卦) 지세(持世)와 생(生)이나 합
(合)되기 때문이다.

105. 일년에 자식이 둘 생기는 것을 어떻게 아는가?

　자손효(子孫爻)가 내괘(內卦)와 외괘(外卦)에서 각각 동(動)하기
때문이다.

106. 집에 물이 스며들어오는 것을 어떻게 아는가?

삼효(三爻)에 해자수(亥子水)가 놓이고 주작(朱雀) 관(官)이나 백호(白虎) 관(官)이 임하기 때문이다.

107. 부엌이 침수되는 것을 어떻게 아는가?

이효(二爻)에 해자수(亥子水) 관귀(官鬼)가 놓이고 현무(玄武)가 임하기 때문이다.

108. 공무원이 승진하는 것을 어떻게 아는가?

청룡(靑龍) 관(官)이 지세(持世)하기 때문이다.

109. 재물을 얻지 못하는 것을 어떻게 아는가?

효중에 형제(兄弟)가 지세(持世)하기 때문이다.

110. 형제간이 노상에서 액을 당하는 것을 어떻게 아는가?

외괘(外卦)의 형제(兄弟)가 공망(空亡)되기 때문이다.

111. 형제나 친구 때문에 재물손실을 당하는 것을 어떻게 아는가?

형제(兄弟)에 백호(白虎)가 와서 지세(持世)와 합되기 때문이다.

112. 다른 사람이 내 집에서 죽는 것을 어떻게 아는가?

내괘(內卦)에 응(應)과 조객(弔客)이 함께 들기 때문이다.

113. 노상에서 액을 당하는 것을 어떻게 아는가?

　외괘(外卦)의 지세(持世)가 공망(空亡)되기 때문이다.

114. 한 집안이 둘로 나뉘는 것을 어떻게 아는가?

　간위산(艮爲山) 괘를 얻었기 때문이다.

115. 피를 보는 사고가 생기는 것을 어떻게 아는가?

　뇌산소과(雷山小過) 괘를 얻었기 때문이다.

116. 교통사고나 교통법규 위반으로 관재가 생기는 것을 어떻게 아는가?

　오효(五爻)인 도로효에 세(世)나 신(身)이 놓이고 관(官)이 임하기 때문이다.

117. 전답에 파종한 씨앗이 잘 나오지 않는 것을 어떻게 아는가?

　구진(勾陳)에 공망(空亡)이 임하기 때문이다.

118. 소가 여물통에 올라서거나 소리지르는 것을 어떻게 아는가?

　오효(五爻)에 등사(騰蛇) 관(官)이 놓이거나 축효(丑爻)에 등사(騰蛇) 관(官)이 임하기 때문이다.

119. 농사가 잘 되는 것을 어떻게 아는가?

　구진(勾陳) 토(土)인 진술축미(辰戌丑未)에 재(財)나 손(孫)이 임하기 때문이다.

120. 물고기를 잡으러 갔다가 액을 당하는 것을 어떻게 아는가?

　수격살(水隔殺)이 동하여 지세(持世)를 극제(剋制)하기 때문이다.

121. 물고기를 많이 잡는 것을 어떻게 아는가?

　청룡(靑龍)이 해자수(亥子水)에 임하고 다시 재(財)나 손(孫)이 임하기 때문이다.

122. 큰 돈을 버는 것을 어떻게 아는가?

　괘중에 있는 재(財)가 세(世)를 구제하기 때문이다.

123. 식구의 출입이나 변동이 많은 것을 어떻게 아는가?

　식구효인 오효(五爻)가 발동하기 때문이다.

124. 술자리나 잔치에서 시비나 망신당하는 것을 어떻게 아는가?

　재지세(財持世)에 공망(空亡)이 임하기 때문이다.

125. 처첩이 부정한 것을 어떻게 아는가?

　재효(財爻)가 명위(命位)에 임하거나 현무(玄武) 재(財)가 동(動)

하여 응(應)과 합(合)되기 때문이다.

126. 처첩의 성질을 어떻게 아는가?

내외괘(內外卦)의 재효(財爻)에 임한 육수(六獸)의 성질을 보고 판단한다. 내괘(內卦) 재(財)는 본처이고 외괘(外卦) 재(財)는 소실이나 애인이다. 재(財)에 청룡(青龍)이 놓이면 현명하고, 현무(玄武)가 놓이면 음흉하며 재물을 빼돌리고, 주작(朱雀)이 놓이면 말썽이 많고, 구진(勾陳)이 놓이면 기틀을 잡고 튼튼하게 장기전을 써서 남편에게 신뢰를 얻고, 등사(騰蛇)가 놓이면 이성을 잃고 날뛰고, 백호(白虎)가 놓이면 조금만 마음에 안들어도 칼부림을 하면서 덤벼들고 살림을 때려부수기 일쑤이다.

127. 부부가 다투는 것을 어떻게 아는가?

세응(世應)이 모두 동(動)하여 상충(相沖)되거나 세응(世應)에 재관(財官)이 함께 동(動)하여 충극(沖剋)되기 때문이다.

128. 부부가 별거하는 것을 어떻게 아는가?

세효(世爻)와 응효(應爻)가 함께 공망(空亡)되기 때문이다.

129. 부모를 중배하는 것을 어떻게 아는가?

부화부(父化父)하여 세효(世爻)와 상합(相合)되기 때문이다.

130. 자녀가 가출하는 것을 어떻게 아는가?

　손(孫)이 동(動)하여 공망(空亡)되거나, 은복된 손(孫)이 공망(空亡)되거나, 명효(命爻)의 손(孫)이 파극(破剋)되기 때문이다.

131. 집에 신불을 모신 것을 어떻게 아는가?

　이효(二爻)나 삼효(三爻)에 관(官)이 은복되기 때문이다.

132. 이복형제가 있는 것을 어떻게 아는가?

　형효(兄爻)가 많고 부효(父爻)가 두 개이기 때문이다.

133. 셋집에 사는 것을 어떻게 아는가?

　택효(宅爻)의 부모(父母)가 등사(騰蛇)를 띠고 공망(空亡)되기 때문이다.

134. 낮은 지대에 사는 것을 어떻게 아는가?

　택효(宅爻)가 일월(日月)에게 극(剋)을 받고 공망(空亡)되기 때문이다.

135. 직장의 변동을 어떻게 아는가?

　택효(宅爻)의 관(官)이 발동하기 때문이다.

제2장. 하지론(何知論)

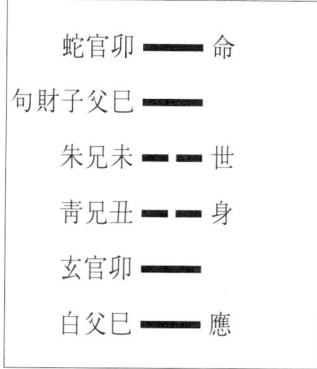

1. 부모 병환을 어떻게 아는가?

風澤中孚 五爻動

庚申月 辛亥日 占

백호(白虎)가 부모효(父母爻)에 임하고 일진(日辰)이나 동효(動爻)의 형극(刑剋)을 받기 때문이다. 부효(父爻)는 부모요 백호(白虎)는 흉악 괴변이요 형극(刑剋)은 형벌이요 고액이다. 고로 백호(白虎) 부(父)가 형극(刑剋)을 만나면 부모 질환이 있다고 본다.

<table>
<tr><td>

白父戌 ▬▬ 世
蛇兄申 ▬▬ 身
句官午 ▬▬
朱父辰 ▬▬ 應
靑父丑財寅 ▬▬ 命
玄孫子 ▬▬

</td><td>

2. 부모의 재앙을 어떻게 아는가?

乾爲天 二爻動

甲辰月 壬辰日 占

재효(財爻)가 발동하면 부모효(父母爻)에 살신이 되어 부효(父爻)가 상하기 때문이다. 재효(財爻)가 발동하

</td></tr>
</table>

면 부모효(父母爻)가 상하는데 재(財)는 아내요 부(父)는 인수(印綬)로 어머니가 되기 때문에 항상 아내와 어머니 사이가 좋지 않다. 이는 재(財)와 부모(父母)가 서로 극하기 때문이다.

<table>
<tr><td>

玄父酉 ▬ ▬ 應
白兄亥 ▬ ▬
蛇官丑 ▬ ▬ 命
句財午 ▬ ▬ 世
朱官辰 ▬▬
靑孫寅 ▬ ▬ 身

</td><td>

3. 자손의 출생을 어떻게 아는가?

地水師

壬寅月 甲子日 占

청룡(靑龍) 손(孫)이 효에 뚜렷하게 있기 때문이다. 청룡(靑龍)은 길신이요 청룡(靑龍) 복덕(福德)은 자손이

</td></tr>
</table>

태어나는 경사가 있는 것으로 판단한다.

官酉 ▬▬ 命
父亥 ▬▬
財丑 ▬▬ 世
官酉 ▬▬▬ 身
父亥 ▬▬▬
財丑 ▬▬ 應

판단한다.

4. 자손이 없는 것을 어떻게 아는가?

地風升

육효(六爻) 중에 손(孫)이 없기 때문이다. 복신(福神)은 손(孫)이요 육효(六爻)는 나의 생활터전인데, 효 중에 손(孫)이 없으면 자손이 없는 것으로 판단한다.

父戌 ▬▬▬ 世
兄申 ▬▬▬ 身
官午 ▬▬▬
父丑父辰 ▬▬▬ 應
財寅 ▬▬▬ 命
孫子 ▬▬▬

5. 자손의 질병을 어떻게 아는가?

乾爲天 三爻動

부모효(父母爻)가 동하여 손(孫)을 극상(剋傷)하기 때문이다. 부모효(父母爻)가 동하면 손효(孫爻)를 극하기 때문이다.

6. 자손의 재앙을 어떻게 아는가?

坎爲水

壬寅月 庚申日 占

```
蛇兄子 ▬ ▬ 世
句官戌 ▬▬▬
朱父申 ▬ ▬ 命
靑財午 ▬ ▬ 應
玄官辰 ▬▬▬
白孫寅 ▬ ▬ 身
```

손효(孫爻)에 백호(白虎)가 임하기 때문이다. 백호(白虎)는 흉악 혈광지신(血光之神)이고 복덕(福德)은 손(孫)인데, 손효(孫爻)에 백호(白虎)가 임하면 크게 다치는 재앙이 일어난다.

7. 어린아이의 죽음을 어떻게 아는가?

地山謙

壬寅月 乙丑日 占

```
玄兄酉 ▬ ▬ 身
空白孫亥 ▬ ▬ 世
蛇父丑 ▬ ▬
句兄申 ▬▬▬ 命
朱官午 ▬ ▬ 應
靑父辰 ▬ ▬
```

손효(孫爻)에 공망(空亡)이 붙고 백호(白虎)가 임했기 때문이다. 손효(孫爻)에 공망(空亡)이 있는 것은 어린아이가 다친다는 뜻이고, 백호(白虎)는 혈광지신(血光之神)이니 손(孫) 공망(空亡)에 백호(白虎)가 임하면 어린아이가 죽는다.

8. 형제의 죽음을 어떻게 아는가?

水火旣濟

癸卯月 戊辰日 占

```
朱兄子 ▬ ▬ 應身
空靑官戌 ▬▬▬
玄父申 ▬ ▬
空白兄亥 ▬▬▬ 世命
蛇官丑 ▬ ▬
句孫卯 ▬▬▬
```

형제효(兄弟爻)에 공망(空亡)이 붙고 다시 백호(白虎)가 임했기 때문이다. 백호(白虎)는 혈광지신(血光之神)이고, 형제효(兄弟爻)의 공망(空亡)은 형제가 파극됨을 의미하니 형제가 죽는 것으로 판단한다.

9. 아내의 재앙을 어떻게 아는가?

天地否 五爻動)

甲辰月 甲寅日 占

```
玄父戌 ▬▬▬ 應
白父未兄申 ▬▬▬
蛇官午 ▬▬▬ 身
句財卯 ▬ ▬ 世
朱官巳 ▬ ▬
靑父未 ▬ ▬ 命
```

백호(白虎)에 형제효(兄弟爻)가 동하고, 재효(財爻)가 피상 당했기 때문이다. 백호(白虎)는 본래 흉악한 신인데 형제효(兄弟爻)에 임하여 동하면 재(財)가 상하기 때문이다.

10. 아내의 임신을 어떻게 아는가?

澤水困

丁未月 甲子日 占

```
玄父未 ▅ ▅
白兄酉 ▅▅▅ 命
蛇孫亥 ▅▅▅ 應
句官午 ▅ ▅
朱父辰 ▅▅▅ 身
천희靑財寅 ▅ ▅ 世
```

청룡(靑龍) 재(財)에 천희신(天喜神)이 임했기 때문이다. 천희신(天喜神)은 인월미(寅月未)·묘월오(卯月午)·진월사(辰月巳)·사월진(巳月辰)·오월묘(午月卯)·미월인(未月寅)·신월축(申月丑) 유월자(酉月子)·술월해(戌月亥)·해월술(亥月戌)·자월유(子月酉) 축월신(丑月申)인데, 상충(相沖)하는 글자가 홍란성(紅鸞星)인 길신이다. 청룡(靑龍)은 희열신이고 재(財)는 아내이며 천희신(天喜神)은 기쁨 중의 기쁨이니 처효(妻爻)에 청룡(靑龍) 재(財) 천희신(天喜神)이 임하면 아내가 임신한다.

11. 처첩이 있는 것을 어떻게 아는가?

巽爲風

```
兄卯 ▅▅▅ 世
孫巳 ▅▅▅
財未 ▅ ▅ 身
官酉 ▅▅▅ 應
父亥 ▅▅▅
財丑 ▅ ▅ 命
```

내괘(內卦)와 외괘(外卦)에 재(財)가 있기 때문이다. 내괘(內卦) 재(財)는 집에 있는 아내요 외괘(外卦) 재(財)는 밖에 있는 아내인데 내괘(內卦)와 외괘(外卦)에 모두 재(財)가 있으면 처첩이 있는 것으로 판단한다.

靑官酉 ▬ ▬ 命	
玄父亥 ▬ ▬	
空白財丑 ▬ ▬ 世	
蛇官酉 ▬▬▬ 身	
句父亥 ▬▬▬	
空朱財丑 ▬ ▬ 應	

12. 아내의 죽음을 어떻게 아는가?

地風升

己巳月 丙辰日 占

재효(財爻)가 공망(空亡)되고 백호(白虎)나 다른 흉신이 임했기 때문이다. 재효(財爻)는 아내인데 공망(空亡)을 맞으면 아내가 상하고, 귀(鬼)는 흉악지신이니 재효(財爻)에 귀(鬼)와 공망(空亡)이 있으면 아내의 죽음으로 본다.

玄兄巳 ▬▬▬ 命	
白孫未 ▬ ▬ 應	
蛇財酉 ▬▬▬	
句財酉 ▬▬▬ 身	
朱官亥 ▬▬▬ 世	
靑孫丑 ▬ ▬	

13. 소송과 관재구설이 끝나는 것을 어떻게 아는가?

火風鼎

己巳月 甲子日 占

관귀(官鬼)가 공망(空亡)이나 휴수(休囚)되었기 때문이다. 관귀(官鬼)는 관재구설이나 소송을 뜻하고, 공망(空亡)은 파괴를 뜻하고, 휴수(休囚)는 휴식상태를 뜻하니, 관귀(官鬼)가 공망(空亡)이나 휴수(休囚)되면 관재송사가 멎는다.

14. 송사가 많은 것을 어떻게 아는가?

地水師

丙子月 乙卯日 占

```
玄父酉 ━ ━ 應
白兄亥 ━ ━
蛇官丑 ━ ━ 命
句財午 ━ ━ 世
朱官辰 ━━━
靑孫寅 ━ ━ 身
```

주작(朱雀)이나 백호(白虎)에 관귀(官鬼)가 임했기 때문이다. 주작(朱雀)은 구설, 백호(白虎)는 흉폭, 귀(鬼)는 관귀(官鬼)이니 재앙이나 송사로 단정한다. 주작관(朱雀官)이 임하면 관재나 재앙과 구설이 일어나는 형상으로 송사가 많은 것으로 판단한다.

15. 집안의 편안함을 어떻게 아는가?

地山謙

丙午月 丁亥日 占

```
靑兄酉 ━ ━ 身
玄孫亥 ━ ━ 世
白父丑 ━ ━
蛇兄申 ━━━ 命
句官午 ━ ━ 應
朱父辰 ━ ━
```

육친에 공망(空亡)·휴수(休囚)·파(破)가 없고 길신이 임했기 때문이다. 육정은 부모 형제와 처자를 말하니 가족을 뜻한다. 가족효가 유기하고, 공망(空亡)·휴수(休囚)·파(破)가 없고, 청룡(靑龍) 등의 길신이 임하고, 동효(動爻)의 생을 받으면 가족이 모두 건강한 것으로 판단한다.

16. 식구가 느는 것을 어떻게 아는가?

```
玄孫酉 ▬ ▬ 應
白財亥 ▬ ▬ 身
蛇兄丑 ▬ ▬
句兄辰 ▬▬▬ 世
朱官寅 ▬▬▬ 命
靑財子 ▬▬▬
```

地天泰

戊申月 甲寅日 占

청룡(靑龍)이 인묘해자(寅卯亥子)에 임했기 때문이다. 청룡(靑龍)은 목(木)이며 희열지신으로 갑을인묘목(甲乙寅卯木) 동방이나 해자수(亥子水) 북방을 얻어야 용(龍)이 조화를 이루는데, 인묘해자(寅卯亥子) 재효(財爻)에 용(龍)이 임하면 가족이 늘어나는 것으로 판단한다.

17. 부자가 되는 것을 어떻게 아는가?

```
朱兄子 ▬ ▬ 世
靑官戌 ▬▬▬
玄父申 ▬ ▬ 命
白財午 ▬ ▬ 應
蛇官辰 ▬▬▬
句孫寅 ▬ ▬ 身
```

坎爲水

壬寅月 戊戌日 占

재효(財爻)가 왕상(旺相)이나 고(庫)에 임했기 때문이다. 재효(財爻)는 재물이고 왕상(旺相)은 왕함이니 재효(財爻)가 공망(空亡)·휴수(休囚)·파(破)되지 않고, 재고(財庫)가 일주(日主)나 변효(變爻)에 임하고, 파(破)나 휴수(休囚)가 없으면 부자가 된다. 특히 신수점을 볼 때 사용한다. 예를 들어 재고(財庫)는 사오화(巳午火)가 재(財)라면 술(戌)이 재고(財庫)이다.

18. 축산이나 식품업이 잘 되는 것을 어떻게 아는가?

地風升

甲辰月 甲午日 占

```
玄官酉 ▬ ▬ 命
白父亥 ▬ ▬
蛇財丑 ▬ ▬ 世
句官酉 ▬▬▬ 身
朱父亥 ▬▬▬
靑財丑 ▬ ▬ 應
```

청룡(靑龍)에 재(財)가 왕상(旺相)하기 때문이다. 청룡(靑龍)은 존귀희열 지신이고 재(財)는 재물이며 왕상(旺相)은 부흥의 징조이니 이렇게 판단하는 것이다.

19. 땅을 사는 것을 어떻게 아는가?

天水訟

甲辰月 丙午日 占

```
靑孫戌 ▬▬▬
玄財申 ▬▬▬
白兄午 ▬▬▬ 世命
蛇兄午 ▬ ▬
句孫辰 ▬▬▬
朱父寅 ▬ ▬ 應身
```

구진(勾陳)에 토(土)와 손(孫)이 임했기 때문이다. 진술축미토효(辰戌丑未 土爻)에 구진(勾陳)과 손(孫)이 임하면 땅을 사는 것으로 본다. 구진토(勾陳土)는 대지나 전답에 해당한다. 손(孫)은 복덕신이니 기쁨이 임하는 형상으로 구진(勾陳)과 손(孫)이 효에 임하면 전답이나 대지를 사는 것으로 추리한다. 그러나 구진토(勾陳土)가 공망(空亡)되면 농사가 안되고, 진토(辰土)가 공망(空亡)되면 동남쪽 전답에 씨가 잘 나지 않는다고 본다.

20. 재물이 들어오는 것을 어떻게 아
는가?

艮爲山

辛亥月 戊子日 占

외괘효(外卦爻)에 청룡(靑龍)과 재
(財)나 손(孫)이 임했기 때문이다. 외
괘(外卦)는 집 밖이고 청룡(靑龍)은 기쁨이며 손재(孫財)는 손(孫)
이 재물을 생하니, 외괘(外卦) 청룡(靑龍)에 재(財)나 손(孫)이 임
하면 재물이 생기는 것으로 본다.

21. 기쁜 일이 생기는 것을 어떻게 아
는가?

艮爲山

己酉月 辛酉日 占

청룡(靑龍) 복덕(福德)이 이효(二爻)
나 삼효(三爻)에 임했기 때문이다. 이
효(二爻)나 삼효(三爻)는 집안을 말하고, 사효(四爻)를 문정효(門
庭爻)라고 하는데, 여기서 이효(二爻)나 삼효(三爻)의 청룡(靑龍)
복덕(福德)은 자손의 경사로 집안에 기쁨이 넘치는 것으로 본다.

22. 부자가 되는 것을 어떻게 아는가?

地天泰

癸卯月 甲子日 占

```
玄孫酉 ▬ ▬ 應
白財亥 ▬ ▬ 身
蛇兄丑 ▬ ▬
句兄辰 ▬▬▬ 世
朱官寅 ▬▬▬ 命
靑財子 ▬▬▬
```

복덕(福德)이 청룡(靑龍)에 왕하거나 청룡(靑龍)에 재(財)가 있기 때문이다. 청룡(靑龍)은 기쁨인데 재(財)를 생하여 주는 복덕손(福德孫)이 있으면 재물이 늘어나는 형상이니 부자가 되는 것으로 판단한다.

23. 가난한 것을 어떻게 아는가?

地雷復

甲午年生 평생 점

```
孫酉 ▬ ▬
財亥 ▬ ▬
兄丑 ▬ ▬ 應命
兄辰 ▬ ▬
官寅 ▬ ▬
대모財子 ▬▬▬ 世身
```

재효(財爻)에 대모살(大耗殺)·휴수(休囚)·공망(空亡)·월파(月破)·암동(暗動)이 있거나, 재대일주(財對日主)가 휴수(休囚)되거나, 동효(動爻)와 재(財)를 대비하여 변효(變爻)가 휴수(休囚)되었기 때문이다. 대모살(大耗殺)은 년과 충되는 글자를 말하는데, 재(財)가 대모살(大耗殺)을 띠면 재물손재로 고생한다. 만약 재효(財爻)에 귀(鬼)나 휴수(休囚)를 맞으면 재물의 손해가 많고 재(財)에 생기가 없으니 가난하다. 특히 신수(身數)나 대정작괘(大定作卦)로 평생사주를 볼 때 많이 적용한다.

```
父未 ▬▬ 身
兄酉 ▬▬▬ 應
空孫亥 ▬▬▬
財卯 ▬▬ 命
官巳 ▬▬ 世
父未 ▬▬
```

24. 자손이 없어 늙어서 의지할 곳이 없는 것을 어떻게 아는가?

澤地萃

癸卯月 甲子日 占

복덕손(福德孫)이 공망(空亡)되었기 때문이다. 복덕(福德)은 손(孫)이고 늙어서 의지할 곳인데, 손(孫)이 공망(空亡)되면 자손이 없는 형상이 된다.

```
蛇兄子 ▬▬ 世
句官戌 ▬▬▬
朱父申 ▬▬ 命
靑財午 ▬▬ 應
玄官辰 ▬▬▬
白孫寅 ▬▬ 身
```

25. 부엌의 파손을 어떻게 아는가?

坎爲水

甲辰月 庚申日 占

부엌효인 이효(二爻)에 현무(玄武)나 관귀(官鬼)가 있기 때문이다. 현무(玄武)는 비밀이나 도적을 뜻하고, 관귀(官鬼)는 재앙을 뜻하니, 부엌효에 관(官)이나 현무(玄武)가 임하면 부엌에 금이 가고 무너지는 것으로 판단한다.

```
蛇兄巳 ▅▅▅ 身
句孫未 ▅ ▅ 應
朱財酉 ▅▅▅
靑財酉 ▅▅▅ 命
玄官亥 ▅▅▅ 世
白孫丑 ▅ ▅
```

26. 냄비나 솥이 깨져 물이 새는 것을 어떻게 아는가?

火風鼎

乙巳月 辛酉日 占

현무(玄武) 해자수(亥子水)에 관(官)이 임했기 때문이다. 관(官)은 재앙과 근심이고 현무(玄武)는 비밀이니, 해자수(亥子水)에 현무(玄武)가 있으면 아무도 모르게 냄비나 솥이 깨져 물이 새고, 관(官)이 있으면 갑자기 깨진 것으로 본다.

```
白財戌 ▅ ▅ 應
蛇官申 ▅ ▅
句孫午 ▅▅▅ 身
朱官酉 ▅▅▅ 世
靑父亥 ▅▅▅
玄財丑 ▅ ▅ 命
```

27. 새집을 짓거나 회사나 업체를 설립하는 것을 어떻게 아는가?

雷風恒

己酉月 癸亥日 占

청룡문효(靑龍文爻)가 왕상(旺相)하기 때문이다. 부효(父爻)는 나를 낳아 주는 것이니 새로운 건축을 뜻하기도 하고, 청룡(靑龍)은 기쁨이니 집을 짓거나 회사나 업체를 설립하는 것으로 판단한다.

<table>
<tr><td>句官寅 ▬▬ 世</td></tr>
<tr><td>朱財子 ▬ ▬ 命</td></tr>
<tr><td>靑兄戌 ▬ ▬</td></tr>
<tr><td>玄孫申 ▬▬ 應</td></tr>
<tr><td>白父午 ▬ ▬ 身</td></tr>
<tr><td>蛇兄辰 ▬ ▬</td></tr>
</table>

28. 집이 망하는 것을 어떻게 아는가?

艮爲山

辛亥月 己卯日 占

백호(白虎) 문서가 휴수(休囚)되었기 때문이다. 부효(父爻)는 문서를 뜻하고 백호(白虎)는 흉폭을 뜻하니 집이 망하는 것으로 판단한다.

<table>
<tr><td>空白父巳 ▬▬▬</td></tr>
<tr><td>蛇兄未 ▬ ▬</td></tr>
<tr><td>句孫酉 ▬▬▬ 世身</td></tr>
<tr><td>朱兄丑 ▬ ▬</td></tr>
<tr><td>靑官卯 ▬▬▬</td></tr>
<tr><td>玄父巳 ▬▬▬ 應命</td></tr>
</table>

29. 묘지에 바람이 많은 것을 어떻게 아는가?

火澤睽

壬戌月 癸卯日 占

육효(六爻) 진사(辰巳)가 백호(白虎)와 공망(空亡)을 놓았기 때문이다. 백호(白虎)는 흉폭·부실·허함을 뜻하고 진사(辰巳)는 풍(風)을 뜻하니 묘지가 바람을 많이 맞는 형상이다. 공망(空亡)은 제압지상이니 폭풍이 몰아치는 것으로 판단한다.

<table>
<tr><td>空白兄子 ▬ ▬ 應身</td><td rowspan="6">30. 묘지에 물이 드는 것을 어떻게 아
는가?

水火旣濟

己丑年 癸酉月 壬戌日 占

육효(六爻)에 백호(白虎) 공망(空亡)
과 해자(亥子)가 임했기 때문이다. 백</td></tr>
<tr><td>蛇官戌 ▬▬▬</td></tr>
<tr><td>句父申 ▬ ▬</td></tr>
<tr><td>朱兄亥 ▬▬▬ 世命</td></tr>
<tr><td>靑官丑 ▬ ▬</td></tr>
<tr><td>玄孫卯 ▬▬▬</td></tr>
</table>

호(白虎)는 흉포지신이고 해자(亥子)는 물이며 공망(空亡)은 허실
함을 뜻하니 산소에 물이 고인 것으로 판단한다.

<table>
<tr><td>玄兄子 ▬ ▬ 應身</td><td rowspan="6">31. 집에 향화가 그치는 것을 어떻게
아는가?

水火旣濟

癸卯月 甲辰日 占

육효 중에 사오화(巳午火)가 없기 때
문이다. 향화가 그친다는 말은 제사를</td></tr>
<tr><td>白官戌 ▬▬▬</td></tr>
<tr><td>蛇父申 ▬ ▬</td></tr>
<tr><td>句兄亥 ▬▬▬ 世命</td></tr>
<tr><td>朱官丑 ▬ ▬</td></tr>
<tr><td>靑孫卯 ▬▬▬</td></tr>
</table>

지낼 사람이 없다는 뜻이다. 이는 자손이 없거나 기독교를 믿어 제
사를 지내지 않는 예이다.

```
句財戌 ▬▬ 命
朱官申 ▬▬
靑孫午 ▬▬▬ 應
玄兄卯 ▬▬ 身
白孫巳 ▬▬
蛇財未 ▬▬ 世
```

32. 집에 바람이 없어 온화하고 물이 없는 것을 어떻게 아는가?

雷地豫

戊戌月 己卯日 占

육효(六爻)에 수(水)가 없기 때문이다. 바람과 물은 냉하고, 물은 해자(亥子)이니 괘중에 해자(亥子)가 없으면 집에 물이 없다고 판단한다. 여기서 물은 음료수나 시냇물이나 도랑물을 말한다. 따라서 이런 괘가 나오면 우물이 멀거나 공동우물을 쓴다고 판단한다.

```
白兄巳 ▬▬▬ 應
蛇孫未 ▬▬
句財酉 ▬▬ 命
朱兄午 ▬▬▬ 世
靑孫辰 ▬▬▬
玄父寅 ▬▬ 身
```

33. 부엌에 아궁이가 2개 있는 것을 어떻게 아는가?

火水未濟

癸卯月 癸巳日 占

육효(六爻)에 화(火)가 2개 있기 때문이다. 화(火)는 불이고 불을 다루는 곳은 아궁이다. 따라서 괘중에 화(火)가 2개 있으면 아궁이가 둘이라고 판단한다.

34. 불공을 드리다 그만 둔 것을 어떻게 아는가?

澤風大過

乙巳月 (己卯日 占

```
句財未 ▬ ▬ 身
空朱官酉 ▬▬▬
青父亥 ▬▬▬ 世
空玄官酉 ▬▬▬ 命
白父亥 ▬▬▬
蛇財丑 ▬ ▬ 應
```

금관귀(金官鬼)가 공망(空亡)되었기 때문이다. 금(金)은 귀함을 뜻하고 관귀(官鬼)는 귀신이며 공망(空亡)은 정지이다. 따라서 존귀한 금(金) 부처님을 위하는 형상이고, 공망(空亡)은 비어 있고 허한 것이니 불공을 드리다 그만둔 것으로 판단한다.

35. 한 집에 이성이나 타성이 사는 것을 어떻게 아는가? 여기서 아내는 예외이다.

地火明夷

甲辰月 己巳日 占

```
句父酉 ▬ ▬ 命
朱兄亥 ▬ ▬
青官丑 ▬ ▬ 世
玄兄亥 ▬▬▬ 身
白官丑 ▬ ▬
蛇孫卯 ▬▬▬ 應
```

육효(六爻)에 관귀(官鬼) 2개가 왕하기 때문이다. 관귀(官鬼)는 구물(仇物)이나 기물(忌物)로 보아 불길한 기신(忌神)이다. 아내가 친정 동기간을 데려와 같이 살거나 다른 데서 아이를 낳아 왔거나 또는 방을 세주는 경우이다.

```
句兄寅 ▬▬▬
朱父子 ▬ ▬ 身
靑財戌 ▬ ▬ 世
玄財辰 ▬ ▬
白兄寅 ▬ ▬ 命
蛇父子 ▬▬▬ 應
```

36. 한 집에 두 세대가 사는 것을 어떻게 아는가?

山雷頤

庚申月 己丑日 占

문서효가 2개 있기 때문이다. 문서는 부모를 뜻하고, 부모는 나를 낳아주고 키워주는 것이며, 문효는 보금자리로 보아 집으로 판단한다. 따라서 육효(六爻)에 문서효가 2개 있으면 한 집에 두 세대가 사는 것으로 판단한다.

```
靑兄寅 ▬▬▬ 應
玄父子 ▬ ▬
白財戌 ▬ ▬ 身
蛇官酉 ▬▬▬ 世
句父亥 ▬▬▬
朱財丑 ▬ ▬ 命
```

37. 닭이 밤중에 울거나 암탉이 우는 등 소란 피우는 것을 어떻게 아는가?

山風蠱

乙酉月 丙子日 占

등사(騰蛇)나 백호(白虎)가 유효(酉爻)에 임했기 때문이다. 등사(騰蛇)는 허함과 주체의식이 미약함을 뜻하고, 관귀(官鬼)나 백호(白虎)는 불길한 것으로 귀신을 뜻하기도 하니, 유효(酉爻)에 등사(騰蛇)・백호(白虎)・관귀(官鬼)가 임하면 닭이 귀신을 보고 헛되이 울기 때문이다.

玄兄子 ▬▬ 世	
白官戌 ▬▬▬	
蛇父申 ▬▬ 命	
句財午 ▬▬ 應	
朱官辰 ▬▬▬	
靑孫寅 ▬▬ 身	

38. 개가 심하게 짖는 것을 어떻게 아는가?

坎爲水

丁未月 甲寅日 占

등사(騰蛇)나 백호(白虎)가 술효(戌爻)에 임했기 때문이다. 등사(騰蛇)는 허함과 주관이 약함을 뜻하고, 관귀(官鬼)나 백호(白虎)는 불길한 것으로 귀신을 뜻하기도 하니, 술효(戌爻)에 등사(騰蛇)·백호(白虎)·관귀(官鬼)가 임하면 개가 귀신을 보고 헛되이 짖는다.

白財戌 ▬▬ 應	
蛇官申 ▬▬	
句孫午 ▬▬▬ 身	
朱官酉 ▬▬▬ 世	
靑父亥 ▬▬▬	
玄財丑 ▬▬ 命	

39. 관재구설이 있는 것을 어떻게 아는가?

雷風恒

庚戌月 癸亥日 占

주작(朱雀)이 지세(持世)하고 관귀(官鬼)가 있기 때문이다. 주작(朱雀)은 구설을 뜻하고 귀(鬼)는 관귀(官鬼)를 뜻하니, 재앙과 구설이 내 몸에 임하는 형상이 되어 관재와 구설이 있는 것으로 판단한다.

玄孫酉 ▬▬	
白財亥 ▬▬	
蛇兄丑 ▬▬ 應命	
句兄辰 ▬▬	
朱官寅 ▬▬	
靑財子 ▬▬▬ 世身	

40. 구설이 있는 것을 어떻게 아는가?

地雷復

戊申月 乙巳日 占

목효(木爻)에 주작(朱雀)이 임했기 때문이다. 주작(朱雀)은 구설이나 참새로도 보고, 목(木)은 나무덩굴이나 숲을 말하니, 참새가 나무나 숲 속에서 재잘거리는 형상이 되어 구설이 있는 것으로 판단한다.

蛇官卯 ▬▬▬ 命	
句父巳 ▬▬▬	
朱兄未 ▬▬ 世	
靑兄丑 ▬▬ 身	
玄官卯 ▬▬▬	
白父巳 ▬▬▬ 應	

41. 싸움이 잦은 것을 어떻게 아는가?

風澤中孚

癸丑月 庚戌日 占

주작(朱雀)이 형(兄)에 붙고 세(世)나 응(應)이 임했기 때문이다. 형(兄)은 손재수이고 주작(朱雀)은 구설수이니, 응(應)이나 세(世)에 있으면 재물로 인하여 싸움과 구설이 따른다.

蛇孫酉 ▬ ▬	
句財亥 ▬ ▬ 應	
朱兄丑 ▬ ▬ 身	
靑兄丑 ▬ ▬	
玄官寅官卯 ▬▬▬ 世	
白父巳 ▬▬▬ 命	

42. 도적이 드는 것을 어떻게 아는가?

地澤臨 二爻動

丁卯月 庚申日 占

현무(玄武)나 관귀(官鬼)가 세(世)나 신(身)에 임했기 때문이다. 현무(玄武)는 도적이나 실물이고 세(世)와 신(身)은 자신을 뜻하니, 현무(玄武)나 관귀(官鬼)가 동하여 세(世)나 신(身)에 임하면 도적이 들어 손해를 보는 것으로 본다.

朱兄酉 ▬ ▬ 身	
靑孫亥 ▬ ▬ 世	
玄父丑 ▬ ▬	
白兄申 ▬▬▬ 命	
蛇官午 ▬ ▬ 應	
句父辰 ▬ ▬	

43. 집안에 홍역·마마·종기 등이 드는 것을 어떻게 아는가?

地山謙

丙午月 戊午日 占

내괘(內卦) 등사효(騰蛇爻)에 화관(火官)이 임했기 때문이다. 등사(騰蛇)는 허실함, 화(火)는 불, 관(官)은 병, 화(火)는 붉은빛으로 타오르는 염상을 뜻하니, 붉은꽃이 피어나 앓는 형상이 되어 홍역·마마·종기가 드는 것으로 판단한다.

```
朱財未 ▬ ▬ 應
靑官酉 ▬▬▬ 身
玄父亥 ▬▬▬
白財辰 ▬ ▬ 世
蛇兄寅 ▬ ▬ 命
句財未父子 ▬▬▬
```

44. 가족이 일찍 죽는 것을 어떻게 아는가?

澤雷隨 一爻動

丙午月 戊午日 占

용신(用神)이 입묘(入墓)되거나 구제되지 못했기 때문이다. 용신(用神)이 입묘(入墓)되었다는 것은 점치는 대상을 말하고, 구제되지 못했다는 것은 월파(月破)·암동(暗動)·휴수(休囚)·형충파해(刑沖破害)·회두극(回頭剋)이 되었다는 뜻이다.

```
句官寅 ▬▬▬
朱財子 ▬ ▬
靑兄戌 ▬ ▬ 應身
玄財亥 ▬▬▬
白兄丑 ▬ ▬
蛇官卯 ▬▬▬ 世命
```

45. 꿈자리가 어지러운 것을 어떻게 아는가?

山火賁

戊申月 己卯日 占

관지세(官持世)에 등사(騰蛇)가 임했기 때문이다. 등사(騰蛇)는 허경지사를 나타내고 관귀(官鬼)는 흉포나 불안함을 나타내니, 몸이 허하거나 마음이 안정되지 못하고 불안하여 신경쇠약으로 꿈자리가 어지러운 것으로 판단한다.

```
句官寅 ━━━ 應
朱財子 ━ ━ 命
靑兄戌 ━ ━
玄兄丑 ━ ━ 世
白官卯 ━━━ 身
蛇父巳 ━━━
```

46. 집에 괴기가 나타나는 것을 어떻게 아는가?

山澤損

己酉月 己酉日 占

문정효(門庭爻)인 이효(二爻)나 삼효(三爻)에 등사(騰蛇)나 백호(白虎)가 임했기 때문이다. 등사(騰蛇)나 백호(白虎)는 허신·흉포를 뜻하는데, 지세(持世)하면 집안에 불길한 일이 생긴다. 집에 들어 왔을 때 오싹하거나, 밤중에 불길한 소리가 들리거나, 나무가 부러지는 소리가 나거나, 뭔가 타는 냄새가 나는 등 불안과 공포를 느낀다.

```
句孫戌 ━━━ 應身
朱財申 ━━━
靑兄午 ━━━
玄官亥 ━━━ 世命
白孫丑 ━ ━
蛇父卯 ━━━
```

47. 물에 빠지는 것을 어떻게 아는가?

天火同人

乙巳月 己巳日 占

수효(水爻)에 현무(玄武)나 관(官)이 임했기 때문이다. 현무(玄武)는 비밀과 도적, 관(官)은 귀살, 수(水)는 물이니 현무입수살림귀(玄武入水殺臨鬼)이면 해당하는 그 육친이 물에 빠져 죽거나 물때문에 고생하는 것으로 판단한다.

句官寅孫酉 **= =**	
朱財亥 **= =** 應	
靑兄丑 **= =** 身	
玄兄丑 **= =**	
白官卯 **━━** 世	
蛇父巳 **━━** 命	

48. 집에 목귀(木鬼)가 있는 것을 어떻게 아는가?

地澤臨 六爻動

己酉月 己酉日 占

목세효(木世爻)에 등사(騰蛇)가 임했기 때문이다. 등사(騰蛇)는 허실, 목귀(木鬼)는 목관(木官), 관(官)은 귀신으로도 본다. 따라서 내괘지세목관귀(內卦持世木官鬼)이면 집안에 목귀(木鬼)가 있는 것으로 추리한다. 목귀(木鬼)는 집 안의 나무에 목매어 죽은 귀신, 몽둥이에 맞아죽은 귀신, 나무를 베다가 맞아죽은 귀신, 나무를 운반하다가 치어죽은 귀신 등으로 본다.

玄財戌 **━━** 世	
월파白官申 **= =** 身	
蛇孫午 **━━**	
句財辰 **= =** 應	
空朱兄寅 **= =** 命	
靑父子 **━━**	

49. 초상이 난 것을 어떻게 아는가?

震爲雷 六冲卦

甲子年 壬寅月 甲辰日 占

백호(白虎) 관귀(官鬼)가 교중배(交重排)되었기 때문이다. 백호(白虎) 관귀(官鬼)가 교중배(交重排)되면 혈광지신이 더 강한 형상으로, 그 효에 해당하는 육친이 죽는다.

```
靑財戌 ▬ ▬
玄官酉 ▬ ▬ 應身
白孫午 ▬▬▬
蛇孫午 ▬ ▬
句財辰 ▬▬▬ 世命
朱兄寅 ▬ ▬
```

50. 집안에 실물수가 있는 것을 어떻게 아는가?

雷水解 五爻動

戊申月 丙午日 占

현무관귀(玄武官鬼)에 응(應)이 임하여 발동했기 때문이다. 현무(玄武)는 도적, 응(應)은 타인, 귀(鬼)는 흉악함을 나타내는데, 이것이 동하여 들어오면 도적이 든다고 판단한다.

```
玄財戌 ▬▬▬
白官申 ▬▬▬
蛇孫午 ▬▬▬ 世命
句財辰 ▬ ▬
朱兄寅 ▬ ▬
靑父子 ▬▬▬ 應身
```

51. 의복을 도난 당하는 것을 어떻게 아는가?

天雷无妄

甲辰月 甲戌日 占

구진(勾陳)이나 현무(玄武)가 재(財)에 임했기 때문이다. 현무(玄武)는 도적, 구진(勾陳)은 농토나 포백(布帛), 재(財)는 재물이니 현무(玄武)나 구진(勾陳)이 재(財)에 임하면 의복을 도난 당하는 것으로 판단한다.

```
白父戌 ▬ ▬ 命
蛇兄申 ▬ ▬ 應
句官午 ▬▬▬
朱父丑 ▬ ▬ 身
靑財卯 ▬▬▬ 世
玄官巳 ▬▬▬
```

52. 집에서 닭을 잃어버리는 것을 어떻게 아는가?

雷澤歸妹

辛亥月 癸亥日 占

초효(初爻)에 현무관(玄武官)이 임했기 때문이다. 일효(一爻)는 닭이나 도적을 나타내는데, 초효(初爻) 현무관귀(玄武官鬼)는 닭장에 도둑이 드는 것으로 보아 닭을 잃어버리는 것으로 판단한다.

```
句孫酉 ▬ ▬
朱財亥 ▬ ▬
空靑兄丑 ▬ ▬ 應命
玄兄辰 ▬ ▬
白官寅 ▬ ▬
蛇財子 ▬▬▬ 世身
```

53. 집에 소나 돼지가 없는 것을 어떻게 아는가?

地雷復

壬戌月 己未日 占

축해효(丑亥爻)가 모두 공망(空亡)되었기 때문이다. 축효(丑爻)는 소, 해효(亥爻)는 돼지인데 공망(空亡)되면 소나 돼지가 없는 형상으로 본다. 오효(五爻)가 공망(空亡)되면 소를 잃어버린다.

地雷復

乙巳月 己巳日 占

```
句孫酉 ▬ ▬
空朱財亥 ▬ ▬
青兄丑 ▬ ▬ 應命
玄兄辰 ▬ ▬
白官寅 ▬ ▬
蛇財子 ▬▬▬ 世身
```

해효(亥爻)는 돼지인데 공망(空亡)되면 돼지가 없다고 판단한다. 오효(五爻)에 현무관(玄武官)이 임하면 소를 잃어버리는 것으로 보고, 삼효(三爻)에 현무관(玄武官)이 임하면 돼지를 잃어버리는 것으로 본다. 오효(五爻)는 소효이고, 삼효(三爻)는 돼지효이기 때문이다.

54. 농가에 닭과 개가 없는 것을 어떻게 아는가?

水風井

癸卯月 己卯日 占

```
句父子 ▬ ▬
朱財戌 ▬▬▬ 世身
青官申 ▬ ▬
空玄官酉 ▬▬▬
白父亥 ▬▬▬ 應命
蛇財丑 ▬ ▬
```

유술효(酉戌爻)가 공망(空亡)되었기 때문이다. 유(酉)는 닭이고 술(戌)은 개인데 공망(空亡)되면 개와 닭이 비어 있는 형상이니 없다고 판단한다.

水風井

甲辰月 戊辰日 占

```
朱父子 ▬ ▬
空靑財戌 ▬▬▬ 世身
玄官申 ▬ ▬
白官酉 ▬▬▬
空蛇父亥 ▬▬▬ 應命
句財丑 ▬ ▬
```

55. 집에 손님이 오지 않는 것을 어떻게 아는가?

火天大有

甲午月 甲午日 占

```
空玄官巳 ▬▬▬ 應
白父未 ▬ ▬ 身
蛇兄酉 ▬▬▬
空句父辰 ▬▬▬ 世
朱財寅 ▬▬▬ 命
靑孫子 ▬▬▬
```

세응(世應)이 공망(空亡)되었기 때문이다. 세(世)는 나의 집이고 응(應)은 타인인데 세응(世應)이 공망(空亡)되었으니 파차가 제압하는 형상이 되어 서로 왕래하기 싫어지는 것이다.

父未父戌 ▬▬ 世	
父未兄申 ▬▬ 身	
父未官午 ▬▬	
父丑父辰 ▬▬ 應	
父丑財寅 ▬▬ 命	
父丑孫子 ▬▬	

56. 집안이 편안하지 못한 것을 어떻게 아는가?

乾爲天六爻皆動

甲辰月 甲子日 占

육효(六爻)가 모두 난동했기 때문이다. 육효(六爻)가 모두 동하면 진발(盡發)이라고 하는데, 결과적으로 십이효(十二爻)가 되어 복잡한 형상이니, 집안이 편안하지 못하고 불안과 공포에 빠진다.

제3장. 직업론

1. 청룡자관(靑龍子官) : 문관, 고관

2. 청룡축관(靑龍丑官) : 중간관청의 간부, 시장, 군수

3. 청룡인관(靑龍寅官) : 감찰, 감사, 특권층, 중앙청 간부

4. 청룡묘관(靑龍卯官) : 부관, 차석

5. 청룡오관(靑龍午官) : 동창회장, 번영회장, 청년회장, 부녀회장

6. 청룡신관(靑龍申官) : 장관, 고시합격자

7. 청룡목재(靑龍木財) : 수산업

8. 청룡화재(靑龍火財) : 목업, 가구점, 화원

9. 청룡금재(靑龍金財) : 의사, 약사, 판사, 검사

10. 청룡토재(靑龍土財) : 문관, 무관, 농림직

11. 청룡목관(靑龍木官) 수관(水官) : 고관

12. 청룡관지세(靑龍官持世) : 고관

13. 청룡목동(靑龍木動) : 차사업, 선박사업

14. 오효청룡관왕(五爻靑龍)官旺) : 대통령, 총리

15. 오효수청룡관왕(五爻水靑龍官旺) : 지방장관

16. 청룡진부(靑龍辰父) : 문장가, 문학가

17. 주작자관(朱雀子官) : 소방서직원

18. 주작축관(朱雀丑官) : 백성의 푼돈을 뜯어먹는 관리

19. 주작인관(朱雀寅官) : 문교부, 교육청, 교수, 선생, 학원, 유치원

20. 주작진관(朱雀辰官) : 기상대요원, 인명구조대, 민방위요원

21. 주작사관(朱雀巳官) : 법원 서기, 검찰 서기, 일반 서기, 서무과

22. 주작오관(朱雀午官) : 판사, 검사, 법원, 대법원 직원

23. 주작미관(朱雀未官) : 임시직원, 반관반민직

24. 주작신관(朱雀申官) : 군법무관, 헌병감, 변호사, 감사역

25. 주작유관(朱雀酉官) : 공보실 근무, 기자

26. 주작술관(朱雀戌官) : 공군, 군인

27. 주작목재(朱雀木財) : 산림업, 목업

28. 주작화재(朱雀火財) : 웅변가, 변호가

29. 주작수재(朱雀水財) : 선생, 입으로 먹고 사는 사람

30. 주작토재(朱雀土財) : 만물상회, 슈퍼마켓, 마트, 곡물상회

31. 주작관(朱雀官) : 사기꾼

32. 오주작관(午朱雀官) : 역술인, 재주꾼, 사기꾼

33. 주작축부(朱雀丑父) : 농촌진흥청, 농촌지도소, 교육가

34. 주작인부(朱雀寅父) : 소설가, 문학가, 시인

35. 주작묘부(朱雀卯父) : 가수, 방송인

36. 주작해부(朱雀亥父) : 사법서사, 대서인, 소송 브로커, 중개인

37. 주작술손(朱雀戌孫) : 라디오, 전축, 텔레비전 회사

38. 구진자관(勾陳子官) : 해양경찰, 장물아비

39. 구진축관(勾陳丑官) : 경찰

40. 구진인관(勾陳寅官) : 의사, 약사, 산업계 직원

41. 구진묘관(勾陳卯官) : 관용 종묘장 관리인, 농촌지도소 직원, 농사 지도원, 화원

42. 구진오관(勾陳午官) : 내무부장관, 상공부장관, 치안국장, 도립병원장

43. 구진미관(勾陳未官) : 지적협회, 지적공사 직원, 측량사

44. 구진신관(勾陳申官) : 치과의사, 비행사, 선박·기차기관사

45. 구진유관(勾陳酉官) : 관용차 기사, 교통순경, 오토바이 소유자

46. 구진술관(勾陳戌官) : 최전방 근무자, 산업계 기사

47. 구진해관(勾陳亥官) : 시청분뇨처리 관계관, 비료공장 탐관오리, 뇌물먹는 관리

48. 구진목재(勾陳木財) : 목업, 종묘상

49. 구진화재(勾陳火財) : 사업, 상업

50. 구진수재(勾陳水財) : 농산물

51. 구진관(勾陳官) : 농부

52. 구진부효신(勾陳父爻身) : 농사꾼

53. 구진인부(勾陳寅父) : 국수, 당면 장사, 국수 가게

54. 구진사부(勾陳巳父) : 전기기술자

55. 구진오부(勾陳午父) : 제약회사, 식품회사

56. 구진신부(勾陳申父) : 침술, 금은시계방

57. 구진유부(勾陳酉父) : 광산업, 연탄공장, 연탄가게

58. 구진술부(勾陳戌父) : 중, 신부, 목사, 종교인

59. 구진해부(勾陳亥父) : 술꾼, 도박꾼

60. 구진유형(勾陳酉兄) : 대장간, 백정

61. 구진인재(勾陳寅財) : 제재소, 목재(木財)상, 목수

62. 구진묘재(勾陳卯財) : 사채업자, 돈장사

63. 등사자관(騰蛇子官) : 기자, 사진사, 수사관

64. 등사축관(騰蛇丑官) : 건설과 직원, 건설 계통, 측량 계통

65. 등사인관(騰蛇寅官) : 기자, 원예사, 특수작물 농민

66. 등사묘관(騰蛇卯官) : 산림청, 영림서 직원

67. 등사사관(騰蛇巳官) : 세무서, 세무과 직원, 탐관오리

68. 등사오관(騰蛇午官) : 전기업자, 우체국, 전신전화국 직원

69. 등사신관(騰蛇申官) : 차관

70. 등사유관(騰蛇酉官) : 철공업

71. 등사술관(騰蛇戌官) : 악질 관리, 형사취조반

72. 등사목재(騰蛇木財) : 가축업, 목장

73. 등사금재(騰蛇金財) : 기술자

74. 등사수재(騰蛇水財) : 행상인, 세일즈맨

75. 등사토재(騰蛇土財) : 목장업

76. 등사해부지세(騰蛇亥父持世) : 도박꾼, 노름쟁이, 위조범

77. 목등사재(木騰蛇財) : 가축업, 목장

78. 토등사재(土騰蛇財) : 목장업

79. 금등사재(金騰蛇財) : 기술자

80. 수등사재(水騰蛇財) : 목장, 행상

81. 등사오부(騰蛇午父) : 한약방

82. 백호자관(白虎子官) : 무관

83. 백호인관(白虎寅官) : 전투지휘관, 최전방 장교

84. 백호묘관(白虎卯官) : 파출소 주임

85. 백호사관(白虎巳官) : 형무소 간수, 교도관, 집달리, 형집행관

86. 백호신관(白虎申官) : 형사, 치안관리, 고위무관

87. 백호유관(白虎酉官) : 군인, 안기부, 기무사, 정보사, 특검단, 암
    행어사, 감찰

88. 백호술관(白虎戌官) : 무관

89. 백호해관(白虎亥官) : 화류계, 해병, 군인, 해양경찰

90. 백호목재(白虎木財) : 상업

91. 백호화재(白虎火財) : 문예업, 공업

92. 백호수재(白虎水財) : 양어장, 과수원, 요정, 술집

93. 백호토재(白虎土財) : 축산업

94. 백호관(白虎官) : 군인 경찰

95. 백호묘손(白虎卯孫) : 종업원

96. 백호금부지세(白虎金父持世) : 정육점

97. 백호미부(白虎未父) : 농부, 개척자

98. 백호해형(白虎亥兄) : 깡패

99. 현무자관(玄武子官) : 해군사령관, 해적

100. 현무인관(玄武寅官) : 원양어업, 주식회사 직원

101. 현무묘관(玄武卯官) : 한약방, 여자점쟁이, 무역회사 직원

102. 현무진관(玄武辰官) : 항해사, 선장, 뱃사공, 간사한 도적

103. 현무오관(玄武午官) : 배우, 코미디언, 감사

104. 현무미관(玄武未官) : 이비인후과 의사, 귀머거리, 벙어리

105. 현무신관(玄武申官) : 풍수, 침술, 전축 녹음기 판매수리

106. 현무유관(玄武酉官) : 교통직, 양인(羊刃)이면 백정

107. 현무술관(玄武戌官) : 등대지기, 무선사, 비밀암호사, 야간도둑

108. 현무해관(玄武亥官) : 살인자, 간부, 해군, 해운항만청장

109. 현무수재(玄武水財) : 무당, 점쟁이, 승려

110. 현무화재(玄武火財) : 어부, 생선가게

111. 현무목재(玄武木財) ; 무당

112. 현무토재(玄武土財) : 매매업

113. 현무관(玄武官) : 도둑, 불량아, 강력 형사

114. 현무묘재(玄武卯財) : 음식점, 요정

115. 현무금관효(玄武金官爻) : 의적

116. 현무수재지세(玄武水財持世) : 바람둥이, 밀수업, 암거래상

117. 현무역마재(玄武驛馬財) : 도둑, 밀수, 투기꾼, 정탐꾼, 암달러
    상

118. 현무수지세(玄武水持世) : 오입쟁이

119. 현무인부(玄武寅父) : 식당, 요정

120. 현무묘부(玄武卯父) : 다방, 중국집, 포목상, 세탁소

121. 현무술부(玄武戌父) : 풍수

122. 현무묘형(玄武卯兄) : 탁구, 배구, 스키선수

123. 현무신형(玄武申兄) : 어업, 이발사, 목욕탕, 요리사

124. 현무진재(玄武辰財) : 어부, 해녀

125. 현무신재(玄武申財) : 미장원, 양잠점

126. 현무해재(玄武亥財) : 술장사, 양조장, 생수공장

127. 현무신손(玄武申孫) : 특수학용품 장사

128. 관하복부(官下伏父) : 문서관리 직원

129. 관하복재(官下伏財) : 돈만지는 공직자, 은행원, 금융계통

130. 관하복유재(官下伏酉財) : 경리사원, 은행원

131. 관하복묘재(官下伏卯財) : 집장사

132. 관하복손(官下伏孫) : 초등학교 교사, 공무원, 문방구, 기술자,
    의료 계통

133. 재하복관(財下伏官) : 은행원, 재산 관리인

134. 재하복손(財下伏孫) : 기술직, 사업가, 과학자, 의사, 약사, 선생,
    아나운서, 입으로 먹고 사는 사람

135. 형하복부(兄下伏父) : 건달, 놈팽이, 브로커

136. 형하복관(兄下伏官) : 신문기자, 세무서 직원

137. 형하복유재(兄下伏酉財) : 사채업자, 일수놀이

138. 형하복손(兄下伏孫) : 건달, 놈팽이

139. 손하복부(孫下伏父) : 교사

140. 손하복관(孫下伏官) : 선생, 교직원

141. 손하복유재(孫下伏酉財) : 완구점

142. 손하복재(孫下伏財) : 선생, 의사, 약사, 기술자

143. 부하복관(父下伏官) : 신문기자

144. 부하복유재(父下伏酉財) : 집장사

145. 관하복목(官下伏木) 또는 복화(伏火) : 공무원, 공직자, 문서
관계

146. 수재하복금손(水財下伏金孫) : 수산업, 의사, 약사, 간호원

147. 택효수재(宅爻水財) : 다방, 술집

148. 택효오재현무(宅爻午財玄武) : 빠. 디스코텍, 술집

149. 유효함지(酉爻咸池) : 술장사

150. 택효인재(宅爻寅財) : 유아복 장사

151. 택효묘재(宅爻卯財) : 성인복 장사

152. 택효재관(宅爻財官) : 가내공업, 상점

153. 오효유금(五爻酉金) : 운전기사, 카센터

154. 오효수재(五爻水財) : 물장사, 술집, 다방, 선원

155. 오효신금(五爻申金) : 철물상

156. 오효재동(五爻財動) : 도로공사, 청소부, 행상, 포장마차

157. 오효관유기청룡(五爻官有氣靑龍) : 대통령, 총리, 수상, 지방장
관, 읍장, 면장

158. 육효사술원진(六爻巳戌怨嗔) : 역술인

159. 육효관역마(六爻官驛馬) : 운전사

160. 부효왕주작(父爻旺朱雀) : 웅변가, 강사

161. 부효신구진(父爻身勾陳) : 농사꾼

162. 부효금백호(父爻金白虎) : 정육점

163. 부화부목(父化父木) : 목수

164. 부화부토(父化父土) : 미장, 목공, 방고치는 사람

165. 부지세(父持世) : 문서사업, 중개업, 대서소, 공무원

166. 관지세(官持世) : 공직, 관직, 월급쟁이

167. 재지세(財持世) : 사업가, 상업, 장사꾼, 돈놀이

168. 손지세(孫持世) : 기술자, 의사, 약사, 약국, 초등교사, 문방구

169. 목재(木財) : 목재소, 목공소, 가구점, 산림공무원, 산림청, 행정
관

170. 화재(火財) : 석탄, 석유업, 불 관계 공무원, 에너지 관리공단

171. 금재(金財) : 검찰, 경찰, 철물, 자동차, 철 관계 공무원

172. 수재(水財) : 수산업, 음료수업, 물장사, 선원, 양어장, 항만청,
수산청 공무원

173. 토재(土財) : 부동산업, 농산물업, 채석장, 벽돌, 기와 공장

174. 초효하복재(初爻下伏財) : 다방

175. 택효수재(宅爻水財) : 지하다방, 술집, 물장사

176. 택효묘관동인관(宅爻卯官動)寅官) : 농방, 자개공, 가구점

177. 응효유재(應爻酉財) : 금은방

178. 택효오화(宅爻午火) : 수예점

179. 부화부화(父化父火) : 중개업, 소개업, 입으로 먹고사는 사람

180. 관효해(官爻亥) : 선원, 수산업

181. 관효오주작(官爻午朱雀) : 역술인, 점쟁이

182. 재효신유왕(財爻申酉旺) : 은행원, 은행가

183. 수재효백호(水財爻白虎) : 주점, 요정

184. 양유재(兩酉財) : 자동차·자전거·오토바이 사업

185. 유재효(酉財爻) : 술장사, 당구장, 볼링장

186. 재효화(財爻火) : 공업, 공장, 식당, 음식점, 주유소

187. 재효수(財爻水) : 해운업, 술·생수·음료수 장사

188. 해수재(亥水財) : 선원, 물장사

189. 재효토(財爻土) : 농업, 토건업, 목공, 부동산업

190. 복해재(伏亥財) : 선원, 물장사, 첩

191. 내괘금재효동(內卦金財爻動) : 금방

음파메세지(氣) 성명학

신비한 동양철학 51

새로운 시대에 맞는 새로운 성명학

지금까지의 모든 성명학은 모순의 극치를 이루고 있다. 이제 새로운 시대에 맞는 음파메세지(氣) 성명학이 탄생했으니 차근차근 읽어보고 복을 계속 부르는 이름을 지어 사랑하는 자녀가 행복하고 아름다운 삶을 살아갈 수 있도록 하는데 도움이 되었으면 한다.

· 청암 박재현 저

정법사주

신비한 동양철학 49

독학과 강의용 겸용의 책

이 책은 사주추명학을 연구하고자 하는 분들에게 심오한 주역의 이해를 돕고자 하는 의도에서 시작되었다. 음양오행의 상생상극에서부터 육친법과 신살법을 기초로 하여 격국과 용신 그리고 유년판단법을 활용하여 운명판단에 첩경이 될 수 있도록 했고, 추리응용과 운명감정의 실례를 하나 하나 들어가면서 독학과 강의용 겸용으로 엮었다.

· 원각 김구현 저

찾기 쉬운 명당

신비한 동양철학 44

풍수지리의 모든 것 !

이 책은 가능하면 쉽게 풀려고 노력했고, 실전에 도움이 되도록 했다. 특히 풍수지리에서 방향측정에 필수인 패철(佩鐵)사용과 나경(羅經) 9층을 각 층별로 간추려 설명했다. 그리고 이 책에 수록된 도설, 즉 오성도, 명산도, 명당 형세도 내거수 명당도, 지각(枝脚)형세도, 용의 과협출맥도, 사대혈형(穴形) 외겸유돌(窩鉗乳突) 형세도 등은 국립중앙도서관에 소장된 문헌자료인 만산도단, 만산영도, 이석당 은민산도의 원본을 참조했다.

· 호산 윤재우 저

명리입문

신비한 동양철학 41

명리학의 필독서 !

이 책은 자연의 기후변화에 의한 운명법 외에 명리학도들이 궁금해 했던 인생의 제반사들에 대해서도 상세하게 기술했다. 따라서 초보자부터 심도있게 공부한 사람들까지 세심히 읽고 숙독해야 하는 책이다. 특히 격국이나 용신뿐 아니라 십신에 대한 자세한 설명, 조후 용신에 대한 보충설명, 인간의 제반사에 대해서는 독보적인 해설이 들어 있다. 초보자들에게는 더할 수 없이 훌륭한 길잡이가 될 것이다.

· 동하 정지호 편역

사주대성

신비한 동양철학 33

초보에서 완성까지

이 책은 과거 현재 미래를 모두 알 수 있는 비결을 실었다. 그러나 모두 터득한다는 것은 어려울 것이다.역학은 수천 년간 동방의 석학들에 의해 갈고 닦은 철학이요 학문이며, 정신문화로서 영과학적인 상수문화로서 자랑할만한 위대한 학문이다.

· 도관 박홍식 저

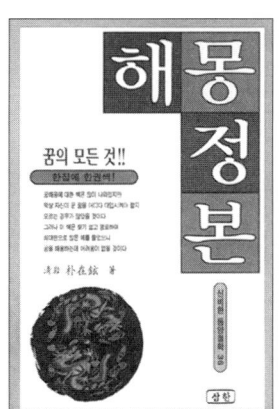

해몽정본

신비한 동양철학 36

꿈의 모든 것 !

막상 꿈해몽을 하려고 하면 내가 꾼 꿈을 어디다 대입시켜야 할지 모를 경우가 많았을 것이다. 그러나 이 책은 찾기 쉽고, 명료하며, 최대한으로 많은 갖가지 예를 들었으니 꿈해몽을 하는데 어려움이 없을 것이다.

· 청암 박재현 저

동양철학전문출판 삼한

기문둔갑옥경

신비한 동양철학 32

가장 권위있고 우수한 학문 !

우리나라의 기문역사는 장구하지만 상세한 문헌은 전
무한 상태라 이 책을 발간하기로 했다. 기문둔갑은 천
문지리는 물론 인사명리 등 제반사에 관한 길흉을 판
단함에 있어서 가장 우수한 학문이며 병법과 법술방면
으로도 특징과 장점이 있다. 초학자는 포국편을 열심히
익혀 설국을 자유자재로 할 수 있도록 하고 개인의 이
익보다는 보국안민에 일조하기 바란다.

· 도관 박홍식 저

정본·관상과 손금

신비한 동양철학 42

바로 알고 사람을 사귑시다

이 책은 관상과 손금은 인생을 행복으로 이끌기 위해
있다는 관점에서 다루었다. 그야말로 관상과 손금의 혁
명이라고 할 수 있을 것이다. 여러분도 관상과 손금을
통한 예지력으로 인생의 참주인이 되기 바란다. 용기를
불어넣어 주고 행복을 찾게 하는 것이 참다운 관상과
손금술이다. 이 책으로 미래의 좋은 예지력을 한번쯤
발휘해 보기 바란다. 이 책이 일상사에 고민하는 분들
에게 해결방법을 제시해 줄 것이다.

· 지창룡 감수

조화원약 평주

신비한 동양철학 35

명리학의 정통교본!

이 책은 자평진전, 난강망, 명리정종, 적천수 등과 함께 명리학의 교본에 해당하는 것으로 중국 청나라 때 나온 난강망이라는 책을 서낙오 선생께서 설명을 붙인 것이다. 기존의 많은 책들이 격국과 용신으로 감정하는 것과는 달리 십간십이지와 음양오행을 각각 자연의 이치와 춘하추동의 사계절의 흐름에 대입하여 인간의 길흉화복을 알 수 있게 했다.

· 동하 정지호 편역

龍의 穴·풍수지리 실기 100선

신비한 동양철학 30

실전에서 실감나게 적용하는 풍수지리의 길잡이 !

이 책은 풍수지리 문헌인 조선조 고무엽(古務葉) 태구승(泰九升) 부집필(父輯筆)로 된 만두산법(巒頭山法), 채성우의 명산론(明山論), 금랑경(錦囊經) 등을 알기 쉬운 주제로 간추려 풍수지리의 길잡이가 되고자 했다. 그리고 인간의 뿌리와 한 사람의 고유한 이름의 중요성을 풍수지리와 연관하여 살펴보아야 하기 때문에 씨족의 시조와 본관, 작명론(作名論)을 같이 편집했다.

· 호산 윤재우 저

동양철학전문출판 삼한

천직·사주팔자로 찾은 나의 직업

신비한 동양철학 34

역경없이 탄탄하게 성공할 수 있는 방법!

잘 되겠지 하는 막연한 생각으로 의욕만 갖고 도전하는 것과 나에게 맞는 직종은 무엇이고 때는 언제인가를 알고 도전하는 것은 근본적으로 다르고, 결과 또한 다르다. 더구나 요즈음은 I.M.F.시대라 하여 모든 사람들이 정신까지 위축되어 생기를 잃어가고 있다. 이런 때 의욕만으로 팔자에도 없는 사업을 시작했다고 하자, 결과는 불을 보듯 뻔하다. 그러므로 이런 때일수록 침착과 냉정을 찾아 내 그릇부터 알고, 생활에 대처하는 지혜로움을 발휘해야 한다.

· 백우 김봉준 저

통변술해법

신비한 동양철학 ㉑

가닥가닥 풀어내는 역학의 비법!

이 책은 역학에 대해 다 알면서도 밖으로 표출되지 않아 어려움을 겪는 사람들을 위한 실습서다. 특히 틀에 박힌 교과서적인 역술의 고정관념에서 벗어나, 한차원 높게 공부할 수 있도록 원리통달을 설명하는데 중점을 두었다. 실명감정과 이론강의라는 두 단락으로 나누어 역학의 진리를 설명했기 때문에 누구나 쉽게 이해할 수 있다. 역학계의 대가 김봉준 선생의 역서 「알기쉬운 해설·말하는 역학」의 후편이다.

· 백우 김봉준 저

주역육효 해설방법上·下

신비한 동양철학 38

한 번만 읽으면 주역을 활용할 수 있는 책!

이 책은 주역을 해설한 것으로, 될 수 있는 한 여러 가지 사설을 덧붙이지 않고 주역을 공부하고 활용하는데 필요한 요건만을 기록했다. 따라서 주역의 근원이나 하도낙서, 음양오행에 대해서도 많은 설명을 자제했다. 다만 누구나 이 책을 한 번 읽어서 주역을 이해하고 활용할 수 있도록 하는데 중점을 두었다.

· 원공선사 저

사주명리학의 핵심

신비한 동양철학 ⑲

맥을 잡아야 모든 것이 보인다!

이 책은 잡다한 설명을 배제하고 명리학자들에게 도움이 될 비법만을 모아 엮었기 때문에 초심자가 이해하기에는 다소 어려운 부분도 있겠지만 기초를 튼튼히 한 다음 정독한다면 충분히 이해할 것이다. 신살만 늘어놓으며 감정하는 사이비가 되지말기를 바란다.

· 도관 박흥식 저

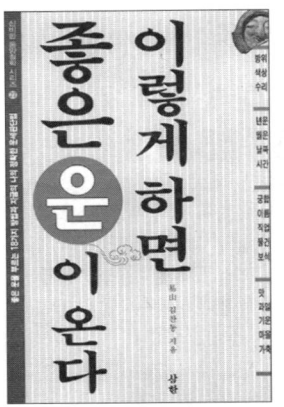

이렇게 하면 좋은 운이 온다

신비한 동양철학 ㉗

한 가정에 한 권씩 놓아두고 볼만한 책 !

좋은 운을 부르는 방법은 방위·색상·수리·년운·월운·날짜·시간·궁합·이름·직업·물건·보석·맛·과일·기운·마을·가축·성격 등을 정확하게 파악하여 자신에게 길한 것은 취하고 흉한 것은 피하면 된다. 간혹 예외인 경우가 있지만 극소수에 불과하고 대부분은 적중하기 때문에 좋은 효과를 본다. 이 책의 저자는 신학대학을 졸업하고 역학계에 입문했다는 특별한 이력을 갖고 있기 때문에 더 많은 화제가 되고 있다.

· 역산 김찬동 저

말하는 역학

신비한 동양철학 ⑪

신수를 묻는 사람 앞에서 말문이 술술 열린다!

이 책은 그토록 어렵다는 사주통변술을 이해하기 쉽고 흥미롭게 고담과 덕담을 곁들여 사실적인 인물을 궁금해 하는 사람에게 생동감있게 통변하고 있다. 길흉작용을 어떻게 표현하느냐에 따라 상담자의 정곡을 찔러 핵심을 끄집어내고 여기에 대한 정답을 내려주는 것이 통변술이다. 역학계의 대가 김봉준 선생의 역작이다.

· 백우 김봉준 저

술술 읽다보면 통달하는 사주학

신비한 동양철학 ㉗

술술 읽다보면 나도 어느새 도사 !

당신은 당신 마음대로 모든 일이 이루어지던가. 지금까지 누구의 명령을 받지 않고 내 맘대로 살아왔다고, 운명 따위는 믿지도 않고 매달리지 않는다고, 이렇게 말하는 사람들이 많다. 그러나 그것은 우주법칙을 모르기 때문에 하는 소리다.

• 조 철 현 저

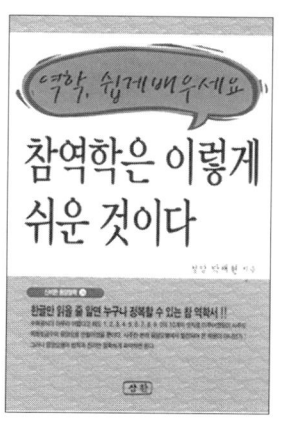

참역학은 이렇게 쉬운 것이다

신비한 동양철학 ㉔

음양오행의 이론으로 이루어진 참역학서 !

수학공식이 아무리 어렵다고 해도 1, 2, 3, 4, 5, 6, 7, 8, 9, 0의 10개의 숫자로 이루어졌듯이, 사주도 음양과 목, 화, 토, 금, 수의 오행으로 이루어졌을 뿐이다. 그러니 용신과 격국이라는 무거운 짐을 벗어버리고 음양오행의 법칙과 진리만 정확하게 파악하면 된다. 사주는 단지 음양오행의 변화일 뿐이고, 용신과 격국은 사주를 감정하는 한가지 방법에 지나지 않는다.

• 청암 박재현 저

585

동양철학전문출판 삼한

나의 천운 운세찾기

신비한 동양철학 ⑫

놀랍다는 몽골정통 토정비결 !

이 책은 역학계의 대가 김봉준 선생이 놀랍다는 몽공토
정비결을 연구 ·분석하여 우리의 인습 및 체질에 맞게
엮은 것이다. 운의 흐름을 알리고자 호운과 쇠운을 강
조했으며, 현재의 나를 조명해보고 판단할 수 있도록
했다. 모쪼록 생활서나 안내서로 활용하기 바란다.

· 백우 김봉준 저

쉽게푼 역학

신비한 동양철학 ❷

쉽게 배워서 적용할 수 있는 생활역학서 !

이 책에서는 좀더 많은 사람들이 역학의 근본인 우주
의 오묘한 진리와 법칙을 깨달아 보다 나은 삶을 영위
하는데 도움이 될 수 있도록 가장 쉬운 언어와 가장 쉬
운 방법으로 풀이했다. 역학계의 대가 김봉준 선생의
역작이다.

· 백우 김봉준 저

역산성명학

신비한 동양철학 ㉕

이름은 제2의 자신이다 !

이름에는 각각 고유의 뜻과 기운이 있어서 그 기운이 성격을 만들고 그 성격이 운명을 만든다. 나쁜 이름은 부르면 부를수록 불행을 부르고 좋은 이름은 부르면 부를수록 행복을 부른다. 만일 이름이 거지 같다면 아무리 운세를 잘 만나도 밥을 좀더 많이 얻어 먹을 수 있을 뿐이다. 이 책의 저자는 신학대학을 졸업하고 역학계에 입문했다는 특별한 이력을 갖고 있기 때문에 더 많은 화제가 되고 있다.

· 역산 김찬동 저

작명해명

신비한 동양철학 ㉖

누구나 쉽게 배워서 활용할 수 있는 체계적인 작명법 !

일반적인 성명학으로는 알 수 없는 한자이름, 한글이름, 영문이름, 예명, 회사명, 상호, 상품명 등의 작명방법을 여러 사례를 들어 체계적으로 분석하여 누구나 쉽게 배워서 활용할 수 있도록 서술했다.

· 도관 박홍식 저

관상오행

신비한 동양철학 ⑳

한국인의 특성에 맞는 관상법 !

좋은 관상인 것 같으나 실제로는 나쁘거나 좋은 관상
이 아닌데도 잘 사는 사람이 왕왕있어 관상법 연구에
흥미를 잃는 경우가 있다. 이것은 중국의 관상법만을
익히고, 우리의 독특한 환경적인 특징을 소홀히 다루었
기 때문이다. 이에 우리 한국인에게 알맞는 관상법을
연구하여 누구나 관상을 쉽게 알아보고 해석할 수 있
도록 자세하게 풀어놓았다.

· 송파 정상기 저

물상활용비법

신비한 동양철학 31

물상을 활용하여 오행의 흐름을 파악한다 !

이 책은 물상을 통하여 오행의 흐름을 파악하고, 운명
을 감정하는 방법을 연구한 책이다. 추명학의 해법을
연구하고 운명을 추리하여 오행에서 분류되는 물질의
운명 줄거리를 물상의 기물로 나들이 하는 활용법을
주제로 했다. 팔자풀이 및 운명해설에 관한 명리감정법
의 체계를 세우는데 목적을 두고 초점을 맞추었다.

· 해주 이학성 저

운세십진법·本大路

신비한 동양철학 ❶

운명을 알고 대처하는 것은 현대인의 지혜다!

타고난 운명은 분명히 있다. 그러니 자신의 운명을 알고 대처한다면 비록 운명을 바꿀 수는 없지만 충분히 향상시킬 수 있다. 이것이 사주학을 알아야 하는 이유다. 이 책에서는 자신이 타고난 숙명과 앞으로 펼쳐질 운명행로를 찾을 수 있도록 운명의 기초를 초연하게 설명하고 있다.

· 백우 김봉준 저

국운·나라의 운세

신비한 동양철학 ㉒

역으로 풀어본 우리나라의 운명과 방향!

아무리 서구사상의 파고가 높다하기로 오천년을 한결같이 가꾸며 살아온 백두의 혼이 와르르 무너지는 지경에 왔어도 누구나 입을 열어 말하는 사람이 없으니 답답하다. IMF라는 특수한 상황에서 불확실한 내일에 대한 해답을 이 책은 명쾌하게 제시하고 있다.

· 백우 김봉준

589

동양철학전문출판 **삼한**

명인재

신비한 동양철학 43

신기한 사주판단 비법 !

살(殺)의 활용방법을 완벽하게 제시하는 책!

이 책은 오행보다는 주로 살을 이용하는 비법이다. 시중에 나온 책들을 보면 살에 대해 설명은 많이 하면서도 실제 응용에서는 무시하고 있다. 이것은 살을 알면서도 응용할 줄 모르기 때문이다. 그러나 이 책에서는 살의 활용방법을 완전히 터득해, 어떤 살과 어떤 살이 합하면 어떻게 작용하는지를 자세하게 설명하고 있다.

· 원공선사 지음

사주학의 방정식

신비한 동양철학 18

가장 간편하고 실질적인 역서 !

이 책은 종전의 어려웠던 사주풀이의 응용과 한문을 쉬운 방법으로 터득할 수 있게 하는데 목적을 두었고 역학의 내용이 어떤 것이며 무엇이 어디에 속하는지를 알고자 하는데 있다.

· 김용오 저

원토정비결

신비한 동양철학 53

반쪽으로만 전해오는 토정비결의 완전한 해설판

지금 시중에 나와 있는 토정비결에 대한 책들을 보면 옛날부터 내려오는 완전한 비결이 아니라 반쪽의 책이다. 그러나 반쪽이라고 말하는 사람이 없다. 그것은 주역의 원리를 모르기 때문이다. 따라서 늦은 감이 없지 않으나 앞으로의 수많은 세월을 생각하면서 완전한 해설본을 내놓기로 한 것이다.

· 원공선사 저

내가 보고 내가 바꾸는 DIY사주

신비한 동양철학 40

내가 보고 내가 바꾸는 사주비결！

이 책은 기존의 책들과는 달리 한 사람의 사주를 체계적으로 도표화시켜 한 눈에 파악할 수 있고, DIY라는 책 제목에서 말하듯이 개운하는 방법을 제시하고 있다. 초심자는 물론 전문가도 자신의 이론을 새롭게 재조명해 볼 수 있는 케이스 스터디 북이다.

· 석오 전 광 지음

남사고의 마지막 예언

신비한 동양철학 29

이 책으로 격암유록에 대한 논란이 끝나기 바란다

감히 이 책을 21세기의 성경이라고 말한다. 〈격암유록〉
은 섭리가 우리민족에게 준 위대한 복음서이며, 선물이
며, 꿈이며, 인류의 희망이다. 이 책에서는 〈격암유록〉
이 전하고자 하는 바를 주제별로 정리하여 문답식으로
풀어갔다. 이 책으로 〈격암유록〉에 대한 논란은 끝나기
바란다.

· 석정 박순용 저

진짜부적 가짜부적

신비한 동양철학 7

부적의 실체와 정확한 제작방법

인쇄부적에서 가짜부적에 이르기까지 많게는 몇백만원
에 팔리고 있다는 보도를 종종 듣는다. 그러나 부적은
정확한 제작방법에 따라 자신의 용도에 맞게 스스로
만들어 사용하면 훨씬 더 좋은 효과를 얻을 수 있다.
이 책은 중국에서 정통부적을 연구한 국내유일의 동양
오술학자가 밝힌 부적의 실체와 정확한 제작방법을 소
개하고 있다.

· 오상익 저

한눈에 보는 손금

신비한 동양철학 52

논리정연하며 바로미터적인 지침서

이 책은 수상학의 연원을 초월해서 동서합일의 이론으로 집필했다. 그야말로 완벽하리만치 논리정연한 수상학을 정리한 것이다. 그래서 운명적, 철학적, 동양적, 심리학적인 면을 예증과 방편에 이르기까지 아주 상세하게 기술했다. 이 책은 수상학이라기 보다 한 인간의 바로미터적인 지침서 역할을 해줄 것이다. 독자 여러분의 꾸준한 연구와 더불어 인생성공의 지침서가 될 수 있을 것이다.

· 정도명 저

만세력 | 사륙배판 · 신국판
사륙판 · 포켓판

신비한 동양철학 45

찾기 쉬운 만세력

이 책은 완벽한 만세력으로 만세력 보는 방법을 자세하게 설명했다. 그리고 역학에 대한 기본적인 내용과 결혼하기 좋은 나이 · 좋은 날 · 좋은 시간, 아들 · 딸 태아감별법, 이사하기 좋은 날 · 좋은 방향 등을 부록으로 실었다.

· 백우 김봉준 저

동양철학전문출판 **삼한**

수명비결
신비한 동양철학 14
주민등록번호 13자로 숙명의 정체를 밝힌다
우리는 지금 무수히 많은 숫자의 거미줄에 매달려 허우적거리며 살아가고 있다. 1분 ·1초가 생사를 가름하고, 1등·2등이 인생을 좌우하며, 1급·2급이 신분을 구분하는 세상이다. 이 책은 수명리학으로 13자의 주민등록번호로 명예, 재산, 건강, 수명, 애정, 자녀운 등을 미리 읽어본다.

· 장충한 저

운명으로 본 나의 질병과 건강상태
신비한 동양철학 9
타고난 건강상태와 질병에 대한 대비책
이 책은 국내 유일의 동양오술학자가 사주학과 더불어 정통명리학의 양대산맥을 이루는 자미두수 이론으로 임상실험을 거쳐 작성한 표준자료다. 따라서 명리학을 응용한 최초의 완벽한 의학서로 질병을 예방하고 치료하는데 활용한다면 최고의 의사가 될 것이다. 또한 예방의학적인 차원에서 건강을 유지하는데 훌륭한 지침서로 현대의학의 새로운 장을 여는 계기가 될 것이다.

· 오상익 저

오행상극설과 진화론

신비한 동양철학 5

인간과 인생을 떠난 천리란 있을 수 없다

과학이 현대를 설정하여 설명하고 있으나 원리는 동양철학에도 있기에 그 양면을 밝히고자 노력했다. 우주에서 일어나는 모든 일을 과학으로 설명될 수는 없다. 비과학적이라고 하기보다는 과학이 따라오지 못한다고 설명하는 것이 더 솔직하고 옳은 표현일 것이다. 특히 과학분야에 종사하는 신의사가 저술했다는데 더 큰 화제가 되고 있다.

· 김태진 저

사주학의 활용법

신비한 동양철학 17

가장 실질적인 역학서

우리가 생소한 지방을 여행할 때 제대로 된 지도가 있다면 편리하고 큰 도움이 되듯이 역학이란 이와같은 인생의 길잡이다. 예측불허의 인생을 살아가는데 올바른 안내자나 그 무엇이 있다면 그 이상 마음 든든하고 큰 재산은 없을 것이다.

· 학선 류래웅 저

쉽게 푼 주역

신비한 동양철학 10

귀신도 탄복한다는 주역을 쉽고 재미있게 풀어놓은 책

주역이라는 말 한마디면 귀신도 기겁을 하고 놀라 자빠진다는데, 운수와 일진이 문제가 될까. 8×8=64괘라는 주역을 한 괘에 23개씩의 회답으로 해설하여 1472괘의 신비한 해답을 수록했다. 당신이 당면한 문제라면 무엇이든 해결할 수 있는 열쇠가 이 한 권의 책 속에 있다.

· 정도명 저

핵심 관상과 손금

신비한 동양철학 54

사람을 볼 줄 아는 안목과 지혜를 알려주는 책

오늘과 내일을 예측할 수 없을만큼 복잡하게 펼쳐지는 현실에서 살아남기 위해서는 사람을 볼줄 아는 안목과 지혜가 필요하다. 시중에 관상학에 대한 책들이 많이 나와있지만 너무 형이상학적이라 전문가도 이해하기 어렵다. 이 책에서는 누구라도 쉽게 보고 이해할 수 있도록 핵심만을 파악해서 설명했다.

· 백우 김봉준 저

진짜궁합 가짜궁합

신비한 동양철학 8

남녀궁합의 새로운 충격

중국에서 연구한 국내유일의 동양오술학자가 우리나라 역술가들의 궁합법이 잘못되었다는 것을 학술적으로 분석·비평하고, 전적과 사례연구를 통하여 궁합의 실체와 타당성을 분석했다. 합리적인「자미두수궁합법」과「남녀궁합」및 출생시간을 몰라 궁합을 못보는 사람들을 위하여「지문으로 보는 궁합법」등을 공개한다.

· 오상익 저

좋은꿈 나쁜꿈

신비한 동양철학 15

그날과 앞날의 모든 답이 여기 있다

개꿈이란 없다. 꿈은 반드시 미래를 예언한다. 이 책은 프로이드의 정신분석학적인 입장이 아닌 미래판단의 근거에 입각한 예언적인 해몽학이다. 여러 형태의 꿈을 체계적으로 정리했으니 올바른 해몽법으로 앞날을 지혜롭게 대처해 보자. 모쪼록 각 가정에서 한 권씩 두고 이용하면 생활하는데 많은 도움이 될 것이다.

· 학선 류래웅 저

완벽 만세력

신비한 동양철학 58

착각하기 쉬운 썸머타임 2도 인쇄

시중에 많은 종류의 만세력이 나와있지만 이 책은 단순한 만세력이 아니라 완벽한 만세경전으로 만세력 보는 법 등을 실었기 때문에 처음 대하는 사람이라도 쉽게 볼 수 있도록 편집되었다. 또한 부록편에는 사주명리학, 신살종합해설, 결혼과 이사택일 및 이사방향, 길흉보는 법, 우주천기와 한국의 역사 등을 수록했다.

· 백우 김봉준 저

周易 · 토정비결

신비한 동양철학 40

토정비결의 놀라운 비결

지금 시중에 나와 있는 토정비결에 대한 책들을 보면 옛날부터 내려오는 완전한 비결이 아니라 반쪽의 책이다. 그러나 반쪽이라고 말하는 사람이 없다. 그것은 주역의 원리를 모르기 때문이다. 따라서 늦은 감이 없지 않으나 앞으로의 수많은 세월을 생각하면서 완전한 해설본을 내놓기로 했다.

· 원공선사 저

현장 지리풍수

신비한 동양철학 48

현장감을 살린 지리풍수법

풍수를 업으로 삼는 사람들이 진(眞)과 가(假)를 분별할 줄 모르면서 24산의 포태사묘의 법을 익히고는 많은 법을 알았다고 자부하며 뽐내고 있다. 그리고는 재물에 눈이 어두워 불길한 산을 길하다 하고, 선하지 못한 물(水)을 선하다 하면서 죄를 범하고 있다. 이는 분수 밖의 것을 망녕되게 바라기 때문이다. 마음 가짐을 바로 하고 고대 원전에 공력을 바치면서 산간을 실사하며 적공을 쏟으면 정교롭고 세밀한 경지를 얻을 수 있을 것이다.

· 전항수 · 주관장 편저

완벽 사주와 관상

신비한 동양철학 55

사주와 관상의 핵심을 한 권에

자연과 인간, 음양(陰陽)오행과 인간, 사계와 절후, 인상(人相)과 자연, 신(神)들의 이야기 등등 우리들의 삶과 관계되는 사실적 관계로만 역(易)을 설명해 누구나 쉽게 이해할 수 있도록 썼으며 특히 역(易)에 대한 관심과 흥미를 갖게 하고자 인상학(人相學)을 추록했다. 여기에 추록된 인상학(人相學)은 시중에서 흔하게 볼 수 있는 상법(相法)이 아니라 생활상법(生活相法) 즉 삶의 지식과 상식을 드리고자 했으니 생활에 유익함이 있기를 바란다.

· 김봉준 · 유오준 공저

동양철학전문출판 **삼한**

해몽 · 해몽법

신비한 동양철학 50

해몽법을 알기 쉽게 설명한 책

인생은 꿈이 예지한 시간적 한계에서 점점 소멸되어
가는 현존물이기 때문에 반드시 꿈의 뜻을 따라야 한
다. 이것은 꿈을 먹고 살아가는 인간 즉 태몽의 끝장면
인 죽음을 향해 달려가고 있는 인간이기 때문이다. 꿈
은 우리의 삶을 이끌어가는 이정표와도 같기에 똑바로
가도록 노력해야 한다.

· 김종일 저

역점

신비한 동양철학 57

우리나라 전통 행운찾기

주역을 무조건 미신으로 치부해버리는 생각은 버려야
한다. 주역이 점치는 책에만 불과했다면 벌써 그 존재
가 없어졌을 것이다. 그러나 오랫동안 많은 학자가 연
구를 계속해왔고, 그 속에서 자연과학과 형이상학적인
우주론과 인생론을 밝혀, 정치·경제·사회 등 여러 방
면에서 인간의 생활에 응용해왔고, 삶의 지침서로써 그
역할을 했다. 이 책은 한 번만 읽으면 누구나 역점가가
될 수 있으니 생활에 도움이 되길 바란다.

· 문명상 편저

명리학연구

신비한 동양철학 59

체계적인 명확한 이론

이 책은 명리학 연구에 핵심적인 내용만을 모아 하나의 독립된 장을 만들었다. 명리학은 분야가 넓어 공부를 하다보면 주변에 머무르는 경우가 많아, 주요 내용을 잃고 헤매는 경우가 많다. 그러므로 뼈대를 잡는 것이 중요한데, 여기서는 「17장. 명리대요」에 핵심 내용만을 모아 학문의 체계를 잡는데 용이하게 하였다.

· 권중주 저

쉽게 푼 풍수

신비한 동양철학 60

현장에서 활용하는 풍수지리법

산도는 매우 광범위하고, 현장에서 알아보기 힘들다. 더구나 지금은 수목이 울창해 소조산 정상에 올라가도 나무에 가려 국세를 파악하는데 애를 먹는다. 그러므로 사진을 첨부하니 많은 도움이 되길 바란다. 물론 결록에 있고 산도가 눈에 익은 것은 혈 사진과 함께 소개하니 참고하기 바란다. 이 책을 열심히 정독하면서 답산하면 혈을 알아보고 용산도 할 수 있을 것이다.

· 전항수 · 주장관 편저

동양철학전문출판 삼한

올바른 작명법

신비한 동양철학 61

세상의 부모들에게 가장 소중한 것이 무엇이냐고 물으면 누구든 자녀라고 할 것이다. 그런데 왜 평생을 좌우할 이름을 함부로 짓는가. 이름이 얼마나 소중한지를. 이름의 오행작용이 사람의 일생을 어떻게 좌우하는지를 모르기 때문이다. 세상만물은 음양오행의 영향을 받지 않는 것이 없다. 봄이 가면 여름이 오고, 여름이 가면 가을이 오고, 가을이 가면 겨울이 오고, 겨울이 가면 봄이 오는 것 또한 음양오행의 원리다.

· 이정재 저

신수대전

신비한 동양철학 62

흉함을 피하고 길함을 부르는 방법

신수를 보는 방법은 여러 가지가 있는데 대부분이 주역과 사주추명학에 근거를 둔다. 수많은 학설 중에서 몇 가지를 보면 사주명리, 자미두수, 관상, 점성학, 구성학, 육효, 토정비결, 매화역수, 대정수, 초씨역림, 황극책수, 하락리수, 범위수, 월영도, 현무발서, 철판신수, 육임신과, 기문둔갑, 태을신수 등이다. 역학에 정통한 고사가 아니면 제대로 추단하기 어려운데 엉터리 술사들이 넘쳐난다. 그래서 누구나 자신의 신수를 볼 수 있도록 몇 가지를 정리했다.

· 도관 박흥식

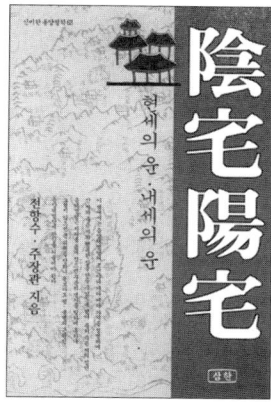

음택양택

신비한 동양철학 63

현세의 운 · 내세의 운

이 책에서는 음양택명당의 조건이나 기타 여러 가지를 설명하여 산 자와 죽은 자의 행복한 집을 만들 수 있도록 했다. 특히 죽은 자의 집인 음택명당은 자리를 옳게 잡으면 꾸준히 생기를 발하여 흥하나, 그렇지 않으면 큰 피해를 당하니 돈보다도 행·불행의 근원인 음양택 명당에 관심을 기울여야 한다.

· 전항수 · 주장관 지음

이런 집에 살아야 잘 풀린다

신비한 동양철학 64

운이 트이는 좋은 집 알아보는 비결

힘든 상황에서 내 가족이 지혜롭게 대처하고 건강을 지켜주는, 한마디로 운이 트이는 집은 모두의 꿈일 것이다. 가족이 평온하게 생활할 수 있는 집, 나가서는 발전을 가져다 줄 수 있는 그런 집이 있다면 얼마나 좋을까? 그런 소망에 한 걸음이라도 가까워지려면 막연하게 운만 기대해서는 안 된다. '호랑이를 잡으려면 호랑이 굴로 들어가라' 는 속담이 있듯이 좋은 집을 가지려면 그만한 노력이 있어야 한다.

· 강현술 · 박흥식 감수

동양철학전문출판 **삼한**

사주에 모든 길이 있다

신비한 동양철학 65

사주를 간명하는데 조금이라도 도움이 되었으면 하는 바람에서 이 책을 쓰게 되었다. 간명의 근간인 오행의 왕쇠강약을 세분해서 설명했다. 그리고 대운과 세운, 세운과 월운의 연관성과, 십신과 여러 살이 운명에 미치는 암시와, 십이운성으로 세운을 판단하는 방법을 설명했다.

· 정담 선사 편저

사주학

신비한 동양철학 66

5대 원서의 핵심과 실용

이 책은 사주학을 체계적으로 공부하려는 학도들을 위해 꼭 알아야 할 내용과 용어를 수록하는데 중점을 두었다. 이 학문을 공부하려고 찾아온 사람들에게 여러 가지 질문을 던져보면 거의 기초지식이 시원치 않다. 그런 상태로 사주를 읽으려니 제대로 될 리가 없다. 이 책으로 용어와 제반지식을 터득하면 빠른 시일에 소기의 목적을 이룰 수 있을 것이다.

· 글갈 정대엽 저

주역 기본원리

신비한 동양철학 67

주역의 기본원리를 통달할 수 있는 책

이 책에서는 기본괘와 변화와 기본괘가 어떤 괘로 변했을 경우 일어날 수 있는 내용들을 설명하여 주역의 변화에 대한 이해를 돕는데 주력하였다. 그러나 그런 내용을 구분할 수 있는 방법을 전부 다 설명할 수는 없기에 뒷장에 간단하게설명하였고, 다른 책들과 설명의 차이점도 기록하였으니 참작하여 본다면 조금이나마 도움이 될 것이다.

· 원공선사 편저

사주특강

신비한 동양철학 68

자평진전과 적천수의 재해석

이 책은 『자평진전(子平眞詮)』과 『적천수(滴天髓)』를 근간으로 명리학(命理學)의 폭넓은 가치를 인식하고, 실전에서 유용한 기반을 다지는데 중점을 두고 썼다. 일찍이 『자평진전(子平眞詮)』을 교과서로 삼고, 『적천수(滴天髓)』로 보완하라는 서낙오(徐樂吾)의 말에 깊이 공감한다.

청월 박상의 편저

복을 부르는방법

신비한 동양철학 ❻

나쁜 운을 좋은 운으로 바꾸는 비결

개운하는 방법은 여러 가지가 있으나, 이 책의 비법은 축원문을 독송하는 것이다. 독송이란 소리내 읽는다는 뜻이다. 사람의 말에는 기운이 있는데, 이 기운은 자신에게 돌아온다. 좋은 말을 하면 좋은 기운이 돌아오고, 나쁜 말을 하면 나쁜 기운이 돌아온다. 이 책은 누구나 어디서나 쉽게 비용을 들이지 않고 좋은 운을 부를 수 있는 방법을 실었다.

· 역산 김찬동 편저

인터뷰 사주학

신비한 동양철학 ❼

쉽고 재미있는 인터뷰 사주학

얼마전까지만 해도 사주학을 취급하는 사람들은 미신을 다루는 부류로 취급되었다. 그러나 지금은 하루가 다르게 이 학문을 공부하는 사람들이 폭증하고 있는 것으로 보인다. 젊은 층에서 사주카페니 사주방이니 사주동아리니 하는 것들이 만들어지고 그 모임이 활발하게 움직이고 있다는 점이 그것을 증명해준다. 그뿐 아니라 대학원에는 역학교수들이 점차로 증가하고 있다.

· 글갈 정대엽 편저

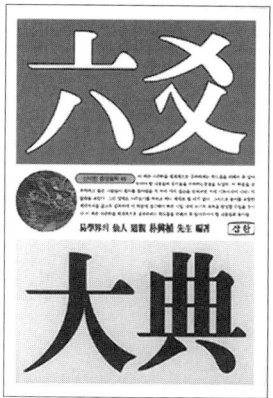

육효대전
신비한 동양철학 37

정확한 해설과 다양한 활용법

동양의 고전 중에서도 가장 대표적인 것이 주역이다. 주역은 옛사람들이 자연의 법칙을 거울삼아 인간이 생활을 영위해 나가는 처세에 관한 지혜를 무한히 내포하고, 피흉추길하는 얼과 슬기가 함축된 점서)인 동시에 수양·과학서요 철학·종교서라고 할 수 있다.

・도관 박흥식 편저

사람을 보는 지혜
신비한 동양철학 73

관상학의 초보에서 완성까지

현자는 하늘이 준 명을 알고 있기에 부귀에 연연하지 않는다. 사람은 마음을 다스리는 심명이 있다. 마음의 명은 자신만이 소통하는 유일한 우주의 무형의 에너지이기 때문에 잠시도 잊으면 안된다. 관상학은 사람의 상으로 이런 마음을 살피는 학문이니 잘 이해하여 보다 나은 삶을 삶을 영위할 수 있도록 노력해야 한다.

・이부길 편저